U0893980

知识生产的原创基地
BASE FOR ORIGINAL CREATIVE CONTENT

颉腾文化
JIE TENG CULTURE

CROSS-CULTURAL PSYCHOLOGY

CRITICAL THINKING
AND CONTEMPORARY APPLICATIONS

批判性思维

在跨文化心理视角下

[美] 埃里克·B. 希雷（Eric B. Shiraev）
戴维·A. 利维（David A. Levy） 著

高兵 译

中国广播影视出版社

图书在版编目（CIP）数据

批判性思维：在跨文化心理视角下 / (美) 埃里克·B.希雷, (美) 戴维·A.利维著；高兵译. -- 北京：中国广播影视出版社, 2023.1

书名原文: Cross-Cultural Psychology Critical Thinking and Contemporary Applications

ISBN 978-7-5043-8862-9

Ⅰ. ①批… Ⅱ. ①埃… ②戴… ③高… Ⅲ. ①文化心理学—研究 Ⅳ. ①G05

中国版本图书馆CIP数据核字(2022)第113633号

北京市版权局著作权合同登记号 图字：01-2022-2238 号

Title: Cross-Cultural Psychology: Critical Thinking and Contemporary Applications, 7e / by Eric B. Shiraev, David A. Levy / ISBN: 9780367199395

批判性思维：在跨文化心理视角下

[美]埃里克·B. 希雷 (Eric B. Shiraev)，[美]戴维·A. 利维 (David A. Levy) 著

高 兵 译

策　　划 颉腾文化

责任编辑 任逸超 马 腾

责任校对 张 哲

出版发行 中国广播影视出版社

电　　话 010-86093580 010-86093583

社　　址 北京市西城区真武庙二条 9 号

邮　　编 100045

网　　址 www.crtp.com.cn

电子信箱 crtp8@sina.com

经　　销 全国各地新华书店

印　　刷 北京市荣盛彩色印刷有限公司

开　　本 710 毫米 ×1000 毫米 1/16

字　　数 486（千）字

印　　张 29.75

版　　次 2023 年 1 月第 1 版 2023 年 1 月第 1 次印刷

书　　号 ISBN 978-7-5043-8862-9

定　　价 99.00 元

献给说真话的人……尤其是布里亚娜·阿瓦隆（Briana Avalon）、玛丽·简（Mary Jane）和哈里·杜鲁门（Harry Truman）

——戴维·A. 利维

献给鼓励我们并继续通过言行激励我们的人……尤其是詹姆斯·西达纽斯（James Sidanius）和弗拉基米尔·施拉潘托克（Vladimir Shlapentokh）

——埃里克·B. 希雷

前言 PREFACE

我们诚挚邀请您探索 21 世纪的跨文化心理学。就在 20 多年前，当我们准备本书的第一版时，我们仅希望北美的一些学生认为本书有用。我们完全没有预料到，这本教科书不仅很快在美国和加拿大，还在荷兰、捷克共和国、英国、俄罗斯、印度尼西亚、中国、土耳其、德国以及世界上许多其他国家受到了读者的欢迎。印度还出版了本书的特别版。随之，中国、印度尼西亚和捷克共和国也翻译出版了本书。目前，我们有幸时常收到来自五大洲读者的大量电子邮件。对跨文化心理学的兴趣不断扩大是可以理解的。这个领域令人振奋，其内容引人入胜，其实际应用非常重要，其目标和抱负也充满挑战性。然而，有时它还是无法跟上现代迅速变化的经济、社会和文化条件。

世界正在以许多不可预测的方式发生着变化。以前那些将人们隔离了数百年甚至数千年而不可战胜的障碍，无论有形的还是隐喻的，正在逐渐破裂、崩溃，并最终倒塌于我们面前。在相对较短的历史时期内，电话、广播、电视、电影以及最近的计算机、电子邮件、手机、互联网和社交网络，正在彻底改变我们对时间、空间、文化和彼此的认识。“单击”一下，你几乎瞬间就可以到达地球的另一边，甚至到达另一个星球。

我们以人类历史上前所未见，甚至无法想象的规模从一处旅行和迁移到另一处。每年有超过 175 000 人申请成为英国公民。每年仅美国就有近 800 000 名新公民入籍。在 21 世纪的第二个十年，大约有 100 万外国学生在美国不同的大学和学院学习。根据学生和交流访问者信息系统的数据，前往北美学习的国际学生人数最多的国家依次是中国、印度、韩国、沙特阿拉伯、加拿大、日本、越南、墨西哥和巴西。从北爱尔兰到西班牙的巴斯克（Basque）省，从波斯尼亚到安哥拉，从斯里兰卡到萨尔瓦多，随着昔日的敌人之间进行谈判，数十场致命的族群、社会和宗教冲突已告一段落。数以百万计的人不断了解自己的权利并要求得到保护。人们知道自己拥有许多共同的习俗、想法和希望。这个世界的确正在变得越来越小了。

或者不是这样？这种乐观的信念是否更多基于一厢情愿的想法和希望，而不是经验证据？我们是否犯了认知错误，混淆了“是”和“应该”？悲观主义者如果观察一下当今世界就会发现，新的有形的障碍和围墙不断竖立起来，文化群体之间的差异始终不可调和。在某些人看来，看上去属于“全球文明”“文化启蒙”“社会进化”的东西可能是虚幻的。在这片危险的表皮之下潜伏着原始的人性：自私、贪婪和暴力。可以肯定的是，进步的确是有的，但许多国家在族裔和宗教方面仍处于分裂和对立状态。宗教极端主义成为一个越来越危险的问题。世界各地的少数群体继续受到排斥、威胁和攻击。数百万属于这些不同族群和宗教团体的人继续受到系统性的暴力对待。难民营仍未消失。不同群体并没有“融合”在一起，他们之间的紧张关系继续存在。想想叙利亚、利比亚、塞拉利昂、帝汶、苏丹、伊拉克、克什米尔、阿富汗、塞浦路斯……是否有任何可靠的理由让我们相信明天该名单不会继续拉长？

即使世界真得变得越来越小或越来越大，这又意味着什么？对某些人来说，“较小”意味着社区感、联系感和友情；而对另一些人来说，这无异于局促、拥挤和封闭。对一些人来说，“我们人民”正在融合在一起；对另一些人来说，我们比以往任何时候都更加不团结和不宽容。谁是对的？谁是错的？我们能在这两种观点之间找到一个中间立场吗？心理学家和其他受过教育的专业人士能否在这个全球化但分裂的世界中发挥作用？

在寻找这些问题答案的过程中，我们发现了大量理论、研究、书籍、期刊文章和网站。然而，经过仔细检查后发现，这些东西并不是特别鼓舞人心，甚至完全没用：许多理论并未得到支持，许多发现相互矛盾，许多姿态是防御性和情绪化的，许多想法远非清晰。人们如何开始整理所有这些内容？有没有一个众所周知的将小麦从麦壳中分离出来的办法？我们该通过什么方式做出明智的决定？

这是我们作者一直在努力解决的一些问题，简言之，这在很大程度上促使我们写了这本书。对于促使我们走向合作的故事，有几个方面值得注意。尽管我们年龄相仿，有许多共同特征（从职业选择到音乐品位），但我们在截然不同的世界中长大。第一作者（埃里克）在圣彼得堡出生和长大，他在那里获得了第一个学位，然后搬到了加利福尼亚，后来又搬到了弗吉尼亚。他是教授，是 20 本书的作者和合著者。第二作者（戴维）来自南加州大学，他在那里接受了正规教育和训练，目前在那里担任心理学教授、执业心理治疗师、作家和研究人员。

因此，我们各自都为这个项目带来了一套截然不同的经验和看法。我们对各自背景的相似性和差异感到震惊，并试图使这些互补性的优势发挥到极致。在讨论我们的过去时，我们发现，在进入大学时，我们都不太了解跨文化心理学。当我们开始读研究生时（埃里克在列宁格勒国立大学，戴维在加州大学洛杉矶分校），我们对跨文化心理学的兴趣开始增加，但真正着迷却是在很久以后，特别是当我们各自都在对方的祖国进行了长时间的教学以后。跨文化心理学对我们的吸引力从未减弱，反而一直持续到现在。

✵ 本书的目标

我们努力将彼此从各自的教育、研究、训练和生活经验中获得的知识提炼和融合成四个易于管理的主要目标：

- 向大学生介绍跨文化心理学领域。
- 回顾当代理论、研究及其在跨文化心理学中的应用。
- 为教师和学生读者提供一套有用的批判性思维工具，用来考察、分析和评估跨文化心理学这一特定领域，以及一般性的教育领域。
- 帮助当前和未来的来自各个领域和服务部门的从业者。

✵ 目标读者

本书是为以下读者设计的：

- 作为不同专业（包括但不限于心理学、社会学、商学、传播学、人类学、教育学、哲学、新闻学、政治学等）本科生的跨文化心理学、多元文化心理学和文化心理学课程的主要或辅助教材。
- 作为咨询、心理学、社会工作、教育、法律、新闻、护理、商务和公共管理等领域的研究生的跨文化心理学和多元文化心理学课程的辅助教材。

- 临床心理学家、顾问和社会工作者。
- 教育工作者、卫生保健工作者、男女商界人士，以及在当代多元文化环境中工作的其他从业者。

✵ 内容

本书共 12 章。第 1 章回顾跨文化心理学领域的重要理论和取向。第 2 章介绍批判性思维的原则，并通过识别常见错误和提供有用的解决办法，将这些工具直接应用于跨文化心理学的主题中。第 3 章呈现并解释跨文化心理学中使用的研究方法。第 4 章的重点是感觉、知觉和意识状态的跨文化方面。第 5 章专门介绍跨文化心理学与认知和智力的结合点。第 6 章和第 7 章分别对情绪和动机进行跨文化分析。第 8 章考察与人类发展和社会化（socialization）相关的议题。第 9 章关注跨文化视角下心理障碍的诊断、治疗和批判性考察。第 10 章重点介绍社会知觉、社会认知与社会互动的关键议题。第 11 章讨论对人格、社会认知和自我的跨文化解释。第 12 章确定并讨论跨文化心理学的几个应用问题。

✵ 是什么让本书与众不同

强调批判性思维

我们坚信批判性思维是高等教育和学习中最重要和不可或缺的组成部分。尽管整个教育界都对这一主张达成了广泛共识，但我们的经验是，学生在校期间，即使接触批判性思维的特定工具，也很难掌握。换句话说，受过教育的人可能相信批判性思维的价值，却不知道如何去用。本书力图解决这一困境。

我们将批判性思维视为一系列可以成功教授和学习的技能。因此，我们为读者提供了实现这一目标的具体策略、方法和技巧（伴有大量练习）。出于本书的目的是，主要通过当代跨文化心理学的理论和应用，对每项批判性思维原则（元思维，meta-thought）进行说明。但是请记住，这些原则超越了任何特定主题的范围，不仅可以用于各个领域，还可以用于跨文化领域。

一方面，我们使用批判性思维来教授跨文化心理学；另一方面，我们使用跨文化心理学来教授批判性思维。这种双向关系强调了思维和学习的内容与过程之间的相互依存关系。

用以促进学习的教学特点

我们在整本教科书中使用了各种各样的教学工具。

- 练习和活动：30 多个练习被有机地安排在全书的每一章内。这些练习可以有多种使用方式，包括课堂讨论、演示、辩论、个人或小组课后作业、学期论文和口头报告。标题为“批判性思维”的专栏旨在提供与跨文化心理学相关的批判性思维技能方面的练习。例如，在第 7 章，我们将一位著名心理学家的著名理论置于批判性思维的“显微镜”下，询问读者是否认为该理论只不过是作者自身主观价值观体系的反映。在第 9 章，我们讨论了有关人格障碍的常见诊断偏差（biases）。每个专栏都包含对案例或心理学研究的描述。除其他任务外，本书还要求学生对研究样本进行批判性评估，寻找心理现象的多种原因，并避免刻板化判断。
- 贯穿全书的图和表格是为了提炼、巩固、澄清和扩展本书中的信息。这对那些倾向于“视觉学习”的人特别有用。
- 每章末尾都有“本章概要”。学生在评论中反映，章节概要对讲课和考试来说是一种出色的教学研究工具。
- “典型案例”专栏：在某些情况下，生动的例子或故事最能说明问题。每一章的典型案例都回顾和说明了跨文化心理学中的一些有争议的议题，展示了案例和研究发现，并介绍了关于不同文化背景中人类行为的各种观点。这些专栏为跨文化心理学的学术研究或理论提供了实际例证。正如多年来我们所了解的，这些案例已被用于课堂讨论或书面作业。
- “跨文化敏感性”专栏：每一章的“跨文化敏感性”专栏展示一些有争议的言论、声明和最近成为头条新闻或正在快速走红的行为。我们使用这些案例来强调同理心和批判性思维在人际交往中的重要性。
- 花絮：每章都以小花絮开头，描述与该章主题相关的真实案例、情况或问题。开篇花絮提供对本章重要主题的“切合实际”的观点，并使跨文化理论更接近学生的个人经验。

- 脸书（facebook）：在脸书上关注本书（搜索“**cross-cultural psychology textbook**”），讨论与跨文化心理学有关的一些有趣、有价值和当下流行的主题。在写作本书时，最近发生在我们周围的许多事情很难甚至不可能涵盖在本书中，例如，2020年发生的新型冠状病毒肺炎疫情（Covid-19 pandemic），以及应对这一全球性挑战的跨文化方面。我们尝试在脸书页面上讨论该议题以及类似的议题。在脸书上，你还可以探查与跨文化心理学相关的就业机会和职业选择。

关注当代的应用问题

我们致力于使本书尽可能有用、实际和有意义。因此，我们重点讨论了多个当代应用主题，并对当今社会所面临的，或在不远的未来及遥远的未来可能会面临的一系列复杂问题进行了跨文化分析。自始至终，我们都试图在避免本书过于理论化（并导致在真实世界中用处不大）和过于具体（从而不能培养独立的思考能力）之间取得平衡。

为方便读者拓展阅读和深入研究，本书配有详尽的参考文献资料，有需要的读者可自行扫码免费获取相关资源。

批判性思维：在跨文化心理视角下 参考文献 二维码

目录
CONTENTS

第 1 章 理解跨文化心理学

第2章 跨文化心理学中的批判性思维

第3章 跨文化研究方法

第4章 认知：感觉、知觉和意识状态

第5章 智力

第6章 情绪

第 7 章 动机与行为

第 8 章 人类发展与社会化

第9章 心理障碍

第10章 社会知觉、社会认知与社会互动

第11章 人格与自我

第12章 应用跨文化心理学：一些亮点

第1章 理解跨文化心理学

大多数心理学家在研究实验室工作，在学术大厅和教室教学，在舒适的办公室提供咨询，或在国际会议上展示论文。而有一些心理学家则会测量儿童的学习技能，或设计用于太空旅行、符合人体工程学的高效仪表盘。还有一些心理学家去了麻烦的地方……弗雷德（Fred）和丽塔（Rita）这两位心理学家，一看到发生在泰国的一场毁灭性自然灾害的报道，就立即离开办公室赶往事发地。在泰国，他们目睹了海啸的后果。他们都是经验丰富的专业人士，在职业生涯中见多识广，但他们所目睹的远非“令人心碎”可以形容。洪水的致命影响是瞬间的、灾难性的，但灾难给人们带来的痛苦却似乎是无止境的。

无论我们属于哪个国家、哪个族群，飓风、台风、地震和其他自然灾害都可能会影响我们。这些灾难对我们的生活造成破坏和浩劫，带来直接、严重以及长期的消极心理影响。鉴于此，专业人士如何才能帮助人们最有效地处理和克服情感痛苦呢？多年来，弗雷德·贝马克（Fred Bemak）一直试图解决这一问题。作为一名大学教授，他开发了几种心理干预的治疗方法来帮助大规模灾难的受害者。这些方法在理论上是可靠的，在实验室里显示出很好的效果，但它们在“现实世界”中的有效性却较为复杂。这种疗法对穷人、幼儿和老人这类通常受灾最严重的人有帮助吗？对美国的拉丁美洲移民社区、澳大利亚的原住民和印第安人保留地的人呢？这些方法在非洲、巴基斯坦和东南亚有效吗？贝马克创立了“无国界心理咨询师”（Counselors Without Borders）这一专注于研究和减轻世界各地苦难的非政府、非营利组织，并与妻子丽塔·钟（Rita Chung）合作20多年，针对自然灾害受害者，研究和实施多种形式的心理援助。然而，在世界某一地区开发的研究方法和心理干预措施可以有效地应用于其他文化吗？我们知道，社会文化因素会影响人们的思想、情感和行为，同样的心理学研究可能会在不同群体中产生不同的结果。这些差异到底有多大？目前还没有答案。如果这些差异在某种程度上可以忽略不计，我们就可以假定人类的行为和心理体验都应该以相似的、普遍的机制为基础，而不管我们在哪里出生和成长。另外，如果这些差异是显著的，那么作为学者或研究人员，我们就应该更加关注那些把来自不同文化背景的人区分开来的差异。就心理学领域来说，还不能就这些不同的观点得出明确的结论。对心理学这一世界性的研究领域来说，尚有无数问题有待解决。下面仅概述其中的几个问题。

最重要的问题是，多年来心理学研究缺乏多样性。多年以来，在美国发表的研究过于狭隘地只关注到仅占世界人口不到 5% 的美国人身上。对 21 世纪头十年主要心理学学术期刊上的同行评议出版物进行的详细分析表明，90% 以上的研究样本来自仅占世界人口 12% 的一小部分国家（Henrich et al., 2010）。而且直到最近，本科生几乎占到美国研究样本的 2/3，占其他国家研究样本的 3/4 以上。简言之，多年来心理学的研究现状并不能充分代表全球人口（Arnett, 2008）。100 多年以来，主要是欧洲血统的白种人男性主导着心理学的教育和研究。很长一段时间以来，在全世界范围内，男性在心理学出版物的数量上占据主导地位（Lonner, 2019）。

此外，英语仍然是包括心理学在内的科学最为公认的国际语言。许多著名期刊以英语出版，国际会议以英语为官方语言。因此，英语水平有限的研究人员失去了一部分提高其研究水平和增加全球心理学多样性的机会。除了英语的使用限制了心理学研究的多样性之外，最著名的心理学研究仅在相对较少的几个国家（美国、加拿大、法国、德国，以及少量其他欧洲国家）进行，这一历史发展因素也限制了心理学研究的多样性。这些国家的科学家对心理学作出了最有影响力的贡献。然而，世界上许多其他地方也有同样值得注意的杰出贡献，例如中国、印度尼西亚、巴基斯坦、印度、巴西、墨西哥、日本、俄罗斯、南非、土耳其、伊朗等，这些贡献都没有得到大多数专业心理学家的认可（Shiraev, 2015）。

跨文化心理学作为一门学科，试图通过分辨和探查人们的异同来解决这些问题，其最终目标是通过相互理解、抱以兴趣和欣赏来避免偏差，从而使全世界的人们团结起来。

1.1 什么是跨文化心理学

你有机会选择你的出生地吗？这显然是一个幼稚的问题，但这一问题触及我们生活中的一个重要事实：在成年之前，我们大多数人没有去选择生活的家园、认同的种族、使用的语言、信奉的宗教。无论是在多雪的安娜堡（Ann Arbor）附近，还是在潮湿的内罗毕（Nairobi），成长于城市、城镇和乡村的人们都根据他们父母的意愿、社会的要求和祖先的传统学会理解身边的事情。人们学习通过情感和想法与世界发生联系，这种方式影响着他们的行为。反过来，他们的行为又影响到他们的思想、需要和情绪。

人们生活的条件因地而异。人类在各种环境中形成和发展的行为规范和经验也可能因群体而异。跨文化心理学就是研究这些差异（当然还有相似性）的（Gudykunst & Bond, 1997）。跨文化心理学是关于文化影响人类心理的批判性和比较性研究。请注意这个定义的两个重要元素。首先，这是一个比较性的领域，任何跨文化心理学研究都是从至少代表两组人的两个样本中得出结论的。第二，由于跨文化心理学本身就涉及比较，而要进行比较，就需要有一套特定的批判性技能，因此，跨文化心理学研究离不开批判性思维。

跨文化心理学研究的是心理的多样性及其潜在原因。跨文化心理学尤为注重研究（再次强调是从比较的角度）文化规范和行为之间的联系，以及特定人类活动受不同或不相似的社会和文化力量影响的方式（Lonner, 2019; Segall et al., 1990）。例如，考虑一下本章开头花絮中提出的问题：灾难幸存者在不同文化中是否呈现类似的症状（Bemak & Chung, 2008; Chung & Bemak, 2012）？如果是这样的话，那么对于旨在治疗美国创伤后症状的干预措施，心理学家是否可以将其运用于苏丹或伊朗等其他文化环境中？

跨文化心理学不仅试图分辨群体之间的差异，而且试图描述所有人和群体所共有的心理现象（Berry et al., 1992; Lonner, 1980）。什么样的现象呢？

例如，跨文化心理学试图确定人类人格结构的共性：相对稳定的思维、情感和行为模式（见图 1.1）。这些不同文化中所描述的普遍特质包括神经质（neuroticism）、外向性（extraversion）、对经验的开放性（openness to experience）、宜人性（agreeableness）和尽责性（conscientiousness）（Costa & McCrae, 1997; Schmitt et al., 2007）。

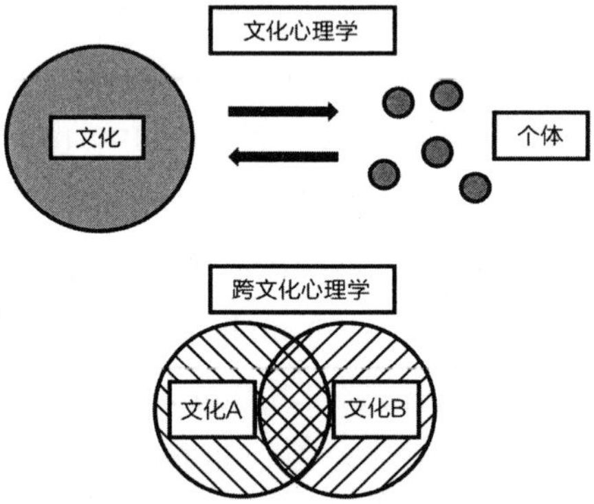

图 1.1 文化心理学与跨文化心理学

跨文化心理学与文化心理学有何不同？首先也是最重要的是，文化心理学寻求发现文化与生活在其中的个体的心理活动之间有意义的联系（定义见下文）。文化心理学的首要观点是，人类行为只有在其发生的社会文化背景下看待才有意义（Segall et al., 1999）。例如，文化心理学家可能对描述佛教这种宗教如何影响泰国已婚夫妻的行为和态度感兴趣；或科学家可能对调查伊斯兰教的基本原则如何融入个体意识和人格特征感兴趣（Monroe & Kreidie, 1997）。文化心理学主张，行为和经验本质上是文化和个体相互作用的产物。

1.2 基本定义

1.2.1 文化

为了写作本书，我们把文化界定为由一大群人共享并逐代向下传递的一组态度、行为和符号。态度包括信念（对政治、意识形态、宗教及其他议题的看法）、价值观（关于道德行为、一般生活、幸福等的根深蒂固的原则）和常识（经验的和理论的、科学的和非科学的）。行为包括各种各样的规范、角色、风俗、传统、习惯、实践和时尚。符号代表事物或观念，其意义由人所赋予。符号可以有实物、颜色、声音、标语、建筑或其他形式。人们将特定的意义赋予特定的符号，并传递给下一代，从而产生了文化符号。例如，一块土地对住在几英里外的一群人来说可能意义不大，但对生活在这片土地上的人来说，却可能象征着团结和荣耀（Brislin, 2000）。

文化可以被描述为同时具备外显特征（explicit characteristics）和内隐特征（implicit characteristics）。外显特征是在该文化中经常可见的一组可观察的行为。这些行为是公开的风俗、可观察的实践及典型的行为反应，如对陌生人说“你好”。内隐特征指根据外显文化的一致模式所推断出的这些规律性背后的组织原则。例如，控制言语的语法、讨价还价的隐性规范或特定情景中的特定行为期望，这些都可视为内隐文化的例子。

请记住，没有哪个社会的文化是同质的。任何两种文化都不会完全相似或完全不同。我们将在第 2 章详细讨论该问题。

1.2.2 社会、种族和族群

有人可以互换地使用诸如“社会”“文化”“国籍（nationality）”“种族”“族群”等术语。但是，这些术语是不同的。社会是由人组成的，而文化是这些人共同采用的互动方式。“文化”这一术语与“种族”“族群”“国籍”有何不同？

种族被大多数专家定义为根据某些相似并遗传的体质特征（physical characteristics）区分出来的一大群人。例如，拉什顿把每个种族视为或多或少是可遗传特质、形态学特征、行为特征和生理特征的结合（Rushton，1995）。举例来说，鼻道狭窄和眼窝之间距离短，这是“高加索人种”（Caucasian）的标志；突出的颧骨是“蒙古人种”（Mongoloid）的标志；鼻孔形状像一个倒置的心脏代表了“尼格罗人种（黑种人）”（Negroid）。莱文认为，种族之间的差异也是进化的结果（Levin, 1995）。根据这一观点，尼格罗人种最早出现在大约 11 万年前的撒哈拉以南非洲（sub-Saharan Africa），后来演变成蒙古人种和高加索人种。一般来说，黑种人（非洲人，尼格罗人种）的祖先大部分来自撒哈拉以南非洲；白种人（欧洲人，高加索人）的祖先大多来自欧洲；东亚人（蒙古人种）的祖先大多来自环太平洋国家。当然，在谈到人口或种族群体差异时，我们讨论的是平均水平。这三个群体在几乎所有的体质和心理指标上都有相当大幅度的重叠（Anemone, 2011；Rushton & Jensen, 2005）。然而必须注意，这种体质特征出现的频率或高或低，是因为大多数体质特征在所有人群中都有体现。例如，有些德国人有卷曲的头发；有些非洲人有红色的头发；有许多深色皮肤的欧裔美国人和浅色皮肤的非裔美国人。对当代生物学家来说，“种族”这个术语用来描述在可辨别的体质特点上有区别的一个种群（population）。这个种群的成员能够跟其他种群的成员共同生育，但他们通常不这么做。因此，在一段相对隔离的时期，一些特定的体质特征就会出现，并通过遗传而传播。在过去，地理上的隔离是创造种族的一个因素。然而，今天在解释种族之间的差异时，政治、文化或宗教因素比地理因素更为重要（Anemone, 2011）。

种族还可以视为一个社会类别。因为种族首先代表了许多碰巧属于“种族”这一类别的人所共有的特殊经验（Gould, 1994, 1997; Langaney, 1988）。例如，亚瑟·杜尔建议抛弃“种族”这一术语，代之以诸如“大陆起源”（continental origin）（非洲人）、“人类学称号”（anthropological designation）（高加索人）和“殖民史”（colonial history）（拉丁裔 latino）等术语来描述大类人群（Arthur Dole, 1995）。由于种族是一个社会建构，所有种族差异可能仅反映了人为确定的类别之间的差异（Brace, 2005）。

种族仍然是人们身份证明的重要元素。例如，在当代美国，政府以及许多私人组织和机构会要求向这些机构申请工作的人确定他们的种族或血统，并提供用于确定种族身份的正式指南（表 1.1）。政府在进行人口普查时也会询问人们的种族。

表 1.1　美国的种族类别

白种人（包括欧洲人、阿拉伯人及中亚人）
黑种人（包括非洲人）
美国原住民（包括美洲印第安人、爱斯基摩人和阿留申人）
亚裔（包括东亚人和太平洋岛民）
西班牙裔（包括南美洲和中美洲人）

虽然美国政府自 1980 年起就开始正式使用“西班牙裔”一词，但该词在拉丁美洲一般不使用。一些人认为“拉丁裔”这个词更合适，理由是“西班牙裔”一词强调的是西班牙血统，而不是其他血统（Comas–Díaz, 2001）。为了达成妥协，有些人使用“拉丁美洲 – 西班牙裔”（Latino–Hispanic）一词。

在美国及许多其他国家，“族群”通常表示文化遗产，也就是有着共同的祖先、语言、传统，通常还有共同的宗教和地理区域的人所共有的经验。预计到 2050 年，少数民族将占美国人口的 50%（U.S. Census Bureau, 2010/2020）。国家（nation）指拥有共同的地理起源、历史和语言，并被统一为一个政治实体的群体——一个被其他国家承认的独立国家（state）。例如，获得美国国民身份（换言之，成为公民）的人要么在美国出生，要么通过归化程序（naturalization process）获得其国民身份。

宗教信仰（Religious affiliation）表示个体接受了与特定信仰相联系的知识、信念和惯例。欧洲、北美和南美主要是基督徒。将近 2/3 的穆斯林生活在亚洲。自近 70 年前开始通过投票进行调查以来，大约 95% 的美国人一直上报称信奉上帝。然而，他们信奉的强度却不尽相同。此外，大约 1/4 的美国成年人自童年起就改变了宗教信仰，30 岁以下的年轻人中，有 25% 声称没有加入任何宗教机构（Pew Forum, 2008）。总体而言，3%~10% 的美国人（取决于提问方式）认为自己是无神论者（Gallup, 2018）。总的来说，有 78% 的美国人是基督徒。每年都有越来越多的人自称是佛教徒或穆斯林，尽管这些群体相对较少：两个群体都占不到总人口的 1%。只有不到 2% 的人认为自己是犹太人。无神论者或不可知论者约有 5 亿人，约占总人口的 7%。那些自认为是无神论者的人通常是年轻人、男性和受过教育的人，他们最有可能生活在北欧、日本、中国等（Keysar & Navarro–Rivera, 2013）。

无论个人的宗教信仰是什么，宗教教义对个人的影响都比较相似，即激发人的诚实、谦虚和 / 或善良。虽然科学在全球传播得比较快，但文化和宗教的优势在于这二者有着深刻的心理根源，并得到认可它们的统治精英和社会机构的支持。

世界各地的人们在使用“种族”“族群”“宗教认同（religious identity）”“国籍”的方式方面存在大量混淆。例如，居住在以色列的基督教阿拉伯人并不自称为以色列基督教阿拉伯人。尽管这些阿拉伯人是以色列公民，但他们通常认为自己的以色列身份是公民或法律身份，而不是文化身份。另外，对大多数犹太人来说，以色列公民身份既是法律身份也是文化身份（Glenn & Sokoloff, 2010; Horenczyk & Munayer, 2007）。在美国通常被称为“种族”或“族群”的概念，在其他国家则代表了“国籍”。

典型案例

族群和国籍：美国人是怎么理解的（摘自 Shiraev & Boyd，2008）

大多数国家内部都有若干不同的族群，美国也不例外。同样，在任何一个特定的族群中，也可能有不同国籍的群体。

同一国籍，不同族群：玛莎（Martha）和马丁（Martin）都是美国公民。就国籍而言，他们都是美国人。然而从族群上来讲，玛莎是巴西人，因为她的父母是在她还是一个小女孩的时候从巴西移民过来的，她几年前才获得了美国公民身份。马丁是第七代纽约人，他的族群血统是混合的：爱尔兰、法国、德国和俄罗斯。

同一族群，不同国籍：哈米德（Hamed）和阿齐扎（Aziza）都是住在新泽西的巴勒斯坦交换生。哈米德的父母住在特拉维夫，他和父母都是以色列公民。阿齐扎是约旦国籍，持有约旦护照。

跨文化敏感性

在一个普通的周六下午，费尔法克斯（Fairfax）医院的急诊室像往常一样繁忙。在几乎所有的急诊室里，病人都没什么隐私可言，任何人说的话都会被碰巧在周围的人听到。一位年轻的医生正忙着给新来的病人做检查，这是判断病人症状严重程度的常规做法。他刚询问完一位情况显然不错的女士，正要到在旁边等候的下一位病人那里。

“医生，你在哪儿上的学？”女人问。

“维克森林大学。”医生回答。

“那你的国籍是什么？”好奇的女人继续问道。

"我是美国人。"医生微笑着回答。

"不，不，你的国籍是什么？"女士坚持问道，强调了"国籍"二字。"你看上去像中国人或越南人。"

"夫人，我是美国人，我出生在这里。我父母来自中国，但他们也是美国国籍。你可以认为我是华裔美国人。"

"哦，我明白了，"女士大声说，"我就说我是对的。你是中国人！"

有些人仍然把"美国人"这个词跟特定的"欧洲人"长相以及"电视主持人"口音联系在一起。对某些人来说，很难理解美国过去一直都是，且将来还会继续是一个多族群社区。肤色、姓名和发质不会自动决定一个人的国籍或宗教。"这真没什么大不了的，"医生对目睹了这段对话并问他是否被这位女士的评论冒犯了的本书作者之一说，"在我有生之年，我会一直纠正人们对我的族裔的言论。有些人搞不明白。他们永远都是那样。"我们知道，医生不应该做出错误的预测。然而，我们希望这个预测最终会被证明是错的（或者至少基本上是错的）。

我们不应该忘记，人类群体在不断地移动，并与其他群体融合。一些国家禁止一个人改变其宗教信仰。相比之下，在美国、加拿大和许多其他国家，文化多样性受到鼓励，人们可以自由选择他们想要认同的群体，种族、宗教或国家认同变得越来越有活力，并变成了个人选择的问题。

1.2.3 跨文化心理学中的知识

知识是有目的或有用途的信息。算命师可能会向你解释，梦是通往你未来的"窗口"。然而，科学家可能会解释梦的生物学机制，认为不能指望利用梦去可靠地预测任何事情。为了追求各种目标，人们开发了不同类型的心理学知识。心理学中至少有四类知识（表 1.2）。

第一类是科学知识。这类知识来自对各种心理现象的系统观察、测量和评价。观察以科学概念和理论的形式进行组织和概括。理论是提出来用以帮助我们理解事件如何相互联系以及为什么相互联系的解释。理论可以产生预测或假设，然后通过包括实验在内的各种研究方法进行检验。建立在新数据的基础上，心理学的科学观点会并且应该发生变化。被认为是"科学的"东西在不同历史时期以及不同国家都有所不同。某些科学理论在某一时期赢得了学术界的尊重，但后来被其他理论所取代。颅相学（phrenology）就是一个例证。在某一历史时期，人类头骨上的“隆起”与一个人的情绪和智力之间存在直接联系，这被认为是科学的。如今，这样的想法遭到普遍否决。

第二类心理学知识被称为通俗（或民间）知识，包含一系列通俗的信念和假设。这种“日常心理学”（everyday psychology）是由大众所构想的，且服务于大众。其假设差别很大，范围从一般化假设（比如相信梦能预测未来）到非常具体的假设（比如某件衣服能带来好运）。这类知识有时会使个体相信某个人或事物的复制品或象征物（比如偶像或雕像）等同于人或事物本身（Johnson et al., 2011）。与此类似，新几内亚的华族（Hua）群体也持有一种民间信仰，认为食物携带一种物质，能够传递制作或准备食物者的精髓和社会地位。因此，华族人制定了特殊规则，规定哪些食物可以吃、由谁吃，以及食物如何烹调（Johnson et al., 2011; Meigs, 1988）。民间信仰的一个有趣的例子是印度教的做法：给神供奉食物，然后从神那里接受部分“吃过”的食物[称为普拉萨德（prasad）]。从一个甚至多个神那里接受食物，等同于跟神的“联合”（Johnson et al., 2011）。对印度教徒来说，吃别人的食物是一种谦卑的行为；此外，吃那些已经进入过别人嘴（因此接触了他们的唾液）的食物会继承这个人的精华（Babb, 1975; Dalal, 2010）。

表 1.2 跨文化心理学中的四类知识

知识类型	知识来源
科学知识	通过对广泛的心理现象进行同行评议的科学研究所得结果积累而成的知识
通俗（或民间）知识	关于心理现象的，从共同信念到个人见解的日常假设
意识形态知识（以价值观为基础）	以某种特定的组织原则或中心思想为基础所产生的关于世界，关于善与恶、对与错的本质，以及关于人类生活目的的一套稳定的信念
法律知识	关于个体心理体验和行为的，体现在法律中并在官方规章和准则中详细说明的知识

通俗信念可能与科学理论一致，也可能不一致。我们可以让一个愤怒的人深呼吸并“冷静下来”（原文为 cool down，字面意思为“凉下来”——译者注）。尽管这个人的实际体温不太可能快速下降，但如果用语言表达出这种通俗信念，可能会避免这个人的愤怒爆发出来。如今，数以百万计受过教育的人仍然对特定的数字感到担忧。许多基督教徒避开数字 666 和 13，但觉得数字 4 没有问题，而许多东南亚人在某些情况下很厌恶 4。无数的人迷信，他们相信占星术，或相信黑猫穿越道路意味着坏事将会发生。反之，科学家可能会用科学证据向你证明猫跟好运厄运没什么关系。

正如许多年前的情况一样，当下的通俗信念对几十亿人的生活产生了显著影响。科学知识始终与通俗信念存在竞争，有时证实了一些通俗信念，有时也根除了一些。例如，许多国家都有一个常见的信念，认为不道德行为，如盗窃或叛国，可能会导致行为者患上精神疾病或其他疾病（Haslam, 2005）。然而，科学并没有提供证据来支持这些说法。历史上，很多人经常但错误地将某些国家或族群与某种突出的人格特质和 / 或特征联系在一起：美国人雄心勃勃但粗鲁无礼，英国人彬彬有礼但有时脾气暴躁，中国人彬彬有礼且服从权威，俄罗斯人坚强但无情等。科学研究已证实，这些过于简单的概括并不准确（Terracciano & McCrae, 2007）。然而，一些民间信念确实包含着有用的观察结果，并推动了某些健康习惯。几个世纪以来，人们一直依靠这些信念来避开有害、有毒或受污染的食品。沙勒（Schaller, 2006）将有助于避免疾病威胁的认知和行为的集合称为行为免疫系统（behavioral immune system）。

第三类心理学知识存在于人的价值观之中。与民间信念不同的是，这种知识来源于对世界，对善恶、对错行为的本质，对人生目的等问题的统一而稳定的认识。基于价值观的知识以一套明确表达但不必实证检验的标准为基础，因此它不同于流行信念。意识形态知识或基于价值观的知识可以理解为教条，因为其原则通常不容挑战或推敲。例如，深信灵魂以一种非物质的、不朽的实体存在，这对许多人来说是一种不容置疑的价值观。宗教作为一种社会制度，是一种最突出的基于价值观的知识。例如，在当代韩国，对某些人来说，与众多神和幽灵直接交流的传统可以与智能手机并存。这种交流是通过数十万名专业“中保（mediators）”进行的，这些中保（中间人——译者注）被称为“曼辛（manshin）”（Sarfati, 2010; Song, 2016）。

第四类知识是法律知识。这种知识以当局（从部落或社区领导人到中央政府）制定的法律及其他规定的形式存在。这些知识包括当局和人民大众用来判断人类行为中心理方面的规章和原则。法律知识为做出有关生死、婚姻、人的精神健全、抚养子女的能力等方面问题的重大决定提供了依据。例如，在大多数西方社会，从法律的角度来看，“死亡”与人们相信灵魂存在的宗教信仰关系不大。身体死亡的法定指标是大脑活动停止。再举一个例子，一个人是否成熟到可以结婚或有能力接受审判的问题不是由习俗决定的，而是由一些严格确定的法律规章决定的。打屁股、扇耳光是全世界广泛使用的惩罚儿童的方式。许多父母（请随便问问）仍然认为体罚儿童是正常的。然而在美国，尽管有些州仍然允许对儿童进行“轻微”的体罚，但大多数父母都认为体罚儿童是非法的（Jenkins, 2018）。

对心理学家来说，以理解、敏感和尊重的态度对待所有类型的知识至关重要。然而，这并不意味着要求心理学家生活在一个没有个人信念和价值观的世界里。这四种知识是紧密联系在一起的。常识性的假设，例如，如何处理深切的悲伤，以及如何释梦，一直是人们在心理现象这方面的知识的一部分。在某些历史时期，往往嵌入有组织宗教中的这方面基于价值观的教义，对通俗知识、科学知识和法律知识产生了巨大的影响。以价值观为基础的深层文化知识倾向于抵制快速的变化，但它本身也会发生变化。法律心理知识随着社会的不断变迁而发生着变化（Shiraev, 2011）。

1.3 文化传统主义

有两类一般文化建构。一种文化建构叫作传统文化（traditional culture），这是一种以主要在过去建立起的传统、规则、符号和原则为基础的文化建构。它本质上是以过去所接受的方式行事和思考。另一种文化建构是非传统文化（nontraditional culture）（通常称为“现代”或“当代”），它以新思想和新实践为基础。以科学为基础的知识、技术和社会创新的盛行通常与非传统文化有关。用信封寄信是一种“传统”的沟通方式，而发送短信是一种非传统的方式。今天是非传统的东西，明天就变成了传统的。传统文化往往局限于当地和区域边界之内，倾向于保守，不太能接受创新。非传统文化倾向于接受新事物，并充满活力。当代非传统文化中的现实图景正在扩张。相比之下，传统文化易于受到限制：其现实图景只包括一组与附属于部落、宗教、族群或领土的特定教义联系在一起的观念。传统文化和非传统文化之间的主要差异（往往是重叠的）见表 1.3。

表 1.3　传统文化与非传统文化的比较

传统文化	非传统文化
多数社会角色（social roles）是被分配给个人的	多数社会角色是由个人争取的
评价个体行为的重点是风俗和习惯	评价个体行为的重点是基于个人选择的后果
人类行为的对错有明确区分	人类行为的对错区分是相对的
真理是无可争辩的；它已经确立，且不会改变	真理是通过思想和实践的竞争而显现的
个人的选择被限制在社会规范的界限之内，如婚前性行为、婚外性行为受到约束	个人的选择并不会被严格限制在社会规范的界限之内。例如，婚前性行为、婚外性行为通常可以被容忍

传统社会系统安排人们的生活，使人们在行动上几乎没什么选择：他们生活中的大多数事情都是由权威规定的，并几乎原封不动地传递给下一代。传统社会通过宗教习俗（如服装）和其他文化要求（如必须拒绝的食物）规定个体如何理解善与恶、可取的事情与不可取的事情、有价值的行为与无价值的行为以及理智与疯狂。例如，在中国传统文化中，女性的角色主要以她们在家庭中的地位，概述为女儿、妻子和母亲，并被期望服从（obedience）其父亲、丈夫和儿子（Cheung & Halpern, 2010）。今天的中国已经改变了，而且还在继续改变。在中国这样的国家所形成的现代文化，接受了强调男女平等的新性别角色。相比之下，传统文化中的性别角色（如在当地社区，通常是在农村地区）往往仍具有歧视性，使女性获得的教育和社会机会少于男性。然而，我们应了解，传统价值观和规范并不总是需要强制。许多代表传统文化的人接受并愿意遵守这些规范。许多人遵循传统，因为传统常常给他们的生活带来确定性的感

觉，从而使他们与其他群体区别开来。相比之下，非传统文化一般欣然接受自由选择。然而，这并非没有代价，因为选择往往与宽容（人们需要接受可能不喜欢的东西）和困惑（面对太多选择）联系在一起。心理学家巴里·施瓦茨（Barry Schwartz, 2004）指出，当代消费导向型社区的人们在对不同食物、设备、汽车、衣服和度假目的地进行选择时花费了太多时间。这一系列的选择可能会导致所谓的“选择拥挤”（choice congestion），以及人们在进行选择时因优柔寡断或错误而产生的挫折感。

1.4 对文化的实证检验

在说到别人时，经常说“她来自另一种文化”或“让我们考虑一下他的独特文化背景”。是否存在不同的文化？许多学术心理学家一直在一种前提下并将继续在这样的前提下进行研究，即文化差异可以概念化为文化二分法，包括高—低权力距离（Power distance）、高—低不确定性规避（Uncertainty avoidance），以及集体主义—个人主义。

权力距离是社会成员接受机构和组织中权力分配不均的程度（Hofstede, 1980; Summereder et al., 2013）。假设存在着高权力距离和低权力距离的文化。处于“高权力距离”文化中的大多数人普遍接受领导者与被领导者、精英与平民、管理者与下属、养家糊口者与其他家庭成员之间的不平等。

以种姓为基础的古老印度社会似乎是一个高权力距离社会。正如人们所料，也有一些文化中的权力距离较低，在这样的文化中，平等是人际关系方面的首选价值观。研究表明，在等级森严、权力距离大的文化中，人们倾向于制定与社会地位相关的更加严格的行为规则（例如，“当你成为父亲时，你应该做出决策，表现得像一个受人尊敬的家庭首领”）。高权力距离文化中的人们倾向于强调结构和稳定性（Summereder et al., 2013）。另一方面，低权力距离文化中的人们往往更倾向于平等主义，更少关注与身份相联系的行为规则（“当你成为父亲时，你将会选择自己的行为方式”）。许多研究表明，美国被视为拥有相对平等、低权力距离的文化，而日本和韩国通常被视为更具等级性，权力距离更高（Matsumoto, 2007）。研究还表明，在个体层面上，高权力距离来源于个体的社会支配取向，即一个人在任何给定社会体系中对等级制度的偏好程度（Sidanius & Pratto, 2001）。接受社会等级制度的人往往认为不同的社会群体、性别群体、族裔群体及其他群体都是不平等的。这种观念很可能是在生命早期形成的（Lee et al., 2007）。

不确定性导向（Uncertainty orientation）指人们在日常生活中处理不确定性的常用方式。这种现象是在从不确定性接受到不确定性规避之间的连续体上进行测量的。

不确定性规避是社会成员对不确定性和模糊性感到不舒服的程度。处于高度不确定性规避文化中的人倾向于支持那些保证确定性的观念，并坚持那些保护从众（conformity）的制度。同样地，低不确定性规避文化中的人倾向于维持不一致的态度，支持不可预测性、创造性（creativity）以及新的思维和行为方式。一项针对 135 个国家的研究发现，低不确定性规避分数与帮助行为相关，如帮助陌生人以及向慈善机构捐款（Smith, 2015）。接受不确定性的人倾向于通过寻求信息和从事直接解决不确定性的活动来应对不确定性。确定性导向的人倾向于遵从规则、风俗或他人（包括权威人士）的意见来解决不确定性（Sorrentino et al., 2008）。研究表明，东西方文化群体在处理不确定性的方式上往往有所不同。尤其是像日本或中国这样的东方文明，在历史上往往比法国或加拿大这样的西方文明表现出更多的“不确定性规避”（Hofstede, 1980）。但不要忘记，文化特征往往会发生演变，特别是在互联互通和全球旅行的时代。

集体主义和个人主义可能是最常被提及和仔细考察的文化特征（Triandis, 1989; Van Hoorn, 2014）。个人主义通常被解释为基于个人独立、自力更生、关心自己和直系亲属或亲密群体，而不是关心自己归属的其他群体或社会的复杂的行为和体验；而集体主义通常被解释为基于相互依存、集体责任、关心他人、关心集体传统和群体价值观的行为。集体主义和个人主义可以从所谓的“强关系”（家庭成员和亲密朋友之间的关系）的层面上进行研究，也可以从“弱关系”（偶然相识的人之间的关系）的层面上进行研究（Granovetter, 1973）。集体主义文化中的群体规范是高于一切的，这种规范可能会指导个人行为。总的来说，集体主义文化中的人倾向于使用增进和谐的策略（harmony-enhancing strategies）来解决冲突，而个人主义文化中的人则更喜欢竞争性策略。研究表明，集体主义在亚洲国家、传统社会很盛行，而个人主义在西方国家很盛行（Triandis, 1996）。与西欧人和亚洲人相比，北美人主要表现出独立和个人主义，而不是其他群体中的相互依存和集体主义（Kitayama et al., 2010）。有人认为集体主义源于资源的稀缺。作为群体成员的你，如果缺少资源，就很可能与其他群体成员联合起来。弗吉尼亚大学的托马斯·塔勒姆（Thomas Talhelm）及其同事提出，影响集体主义的最重要因素是农业（Talhelm et al., 2014）。西方的主要农作物是小麦；东方主要是大米。在过去 100 年的农业机械化之前，农民种植水稻所需时间是种植小麦的两倍。换言之，历史上与小麦种植者（主要生活在西方和北方）相比，水稻种植者（主要生活在东方和南方）需要更多的人手才能有收获。

1.5 集体主义与个人主义：进一步研究

哈里·特里安迪斯（Harry Triandis, 1996）对个人主义 – 集体主义现象提供了更为详细和复杂的理解（见图 1.2）。他建议考察集体主义和个人主义的纵向和横向维度。在纵向文化综合征（cultural syndrome）中，人们从权力和成就的角度看待他人。他们以雇主和雇员或者以领导者和被领导者的身份交流。人们也以朋友、家人和同事的身份参与各种活动。因此，仁爱（benevolence）和平等可能代表横向文化综合征。例如，独裁政权可能会强调平等（横向水平）而不是自由。西方国家倾向于强调自由（纵向层面）而不一定强调平等（Kurman & Sriram, 2002）。

印度等传统社会的人往往是纵向集体主义者，美国人可能被视为纵向个人主义者。在 20 世纪 90 年代初进行的研究中，瑞典人被视为横向集体主义者。这是为什么呢？美国人比瑞典人更能容忍不平等；多年来，瑞典人一直愿意接受更高税率的征税，从而减少收入不平等的情况（Triandis, 1996）。当然，这些态度会随着时间的推移而改变，其原因往往在于许多社会经济和心理因素。持续的经济成功或长期困难往往会改变人们对平等的看法（O’ Neal, 2019）。

集体主义和个人主义在不同国家的典型范例各不相同（见表 1.4）。例如，美国的集体主义不同于亚洲的集体主义。亚洲形式的集体主义给个人施加压力，使其避免与他人产生分歧，因为在亚洲文化中，与他人和谐相处及关心他人的幸福历来比个人的舒适更受重视（Barnlund, 1975/1989）。

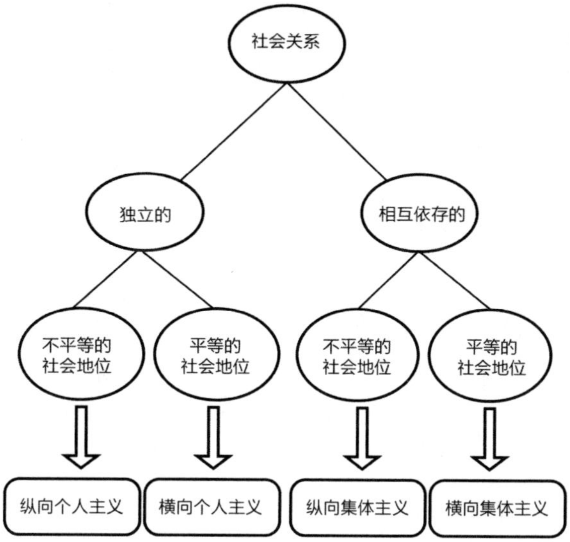

图 1.2　社会文化取向

注：为简单明了，本图中社会文化取向的分类变量和类型本质上是分类的。然而，本图中包含的所有建构实际上都是连续变量。见第 2 章关于对区分二分变量（dichotomous variables）和连续变量的批判性思维原则的讨论。

表 1.4　社会文化取向

	纵向个人主义	横向个人主义	纵向集体主义	横向集体主义
社会结构	等级制度	平等	等级制度	平等
控制意图	改变环境	改变环境	适应环境	适应环境
变化倾向	开明	开明	传统	传统
性别地位	僵化	灵活	僵化	灵活

续表

	纵向个人主义	横向个人主义	纵向集体主义	横向集体主义
实现目标的手段	竞争	竞争	合作	合作
绩效价值观	能力	能力	努力	努力
社会界面	站出来（凸显）	站出来（凸显）	融入（和谐）	融入（和谐）
认知模式	分析式	分析式	整体式	整体式
举例	美国 英国 法国	澳大利亚 瑞典 挪威 丹麦	中国 印度 俄罗斯 韩国 日本 波兰	以色列集体农场（Israeli kibbutz） 巴西 西班牙

来源：来自 Barnlund（1989）；Hofstede（1980）；Kitayama et al.（2010）；Kurman & Sriram（2002）；López-Pérez et al.（2015）；Markus & Kitayama（1991）；Matsumoto（2007）；Michailova & Hutchings（2006）；Shavitt, Johnson, & Zhang（2011）；Shavitt, Torelli, & Riemer（2011）；Triandis（1989, 1996）；Triandis & Gelfand（1998）。

菲耶曼及其同事（Fijman, 1996）在中国、土耳其、希腊、荷兰和美国进行了一项经典研究。在 8 种假设的情境中，某人在心理和经济方面需要帮助，要求大学生被试就这些情境表达自己的观点。尤为强调的是，要求参与者表明他们愿意在金钱、物品或个人招待方面帮助他人的程度。这项研究挑战了传统上对集体主义和个人主义的简单理解。其主要观点是，集体主义文化中的人们不仅期望帮助他人，而且期望从他人处得到支持作为回报。相比之下，个人主义文化中的人不仅较少期望对他人作贡献，而且往往不期望他人的回报，从而降低了自身对权利的期望。一项对 36 个国家的研究表明，集体主义与信任有关，但仅限于与某一文化群体有关的相对有限的群体。另一方面，个人主义通常与对更多人的信任有关（Van Hoorn, 2014）。

“独立”和“相互依存”也成为跨文化心理学中经常使用的术语。在某些文化中，大多数人通过关注自己及表达自己独特的内在属性来寻求自己相对于他人的独立性。在另一些文化中，人们相互依存并强调对他人的关注，同时融入与地位较高、较低或同等的人之间的关系并保持和谐（Markus & Kitayama, 1991）。研究表明，与亚洲人相比，英国人和德国人等西欧人在人际关系和决策方面倾向于独立。与西欧人相比，欧裔美国人更加独立（Kitayama et al., 2009）。

1.6 文化综合征

上文确定的每个类别都是一个标签，每一个标签倾向于描述某一文化的一个或多个特征。哈里·特里安迪斯（Harry Triandis, 1996）引入了“文化综合征”的概念，将其作为共同态度、信念、分类、定义、规范和价值观的模式或组合，这种模式是在特定的历史时期或清晰的地理区域，围绕一个特定语言人群所确定的主题组织起来的。这种综合征的一个例子是“紧”，适用于社会情境的特定规则和规范，以及用于对违反这些规范的人的惩罚。“紧”是一种有助于提升文化独特性的文化综合征。宗教团体倾向于让所有成员容易获得普通食物，以促进团体的团结。然而，这些“普通”食物也可能是独特的食物（甚至是陌生人讨厌的食物），或者需要准备仪式来对不同文化群体进行区分，特别是在有多个宗教和族群的地区。食物仪式、饮食限制、神圣盛宴和其他节日都非常重要，因为它们有助于形成有凝聚力的紧密群体，以及承认这些群体的地位（Johnson et al., 2011）。其他综合征还有“文化复杂性”（不同文化元素的数量）和“主动性和被动性”（如行动与思想）。还有一个例子是“荣誉”——以自我保护的名义支持攻击行动的态度和做法。心理学家还提到类似于集体主义的综合征，这在非洲被称为社群主义（communalism）（Boykin et al., 1997），在许多西班牙裔背景中被称为家庭主义（familism）（家庭导向，family orientation）（Galanti, 2003），而在许多亚洲背景下被称为孝顺、从众、家庭认可、情绪自控和谦逊的结合（Park & Kim, 2008）。

另有一种文化综合征是“嵌入性”。在嵌入性水平高的文化中，关键社会单元是家庭或扩展内群体（extended in-group），而不是自主的个体。嵌入式文化关注的是群体内的福祉，对外人福祉的关注是有限的。这意味着一个国家的文化嵌入性水平越高，会帮助陌生人的人就越少。嵌入性文化强调克制那些可能破坏群体团结或传统秩序的行为。研究人员已经确定了几个嵌入性得分较高的国家：新加坡、马来西亚、保加利亚和泰国。嵌入性水平低的国家是奥地利、西班牙、丹麦、瑞典和荷兰。处于这两极之间的国家有美国、中国和巴西（Knafo et al., 2009）。

跨文化心理学家使用多种方法来考察人类在不同文化环境中的活动和经验。研究人员依靠的是科学方法，这些方法使用周密的研究程序，以提供可靠和可验证的证据（Gergen, 2001）。通过研究、系统的实证观察以及对涉及人格的各种现象的评估，科学知识得以积累。当且仅当一个理论是可证伪的，也就是说，它能够被证明不正确或是没有根据的，它才应该被认为是科学的。

1.7 自然科学取向

自然科学是描述、预测和理解自然现象的科学分支。自然科学中包括生物科学（通常称为生命科学），它主要研究包括人类在内的生物有机体。这门学科有许多生物学分支，包括解剖学、生理学、进化科学、遗传学和神经科学。

跨文化心理学依赖于遗传学，这是对通过基因传递和基因变异的遗传进行多学科研究的生物学领域。遗传学这个术语本身源于古希腊术语，意思是“起源”（origins）。事实上，这个科学分支寻求解释包括人类在内的生物体的身体结构、生理过程和行为功能的“起源”。个体的特征，包括持续的行为和经验，都受到遗传因素的影响。遗传信息激活个体体内特定的生理“机制”，从而影响个体的身体、行为、认知和情绪的发展。我们的行为、感觉和体验的方式是世代相传的基因构成（genetic makeup）的产物。然而，这些特征是在遗传因素和环境因素之间复杂、持续的相互作用过程中发展起来的。基因不能直接构建个体的特质或特征，而是产生了“建筑材料”，再加上与环境影响的积极互动，共同导致了某些行为和心理特征的发展。研究人员对来自 7 个族群的个体进行了考察，发现所解码的部分基因中存在 41 种变异，不同人群之间存在显著差异（Wade, 2015）。新的证据表明，社会群体的不同不仅仅在于他们的文化——他们自出生起从父母和老师那里学到的东西——还在于其成员通过基因所传递的社会行为差异（Wade, 2015）。例如，你知道藏族人有一种基因可以调节人体血红蛋白的产生，从而使他们可以在高海拔地区呼吸吗？

神经科学是对神经系统的科学研究，是跨文化心理学的另一个重要知识来源。认知神经科学对跨文化心理学有着特殊的重要性。它研究支持个体心理功能的大脑机制。脑病理学研究、神经生理学实验研究以及快速发展的脑成像方法为认知神经科学家提供了非同寻常的新信息（Jabr, 2015）。

进化取向（The evolutionary approach）是一个理论模型，这种取向探索进化因素影响人类行为和经验，从而为人类文化奠定自然基础的方式。文化只是一种存在形式，它满足了人类的基本需求及相应的目标。根据这种取向，人类的首要目标是生存。

根据查尔斯·达尔文（Charles Darwin）提出的自然选择原则，由于以生物原因为主的各种原因，一些有机体比另外一些更有可能存活。通常，健康、强壮、适应能力强的人比虚弱、不健康、适应能力差的人有更多存活机会。如果一个特定群体的成员比另外一些群体的成员更有能力在某个环境中生活，那么该群体的生存机会就更大，从而发展成一个社会基础架构（infrastructure）。因此，其成员有更大的可能性生活在更好的社会条件下，这将使人们更具竞争力。自然选择同样也会逐渐消除那些无用的文化习俗、规范和信念。

通过青睐最适合的成员，竞争可以稳步推进社会发展。存活下来的人把他们的有利基因传给后代。通过几代人的传递，那些通常能影响行为和促进生存的基因模式——比如攻击性（aggressiveness）、主动性、好奇心或顺从（compliance）——会成为主导，然后形成一种文化的基础。男性和女性之间的生物学差异（如身体块头、力量、激素和生殖行为）为文化习俗奠定了基础，从而强化了男女之间的不平等。因此，这种取向的支持者为人类行为的多样性提供了自然和进化的解释。根据这一观点，所有人都有一个共同的进化史，这为他们提供了独特的人类工具，使他们能适应多样的环境，养育孩子，并将有利于生存和幸福的习惯传递给下一代（Edwards & Bloch, 2010）。进化心理学假设人类行为的许多重要模式具有生物学的作用。例如，合作和利他主义行为并不仅见于生活在现代文明中的人。利他行为，如为家庭或社区牺牲自己，在很多情况下具有进化价值。换句话说，人类的善良可能是自然选择的“产物”。因此，人类在进化过程中被设计成对家庭成员或族群无私，对陌生人却非如此。这主要是因为多个世纪以来我们的祖先一直生活在小群体中；现今，大城市和国家是进化史上出现的新奇事物，因此会引发警戒甚至不信任（Kanazawa, 2010）。

进化论理论家杰弗里·米勒（Geoffrey Miller）认为，大脑就像孔雀的尾巴，是在进化过程中被设计出来用于吸引异性的。两性都有理由为了吸引伴侣而“炫耀”，但男性和女性有不同的选择标准，例如，在利他和贪婪方面存在差异。这两种现象看似不同，但也有一些共同点：都会造成资源浪费，都是标示个人拥有这些资源的信号。米勒认为，男性和女性的区别在于，女性天生倾向于利他，而男性则倾向于进行引人注目且贪婪的消费。从进化的角度来看，女性倾向于寻求伴侣的物质支持，而男性则需要女性的牺牲（Miller, 2000/2019）。

进化科学家提出的一个最重要的观点是，自然选择不仅重视适应性和竞争能力，而且重视遗传多样性。进化生物学家已开始相信，在实践中，基因多样化的种群往往比同质种群更具弹性，因为这种种群能更好地应对不断变化的环境（Chaistan et al., 2014）。

1.8 社会科学取向

跨文化心理学依赖于更广泛的社会科学领域，该领域关注社会以及社会中个体之间的关系。社会科学是一种关于人类行为的一般观点，其关注点是影响整个社会并继而影响其中个体的广泛的社会结构。一些著名理论对以科学和比较的方式理解文化背景下的人类行为产生了深远影响。总的来说，这些理论表明，社会力量塑造了大社会群体的行为，人类会发展和调整自己的个体反应，以适应大社会群体和机构提出的需求和施加的压力。因此，文化既是人类活动的产物，又是其主要形成因素。在社会科学内部，跨文化心理学来源于人类学、经济学和社会学等领域。

人类学的核心是对人类的研究。这是一个巨大的领域，分为许多较小的和重叠的子领域和专业。人类学家作为一个群体，可能对诸如人类的生物学根源、语言的共同语法或宗教仪式（religious rituals）中的性别偏差等不同的话题感兴趣（Nanda & Warms, 2010）。例如，北山及其同事（Kitayama, 2006）研究了个人主义在美国的起源，并假设个人主义在某种程度上源于边疆精神的历史。他们发现，北海道这一日本北部岛屿上的人们有边疆精神的历史，他们比缺乏这种历史的大陆日本人表现出更大程度的美国式个人主义。

经济学分析并描述资源的生产、分配和消费。跨文化心理学家对微观经济学特别感兴趣，正如经济学家所说，微观经济学的分析单位是个体或决策者。最耐人寻味的领域之一是行为经济学，进行该领域的研究需经常与心理学家合作（Kahneman, 2013）。行为经济学研究个体因素（如推理、情绪稳定性或习惯）和群体因素（如传统、群体压力或竞争）对个体经济决策的影响。

社会学是研究社会和人类社会行为的社会科学。这一领域通常关注大大小小的协会、团体、组织、社区和机构。社会学有许多子领域，它用科学的方法研究和理解社会发展、社会组织和社会变迁。心理学家从城市社会学的角度了解大城市社区对青少年生活方式的影响；他们运用性别社会学来比较男孩和女孩的生涯选择模式；运用环境社会学来研究宗教信仰如何影响个体在环境保护方面所做出的努力。

与生物学或生理学等自然科学相比，社会科学相对年轻，直到 19 世纪才开始使用科学方法。大约在那个时候，社会学家开始对社会趋势进行统计分析。人类学家前往遥远的地方，对原住民群体进行仔细观察和记录。经济学家将微积分应用于经济行为的基本机制，如资源的消费和分配。

1.9 人文取向

跨文化心理学也借鉴了人文学科。从广义上讲，人文学科研究的是人类文化。与关注文化的社会学和人类学不同的是，人文学科使用的方法主要是批判性的，有时是思辨性的，并且具有显著的历史性和创造性元素。这种取向也将人文学科与自然科学的实证取向区分开来。然而，人文学科包括对古代和现代语言、文学、哲学、宗教、视觉和表演艺术的研究。在历史上，人文学科与科学中的人本主义传统（humanist tradition）[或“人本主义”（humanism）]相联系，强调个体的主观方面：自由感、美感、创造力和道德责任。人本主义鼓励自我理解和提高、开放以及分享技能和经验（Dilthey, 2002/1910）。典型的人本主义者欢迎知识、利他主义、道德和激情。人本主义也以科学为基础，倾向于世俗化。

艺术是人类经验和想象力的创造性表达。艺术有许多形式，典型的形式包括视觉艺术，如绘画和雕塑；以及表演艺术，如音乐、戏剧、电影和舞蹈。艺术家当然可以成为科学家，但他们大多不是科学家，他们的目的通常不是通过艺术表现来传达科学知识。相反，艺术家创造作品是为了美或超脱，和/或承载情绪力量。艺术还需要听众或观众的判断。换句话说，艺术应该至少涉及两个个体：一位艺术家，一位艺术感知者。艺术创作和艺术反思这两种行为是帮助我们理解不同文化中的个体和群体的重要过程（Kandel, 2012）。

艺术为人格心理学家提供了丰富的材料，丰富了人格心理学家对人类、人类行为及人类内心世界的科学认识。古代印度史诗《罗摩衍那》（*Ramayana*），以及18世纪的中国经典文学著作《红楼梦》（*Dream of the Red Chamber*），对人类行为和个人选择的复杂性进行了大量描述。英国的莎士比亚（Shakespeare）和俄罗斯的陀思妥耶夫斯基（Dostoyevsky）等作家创造了一长串的文学人物，至今仍有数百万人在不断审视这些人物。许多源自中东和中亚的艺术作品也关注个人的人格。菲尔多西（Firdawsi）、莪默·伽亚谟（Omar Khayyam）和尼扎米（Nizami）的诗歌告诉了我们几个世纪前的人们的激情、浪漫爱情、愤怒、嫉妒、骄傲和慷慨。

1.10 生态文化取向

个体不仅是外部影响的被动接受者，更是在与自然互动过程中的积极参与者。人们不断与环境互动，从而改造着环境和自身（Goodnow, 1990）。个体不是一个只受环境影响的静态实体，而是一个与环境互动并改变环境的动态的人（Bronfenbrenner, 1979; Harkness, 1992）。例如，当父母教育孩子时，他们自己也（希望）学到东西。20 世纪初，美国社会学家弗雷德里克·特纳（Fredrick Turner, 1920）认为，面对边疆的挑战，美国人作为征服者和建设者，发展了个人主义和平等主义的文化。今天的美国文化融合了独特的美国文化和全球性文化（Schwartz et al., 2010）。

影响个体心理的环境因素有生态背景（ecological context）和社会政治背景（sociopolitical context）（Berry, 1971; Berry et al., 1992）。人类有机体与环境相互作用过程所发生的自然环境称为生态背景，其中包括人们的经济活动。是否有食物、营养质量、冷热以及人口密度等因素对个体有着巨大的影响。社会政治背景反映的是人们参与全球决策和地方决策的程度。这一背景包括各种意识形态价值观、政府的组织结构以及是否存在政治自由。通过基因传递、文化传播和涵化，人们适应了现实，并获得作为特定文化成员的角色。当确定并考虑了生态、生物、文化和涵化因素后，心理学家应该能够解释不同文化综合征之间是如何、为什么以及在多大程度上有所不同。

即使微小的跨文化差异也可能与环境和社会条件有关。例如，一项研究发现，在巴西，社会经济地位较高的城市儿童玩的假装游戏（pretend play）比在更困难的环境中成长的其他年幼群体更先进。困扰贫困儿童的很可能是他们需要直接、具体地解决自己的物质生活问题。富裕地区的儿童就可以经常投入与假装游戏有关的象征性和抽象性思维活动中（Gosso et al., 2007）。

再以气候为例。恶劣气候带来了各种风险和挑战，包括食物短缺、更严格的饮食习惯和健康问题。与生活在温和气候中的人相比，生活在恶劣气候中的人持续面临更大的风险，需要艰难地调整。人们必须为自己提供特殊的衣物、住房和工作安排，服务于生产、运输、贸易和食品储存的特殊组织，准备特殊的护理和治疗设施。寒冷地区的人比炎热地区的人富裕得多。这种获取资源的不平等可能会影响多种文化综合征（Van de Vliert, 2006/2013）。你能猜出是哪些吗?

经济和政治稳定是影响长期风俗和信念的重要因素。几十年来，一些国家一直保持稳定，而另一些国家则非常不稳定。最稳定的国家包括瑞典、美国、英国、加拿大、荷兰和爱尔兰共和国等。最不稳定的国家包括苏丹、叙利亚、阿富汗、伊拉克、海地、津巴布韦、乍得、科特迪瓦和中非共和国。绝大多数稳定国家都是西方发达国家（Abramowitz, 2018; Jane's Information Group, 2008）。你认为长期的社会稳定和自由会影响人们的行为和特定的文化综合征吗？

典型案例

生态文化取向：文化与空间可得性

拥挤已经成为日本社会最重要的元素之一。人们在火车上互相挤压，在拥挤的街道上摩肩接踵，游泳池里同一条泳道上就有十几个人，大家能互相踢到。日本有1.26亿人口，几乎所有人都生活在庞大的城市企业集团中，那里的空间极其紧张，成本高昂。东京住宅的平均面积约为620平方英尺。大多数日本人的房子没有地下室，通常只有一个浴室，许多住宅的前门直接通往公路，因为许多街道没有人行道。许多大公司都有招待高级管理人员的宾馆，因为他们的家往往不够大，无法容纳客人进行晚餐。

1.11 文化混搭取向

20多年前，荷兰心理学家休伯特·赫曼斯和哈里·肯彭（Hubert Hermans & Harry Kempen, 1998）提出，在一个动态的国际交流世界中，文化在不断进化。这两位作者认为，“旧的”传统跨文化心理学假设文化通常是静态的、不变的，并且局限于特定的地理位置。然而，持续的社会、经济、技术和政治现实已经改变了当代文化，使其更加异质、极其复杂（Faiola, 2003）。文化在流动和融合。赫曼斯和肯彭创造了“文化混搭”（cultural mixtures）这个术语来强调我们这个世界的动态性。以双文化或多文化中的个体为例，他们的文化来源于几个文化或族群，而他们生活在不断变化的文化环境中。这些个体的行为和内心世界可能会受到来自不同文化环境的一系列影响（Ng & Lai, 2009）。例如这样一个人：他出生于墨西哥，在美国长大，在加拿大定居、生活和工作。

今天的人们有更多的自由去选择他们希望采纳的文化信息。文化认同等现象正变得越来越司空见惯，往往同一个个体自身就混合吸收了不同的背景、兴趣、想法和选择。移民创造了一种截然不同的新文化，这种文化既不同于旧文化，又不同于新文化（Raghavan et al., 2010）。例如，美国的许多拉丁美洲移民可能精通两种语言，在某些情境下（如商务情境）支持个人主义价值观，在另外的情境下（如在团体中）支持集体主义价值观，并同时认同美国和原籍国（Chen et al., 2008）。由于旅游和科技的发展，正如心理学家多年前预测的那样，宽容和开放的心理价值观应该成为人们生活中必不可少的东西（Friedman, 2000; Giddens, 2000）。

对地方文化（local cultures）如何应对全球化，心理学家至少提出了三种观点。第一种观点预测，全球化必然导致地方文化的弱化和新的国际文化的发展。个人主义、竞争和追求效率将成为全球趋势。生活水平的提高和互联网的普及将最终创造出相似的生活方式（Ho-Ying Fu & Chiu, 2007）。广泛的互动文化是一种全球趋势（Rozin, 2010）。

第二种观点基于一种假设：今天的全球化模式最终将把文化之间的距离拉得更远。由于大多数人恐惧全球化，当地传统和族群习俗仍然会保留其重要性。这种趋势将导致民族主义以及传统观点和宗教信仰的加强，从而将不可避免地引发无数族群和宗教冲突。因此，全球化只会影响世界人口中生活在较富裕地区的一小部分人的生活（Huntington, 2011）。

第三种观点认为，全球化大概只会对全世界一半的人口产生影响。这些人将会接触现代技术、教育和旅行。地球上另一半人口将继续处于相对孤立的状态，要么是由于贫困，要么是由于政府的限制政策，要么两者兼而有之。同时，大批人仍将处于文化转型的状态，表现为努力适应全球转型过程中的心理不确定性和焦虑加剧（Arnett, 2002; Kaplan, 2012）。

你可以在课堂上讨论这些取向中的哪一种更能反映当今世界正在发生的事。

1.12 综合取向：概要

为了将这些取向以及其他可能的取向结合起来并批判性地应用于跨文化心理学，让我们介绍两个贯穿本书的一般概念：活动和资源的可得性。

对跨文化心理学家来说，人类行为并不完全是由文化影响所决定的，人也是自由的、积极的、理性的个体，能够行使自己的意志。活动是个体与环境有目地的互动过程。人类的动机、情绪、思想和反应离不开人类的活动，这些人类活动表现为：第一，由个体、社会经济、环境、政治和文化条件决定；第二，能改变这些条件。事实上，正如俄罗斯心理学家弗拉基米尔·维果茨基（Vladimir Vygotsky）所建议的那样，我们的个人经验在我们的活动中“发展”并通过活动体现。维果茨基的研究在21世纪引起了许多国家的强烈兴趣（Shiraev, 2015; Vygotsky, 1978/1932）。例如，想象一名儿童，他在种族冲突地区长大，并且生存是首要活动，其情绪、动机和认知过程的发展与那些在安全条件下成长的儿童截然不同。同时，由于这名儿童也可以参加大多数环境中的儿童进行的类似的活动，如游戏、学习算术、思考未来、帮助父母等，他很可能与世界各地的同龄人具有许多共同的心理特征。就文化中各成员最常见的活动而言，文化可能既相似又不同。

对个人福祉至关重要的资源情况在很大程度上决定了人类活动的类型、范围和方向。有些社会拥有大量的可用资源，有些地区的资源则极其匮乏。地理位置、气候、是否有自然灾害等，都可能决定个人获得资源的数量和质量。

例如，寿命较短显然与贫困和健康状况较差有关（Riumallo-Herl et al., 2018）。与富裕的人相比，穷人往往生活在更为有害的环境中，更容易受到疾病及其他风险的影响。儿童期（childhood）的营养不良，尤其是在出生后第一年的营养不良，儿童期的感染，以及遭受事故和伤害，都会使人在成年期发生慢性病和致残性疾病的可能性增加，从而对个体活动造成重大影响（Duflo, 2016; Fowers & Richardson, 1996）。总的来说，贫困会影响人们如何决定以及如何判断自己、他人和环境吗？是的。但如何影响以及以何种方式影响呢？这一问题将贯穿本书全文。

资源的存在并不等于该社会所有成员都能平等地获得资源。获取资源是另一个使不同的人、不同的文化一体化和分离的重要因素。人们对资源的获取——这也是我们关注的焦点——影响着文化和个体行为的许多方面。许多针对少数族群和宗教少数群体的调查研究指出，不平等和压迫是造成少数群体和主流文化群体之间行为心理差异的主要原因（Duflo, 2016; Jenkins, 1995）。每年联合国的研究人员都会测量世界上大多数国家的生活水平。人们的平均教育水平和收入，加上预期寿命，被用作确定生活水平的标准。多年来，挪威、瑞典、澳大利亚、加拿大、法国、日本和美国等国一直占据前十的位置。不幸的是，另一些国家长期排在最后。20 年来，排名倒数 20 名的国家一直是非洲国家。

然而，文化的主要特征和与文化相关的行为并不仅仅取决于物质资源和获得物质资源的途径。贯彻了这些想法的思想和实践与个体心理密不可分。以人们赋予家庭和祖先的角色为例。在中国社会，自古以来，家庭——不一定是个人——作为社会的基本单位，一直处于至高无上的地位。因此，人的价值主要是作为更大社区的一部分，而不一定是作为一个独立的个体。然而，今天的中国正在发生变化：大型家庭正在消失（由于实行了几十年的“独生子女”政策，几乎一半的家庭只有一个孩子），中国的生育率（每名女性平均生育子女数）在 1.6 左右，低于美国和英国。这些变化已经对中国的文化和人民产生了深刻影响。

典型案例

财富与个人主义

财富与个人主义之间存在正相关（Bazzi et al., 2017; McClelland, 1961）；然而，一个社会也可以在积聚财富的同时在很大程度上保持着集体主义，如科威特或新加坡。有人可能认为，资本主义应该提倡个人主义。资本主义是以竞争原则为基础的，这受到法律和政治的保护，保障了多数人的权力——如果多数人是通过选举实现自己的权力的话。这种自由竞争需要足够的资源。然而，另一些人可能也会颇有说服力地提出，集体主义建立在合作的基础之上，并没有从本质上排除竞争：人们可以在相互竞争的同时，仍然将其关系建立在合作原则的基础之上。

1.13 本土心理学

跨文化心理学家越来越多地对本土文化给以特别关注。原住民群体受到国际法或国内法的保护，根据其与特定领土的历史联系，以及他们的文化和历史的独特性，而保留特定的权利。金和贝里（Kim & Berry, 1993）将本土心理学（indigenous psychologies）（复数形式是合适的，因为显然任何群体的人都可以发展自己的心理学）定义为对给定原住民群体中的共同人类行为和经验进行的科学研究。原住民群体的一个重要特点是保留了传统的生活方式，例如依赖狩猎和采集及其他生产方式。总的来说，大多数原住民群体生活在非城市化地区。

当代跨文化心理学的一个假设是，如果不深入了解塑造群体行为和经验的社会、历史、经济、政治、意识形态和宗教前提，就不可能完全了解特定文化中人们的心理。因此，本土理论，包括本土心理学，其特点是使用专门与被研究的文化群体有关的概念和方法（Ho, 1998）。对心理学家来说，重要的是要理解几个世纪以来，原住民群体遭受了殖民和被征服，却依然决心以其独特的主权身份来生存，尽管困难重重（Anaya, 2009）。

1.14 种族中心主义

较早的一项研究让几个国家的大学生在十分钟内画出一幅世界地图，尽可能详细地描绘世界。几乎在所有情况下，学生都把自己的国家画得过大（Whittaker & Whittaker, 1972）。或许我们倾向于夸大最熟悉、最喜欢的东西。

种族中心主义（ethnocentrism）在某种程度上是一种夸张。这一观点支持观察者从自己的族群、民族或文化群体的角度对其他族群、民族和文化群体或事件进行判断。例如，在心理学中，依赖于所研究文化中的外来概念的各种理论都很容易犯种族中心主义的错误。对那些在一个地方长大、从未接触过其他国家的人来说，智利和阿根廷、法国和英国、美国黑种人和西班牙裔人之间的差异似乎微不足道。种族中心主义使我们对其他国家和社会群体的理解变得狭隘。从这个意义上说，种族中心主义是对现实的扭曲。

在大多数情况下，种族中心主义还意味着从文化上的大多数的立场进行判断。由于多数群体的规模很大，多数群体的成员掌握着大多数权力，因此，任何多数群体所接受的价值观和准则都具有强大的力量。

1.15 多元文化主义

为所有社会和文化群体寻求平等待遇已成为当代心理学的标准（Fowers & Richardson, 1996; Sears, 1996）。多元文化主义（multiculturalism）不仅鼓励承认同一国家内不同族群或宗教群体的平等，而且提倡各种文化群体都有权遵循自己的价值观和习惯。双文化主义是多元文化主义的一种，它把两种文化的特点结合在一起，形成一种独特的融合。移民可以很容易地接受双重族群身份，流利地讲两种语言，并将他们的孩子培养成双语人（Ng & Lai, 2011）。双文化主义可能出现在简单的习俗中。例如，许多古巴裔美国人同时用传统的感恩节食物和古巴菜庆祝感恩节（Chen et al., 2008）。

1.16 本领域简史

跨文化心理学是一个相对较新的领域，它从科学的普通心理学发展而来。它也是智力传统的一部分，主要来源于欧洲，但主要发展于美国。然而，跨文化心理学的古老根源散播于当代科学的历史中。除了与普通心理学的历史联系外，跨文化心理学还受到多种影响，其中包括源自人类学、生理学、社会学、历史学和政治学等学科的影响。

许多对现代跨文化心理学有贡献的具体观点将在本书的各章进行描述。因此，这里只提及几种重要趋势。

尽管我们对古代哲学家以及他们的科学创造缺乏了解，但依然可以合理地假设，科学家意识到了人类的多样性，并强调人类行为存在某些群体差异及社会差异。在中世纪这个相对停滞的时期之后，人类对多样性的科学兴趣开始发生某些重大变化，尤其是在 15 世纪之后（Jahoda & Krewer, 1997）。促成这种趋势的因素包括科学的进步、与其他人的接触日益增多、地理考察和贸易。人类关于多样性的最根本的思想变化可能发生在启蒙时代：17~19 世纪。通过书籍及系统的教育，关于人类本性的许多挑战性的讨论开始触及成千上万受教育人群的思想。例如，法国的勒内・笛卡尔（René Descartes），英国的弗朗西斯・培根（Francis Bacon）和戴维・休谟（David Hume），德国的伊曼努尔・康德（Immanuel Kant），法国的德尼・狄德罗（Denis Diderot）和让・雅克・卢梭（Jean-Jacques Rousseau），以及其他著名思想家，他们的作品和出版物塑造了许多关于理性、情感、价值观和行为的当代观点。

到 20 世纪初，社会科学领域对比较学科的兴趣开始增加。人类学家、心理学家和社会科学家，例如，法国的爱米尔・涂尔干（Émile Durkheim）和加布里埃尔・塔尔德（Gabriel Tarde），俄罗斯的弗拉基米尔・别赫捷列夫（Vladimir Bekhterev），以及其他学者试图提供一种有吸引力的理论或简单的类比（例如“社会本能”或“模仿”），以解释跨文化的人类行为（Shiraev, 2015）。逐渐地，研究的重点从思辨转向了实证。威廉・里弗斯（William Rivers）在新几内亚收集了数据，理查德・特恩瓦尔德（Richard Thurnwald）前往美拉尼西亚（Melanesia）研究人的认知功能。20 世纪中叶的心理学研究和人类学观察使许多科学家相信，理解人类行为的关键是个人与其文化环境之间的相互作用。20 世纪中叶，越来越多的心理学家相信，如果不了解文化，就不可能理解人类的经验和行为。到 20 世纪 60 年代，跨文化心理学开始确立为一门独立学科。

在许多卓越的进展中，20 世纪 60 年代的标志性事件是关于文化影响视知觉的国际研究报告的发表（Segall et al., 1966），以及《国际心理学杂志》

(*International Journal of Psychology*)(1966)的创刊。大约在这个时期，随着1970年《跨文化心理学杂志》(*Journal of Cross-Cultural Psychology*)的发行，跨文化心理学非正式地建立了。如今，该杂志的编辑专注于描述文化与心理过程之间关系的研究。他们认为，所有心理都是文化的，所有文化都是心理的。他们希望发表那些把文化作为所有行为的中介和调节变量或先行因素的论文。该期刊鼓励对两种或多种文化进行比较，也包括对一个国家内不同少数民族或族群进行文化比较的研究。多年来，《跨文化心理学杂志》发表了超过2500篇经同行评议的科学文章(Lonner, 2019)。

1972年，国际跨文化心理学协会(International Association for Cross-Cultural Psychology)和跨文化研究学会(Society for Cross-Cultural Research)成立。在20世纪80年代，两本重要著作出版了:《跨文化心理学手册》(*Handbook of Cross-Cultural Psychology*)第一版(Triandis et al., 1980)和《跨文化人类发展手册》(*Handbook of Cross-Cultural Human Development*)(Munroe et al., 1981)。1997年，《跨文化心理学手册》第二版出版。目前，一本跨文化心理学百科全书正在编纂中。如今，跨文化心理学是一门国际性的学科，世界上几乎每个国家都有代表这一领域的专家。

练习 1.1

你的名字和文化

我们很少有人选择自己的名字。别人——通常是我们的父母——给我们取名字。但是，你是否认为我们的名字在某种程度上反映了我们的文化和个性？让我们通过提问和回答几个问题，分三步来分析这个问题。

第一步：你叫什么名字？你有第一名字(first name)和第二名字(second name)吗？解释一下你的名字是如何得来的，以及为什么。你的第一名字和中间名字是什么意思？人们用什么名字称呼你？你对名字有偏好吗？

第二步：描述你的文化中名字的命名方式。例如在美国南部，通常会使用两个(或更多)名字(如 Billy Bob、Linda Lee 或 Peggy Sue)。在俄罗斯、埃塞俄比亚和许多其他国家，一个人的中间名通常是他父亲的名字。你是否觉得自己的名字代表了你所认同的文化？如果你必须住在另一个国家，你是否会考虑更改名字，使其从文化上来说听起来更加“适当”？

第三步：你觉得你的名字怎么样？你喜欢吗？当陌生人听到你的名字和姓氏时，他们怎么对待你？你认为你的名字反映了你的个性吗？如果是，以哪种方式？

1.17 本章概要

1. 跨文化心理学是关于文化影响人类心理的批判性和比较性研究。作为一个比较性领域，跨文化心理学从至少代表两个文化群体的两个样本中得出结论。要比较，就需要一套特殊的批判性思维技巧。

2. 跨文化心理学研究心理多样性及其内在原因。跨文化心理学采用比较的方法研究文化规范和行为之间的联系，以及各种文化力量影响特定人类活动的方式。跨文化心理学建立心理共性，也就是说，在几种文化、多种文化或所有文化中，人们共有的心理现象。

3. 文化心理学寻求发现文化与生活在其中的个体的心理活动之间有意义的联系。

4. 至少可以确定四种有关心理学的知识：科学知识、通俗（或民间）知识、意识形态（以价值观为基础）知识和法律知识。对跨文化心理学家来说，以敏感、理解和尊重的态度对待所有类型的知识至关重要。

5. 没有一个社会在文化上是同质的。不同文化之间不会完全相同或完全不同。在同一个文化集群内部，可能会存在巨大的差异、不一致和不相似之处。

6. 跨文化心理学家根据文化二分法（或两极化）确定文化的主要特征并使之概念化。这种二分法特征包括高—低权力距离，高—低不确定性规避，以及集体主义—个人主义。

7. 跨文化心理学依赖于自然科学、社会科学和人文学科。自然科学家关心对自然现象的描述、预测和理解。对跨文化心理学来说，认知神经科学具有特殊的重要性。它研究支持个体心理功能的大脑机制。进化科学家探索生物因素如何影响人类行为并为人类文化奠定自然基础。社会学家关注广泛的社会结构，这些结构影响着整个社会，进而影响着社会中的个体。有特定的社会力量塑造了大社会群体的行为，人类会发展和调整自己的个体反应，以适应来自大社会群体和机构的需求和压力。

8. 根据跨文化心理学的生态文化取向，个体不能脱离其环境。人们不断与环境互动，从而改变环境，也改变自己。

9. 根据文化混搭取向，研究者应该将注意力从传统的文化观转向新的文化混搭、接触区、相互关联的系统和多重文化认同。

10. 跨文化心理学的综合取向强调人的活动，即个体与环境以目标为导向的互动过程。人类的动机、情绪、思想和反应离不开人类的活动，该活动表现为：第一，由个人、社会经济、环境、政治和文化条件决定；第二，能改变这些条件。两个因素——资源的存在和获取——在很大程度上决定了人类活动的类型、范围和方向。

11. 本土理论的特点是使用专门与被研究的文化群体有关的概念和方法。本土心理学是研究人类行为或心理的科学，是为原住民设计的，而不是从其他地区传来的。

12. 种族中心主义是指观察者从自己的族群、民族或文化群体的角度出发，对其他族群、民族和文化群体和事件进行判断的观点。多元文化主义是一种观点，它鼓励承认所有文化和民族群体的平等，提倡各种文化群体都有权走自己独特的发展道路，有自己独特的活动、价值观和规范。

1.18 关键术语

获取资源 对一个人口群体来说物质资源可得性的指标。

活动 个体与环境之间以目标导向的互动过程。

资源可得性 对个人福祉至关重要的资源的存在和可用程度的测量。

集体主义 基于相互依存、集体责任、关心他人、关心集体传统和集体价值观的行为和经验。

跨文化心理学 关于文化影响人

类心理的批判性和比较性研究。

文化心理学 旨在发现文化与心理变量之间系统关系的研究。

文化 一个群体的人所共享的一组态度、行为和符号，通常代代相传。

生态背景 人类有机体与环境相互作用过程所发生的自然环境。

族群 有共同祖先、语言和宗教的一类人所共有的文化遗产。

种族中心主义 支持观察者从自己的族群、民族或文化群体的角度出发，对其他族群、民族和文化群体或事件进行判断的观点。

意识形态（以价值观为基础的）知识 以某种组织原则或中心思想为基础所产生的关于世界，关于善与恶、对与错以及关于人类生活目的的一套稳定的信念。

个人主义 基于个人独立、自力更生、关心自己和直系亲属或亲密群体的复杂的行为和体验。

法律知识 关于个人心理体验和行为，体现在法律中并在官方规章和原则中详细说明的知识。

多元文化主义 鼓励承认所有文化和民族群体的平等，提倡各种文化群体有权遵循自己的发展道路的观点。

国家 组成合法、独立国家并拥有共同的地理起源、历史，经常还包括共同语言的一大群人。

非传统文化 该术语用于描述主要基于现代信念、规则、符号和原则的文化，对其他文化相对开放，具有吸收性和动态性，以科学为基础并由技术驱动，并且对社会创新相对宽容。

通俗（或民间）知识 关于心理现象的，从普遍持有的信念到个人见解的日常假设。

权力距离 社会成员接受机构和组织中权力分配不均的程度。

种族 根据某些相似并遗传的体质特征而区分出来的一大群人。

宗教信仰 个人接受了与特定信仰相联系的知识、信念和实践。

科学知识 通过对广泛的心理现象进行科学研究所积累的知识。

社会政治背景 人们参与全球和地方决策的环境；包括各种意识形态议题、政治结构以及是否存在政治和社会自由。

传统文化 该术语用于描述主要基于过去建立的信念、规则、符号和原则的文化，仅限于地方或区域边界内，从而限制并且在很大程度上不接受社会创新。

不确定性规避 社会成员对不确定性和模糊性感到不舒服的程度。

不确定性导向 人们处理日常状况和一般生活中的不确定性的常用方式。

第2章
跨文化心理学中的批判性思维

这个故事可以发生在新奥尔良，或是纽约，或是东京、开普敦、布宜诺斯艾利斯。一个女人走进医生的办公室抱怨说自己是一个僵尸。医生尽力说服她不要这样想，说："你会走路、说话，不是吗？"

"僵尸也会走路说话。"病人回答。

"嗯，你还会呼吸。"

"是的，但僵尸也会呼吸。"

"好吧，僵尸不会做什么呢？他们流血吗？"

"不，当然不会了。"病人说。

医生回答说："很好。现在我要用针扎你的胳膊，看看你的想法对还是不对。"于是他把针头深深扎进了那个女人的手臂，果然，血开始从伤口里涌出。那女人惊呆了。在极度沮丧中，她跟医生说："天哪，我错了……僵尸确实是会流血的。"

这个故事的寓意是什么？令人信服的事实往往不足以说服别人，更重要的是我们对这些事实的解释。我们的思维最重要的特征之一是，我们相信自己的意见、信念和解释，然后非常坚持这些意见、信念和解释。这种被称为信念固着效应（belief perseverance effect）的倾向，经常导致我们扭曲、贬低甚至忽视任何与我们"个人的"现实相违背的事实。

思维（thinking）是人类最基本的特征之一，我们几乎在做每一件事的过程中都会发生思维活动。但我们对思维进行过思考（think about）吗？我们多久对思维过程进行一次批判性分析？

教育家们理直气壮地宣称，学会批判性地思考（think critically）是学习中最重要、最不可或缺的组成部分之一；然而，即使存在具体的批判性思维工具，我们也很少会得到。因此，尽管我们相信批判性思维的价值，却不知道该怎么做。

本章的主题是：提高你的思维技能，教会你批判性思维，帮助你对思维进行思考，一句话，就是加强跨文化心理学中的元思维（metathinking）。元思维不是一种神秘的抽象概念，也不是奇迹般地赐予知识精英的一份无法获得的礼物。相反，它是一种技能（或者更准确地说，是一系列技能），既可以教授，也可以习得（Levy, 2010）。本章包含的思维原理（thought principles）或元思维（字面意思是“对思维的思维”）是认知工具，可以为你提供在跨文化心理学中探究和解决问题的具体策略。这样，元思维就成了效果强大的矫正方法，使我们的思维避免偏差、简单化、僵化、懒惰或者马虎草率。

从本书的目的出发（部分内容来自 Levy, 2010），每种元思维都主要通过当代跨文化心理学的理论和应用进行说明。尽管社会文化在世界范围内具有可变性，但这些批判性思维原则的基本普适性超越了任何特定的文化群体。此外，它们可以运用于广泛的领域，从哲学和神学，到法律、政治科学、历史、社会学、人类学、新闻学、商学、医学、体育甚至艺术——实际上可以运用于教育和学习的所有领域。

2.1 语言的评价偏差：描述即是做断定

语言具有许多功能。当然，其最常见、最重要的功能之一是帮助我们描述各种现象，例如，事件、情况和人：“这是什么？”另一个功能是评价这些现象：“好还是坏？”通常，我们认为描述是客观的，而评价是主观的。

然而，客观描述和主观评价之间的区别显而易见吗？在绝大多数情况下，答案是否定的。为什么？因为语言既是描述，又是评价。每当我们尝试描述某物或某人时，我们使用的词语几乎总是带有价值的，因为这些词语反映了我们的个人喜好。因此，我们使用任何特定术语，不仅用于描述，而且还“规定”了我们喜欢什么，不喜欢什么。

该问题在描述物体时不如描述人时那么严重。让我们以词语“冷”和“热”为例。对物质来说，这两个词语的字面意思都是指温度：“该液体非常冷”或“该液体非常热”。但是，当我们使用这两个词语形容一个人时，它们明显有了评价内涵：“那个人很冷”或“那个人很热”。

我们尽最大努力保持中立，但往往受到语言的约束。在描述人时（例如在进行研究时），几乎找不到没有评估含义的词。令人难以置信的是，我们根本没有中性形容词来描述人格特征，无论是描述个体还是描述整个群体。即使这样的词语确实存在，我们仍很可能使用那些反映我们个人喜好的词语。

表 2.1 和相应的练习说明了语言的评价偏差。比如两个观察者（戴维和布里亚娜，他们有着不同的价值观集合）描述同一个人、事件或群体。例如，假设他们在互相分享对美国 2016 年总统候选人的印象。请注意看他们使用的词是如何表明自己的主观观点的。

戴维：唐纳德·特朗普（Donald Trump）是一个自负的恶霸。
布里亚娜：唐纳德·特朗普是一个自信的领袖。

戴维：希拉里·克林顿（Hillary Clinton）刻板且感情冷漠。
布里亚娜：希拉里·克林顿坚定不移，有钢铁般的意志。

表 2.1　从两个角度描述的同一个人

戴维的价值体系	布里亚娜的价值体系
老	成熟
幼稚	有理想
鲁莽	勇敢
操控	有说服力
没骨气	合作
孩子气	天真烂漫

续表

戴维的价值体系	布里亚娜的价值体系
奇怪	有趣
痴迷	忠诚
肛门期固着（anal retentive）	整洁
依赖	忠诚
相互依赖	同情
自恋	高自尊
疯子	有远见
精神病的	创造性的
无业游民	职业弱势群体 （vocationally disadvantaged）
反社会	道德挑战
死的	受损

元思维也强调态度和语言的相互影响。也就是说，我们的信念、价值观和观念不仅影响我们对语言的使用，而且我们对语言的使用反过来也会影响我们的信念、价值观和观念（见本章“双向因果关系”小节）。例如，提到某个人或群体时用了“恶心”（sick）这个词，我们就会更倾向于把他们理解为恶心，这反过来又导致我们给他们贴上恶心的标签，促使我们假设他们就是恶心的，等等。

态度和语言之间的双向关系与“政治正确的”术语的使用（和误用）直接相关。（有关学术界政治正确的语言的讽刺性观点，请见表 2.2，“皇帝的后现代服装”。）请考虑应用于各种社会和文化群体的名称随着社会和历史背景的变化而变化的方式。哪些价值观可能与使用例如“印第安人”与“美国原住民”有关？与“伊朗”与“波斯”呢？与“东方”与“亚洲”呢？与“非法入境外国人”与“无证工人”呢？与“有色人种”（Colored）、“黑种人”（black）、“黑鬼”（Negro）、“非裔美国人”（Afro-American）和“非洲裔美国人”（African American）呢？与 Homosexual、gay、LGB、LGBT、LGBTQ、LGBTQIA 和 LGBTTQQ，及任何从本书出版到你读到本书之间这段时间所出现的其他变体呢？为什么 person of color 是“时髦”（in）的，而 colored person“过时了”（out）？同样，当“主张堕胎合法化”（pro-choice）和“反对堕胎合法化”（pro-life）这两个词都不能精确表明某个持不同观点的人的道德立场时，该怎么办？在这些情况以及无数其他情况下，我们将看到价值观如何塑造语言的使用，以及语言的使用如何塑造价值观。

表 2.2 皇帝的后现代服装：为外行解构学术流行语的简明指南

短语	翻译
所有观点都同样有效	我愿意放弃所有的逻辑和证据，只是为了保持一种错觉，那就是我是开明和公平的
我们需要消除权力、地位和特权的影响	我希望我有更多权力、地位和特权
不存在客观现实	……除了我现在所说的话
在我们的文化中，过于重视实证主义了	我没有任何事实来支持我的论点
请允许我教教你	请允许我使你的意见无效
请允许我解构这个社会文化神话	看着我展示我有多优秀
请允许我跟你分享一个我个人的故事	……谅你不敢不表现出同情反应
我对这些想法充满热情	我感觉越强烈，我就肯定越正确
我不是说“更好”，我是说“不同”	我是说“更好”
我们开始对话吧	让我开始自己一个人说吧
这需要更多的对话	我不敢相信你竟敢不同意我的意见
这需要更多得多的对话	我真不敢相信你仍然冒昧地不同意我的意见
你不觉得这听起来有点种族歧视吗	如果你现在不同意我的观点，祝你好运

续表

短语	翻译
这些都是我们在这里谈得不够多的问题	你还不够内疚
你的结论有争议	你错了
用统计数据可以证明任何事情	我应该在统计课上注意听讲
我们现象学领域的互指性既不能从本体论元叙事中解构，也不能从文本中解构	我听起来难道不是很聪明很时髦吗
这与种族无关	这与种族有关
这与种族有关	这与种族无关
关于文化多样性的讨论具有情绪上的威胁性	学生不喜欢我的课不是我的错
不幸的是，歧视将永远伴随着我们	……这其实很幸运，因为如果没有敌人的话，我的整个身份都会消失
科学只不过是另一种观点	我叔叔比尔这么告诉我的

资料来源：Levy, D.A.（2008, November/December）.The emperor’s postmodern clothes: A brief guide to deconstructing academically fashionable phrases for the uninitiated. Skeptical Inquirer, 32（6）, 17. 。经 Skeptical Inquirer 许可使用：www.skepticalinquirer.org

矫正方法

1. 请记住，描述，特别是关于人格特征的描述，永远不可能完全客观、公正或中立。

2. 注意你自己的价值观和偏差，以及这些价值观和偏差是如何影响你所使用的语言的。

3. 避免把你的价值判断作为对事实的客观反映。

4. 识别他人使用的语言是如何反映出他们的价值观和偏差的。

2.2 区分二分变量和连续变量：黑色和白色，还是不同程度的灰色

世界上有些现象可以划分为两个相互排斥或矛盾的类别，这类现象称为二分变量。例如，当你掷硬币时，它要么朝上要么朝下——没有中间状态。同样，一个女人不能“有点”“一定程度上”或“中等程度地”怀孕了——她要么怀孕了，要么没怀孕。以下是一些其他示例：

- 灯要么开着，要么关着。
- 一个人要么出生在卢旺达，要么不是。
- 一个人要么是男性，要么是女性（除某些例外）。

相比之下，其他现象则由理论上无限多的点组成，这些点位于两极对立面之间。这类现象称为连续变量。例如，在黑白两个极端之间，存在一个由无数不同程度的灰色所组成的中间地带（参见图 2.1）。

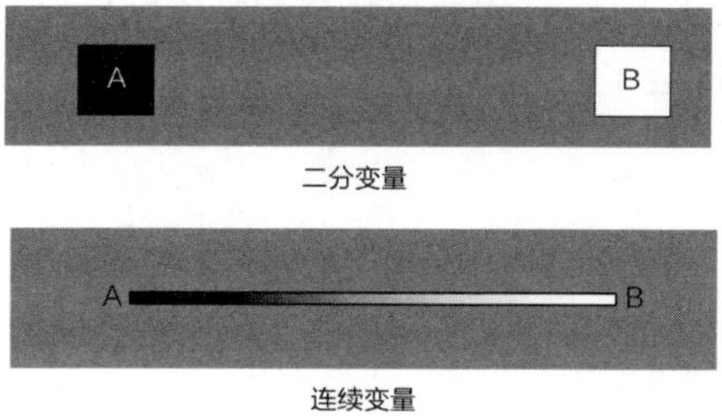

图 2.1　二分变量与连续变量

问题是我们经常混淆这两类变量。具体来说，人们有一种自然倾向，即将应该概念化为连续变量的变量进行二元划分。特别是大多数与人有关的现象常常被认为是两种离散类型（A 类或 B 类）中的一种，而不是分布在一个连续体上（在终点 A 和终点 B 之间的某处）。然而，在绝大多数情况下，连续变量更精确，因此更能表达我们描述和解释的现象的意义。

特别是在跨文化心理学方面，“个人主义”与“集体主义”、“绝对主义”与“相对主义”、“西方”与“东方”等概念，就具有错误二分法的潜在危险（见贯穿整本书的连续体图，例如图 2.1）。有什么连续变量的例子经常被视为二分变量?

正常—不正常

心理健康—心理疾病

内向—外向

有偏差—无偏差

竞争—合作

自主—依赖

功能正常—功能失调

适应—不适应

练习 2.1

识别二分变量与连续变量

下面是一些区分二分变量和连续变量的练习。对下面的每一个术语，指出哪些是二分变量（D），哪些是连续变量（C）。

女子气（feminine）—男子气（masculine）: ______

开机—关机: ______

已婚—单身: ______

有意识（conscious）—无意识（unconscious）: ______

有偏差—无偏差: ______

奴役—自由: ______

种族主义—非种族主义: ______

同性恋—异性恋（heterosexual）: ______

经许可—未经许可: ______

整合—分离: ______

酒精饮料—无酒精饮料: ______

性别歧视者—非性别歧视者: ______

完美—不完美：______
年轻人—老年人：______
出席—缺席：______
富有—贫穷：______
开明—保守：______
升空—落地：______
负责任—不负责任：______
涵化—非涵化：______
已寄出—未寄出：______
民主—独裁：______
有罪判决—无罪判决：______
异质—同质：______
唯物主义者—唯心主义者：______
传统—现代：______
上瘾—未上瘾：______
相似—不同：______
死的—活的：______
容忍—不容忍：______
投篮球进—投篮球未进：______
主观—客观：______
政治正确—政治不正确：______

矫正方法

1. 学会区分二分变量和连续变量。

2. 请记住，大多数与人相关的现象——比如特质、态度和信念——都位于连续体上。

3. 在进行跨文化比较时，尽量避免人为的或错误的二分法（Hermans & Kempen, 1998）。

2.3 相似性—独特性悖论：所有现象既相似又不同

通过介绍元思维，让我们考察以下问题：以下四个词中哪一个与另外三个不属于一类？

A. 加拿大人　B. 意大利人　C. 古巴人　D. 印度教徒

该问题的正确答案是D，因为“印度教徒”是唯一代表一个宗教而不是一个民族的术语。但是等一下，正确答案是B，因为其他的都不是欧洲人。还可以说正确答案是C，因为这是唯一一个有共产党政府的群体。是这样吗？不完全是。正确答案是A，因为加拿大人（Canadian）是名单上唯一包含偶数个字母的单词。

那么，是哪一个呢？难道这四个答案都是正确的吗？如果是这样的话，任何一个术语是如何与其他术语既相似又不同的呢？解决这一明显悖论的办法在于人们最初处理问题的思维定势（mind-set）或认知图式（cognitive schema）。更具体地说，它受评估反应选项所依据的特定维度或变量的影响。

正如你所见，确定任何一组事件之间的相似性和差异，例如，两种文化之间，取决于你选择从哪个角度来看待它们。这样，一种现象相对于其他现象来说既可能是独特的，也可能是相似的。

让我们简单地检查一下对现象进行比较和对比的连锁过程。首先，如何确定现象相似的程度呢？第一步，宇宙中的任何两种现象至少有一个基本的共同点：它们都是现象。以此为出发点，随后可以沿着几乎无限的维度阵列对它们进行比较，从最广泛的普遍属性到最细微的平凡细节。

例如，当你比较两组人时，你可以关注人口学特征（年龄、国籍、文化、宗教、收入、职业）、体质特征（肤色和发色、身高、体重、力量、吸引力）、社会背景（竞争的、合作的、限制性的、放任的）、人格特征（智力、成熟度、幽默、创造力、精神疾病、态度、价值观、目标）、个人品位（艺术、音乐、食物、着装、壁纸）等。

关于这些关系的两个例子用图2.2中的维恩图描述。在解释这些图时，请注意重叠区域表示两种现象的共性。重叠区域较大，表示相似性大于差异；重叠区域较小，表示差异大于相似性。

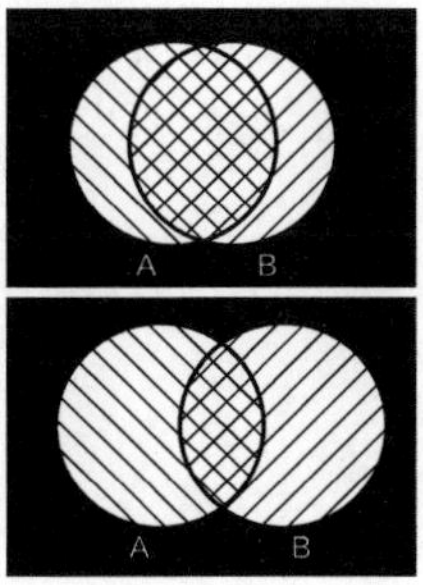

图 2.2　两种现象之间的关系

典型案例

“跨文化，跨物种”

有趣的是，跨文化心理学和相似性—独特性悖论不仅适用于人类文化之间，也适用于动物“文化”之间。在研究鸟类用来抵御敌人的警报声时，研究人员发现，松鼠实际上可以近乎完美地模仿鸟类的警报信号，尽管它们的发声器官与鸟类截然不同（Joyce et al., 2015）。根据批判性思维原则，鸟类和松鼠有着几乎相同的警告叫声，尽管它们的发声器官不同，当然，它们还分别属于鸟类和哺乳动物。这种预警系统的共性并不限于鸟类和松鼠。像老鼠和喜鹊这样不同的生物家族都是通过复杂的通信网络分享信息的。研究人员的结论是，动物物种的世界处于一种不断跨自然谈判的状态——跨越海洋、沙漠和森林——任何有生命的地方，这使得警报在森林中传播得比捕食者更快，因为不同物种追求的生存目标是相似的。

练习 2.2

探索异同

下面的习题用于练习在一系列不同的社会文化现象中比较、对比和识别不同点。首先，浏览下面的列表，选择三个能让你出于任何原因感兴趣的词对。然后，利用任何可能有用的维度或分类变量，针对每个词对回答以下问题：（1）“它们如何相似？”（2）“它们如何不同？”

上帝与撒旦
天堂与地狱
科学与艺术
宗教与心理治疗
宗教与奴隶制
宗教与自由
犹太教徒与基督教徒
天主教徒与新教徒
逊尼派穆斯林与什叶派穆斯林
佛教与印度教
《圣经》与《古兰经》
《圣经》与《宪法》
复活节与斋月
宗教领袖与政治领袖
电视布道者与广告推销员
男人与女人
男士时装与女士时装
同性恋与异性恋（heterosexuality）
西方哲学与东方哲学
集体主义与个人主义
犹太裔美国人与非裔美国人
美洲原住民部落与非洲部落
西班牙文化与墨西哥文化
日本艺术与中国艺术
以色列音乐与阿拉伯音乐
意大利菜与法国菜
种族主义与性别主义
基于无知的种族主义与基于敌意的种族主义

1956年的种族不平等与2016年的种族不平等
白种人至上主义者与黑种人民族主义者
对女性的偏见（prejudice）与对青少年的偏见
平权行动与歧视
政府与父母
国家与家庭
爱国主义与民族主义
习俗与法律
民主党与共和党
婴儿期（infancy）与老年期
奥林匹克运动会与战争
你的文化背景与总统的文化背景
你的文化背景与你最好朋友的文化背景
你的文化背景与你的对手的文化背景

做这个练习的目的是什么呢？首先，它说明任何两种现象，不管乍一看有多么不同，总是至少有一些相似之处。第二，现象总是由各种关键区别点来区分的，这些关键区别点在本质上界定了将一种现象与另一种现象区分开来的界限。第三，通过使用这种比较和对比现象的方法，你可能会获得新的见解，并发现一些你以前可能没考虑过的关于这些关系的新视角。第四，鉴于任何两种现象既相似又不同，在评估这些现象时，将两者都考虑进去是至关重要的。

每当你需要对社会文化现象（例如不同的文化群体）进行比较和对比时，请牢记这些原则。每次当你意识到为了评价事物而选择的维度或变量将最终决定它们是如何“相似”或“独特”时，你将会大吃一惊。

矫正方法

1. 当对两种现象进行比较和对比时，请问自己：“它们以何种方式相似？”以及“它们以何种方式不同？”

2. 在评价开始之前，请问自己：“此分析的目的是什么？”提出此问题将有助于你选择最适当和最相关的维度和分类变量。

3. 仔细选择你用于评价各种现象（例如社会文化群体）的维度。你要知道，你所选择的维度将最终决定两种现象“相似”或“独特”的程度。

4. 尽管两个事件之间看起来有太多相似之处，但始终要寻找并考虑它们之间的差异；反过来，即使两个事件之间似乎完全没有共同点，也要寻找并考虑两者的相似性。

5. 有人坚持“这些东西完全一样”或“你无法比较这些东西，因为它们完全没有共同点”，不要被这些人所左右。

2.4 巴纳姆效应：“均码”的描述

巴纳姆式陈述（Barnum statement）是对一个特定个体或群体的人格描述，该描述实际上适用于所有人。换言之，这是一个“对每个人都有点意义”的一般性陈述。巴纳姆效应（Barnum effect）指人们愿意相信这种过度宽泛和通用评价的有效性。

从广播到印刷品，巴纳姆式陈述以自助在线发布、占星术预测、心理热线、生物节律和数字命理学读物，以及对梦、掌纹或颜色偏好的解释等形式充斥于大众媒体。一些关于巴纳姆效应的研究表明，巴纳姆效应存在于包括中国和西方受访者在内的多个国家群体中（Rogers & Soule, 2009）。要找到它们，你只需要查看你最近看到的签饼内容。（见 Levy, 1993，一篇关于该主题的讽刺性文章：“心理测量的无误性已实现：一体适用心理概况”。你如何回应这些陈述？）

这些陈述经常用于描述在我们的日常生活中与我们互动的个体和特定的社会群体或文化群体。例如，我们可以自信地宣称：“移民有自尊问题。”（谁没有呢？）或者“中国人对批评很敏感。”（谁不是呢？）或者“女人不喜欢被拒绝。”（谁喜欢呢？）

典型案例

“你的人格”

在一些实验中，研究人员向参与者展示巴纳姆式人格陈述，如以下语句（Forer, 1949）。

你非常需要别人喜欢和钦佩你。你有批评自己的倾向……有时你会对自己的所作所为充满困惑，不确定是否做出了正确的决定，或是否做了正确的事情。你喜欢时常换换花样，对受约束和受限制感到不满。你为自己是一个独立的思考者而自豪，且不接受那些未经过令人信服的证据证实的观点。你发现过于坦率地向别人表露自己是不明智的。有时你外向、和蔼可亲、善于交际；有时你又内向、谨慎和保守。你的一些愿望往往是不切实际的。

当引导这些实验中的被试相信这些伪造的人格描述是专门为他们准备的，并且通常比较讨喜时，他们几乎总是将描述评为“好”或“很棒”（Dickson & Kelly, 1985）。事实上，当给出一个伪造的巴纳姆式陈述和一个基于公认测验的真实人格描述，让人们在二者之间做出选择时，人们往往认为伪造的描述更准确（Snyder et al., 1977）。

这个主题的变式几乎是无限的。这里仅列出几个：“他有一点偏见。”“她对自己的文化背景有一点敏感。”“印度教徒追求生命的意义。”“白种人喜欢本群体的成员。”“意大利人喜欢享受美食。”“少数民族只想享有自己的权利。”“共和党人关心家庭的价值。”“同性恋者关心性别。”

练习 2.3

巴纳姆式陈述的“去巴纳姆化”

首先选择几个巴纳姆式陈述来开始本练习。然后，通过加入任何可能有用的限定词、修饰语或副词，让每个陈述“去巴纳姆化”。为帮助你入门，请参考以下两个示例：

巴纳姆式陈述：罗伯托对批评很敏感。

去巴纳姆式陈述：罗伯托对批评格外敏感。

巴纳姆式陈述：美洲原住民欣赏大自然。

去巴纳姆式陈述：与生活在现代工业化社会的人相比，美洲原住民更加欣赏大自然。

现在试试你自己的：

巴纳姆式陈述：______________________________

去巴纳姆式陈述：______________________________

____

矫正方法

1. 学会将巴纳姆式陈述与针对特定个人和群体的描述和解释区分开来。

2. 注意巴纳姆式陈述的内在有限效用。具体来说，请记住，尽管巴纳姆式陈述对一般人来说是有效的，但这种陈述不能揭示任何特定个体或社会文化群体的任何独特之处。

3. 在可行和适当的情况下，用量级或程度术语增强人格描述和解释的有效性，从而减少巴纳姆效应的影响。

2.5 同化偏差：透过有色图式眼镜看世界

分类倾向是人类所有心理活动中最基本、最普遍的一种。人们似乎有与生俱来的动力对周围的世界进行分类、组织、系统化、分组、再分组及进行其他构建。

我们会对一切事物进行分类，从人、物、地、事到概念、经验、感觉和记忆。这一现象无所不在，几乎没什么可以幸免：性别和种族、宗教和职业、文化和民族、亚原子粒子和天体星座以及时间和空间。

我们可以将诸如心理表征（mental representation）或图式（schema）之类

的所有类别概念化。图式是一种认知结构，可以组织我们的知识、信念和过去的经验，从而为理解新事物和未来经验提供框架（Cantor & Mischel, 1979; Fiske & Taylor, 1991; Levy et al., 1988; Piaget, 1952; Taylor et al., 1994）。换句话说，图式（复数为 schemas 或 schemata）是对广泛现象的一般预期或先入之见。在跨文化领域，图式包括基于年龄、性别、种族、国籍、宗教、职业、社会经济地位、政治归属、社会角色或任何其他特征而对人产生的知觉定势（perceptual sets）。实际上，我们可以把刻板印象等同于群体图式（Hamilton, 1979/1981）。

图式有什么作用？首先，图式使我们能够以相对快速、有效和毫不费力的方式处理我们不断遇到的大量刺激。换句话说，图式减少了我们的认知加工负荷。每当我们面对新的信息，我们可以快速而自动化地将其与我们先前存在的图式进行比较，这使我们组织和理解经验的任务得以大大简化。

当我们遇到与我们的先入之见不符的信息时会发生什么？换句话说，当数据与图式之间发生冲突时，我们该怎么办？瑞士心理学家让·皮亚杰（Jean Piaget, 1954/1970）确定了这种情况下人们出现的两个互补过程：顺应（accommodation）和同化（assimilation）。皮亚杰认为，这两种反应都是认知发展不可或缺的组成部分，构成了我们适应环境和构建现实的手段（参见第 8 章）。

顺应就是我们修改图式以适应数据的过程。换句话说，我们改变我们先前存在的信念，以便为新的信息腾出空间。相比之下，同化意味着修改数据以适应图式。通过同化，我们将新信息融入我们先前存在的信念中——即使这意味着扭曲信息本身。

科学研究的进行涉及同化和顺应两个过程。具体来说，心理学家利用理论帮助自身理解一系列看似脱节、常常令人困惑、有时支离破碎、常常模棱两可的事件。换句话说，心理学家把观察到的现象同化到他们的概念图式中。只要数据和理论相互“契合”，同化就能有效而成功地达到其目的。然而，假如一个特定的观察结果否定或违背了科学家的期望，也就是新数据与旧理论不契合，那怎么办呢？在追求知识的过程中，优秀的科学家就会抛开他们的骄傲、固执和自负，他们会修改理论以顺应事实。

人们一般能适当地利用同化和顺应吗？总的来说，答案是否定的。数据和图式之间经常出现的差异，通常更多地是通过同化而不是顺应解决。换句话说，我们倾向于使数据符合图式，而不是相反。

由于图式加工自动进行，而且是比较无意识的，因此它很难改变，即使充斥着错误也是如此。当有效信息与我们的图式不一致时，我们往往会忽略、曲解或彻底排斥有效信息。总之，图式加工基本的和普遍的倾向是同化问题。

这种偏差以多种形式出现在各种环境中。具体来说，它导致我们过度依赖生动但不一定恰当的信息，以与图式一致但错误的信息填补我们知识的空白，进行有偏差的证据搜索，回忆或曲解有关过去事件的信息，从而验证我们的图式，无意中引发我们期望发现的事件，参与并延续社会文化刻板印象。

总而言之，图式使我们对现实的知觉产生偏差，并使之与我们所相信的保持一致。因此，同化偏差对清晰的思考和有效解决问题来说是一个重大障碍。在透过“有色图式眼镜”观察世界时，我们实际上使所有传入的信息都产生了不同程度的扭曲、误解和失效。

道斯（Dawes, 1994）提供了一个生动的例子，这个例子讲的是决策中公然的性别偏差。一所重点医学院的院长对本研究所为何招收不到女生感到困惑，他请道斯的一位同事调查这个问题，结果令人震惊。面试官之一对应聘者的“情绪成熟度”“对医学兴趣的严肃性”和“神经质”进行了评级，结果发现，绝大多数女性都没有在他的任何标准上得到积极评价。具体来说，如果一名女性申请人没有结婚，他就判断她“不成熟”；如果她结婚了，他就断定她“对医学没有足够兴趣”；如果她离婚了呢？当然是“神经质”。无法成功，无法逃脱，无法获准。20 多年后，这些偏差以及类似的偏差改变了吗？

练习 2.4

用不同的镜头改变观点

下面的习题用于练习透过不同的社会文化镜头来看待同一现象。从下面的列表中选择一个视角（或是你自选的一个），并写一些陈述，说明持该视角的个体对俄勒冈身体穿刺青少年如何理解、解释或反应。然后“切换镜头”，从另一个视角看同一个青少年。

父母 • 祖鲁部落酋长 • 中西部农民 • 好莱坞经纪人 • 海军军士长 • 大

屠杀幸存者 • 中东难民 • 内城帮派成员 • 精神科医生 • 文化人类学家 • 计算机科学家 • 时尚设计师 • 嘻哈艺术家 • 牧师 • 业余摄影师 • 千禧一代。

矫正方法

1. 不要低估你先前的信念、知识和期望（图式）对你当前的经验、印象和认知的影响程度。

2. 尽量注意对你来说很重要的图式，这可以提高你修正图式的能力。

3. 试着理解他人的主观认知和经验，以尝试暂时性地降低或改变你的认知滤镜或“有色图式眼镜”。

4. 学会区分对同化和顺应的使用，特别是当你面对信念（图式）和信息（数据）的差异时。当心同化多于顺应的普遍趋势。

5. 当你出于习惯、反射或纯粹的懒惰而通常倾向于无意识的同化时，督促自己去顺应。

2.6 代表性偏差：适合或不适合归类

在日常生活中，我们经常需要在没有彻底地或准确地考虑的情况下做出快速判断。考虑以下情况：

- 在工作面试中，你只有有限的时间去思考如何给对方留下更好的印象。
- 在咨询过程中，你可能会被指派快速评估你所知甚少的文化群体中的某个个体。
- 在国外旅行时，你会遇到一群陌生人，你需要迅速确定他们的意图。

在这些情况下（以及其他无数类似情况下）做出决策的理想策略是，对问题进行全面和系统的分析，收集相关数据，测试各种假设，得出适当的推论，彻底评估所有可能结果的优缺点，在采取最后的行动之前得出最佳结论。

这是理想的状态。然而，由于显而易见的原因，这种策略在大多数现实环境中不切实际。我们根本没有时间、信息或资源（更不用说激励机制）使我们能以这种方式解决大多数问题。然而，在不同程度的不确定性面前，我们需要做出决定并给出答案。

认知心理学家特沃斯基和卡尼曼（Tversky & Kahneman, 1974）提出，人们使用各种各样的心理捷径或启发式方法，将复杂和耗时的任务简化为更简单、可控、实用和高效的问题解决策略。我们都有一套这样的捷径可以自动使用，而不必考虑它们在每种情境下的准确性或有效性。

不幸的是，这些捷径就像双刃剑。一方面，它们保证了信息的高效加工和问题的快速解决。换言之，它们帮助我们快速凭感觉（seat-of-the-pants）做出决策。另一方面，这样做的代价是牺牲彻底性和精确性。从本质上讲，我们是用准确性换取速度。然而，我们为效率而付出质量可能是个糟糕的决定。

特沃斯基和卡尼曼（Tversky & Kahneman, 1973/1982）确定了许多这样的捷径，他们把其中最基本的一种捷径称为代表性启发式（representativeness heuristic）。从本质上说，这种启发式是判断某物属于（即代表）某一特定类别的可能性。更正式一点来说，代表性启发式是对样例 A 是类别 B 成员的概率的估计。2002 年，卡尼曼获得了诺贝尔经济学奖。他的著作解释了人们做出正确和错误的经济和商务决策的方式。

通过直观地将现象（无论人、物体、事件还是研究数据或意识形态）与我们的心理表征、原型或相关类别的图式进行比较，我们使用代表性启发式来识别环境中的现象。在此过程中，我们试图根据现象的特征与类别的本质特征是否类似，来确定是否“匹配”。如果匹配，我们就得出结论：我们成功识别了这种现象；如果不匹配，则继续进行认知搜索。

代表性启发式的一个最常见的用法是，根据一个人与某个特定群体中“典型”成员的相似程度来判断其是否属于该群体。以同样的方式，我们使用代表性启发式来识别从意识形态范畴（宗教、哲学、政治）到因果解释（随机、无意、恶意）的一切。正如你很容易看到的，这个简单的行为是所有后续推论和行为的基础：在任何其他认知任务之前，我们必须首先回答这个问题：“它是什么？”

代表性启发式在多数情况下都能带来快速和相对准确的结果，然而，有时也会产生系统性的信息加工错误。这种效应，我们称之为代表性偏差（representativeness bias），这可能是多种因素共同作用的结果。其中一些因素是：依赖于不准确或有缺陷的原型，未能考虑相关的统计数据（如基准比例、样本量和机会概率），以及我们的动机需求倾向于使认知搜索和评估产生偏差。

练习 2.5

考察社会文化图式和刻板印象

本练习要求你从不同的社会文化类别（如族裔背景、职业、宗教、社会经济地位或政治归属）中选择三个具体实例，其目的是确定和探索你的认知图式的性质和内容。你可以从下面的列表中选择，也可以使用任何与你的生活经历更加相关的其他例子。

俄国人 • 意大利人 • 德国人 • 法国人 • 墨西哥人 • 阿拉伯人 • 中国人 • 美国原住民 • 南非人 • 伊朗人 • 纽约人 • 律师 • 士兵 • 演员 • 治疗师 • 摇滚乐手 • 警察 • 出租车司机 • 企业高管 • 职业运动员 • 政治家 • 护士 • 修女 • 保险销售 • 卡车司机 • 便利店店员 • 殡仪馆职员 • 佛教徒 • 共和党 • 民主党 • 环保主义者 • 福利领取者 • 千禧一代 • 双性恋 • 素食主义者 • 海洛因成瘾者 • 酒鬼 • 单身父母 • 老年人 • 艾滋病患者

首先，记下你对这个类别的最初想法、印象或图像。然后，评估（在 1~5 的量表上）你的该类别图式在多大程度上是具体的（定义清晰、生动、清楚）或宽泛的（多样化、松散、模糊）。然后详细描述每个图式的具体内容（即你个人的知觉）。现在试着确定和描述这个图式的起源和发展。最后，试着回忆（或想象）你遇到一个明显与你的图式不一致的事件场景。你（可能）会怎么反应？图式本身发生（可能发生）了什么？

社会图式 #1：________________

图式的区别性：

具体的 1 2 3 4 5 宽泛的

内容：

____

____

起源和发展：

____

你对与图式不一致的事件的反应：____________________

____

在总结这一元思维之前，须注意两点。尽管认知启发式的使用存在问题、困难和缺陷，但我们坚持将其作为决策过程不可或缺的组成部分。为什么？主要原因之一是，总体来说认知启发式提供的正确答案比错误答案多。此外，即使使用认知启发式在某些情况下的答案是错的，其结果通常也无关紧要。

然而有一个重要的例外，我们会对特定人群使用原型类别，例如，以其肤色、性别、文化、国籍、宗教、性取向甚至心理诊断为基础使用原型类型。在这种情况下，这种与群体相关的图式等同于刻板印象。因此，当对这些类别使用代表性之类的启发式时，建议你格外小心。正如历史一再证明的，刻板化可能会产生深远和潜在的有害社会后果，其中至少包括偏见、偏执（bigotry）和歧视——这些后果绝不是无关紧要的。

矫正方法

1. 在你可能使用代表性启发式的情境下，有意识地考虑所讨论的原型可能不准确、有偏差或不完整。

2. 考虑相关的统计信息，如基准比率、样本量和机会概率。

3. 谨防高估现象和类别之间相似程度的自然倾向。

4. 认识到你对人和群体原型的个人态度会影响你的比较及随后的判断。

2.7 可得性偏差：生动事件的说服力

为了介绍这种元思维，我们进行一个简短的测验。请对以下问题给出最佳估计：

1. 与乘坐商务飞机相比，开车旅行发生致命事故的概率有多大？

2. 哪个种族群体在美国贫困人口中所占比例最大：黑种人、白种人还是西班牙裔？

3. 哪个年龄段自杀风险最高：青少年、中年人还是老年人？

4. 哪个国家的自杀率较高：韩国还是美国？

暂时把这些问题的实际答案放在一边，花点时间考虑一下你在得出结论时所使用的认知过程。具体来说，你是如何得出每个问题的估计值的？你注意到你使用的心理策略有什么相似之处吗？

如果你和大多数人一样，那么你的估计可能主要是根据每个问题所引发情景的具体实例有多容易或多迅速浮现在你脑海中。哪些类型的实例可能会从记忆中脱颖而出？一般来说，那些特别生动、具有戏剧性、重要、与个人有关或以其他方式让我们觉得突出的事件能够给我们留下强烈的印象。我们也倾向于更快想到那些容易想象的实例。

然而，依靠从记忆中提取事件的容易程度来确定其发生的可能性，这种方式的问题是，我们的认知未必是对现实的准确反映。具体来说，这种策略导致我们高估了它们实际发生的频率或分布。

你在回答上述问题时是否无意中受到了这种偏差的影响？让我们依次检查一下。

1. 没有什么比飞机失事灾难的景象和声音更令人不安了。即使仅在 11 点的新闻中瞥见这些可怕的画面，也很可能在我们脑海中留下一个强有力的、不可磨灭的印象。因此，这种悲惨事故很容易出现在我们的记忆中。因此，许多人错误地得出这样的结论：乘商用飞机旅行比乘汽车旅行风险更大。然而，人们死于车祸的可能性几乎是死于商用飞机事故可能性的 100 倍（Greenwald, 1986; Rich, 1999）。根据美国国家运输安全委员会（National Transportation Safety Board）的数据，驾车更加危险，每年发生的事故超过 500 万起，而飞行事故约为 20 起。

2. 美国所有的穷人中差不多有一半是白种人，黑种人占接近 1/4，西班牙裔占不到 1/4。为什么人们会高估少数民族的比例呢？事实上，除了肤色突出外，这些群体的经济困难率超过正常比例很高。具体来说，美国近 30% 的拉美裔和黑种人生活在贫困线以下，而只有不到 10% 的白种人是贫困的（U.S. Census Bureau, 2015）。

3. 尽管全国老年人（65 岁及以上）的自杀率在过去 60 年中显著下降，但这一群体仍然是美国自杀率最高的群体。这一事实可能会让许多人感到惊讶，因为他们一直认为青少年年龄组的自杀风险最大。如何解释这种误解？至少有三个可能的因素。首先，每当有一名青少年自杀时，我们都会感觉这种事件非常突出。我们发现，一个充满潜力的年轻人选择不可逆转地结束一切，这令人震惊、不安，格外悲惨。第二，从自杀企图来看，试图（但未成功）自杀的人中，至少 2/3 的人年龄在 35 岁以下（Berman et al., 2005）。同样的道理，即使是年轻人“不成功”的自杀企图，也会非常突出，这对我们印象的影响超过了正常，并扭曲了我们的知觉。第三，青少年（甚至儿童）“成功”自杀的实际比率在过去几十年中真的急剧上升了（Berman & Jobes, 1992; Brenton, 2004）。从不同文化背景来看，青少年自杀率的上升并非美国独有，在被研究的 29 个国家中，有 23 个国家出现了这种现象。这一趋势也可能导致我们高估年轻群体自杀的发生率。现在想想老年人的自杀行为。一般来说，这一群体的自杀行为不会引起多少注意，不能抓住我们的眼球。他们的自杀没有新闻价值，不会令我们震惊。是网络效应吗？“看不到，也就想不到。”

4. 美国的自杀率是每 10 万人中 12 例。韩国的自杀率约为每 10 万人中 30 例——几乎是美国的三倍（World Health Organization, 2012）。尽管如此，许多人认为美国的自杀率比其他国家高很多。这种误解的原因是什么？原因之一是美国媒体对各种自杀故事的关注，尤其是名人自杀。也有人认为，由于压力大、缺乏情感支持系统等因素，西方工业国家的自杀率“应该”高于世界上其他国家。尽管这些假设可能是正确的，但也仅仅是假设，无法解释世界各地自杀现象及其原因的复杂性。

上述例子中展示的具体认知策略被称为可得性启发式（Tversky & Kahneman, 1973），因为它指的是从我们的记忆中提取容易通达（accessible）或“可得”的实例的过程。这种启发式有助于我们回答关于特定事件的数量（“有多少？”）、发生率（“发生某事的频率如何？”）或可能性（“发生某件事的概率有多大？”）等问题。

如果例子在记忆中是现成可得的，我们倾向于认为这样的事件发生得相当频繁。例如，如果你毫不费劲地想起 X 事件（例如，南方人的热情好客）的例子，你很可能会认为这是很常见的。相比之下，如果你需要一段时间来思考 Y 事件（例如，德国人的幽默感）的例子，你就很容易认为这是不寻常的。总之，当一个事件有容易提取的实例，它看上去比发生频率相同但实例不太容易提取的类别更常见。

与代表性启发式一样，利用可得性启发式只需要很少的认知资源。此外，在很多情况下，可得性启发式提供了准确可靠的估计。毕竟，如果很容易想到例子，通常是因为例子很多。

然而，有许多偏差因素会影响我们记忆中对事件的可得性，而未能反映它们的实际发生频率。例如，与估计更典型、更普通或更平凡的事件相比，当使用这种策略来估计罕见（尽管非常生动）事件的频率或可能性时，就会出现问题。使用可得性启发式导致在做出判断时出现系统性错误，我们称其为可得性偏差（availability bias）。

导致可得性偏差的一个最重要的因素可能是，我们倾向于不充分使用甚至忽略相关的基准比率信息（例如，关于特定群体中事件实际发生频率的数据）和其他抽象的统计信息，而选择更显著和具体，但通常不太可靠的轶事证据。因此，个人证言、生动的案例研究、戏剧性的故事、充分的媒体报道、不寻常的事件和离奇事件都有可能扭曲我们的判断。例如，细想一下关于麻疹-腮腺炎-风疹（MMR）疫苗安全性的争议（Kolodziejski, 2014）。这些情绪化的断言——由一些知名人士根据一篇虚假但广为宣传的期刊文章做出——足以说服许多人出于对疫苗会导致自闭症的担心而拒绝给他们的孩子接种疫苗……尽管有压倒性的证据表明这种联系毫无根据。

关于社会文化问题，可得性偏差带来的一个重大问题是，我们倾向于根据几个生动的例子，有时甚至只有一个生动的例子进行过度概括。这种错误至少在一定程度上造成了刻板印象（见第 10 章）。

总的来说，我们如何表达对特定人群的信念，无论是文化、民族、宗教、政治、职业还是任何其他类别？我们通常通过观察特定群体的特定成员而形成印象。但观察哪些成员呢？总的来说，我们会关注最显眼、最著名或最突出的个体。然后，我们很容易根据这些极端例子过度概括整个群体，其结果是产生角色图式或刻板印象。通过这种方式，可得性偏差导致我们对社会中各种各样群体的特征保持一种生动但错误的信念。

道德呢？我们更倾向于相信一盎司（一盎司≈ 29 毫升）的轶事证据，却不相信一磅（一磅≈454克）的可靠统计数据。虽然生动的戏剧性事件可以形成诱人的小说，但关注现实的人对此却不能满意。

矫正方法

1. 在估计事件发生的频率或概率时，提醒自己不要仅根据从记忆中提取相关实例的难易程度或速度就得出结论。

2. 对轶事证据要有所保留。尽管个人证言和生动案例可能很有说服力，但它们本身并非事实的可靠指标。

3. 只要可行，就有意识地寻找和利用基准比率信息和其他相关统计数据。

4. 记住，进行有效概括的最佳基础是相关案例的代表性样本。

2.8 基本归因错误：低估了外部影响冲击

我们如何解释人们行为背后的原因？通常，我们要么将他们的行为归因于其人格，要么归因于环境。换句话说，我们进行性格归因（dispositional attributions）或情境归因（situational attributions）。性格归因就是将行为归因于人们的人格特质、特征或态度，也就是说，归因于“内部”的影响。相比之下，情境归因就是将行为归因于人们的境况、背景或环境，归因于“外部”的影响（见第10章）。

当然，现实中行为的原因是多种因素的组合，包括内部因素和外部因素，这些因素在不同程度上引发一个人的行为。然而，在进行因果归因时，我们倾向于高估人们性格的影响，而低估其环境的影响。换言之，我们倾向于过于重视内部的决定因素，而过于轻视外部的决定因素。因此，我们可能会将他人的行为解释为主要由其人格所致，而通常会贬低（甚至忽略）特定背景或情境的重要性。事实上，这种错误很常见，社会心理学家罗斯（Ross, 1977）将其称为基本归因错误（the fundamental attribution error）。

这种归因偏差有哪些例证呢？一个人在和你交谈时没有眼神交流，你可能会认为他或许“不值得信赖”“害羞”或“鬼鬼祟祟”。如果有人无缘无故给你送礼物，你可能会认为他“体贴”“慷慨”，或者有“操纵性”。注意这些归因本质上忽略了任何可能导致这些行为的外部或情境因素。

再举一个例子，想一下无家可归者的困境。有些人倾向于用性格因素来解释无家可归者的状况，比如懒惰、道德软弱、吸毒或精神疾病。然而，这些归因没有考虑到使无家可归现象长期存在的情境因素，例如缺乏负担得起的住房、缺少工作机会、歧视以及经济疲软。

同样的原则也适用于我们对社会中其他各种特定亚群体（sub-groups）的归因。例如，我们如何解释男女之间的差异？我们大体上是根据男女内在的性格进行解释的，因而我们可能得出的结论是，男性“天生”更具竞争力，或者女性更倾向于合作是因为“这是他们的天性”，从而忽略了塑造性别角色行为的社会期望、约束。沿着相同的思路，你能想到导致一个特定群体取得体育成就，而另一个群体取得学术成就的可能的情境因素吗？对于变成小企业主的归因呢？街头犯罪呢？在公司管理层任职人数过多呢？在军队任职人数偏少呢？有很多儿童呢？测验表现差呢？饮食失调呢？家庭暴力呢？总而言之，我们很容易忽视那些可以解释群体间行为差异的外部影响源。

练习 2.6

探索社会情境的影响

这项练习旨在强调社会情境对我们的感觉、态度和行为有巨大的影响力，但通常未被注意到。想象一下自己在以下情况下如何应对简单的问题：“你好吗？”对每种情境，不仅要说明你要说的内容，还要简要说明你可能的想法、举止和回应的情绪语气。

工作面试时：

____

班级聚会时：

____

在葬礼上：

____

跟父母在一起：

____

跟最好的朋友在一起：

____

跟一个完全陌生的人在一起：

____

跟一个听力受损的人在一起：

____

跟一个坐轮椅的人在一起：

____

跟一个长相迷人的人在一起：

____

跟一个长相不迷人的人在一起：

____

在一个你不会讲当地语言的国家：

____

一个无家可归的儿童接近你时：

____

一个无家可归的成人接近你时：

____

一个警察接近你时：______________________________

一个卖淫者接近你时：______________________________

一群西班牙裔年轻人接近你时：______________________________

一群西班牙裔游客接近你时：______________________________

一群日本游客接近你时：______________________________

一群穿着橙色长袍的人又唱又跳地接近你并给你提供免费香烛时：

____

查看你的答案时请注意，由于回答问题的你和最初的问题都保持了固定不变，所以你答案的变化可归因于情境本身。最后值得一提的一点是，你能确

定这些回答中哪一个反映了“真实的”你吗？请注意，如果不考虑具体情况，这个问题本身几乎是无法回答的。

这种归因错误的原因是什么？社会心理学家已经确定了两个主要来源：认知偏差（cognitive biases）和动机偏差（motivational biases）。

认知偏差是指由于我们信息加工能力的固有限制而产生的系统性错误。由于我们无法知觉到环境中的全部事物，所以我们的注意力会自动地被吸引到最突出或最“抓眼球”的刺激物上，也就是说，最突出的知觉刺激物。这可能会导致我们形成有偏见和不准确的因果归因（Taylor & Fiske, 1975）。具体来说，我们倾向于将最显著的刺激等同于最具影响力的刺激。

相比之下，动机偏差指的是由于我们努力满足自己的个人需要，例如对自尊、权力或控制的渴望，从而产生系统性的错误。简单地说，动机偏差有助于让我们感觉更好，即使以扭曲、模糊或伪造现实为代价。

我们是否有偏好一种因果归因而不是另一种因果归因的动机？看来是这样的。尤其是在西方文化中，我们从小就被教导，人可以控制自己的命运，是自己命运的主人。因此，社会通常接受性格归因，而不鼓励情境归因。通过这种方式，我们愚弄自己，使自己高估了实际能够控制的程度，同时低估了无法控制的外部因素的影响。因此，我们倾向于夸大我们的可控性知觉。

这种动机偏差的一个非常不幸的后果是，那些受到真正无法控制的力量伤害的人，可能为自己的境遇承担了超过他们应当承担的责任。换句话说，我们的控制错觉可能会让我们把发生在别人身上的坏事归咎于其本人。

为什么会发生这种情况？勒纳（Lerner, 1970）提出的理论认为，这是因为我们很难接受生活中的不公平和不公正。此外，我们有种强烈的需要，即相信我们生活在一个善有善报、恶有恶报的“公正世界”（just world）。该信念使我们得出的结论是，人们得到了他们应得的，承受了他们应承受的：“种什么因，结什么果。”

此类归因实例比比皆是：

- “强奸案受害者在受到攻击之前肯定表现轻佻。”
- “穷人必须对他们在经济上所发生的事情负责。”
- “被迫害的人肯定有罪，否则他们不会受到迫害。”

是什么迫使我们得出这样的归因？再强调一遍，我们这么做，很可能是为了保持我们的控制错觉（illusion of control）。令人在心理上觉得舒服的是把灾难归咎于他人，而不是面对我们生活在一个灾难事件随机发生的不公正世界这一冷酷现实。毕竟，如果负面事件是不可控的，也就很容易发生在我们自己身上。换言之，通过性格归因，我们希望体验到对自己命运更大的控制感。此外，它为我们漠视（甚至压迫）社会上的受害者提供了理由：如果人们本人对自己的境况负责，其他人就没有必要帮他们了。（事实上，我们认为他们可能“罪有应得”。）

矫正方法

1. 不要低估外部情境因素对行为的影响。

2. 记住，在任何给定的时间，人们的行为既取决于他们给情境带来了什么（“他们是谁”），也取决于情境本身（“他们在哪里”）。

3. 记住，这种归因错误可能会反转，这取决于感知者的视角。具体来说，尽管人们容易低估环境对他人的影响，但也往往高估环境对自己的影响。

4. 一定要考虑到造成归因错误的认知偏差和动机偏差。

2.9 自证预言：当期望创造现实

我们对他人的态度和信念，不管有无意图，实际上都会产生我们所期望的行为。换言之，知觉者对某人的假设可能会导致此人表现出被期望的属性。这一现象被称为自证预言（self-fulfilling prophecy）。

罗森塔尔和雅各布森（Rosenthal & Jacobson, 1968）对自证预言的研究，可能是最著名但仍存在争议的。他们告诉旧金山一所小学的老师，根据可靠的心理测验，班中一些同学的学习成绩将在未来的学年中急剧上升。实际上，并没有这种测试，并且被指定为“智力爆发者”的儿童其实是随机选择的。然而，在几个月之后评估这些学生的成绩时，那些被标定为“智力爆发者”的学生的确在学业上进步了。更为引人注意的是，他们的智商（IQ）得分也有所提高。因此，老师们无意间创造了他们所期望的行为。

自证预言已通过一系列积极和消极的知觉者预期得到证实，包括敌意（Snyder & Swann, 1978）、外向性（Snyder, 1984）、性别刻板印象（Skrypnek & Snyder, 1982）、种族刻板印象（Word et al., 1974），甚至是关于外表吸引力的刻板印象（Snyder et al., 1977）。这些研究强调，任何形式的偏见都能启动负面影响的自我延续和不断升级的恶性循环（见本章“双向因果关系”小节），在这个恶性循环中，自证预言不仅影响了有偏见的人对待受害者的方式，也使受害者的行为以某种方式证实了最初的偏见。

我们不仅很少意识到我们的期望能在多大程度上影响他人的行为，而且更可能的是，我们没有意识到他人的期望在多大程度上影响了我们的行为。因此，重要的是要记住，我们的行为不仅受我们自己态度的影响，而且受与我们交往对象的期望的影响。换言之，我们一直不断地互相构建着彼此的社会现实。

鉴于自证预言无处不在，我们应该考虑其对我们所有社会交往的潜在影响。例如，在一个少数族裔社区，如果一名警察期望社区居民怀有敌意且不诚实，你认为会发生什么？如果期望他们会抵抗呢？期望他们感到无助呢？期望他们有妄想症呢？期望他们有暴力倾向呢？

以同样的方式，如果该社区的居民期望警察怀有敌意且不诚实呢？或者期望警察不公平呢？期望警察冷酷无情呢？期望警察会虐待呢？期望警察有暴力倾向呢？警察和社区成员最终会建立一个相互加强的投射系统，该系统会支持他们各自的最初期望，而其中的许多期望可能是他们没有直接意识到的。

练习 2.7

探索自证预言的表现形式

该练习要求你选择两个涉及自证预言的假设或真实的场景。在做出选择时，考虑各种主题（例如，刻板印象、偏见、育儿、测试、竞争），各种环境（例如，研究、课堂、工作场所、宗教），各种社会或政府政策、计划、法律（例如，福利、失业、平权行动、种族隔离、移民、双语教育、性骚扰、强制退休）。然后针对每一个场景，就 A 的期望可能如何影响其针对B的行为提出你的想法。最后，讨论A的行为如何导致B按照与A事先的期望一致的方式行事。换句话说，找出一些你认为能够把A的最初期望转变成B随后现实的态度和行为的具体因素或事件。

场景：

____

A的期望对其针对B的行为的影响：

____

____

A的行为对B的后续行为的影响：

____

____

矫正方法

1. 记住，在你所有的社会互动中，你的期望本身可以使其成为现实。

2. 有意识地努力觉察自己的期望以及这些期望如何让你在他人身上诱导出你所期望的行为。

3. 不要忘记，你自己的行为并不能免受自证预言的影响。具体来说，请记住，你的行为可能会被别人对你的期望所左右。

4. 在进行研究时，启动保障措施以减少期望效应的潜在影响。例如，可以通过让实验员不了解研究的具体目的、目标或假设来实现。

2.10 相关并不能证明因果关系："什么"与"为什么"的混淆

相关是关于两个（或多个）变量之间关系或关联的陈述。因此，相关使我们能够通过一个变量或事件预测另一个变量或事件。也就是说，如果两个事件是相关的（或"共现"），那么一个事件的出现为我们提供了关于另一个事件的信息。然而，相关并不一定能建立变量之间的因果关系。换言之，因果关系不能简单地通过相关或共现来证明。

例如，考虑一下创造力和心理障碍之间的关系（Andreason & Canter, 1974; Andreason & Powers, 1975; Jamison, 1993）。伟大的画家文森特·梵高（Vincent van Gogh）、俄罗斯小说家费奥多尔·陀思妥耶夫斯基（Fyodor Dostoyevsky）和美国作家欧内斯特·海明威（Ernest Hemingway）都患有严重扰乱其生活的情绪障碍。美国摇滚明星吉米·亨德里克斯（Jimi Hendrix）、詹尼斯·乔普林（Janis Joplin）和吉姆·莫里森（Jim Morrison），以及喜剧演员约翰·贝鲁西（John Belushi）和克里斯·法利（Chris Farley）、英国歌手艾米·怀恩豪斯（Amy Winehouse）、美国音乐家科特·柯本（Kurt Cobain）以及美国演员菲利普·塞默·霍夫曼（Philip Seymour Hoffman），都染上了严重（最终致命）的毒瘾。根据这些观察可以得出什么结论？心理障碍导致创造力？也许。但也许是创造力导致了心理障碍。另外，创造力和心理障碍难道不可能相互影响吗？更复杂的是，其他一些变量，比如遗传倾向，会同时导致创造力和心理障碍的可能性有多大呢？

换句话说，假设 A 与 B 存在相关：是 A 导致 B 吗？是 B 导致 A 吗？ A 和 B 互相导致吗？是 C 导致 A 和 B 吗？是否存在这些因果关系的某种组合呢？（见图 2.3）

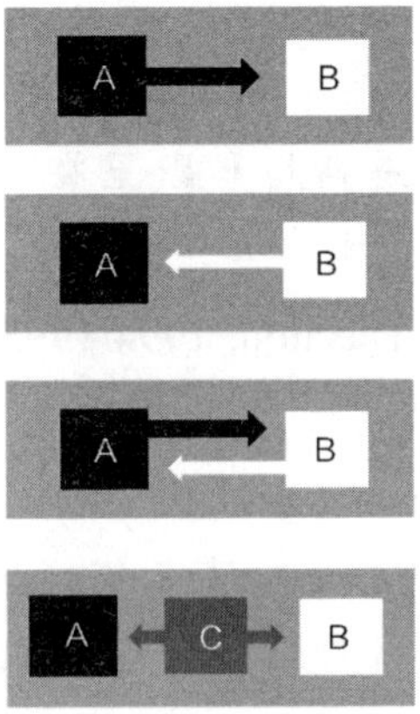

图 2.3　存在四种可能的因果关系的事件 A、B 之间的相关

不幸的是，仅仅存在相关并不会（事实上，是不能）为我们提供这些问

题的确切答案。下面是一些变量间相关的例子，人们经常（但错误地）在这些变量间推断出因果关系。

例 1：研究表明，观看暴力电视节目似乎与攻击行为（aggressive behavior）之间存在微小但正向的相关。然而，这种相关并不能证明电视暴力会导致攻击性。也许是有攻击性的人更喜欢看暴力电视节目。也许攻击性和电视暴力通过“恶性循环”相互促进（见本章“双向因果关系”小节）。还要考虑家庭冲突同时导致攻击行为和观看电视暴力的可能性。

例 2：你知道在炎热条件下比在寒冷条件下有更多攻击性（aggression）吗？例如据报道，与较冷的气候相比，较温暖的气候下谋杀和强奸的发生率通常较高（Anderson, 1987）。为什么？当然，认为天气受到暴力犯罪的影响是荒谬的，更有可能是气象条件以某种方式影响了暴力行为。然而，我们不知道其他因素，如贫困、人口密度或政府政策是否会影响谋杀和强奸事件。

例 3：假设某些少数族群表现出不成比例的高犯罪率、学业失败率、少女怀孕率、吸毒率或精神疾病发生率。换言之，让我们假设群体成员身份（例如西班牙裔美国人）与这些问题的发生率和严重性之间存在相关。如何解释这种趋势？最常被忽视却最关键的因素之一是社会经济地位。具体来说，贫困似乎比族群本身更能预测这些行为。现在，如果碰巧这些群体平均来说处于社会经济阶梯的较低一级会怎么样呢？我们可能会错误地倾向于关注肤色和族群认同，而低估了经济环境的影响。

例 4：类似地，让我们考察一下关于智商得分的种族（特别是黑种人与白种人）差异的争论。赫恩斯坦和默里在《钟形曲线》(*The Bell Curve*)（Herrnstein & Murray, 1994）这本有争议的书中提出，这种相关可以主要用遗传差异来解释（Jensen, 1973; Rushton, 1994/1995）。不用说，如果不考虑社会经济地位、接受优质教育的机会、父母的角色塑造、家庭结构、同伴影响、文化规范以及个人和社会期望（见自证预言）等因素，就不能接受这一结论。

还要考虑无家可归与精神疾病、青少年怀孕与社会福利、学校成绩差与法律纠纷、族裔与酒精消费、性别角色与大众媒体之间的相关。在所有这些情况下（以及在无数其他情况下），请注意不要仅基于相关或共现就得出因果关系。此外，当观察到相关时，一定要检查因果关系的所有可能的路径和方向。

一种特殊类型的错误推理是事后错误（post hoc error），指由于事件 B 紧跟在事件 A 之后发生，就认为 B 一定是由 A 引起的这种错误逻辑。这种错误也称为副作用推理（parataxic reasoning）（Sullivan, 1954），还会被视为一种“魔法思维”（magical thinking），因为它把时间上紧密相连的事件解释为因果联系（Hutson, 2013）。事实证明，大多数迷信就是以副作用推理为基础的。例如，如果一位足球教练在比赛前没刮胡子，接着他的球队赢了，他可能认为不刮胡子导致了比赛胜利。于是他就在后来的比赛中采用这种迷信行为。

练习 2.8

探索相关和因果关系

练习应用这些原则，尝试确定一些可能的因果关系、途径和解释，以解释下面提出的每一个相关性。

例子

“夜猫子型”和乐观似乎呈负相关（Levy, 1985）；也就是说，“夜猫子型”的人比“早起型”的人更悲观。为什么会是这样？

1. 乐观可能导致早起。
2. 早起使人乐观。
3. 乐观和早起可能相互影响。
4. 令人满意的工作既能使人乐观又能使人早起。

练习 A

许多社会认为，控制或阻止攻击行为的最有效方法是使用刑罚，包括死刑。然而，多数研究证据表明，谋杀率与处决次数之间存在正相关，而不是威慑理论（deterrence theories）所预测的负相关（Segall et al., 1997）。在美国，没有死刑的州的谋杀率一直低于有死刑的州（DPIC, 2018）。假设这种相关是有效的，怎么解释呢？

1. ______________________________
2. ______________________________
3. ______________________________
4. ______________________________

练习 B

假设你读了一篇报道宗教信仰和抑郁之间存在负相关（例如，宗教信仰越少，抑郁越严重）的文章。什么因素可以解释这种相关关系?

1. ______________________________

2. ______________________________

3. ______________________________

4. ______________________________

正如这些例子所说明的，对于存在“什么”关系，即使相关可以为我们提供准确且通常非常有用的信息，也不能指望它们来回答“为什么”的问题。即使相关强烈“暗示”因果关系，也不能证明因果关系。

矫正方法

1. 记住，相关或共现本身并不是因果关系的证据。

2. 记住，相关使我们可以用一个事件预测另一个事件，然而，相关并没有解释为什么这些事件是相关的。

3. 当观察到相关时，要考虑因果关系所有可能的路径和方向。例如，如果事件 A 和事件 B 是相关的，是 A 导致 B 吗? 是 B 导致 A 吗? A 和 B 互相导致吗? C 导致了 A 和 B 吗?

2.11 双向因果关系与多重因果关系：因果循环及复合路径

2.11.1 双向因果关系

尽管我们通常认为因果关系是单向的（unidirectional）（事件 A 导致事件 B），但更多是双向的（bidirectional）（事件 A 导致事件 B，同时事件 B 导致事件 A）。换句话说，变量可以并且经常相互影响（见图 2.4）。这种关系也可以称为因果循环，或者，根据我们对特定情境的主观评价，要么是“健康螺旋”

（如果我们碰巧喜欢），要么是“恶性循环”（如果我们不喜欢）。（在这方面，请见本章“语言的评价偏差：描述即是做断定”一节。）

图2.4　双向因果关系

为了说明这一原理，让我们来看一下经典的心理学问题：“是思维导致情绪，还是情绪导致思维？哪个在先？哪个是因，哪个是果？”（Berscheid, 1982; Mandler, 1975; Weiner, 1980; Zajonc, 1980）。然而，当被视为一种双向关系时，答案就显而易见了：很明显，思维和情绪相互影响。

再考虑一下心理紊乱（psychological disturbance）和家庭环境之间的双向关系。具体来说，冷漠、排斥和敌对的父母很可能会给孩子带来情绪和行为上的问题。同时也不要忽视另一种可能性（甚至是很可能）：有情绪和行为问题的儿童也可能导致他们的父母变得冷漠、排斥和敌对。

双向关系既丰富又有趣：

- 自尊与受欢迎
- 动机与鼓励
- 好奇心与知识
- 尊重与责任
- 挫折与无助
- 冷漠与无力
- 批评与防御
- 多疑与保密
- 教育与机遇
- 机遇与成功
- 金钱与权力
- 贫困与失败
- 歧视与蔑视
- 暴力与偏见

练习 2.9

识别和摆脱因果循环

作为练习，请考虑失业（事件A）和违法（事件B）之间的双向关系：

- 首先，描述一些失业（A）可能导致违法（B）的方式。
- 接下来，描述一些违法（B）可能导致失业（A）的方式。
- 是否有可能确定“最初”的原因？如果是，怎么确定？
- 在什么情况下确定最初的原因可能很重要？
- 在什么情况下确定最初的原因可能不重要？

要进行更多练习，请选择另一个双向关系（可以从上述列表中选择，也可以从你自己的经验中选择一个原创例子）。

正如你所见，“原因”和“结果”是相对的术语：在一个实例中的原因变成了另一个实例中的结果。从这个角度来看，问“谁在先？”这个问题虽然有趣，但可能是不必要的，不相关的，甚至是无法回答的。因此，在面对此类“先有鸡还是先有蛋”的问题（chicken-and-egg questions）时，请记住，你的答案可能完全取决于你碰巧是从哪个位置进入因果循环中的。

2.11.2 多重因果关系

从印度次大陆移民到美国和加拿大的移民，他们的冠心病发病率高于他们移居国的人口（Bahl et al., 2001）。最近对移民的研究表明，他们在美国生活的时间越长，患心脏病、高血压和糖尿病的概率就越高（Tavernise, 2013）。造成这些医疗问题增加的原因是什么？

实际上，这个问题的形式有误导倾向，因为它暗示存在单一原因。事实上，任何结果可能（而且通常）不是只有一个原因，而是几个原因同时作用的结果（见图 2.5）。几乎每一个重要的行为都有许多决定因素，任何单一的解释都不可避免过于简单化。因此，在这种情况下，我们需要考虑一系列可能的因素（例如，遗传、饮食、压力、家庭规范和文化传统），所有这些因素都可能在不同程度上产生影响。

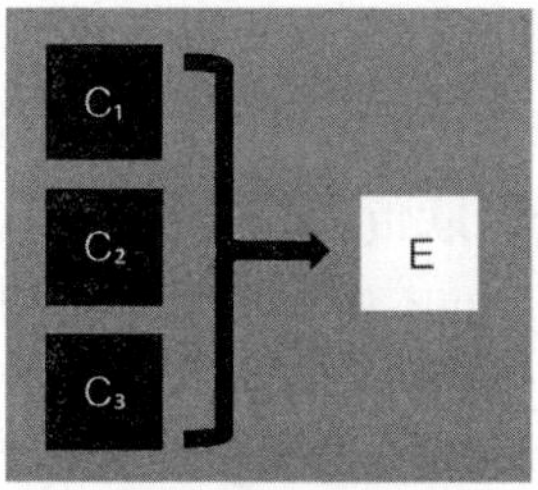

图 2.5 多重因果关系

注：C= 原因，E= 结果

例如，荷兰的鲁特·维恩霍芬教授（Ruut Veenhoven, 2008）研究发现，幸福感并不仅仅依赖于如工作或物价等经济因素。例如，在英国，尽管经济起起落落，多种幸福指数 40 年来并没有太大变化。作为最幸福的国家之一，英国的幸福指数得分保持稳定。冰岛、丹麦或芬兰等斯堪的纳维亚国家的得分甚至更高。例如，调查显示，冰岛人比瑞典人更幸福，但冰岛政府用于社会福利的支出只有瑞典的一半。尽管经济从 2008 年开始放缓，随后出现复苏，但美国人报告说，他们既没感到更不快乐，也没感到更快乐（World Happiness Report, 2015）。研究表明，虽然世界各地人们的平均收入会影响他们对生活的满意度，但其他个人因素和社会因素在决定人们的总体幸福感方面也非常重要。研究还表明，在个人主义文化中，人们在评估自己的幸福感时依赖于自己的情绪。在以集体主义为主的文化中，人们倾向于通过社会线索或其他人的反应来做出判断（Suh et al., 2008）。

再举一个例子，是什么导致了抑郁症？是儿童早期创伤引起的吗？或重大损失？或感受到的失败？或不切实际的期望？或错误的信念体系？或内化的愤怒？或习得性无助感？或生化体质？或缺少机会？现在，试着去掉每个“或”，使各因素并列存在。这样，抑郁症就可以视为是由多种因素引起的，包括儿童早期创伤、重大损失、感受到的失败、不切实际的期望、错误的信念体系、内化的愤怒、习得性无助、生化体质和缺少机会。

类似地，让我们来考虑这个问题：“人们为什么使用脸书和其他社交媒体？”答案同样是既不简单也不单一。在不同程度上有多种理由：社交理由（重新联系老同学，与现在的朋友保持联系，在其他国家寻找新朋友，扩展社交网络，遵守同伴规范），情绪理由（缓解无聊、压力或孤独，体验愉悦或消遣放松），实际理由（发现镇上的事情，出于政治原因争取支持，登商业广告，匿名监视“前任”），自恋的理由（为外界制造虚假形象，吹嘘个人成就，追求“点赞”数量和“好友”数量，欺负或嘲笑他人），存在的理由（感受到自己是比自己更大的东西的一部分，即个人的存在——“我分享，我存在”）。这些因素——无疑还有更多因素——都是多重原因综合体（equation）的一部分。

练习 2.10

探索复合路径

应用同样的原理，考虑恐同症（homophobia）的多重决定因素。列出尽可能多的可能因素。对其他与批判性思维相关的话题也可以这样做。（你可以浏览一下本书的索引来寻找一些想法。）

总的来说，每当面对一个以“要么 / 或”的形式呈现的疑问、问题或困难时，你就停一会儿。现在，尝试用“两者 / 和”替换“要么 / 或”。例如，“偏见要么由无知引起，要么由仇恨引起”，这句话变成“偏见由无知和仇恨引起”（可能还有许多其他因素）。然后问问自己：“这个新形式有用吗？”在很多情况下，你很可能会发现它是有用的。

2.11.3 矫正方法

1. 不要先验地认为两个变量之间的因果关系是单向的。

2. 在调查因果关系的方向时，要考虑变量之间存在因果循环的可能性；也就是说，任何一个变量都可能是另一个变量的原因和结果。

3. 记住，在双向因果关系的情况下，哪个变量看起来是“原因”，哪个变量看起来是“结果”，可能完全取决于你碰巧是从哪个位置进入因果循环中的。

4. 在试图解释事件发生的原因时，不要仅限于一个原因，而是要探索多种可能的原因，或许是所有这些原因共同导致了结果。

5. 当面对“要么 / 或”的问题时，始终要考虑答案可能是“两者 / 和”。

2.12 自然主义谬误：模糊“是”与“应该”的界限

我们的个人价值观使我们的思维产生偏差的一个非常重要的方式是，我们把“是”什么的描述等同于断言“应该”怎么样。例如，当我们根据什么是可观察到的来定义什么是好的，就会发生这种情况。这种思维上的错误被称为自然主义谬误（naturalistic fallacy）。

检查以下陈述：“典型的就是正常的；正常的就是好的。不典型的就是不正常的；不正常的是坏的。”注意在每种情况下，对存在什么事物的描述是如何转化为我们喜欢什么或不喜欢什么的凭据的。

正如苏格兰哲学家戴维·休谟在200多年前指出的那样，价值观、伦理和道德不是建立在逻辑或理性的基础上的，而是建立在特定社会的情感和公众意见的基础上的。因此，任何对人类行为的描述，无论多么准确，都无法判定什么是“对”或“错”的行为。无论我们所研究的是文化习俗、宗教信仰、政治信念、教育实践、娱乐活动、性倾向还是餐桌礼仪，都是如此。大多数人做的事情，不等于就是正确的；大多数人不做的事情，也不等于就是错的。

当然，反过来也是如此。大多数人做的事情，不等于就是错的；大多数人不做的事情，也不等于就是对的。换言之，不必仅因为某人不同于多数人就将其理想化。同样，也不必仅因为某人做了别人做的事而谴责他。关键是，任何情况下都要注意不要把客观描述与主观价值判断混为一谈。

让我们简单阐述一下自然主义谬误的四种变体。

1. 常见的就是好的：该错误是将普通、传统或流行等同于正确。这一观点背后的假设是什么？“每个人都这么做，所以这肯定是好的。”“大多数人最清楚。”“那么多人不可能犯错。”举一些具体的例子：“因为某个国家的绝大多数人都赞成体罚儿童，所以这个观点肯定是正确的。”“苹果手机肯定是最好的设备，因为那么多人都拥有。”

2. 不常见的就是坏的：类似同一枚硬币的另一面，偏离规范的东西被认为是错的。无论是判断越轨行为、不受欢迎的信念、不寻常的风俗，还是非传统的外表，都会出现这种判断：如果不同，就会受到谴责。例如：“社交媒体无处不在，所以如果你不用社交媒体，你一定是个怪人。”

3. 常见的就是坏的：在这种情况下，某人拒绝了某物，仅仅是因为大多数人接受了它，而完全没有考虑其本身的优缺点。凭什么呢？“大众总是错的。”“如果大多数人都这样做，那就不可能是好的。”“既然社会中的人们是一群没有头脑的羊，他们所代表的一切必然是不道德的。”例如：“当权派相信婚姻，因此我当然不相信。”“每个人都使用社交媒体，所以我拒绝。”

4. 不常见的就是好的：按照同样的思路，任何与正常情况的偏离都被视为可取的，无论其内在价值如何。为什么？“任何不一样的东西都比一般的好。”“如果不寻常，就是好的。”“任何有勇气反抗传统思维的人都肯定有一些重要的贡献。”例如：“我宁肯人们把我看作怪人，也不要他们完全注意不到我。”“任何为 # 我也是（#Me Too）运动说话的人都肯定是对的和有道理的。”

为了从跨文化的角度看待这一现象，请考虑一些过去被广泛接受为正确的做法：活人献祭、奴隶制、童工、虐待配偶、公开处决、剥夺宗教自由、非自愿医疗、焚书、烧死异端和女巫。按照今天的标准，对我们大多数人来说都非常清楚，这些做法在道德上是错误的。然而，未来几代人有多大可能会忽视甚至嘲笑我们目前理所当然地认为正确的大多数事情呢？（你能预见什么具体的例子吗？）

练习 2.11

探索自然主义谬误的表现形式

作为练习，试着想出代表以下每个类别的具体例子。（为了帮你入门，请浏览以下主题列表：性别角色、种族隔离、公民抗命、平权行动、计划生育、儿童养育、疫苗接种、战争、精神疾病、艺术表达、时尚、音乐、广告、非法移民、个人卫生。）

常见，所以是好的：____________________

不常见，所以是坏的：____________________

常见，所以是坏的：____________________

不常见，所以是好的：____________________

赫胥黎（T. H. Huxley）曾经指出“宇宙过程与道德目的没有任何关系”（Miner & Rawson, 1994）。尽管有他这样的主张，我们的自然观本身还是容易产生自然主义谬误。当我们把“自然的”等同于“正确的”，或者当我们宣称“事物本来就是这样”，或者我们假定自然界发生的一切都是好的，因为自然界本身就是好的，就会发生这种谬误。“自然的”怎么会不好呢？毕竟，只要想想白雪皑皑的群山，金色的夕阳，芬芳的花朵，出生的奇迹，生存的本能，生命的确是好的。从草药到有机杀虫剂，如果它来自自然界，那么它本来就是好的。

只是有点小问题。我们不太倾向于引用我们不喜欢的自然例子，这也许不足为奇。但是出生缺陷和麻风病怎么样呢？还有干旱和饥荒呢？地震和季风呢？马钱子碱和夹竹桃呢？这些现象是自然的一部分吗？它们是不是有点“不自然”？

本质上，对待大自然有双重标准：我们欢迎“好”的部分，而忽略、否定或合理化“坏”的部分。但我们无法两全其美。从道德上讲，自然就是自然。我们赋予它的价值是另一回事。

即使是社会科学家也无法避免犯这种错误。进化心理学领域就是一个例子。支持这种取向的人，他们的理论以达尔文的自然选择和生殖成功适应原则为基础，这些人对各种人类行为提供了进化解释，包括攻击、智力、道德、偏见、领地性（territoriality）、仇外心理（xenophobia）、择偶（mating）、性偏好（sexual preference）以及不忠（infidelity）（Barkow et al., 1992; Futuyma, 1979; Symons, 1979; Wright, 1994）。

例如，根据这些理论家的说法，基因决定了男性倾向于寻找很多年轻女性作为性伴侣。相反，女性自然地更喜欢与富有和有权势的男性建立一夫一妻的关系。此外，进化决定了男性比女性更有可能因通奸而杀死配偶。

为了论证，让我们暂时搁置对进化心理学的众多批评（Holcomb, 1996; Schlinger, 1996），并假设这些理论是正确的。这些理论与我们是从哪里开始产生分歧的？这些理论有何启示？性双重标准是“自然的”，因此就是可以接受的吗？这会证明滥交、通奸、欺骗和背叛是正当的吗？贪婪、唯物主义、种族隔离和战争是否应受到制裁？我们真的可以批评或谴责某人的不忠行为吗？我们怎能让人们对虐待配偶、强奸幼女或谋杀负责呢？毕竟，这是“他们的本性”。

跨文化敏感性

遵循一些人所说的“多元文化主义”的原则意味着什么？是否意味着我们应该接受在其他文化中发生的任何事情，无论是在不同的国家，还是甚至是在我们自己的国家？这是否意味着跨文化心理学家应该抛开自己的价值观，接受例如在全球不同程度上广泛存在的性别偏见和对女性的歧视？

多元文化主义者的观点会决定在其他国家接受一夫多妻制吗，即使这在美国是一种联邦罪行？我们是否应该停止谴责某些团体对其他宗教的暴力行为？我们是否对非洲的“女性割礼”（即强行割除女孩的外生殖器）这种在欧洲和美国被视为身体残害的习惯保持沉默？总之，我们可以评判谁呢？“这就是他们在自己的文化中所做的。”考虑这样一个事实：从他们的角度来看，我们的很多做法看起来可能也不道德。

有一个思想流派，其最极端的形式是试图从学习和研究中减少（甚至消除）特定的道德和文化价值观，并认为任何价值观只要存在于特定的文化背景中就是可以接受的。这个思想流派称为文化相对主义（cultural relativism）（见第 3 章和图 3.1 的讨论）。

你个人如何看待文化相对主义？这种观点的局限性是什么？你认为一切都是相对的吗？应该有一个普遍的标准来评价不同的文化习俗吗？有没有可能调和既尊重他人信念又不牺牲自己信念的困境？像容忍和接受这种价值观在什么时候可能会变得有害？

很明显，即使进化确实影响了我们的行为，也不能证明它在道德上是好的、可取的或正确的。换言之，“真实的”不一定就是“正确的”。例如，仅仅以攻击是遗传的内在产物为由而纵容暴力行为，这就是错误的。解释人类行为是一回事，为其辩解则完全是另一回事。也许我们的行为可以部分归因于自然选择过程。再说一遍，借用电影《非洲女王号》（*The African Queen*）里的台词，也许“我们在地球上要征服的就是自然。”

矫正方法

1. 不要错误地把统计频率等同于道德价值。因此，如果大多数人做了某件事，并不能从本质上说明那是对的；如果大多数人不那样做，也不能说明那是错的。同样，如果大多数人做了某事，也不能说明那是错的；如果他们不那样做，也不能说明那是对的。

2. 学会区分客观描述与主观判定。具体来说，不要把一个人对“是”或“不是”的描述与他对“应该”或“不应该”的判定混为一谈。

2.13 信念固着效应：“不要用事实迷惑我！”

在我们试图了解周围的世界并在生命中巡航时，我们采用了各种各样的信念，其内容从平凡的（最好的洗涤剂品牌，最讨人喜欢的发型）到深刻的（生命的意义，上帝的存在）都有。我们的信念最显著的特征之一就是我们个人对信仰的投入程度。这种依恋可能十分强烈，以至于我们的信念似乎成为我们自我认同的一个重要和不可或缺的组成部分。

那么，当我们的信念受到新的事实（如研究数据）的挑战时，会发生什么呢？尤其是那些我们碰巧喜欢的信念？或者那些我们认为重要的信念？或者那些我们已经认为是事实的信念？

如果我们以一种纯粹理性的方式来应对这些挑战，我们只需将个人感情从争端中分离出来，尽可能客观、冷静地评估挑战的实质，然后，如果合适的话，相应地修改我们的信念。换言之，我们将通过修改已有的图式来顺应新的信息（见本章“同化偏差”一节）。

但我们并不总是那么理性。事实上，有时我们完全不理性。具体来说，当我们的信念受到挑战时，我们很容易觉得是我们自己受到了挑战；当我们的信念受到批评时，我们觉得是我们自己受到了批评；当我们的信念受到攻击时，我们觉得是我们自己受到了攻击。因此，我们最初的冲动通常是保护我们的信念，就像保护我们自己一样。因此，即使有时面对相反的证据，我们也倾向于坚持自己的信念。这种思维偏差被称为信念固着效应（Lord et al., 1979）。

当我们陷入信念固着时，我们经常会对任何与我们的信念背道而驰的论点打折扣，或否认、忽略它。也就是说，我们只是坚持信念本身，而忽视潜在的挑战。以下是一些示例：

“婚姻是男人和女人之间的事。”

“为什么？”

“因为……婚姻是男人和女人之间的事。”

“我反对同性婚姻，因为它伤害儿童。”

“事实上，研究表明已婚同性恋夫妇的孩子适应得很好，即使不比异性恋夫妇的孩子适应得更好。”

“好吧，它还是伤害儿童。”

“强奸是暴力行为，不是性行为。”

“这不是一个是或否的问题。攻击的具体手段将强奸与其他暴力行为区分开来。例如，如果一个人的背部被刀伤了，我们不会称之为‘强奸’。相反，强奸是一种具体涉及性器官的暴力行为。因此，它被视为甚至不需要攻击者出现性快感或性满足的性行为。换句话说，强奸是一种性暴力行为。”

“哦，我明白你的意思了。这很有道理。但我仍然认为强奸是一种暴力行为，而不是性行为。”

事实上，我们的信念是如此顽固，以至于即使我们承认支持它们的证据是错误的，这些信念也会顽固地坚持下去。这在一项研究中得到了证明，在这项研究中，被试接受了一项据称表明他们对社会特别敏感的人格测验（Ross et al., 1975）。被试随后被告知，测验实际上是假的，因此结果是无效的。然而，即使有了这些知识，被试仍然坚持认为他们对社会敏感。其他研究也证实了这个普遍结论，即改变我们的信念比最初创造该信念需要更有力的证据（Ross & Lepper, 1980）。

我们能坚持信念而不拒绝矛盾的信息吗？对于潜在的反对证据，如果我们不能，甚至选择不去打折扣、否认或忽略，又会怎么样呢？有没有办法让我们继续坚持我们所珍视的信念，与此同时仍然取得胜利呢？正如你所料，答案是肯定的。就像武术大师巧妙地将对手的力量调整方向并转化为自己的优势一样，通过逻辑扭曲，我们找到了一种曲解、扭曲或重构信息的方法，以使其实际上支持我们最初的信念。

现在让我们来看看这个重大主题的变体样本（表 2.3）。特别有趣的是，注意这些简短情景中的参与者是如何创造性地利用思维中的缺陷来支持自己的立场的，这些缺陷包括循环推理、否认、通过攻击源头来转移、混淆感觉与事实，以及演绎和归纳推理中的其他错误。（这些例子直接来自作者在各种环境中的亲身经历，包括媒体采访、心理治疗、政治辩论，以及在电影院排队时听到的谈话。）

表 2.3 信念固着效应的例证

布雷特（雇主）：纽约人总是做得更好。我从小就知道了。

拉玛（员工）：但是今年我们洛杉矶的新销售代表的销售量超过了这个部门的所有纽约人。

布雷特：是的，但是如果我们把同一个地区给一个纽约人，我们就能赚两倍的利润。

帕德什（活动家）：我完全肯定政府密谋对付我。

赛义德（采访者）：等一下，你有证据证明有人密谋对付你吗？

帕德什：没有，但你有证据证明没有吗？

李（宗教人士）：所有无神论者都是抑郁的，因为他们不信上帝。

肖（无神论者）：我不信上帝，我也不抑郁。

李：你可能没有意识到，你实际上是信上帝的。或者你很抑郁，只是你没有意识到。

卡桑德拉（社会政治理论家）：犹太人控制着媒体。

娜塔莉（记者）：但是，网络和报纸的负责人绝大多数都不是犹太人。

卡桑德拉：这正是我的意思。所有这一切证明了他们是多么聪明，制造出他们没有任何权力的假象。他们有如此多的控制权，以至于他们能骗你相信他们没有任何控制权。

谢丽尔（女性团体治疗成员）：男人真正想要的只是性，没有别的。

库特（男性团体治疗成员）：我是一个男人，这不是我想要的全部。

谢丽尔：好吧，要么你在骗我，要么你在骗你自己，要么你不是真正的男人。

练习 2.12

社会文化信念固着

本练习用于进一步检查信念固着的各种表现形式，请尝试自己完成以下情景：

A：“雅利安人”是主宰种族。

B：那他们怎么输掉了二战？尤其是输给了“劣等”种族？

A：____________________

A：恐怖分子疯了。

B：但他声称对自己的行为负全部责任。

A：____________________

A：你是种族主义者。

B：不，我不是。

A：____________________

A：她得到这份工作的唯一原因在于她是少数族裔。

B：____________________

A：____________________

A：她得到这份工作的唯一原因在于她是少数族裔。

B：____________________

A：____________________

A：美国现在的种族歧视比 50 年前更严重。

B：____________________

A：____________________

A：来到这个国家的移民只是为了“搭便车”。

B：____________________

A：____________________

A：犹太人大屠杀并没有真正发生。

B：____________________

A：____________________

A：上帝在我们这边。

B：____

A：____

矫正方法

1. 对不同的观点，尤其是有挑战性的观点持开放心态。

2. 提醒自己（以及其他人）认真思考你对证据的评估，并密切监控形成结论时出现的偏差。

3. 主动反驳你先前的信念。也就是说，直接问问你自己，你的信念在哪些方面可能是错误的。这样做的一个具体方法是考虑相反的情况。

4. 当你的信念和事实不一致时，抵制那种认为你的信念是对的，而事实一定是错的这一自然倾向。

2.14 结论："是否要进行元思维？"

最后，让我们来评价本章的主要内容：元思维本身。从某种意义上来说，元思维可被看作认知图式。因此，元思维具有与所有图式加工相同的固有优势，当然，也有同样的缺陷（见本章"同化偏差"一节）。更具体地说，就优势而言，他们可以：

- 显著减少或消除与文化和跨文化现象有关的各种系统性偏差、谬误及思维错误；
- 提高思维的清晰性和解决方案的准确性；
- 为新视角和替代观点开辟道路；
- 促进问题解决的创新和创造取向；
- 成为识别其他尚未识别的认知错误（即新的元思维）及其矫正方法的基础。

关于缺点，它们的使用：

- 需要更多时间和精力（尤其是一开始）来分析理论和事实；
- 牺牲了简单性，增加了复杂性；
- 可能导致歧义增加；
- 有时会让你感到沮丧或困惑；
- 在某些情况下可能不切实际或不合适。

总之，与所有其他选择一样，接受或拒绝这些想法虽有收益，也有代价。因此，一旦你在跨文化心理学领域和你自己的生活中努力学习、理解和应用这些元思维原则，就要评估它们的优缺点。如果你以这种方式进行衡量，那么在你行动的特定阶段，你就能做出更明智的选择。不管怎样，最终决定权在你手中。

托马斯·萨斯（Thomas Szasz）曾说过："我并非对生活中每一个问题都有答案。只不过当我看到愚蠢的答案时，我知道它是愚蠢的。"（Miller, 1983）。同样，对你将要问或你将要被问到的所有问题，元思维不一定能为你提供最佳解决方案。然而，在跨文化心理学中培养你的批判性思维技能，至少会使你更容易且一直能识别和抛弃"愚蠢答案"，从而能腾出你的时间、精力和资源，去从事更有成效的工作。

2.15 本章概要

1. 批判性思维是学习中最重要、最不可或缺的组成部分之一。本章介绍的思维原则或元思维（字面意思是"对思维的思维"）是一种认知工具，为使用者提供了探究和解决问题的具体策略。这样，它们可以作为一种有效的矫正方法，来解决思维中倾向于出现的偏差、简单化、僵化、懒惰或者马虎草率。

2. 在描述现象，特别是社会现象时，人们使用的语言总是反映自己的价值观、偏差、好恶。通过这种方式，他们的话语对他们自己的揭示，至少与他们试图描述的事件、个体和群体对他们自己的揭示程度是相当的。

3. 二分变量是分类（质）的问题，而连续变量是程度（量）的问题。问题在于，人们倾向于对变量进行二元划分，而更准确的应该是将变量概念化为连续变量。

4. 所有现象既相似又不同，这取决于为了评价、比较和对比而选择的维度或分类变量。没有任何现象与其他现象是完全相同或完全不同的。

5. 巴纳姆式陈述是“均码”描述，几乎适用于所有人，但不能提供关于特定群体或个人的独特信息。因此，巴纳姆式陈述的问题不在于它们是错的；相反，正因为它们十分宽泛、普遍和有弹性，因此几乎没有任何价值。

6. 同化偏差是思维清晰和有效解决问题的重要障碍。在透过“有色图式眼镜”观察世界时，我们接受的几乎所有传入的信息都产生了不同程度的扭曲、误解和失效。

7. 为了识别任何给定的现象，我们会自动和直观地将其与我们的心理表征、原型或相关类别的图式进行比较。由于原型错误、未考虑相关统计数据或动机偏差，可能会出现由代表性偏差所导致的错误。

8. 每当我们试图根据我们想起事件的速度或容易程度来评估事件发生的频率或可能性时，我们都会使用可得性启发式。因此，生动的例子、戏剧性事件、生动的案例研究以及个人证词，与统计信息相比，可能对我们的判断产生了不相称的影响。这样，轶事可能比事实数据更有说服力。

9. 在对人们的行为进行因果归因时，我们倾向于高估其内部人格特征（性格）的影响，低估其周围环境（情境）的影响。这种基本归因错误可能是由认知偏差和动机偏差所导致的。

10. 我们对他人持有的假设、态度和信念，无论是否出于我们的意图，实际上都会产生我们所期望的行为。同样，我们自己的行为也可能会在无意中被别人对我们的期望所影响。总之，有了自证预言，期望本身就能引发现实。

11. 相关可以为我们提供关于“是什么”关系存在的准确而有用的信息，但不能指望它们来回答“为什么”的问题。即使在相关强烈暗示因果关系的情况下，也不能证明存在因果关系。

12. 与事件 A 导致事件 B 的单向因果关系相反，在双向因果关系中，事件 A 和事件 B 在一个循环或因果圈中，任何一个事件都是另一个事件的原因和结果。在这种情况下，因果关系的路径是一条“双向街道”。此外，任何给定的事件都可能是，而且通常是，众多原因的结果。

13. 事件发生的频率并不决定其道德价值。常见、典型的或正常的并不一定是好的；不常见、不典型或不正常的并不一定是坏的。反之，常见的未必是坏的，不常见的未必是好的。

14. 我们倾向于固执地坚持自己的信念，即使有时面对相反的证据也是如此。因此，当这些信念受到挑战时，我们会觉得有必要保护它们，就好像保护我们自己一样。信念固着效应的一个结果是，改变我们的信念比最初创造该信念时需要更有力的证据。

2.16 关键术语

矫正方法 预防或抵消不利影响的改进措施。

同化偏差 倾向于使用同化而不是顺应的方式解决已有图式和新信息之间的差异，甚至不惜以扭曲信息本身为代价。

可得性偏差 可得性启发式在思维或信息加工中产生的任何系统性错误，其原因通常是非常生动而罕见的事件。

可得性启发式 一种认知策略，根据从记忆中提取某一事件样例的难易程度，快速估计该事件发生的频率、发生率或概率。

巴纳姆效应 指人们愿意不加批判地接受巴纳姆式陈述的有效性的现象。

巴纳姆式陈述 关于特定个体的通用的“均码”描述或解释，该描述或解释实际上适用于所有人。

信念固着效应 固执地坚持自己信念的倾向，即使面对矛盾或相反的证据也要坚持。

偏差 抑制、制止或阻止公正判断的偏见或倾向。

双向因果关系 两个变量之间的相互关系，其中任何一个变量都是另一个变量的原因和结果。

认知偏差 归因上的任何系统性错误，源于人们信息加工认知能力所固有的局限性。

连续变量 任何分布于某个维

度、范围或系列上而不是属于某个类别的变量，理论上可以有无穷多的值，并用数量、大小或程度表示。

批判性思维 一种积极而系统的认知策略，用于在合理推理和有效证据的基础上检查、评估、理解事件，以及解决问题和进行决策。更具体地说，批判性思维涉及同时保持开放和怀疑的态度，认识到事实与理论之间的区别，力求事实的准确性和逻辑的一致性，客观地收集、衡量和综合信息，形成合理的推论、判断和结论，识别和质疑潜在的假设和信念，辨别隐藏的或隐含的价值观，知觉现象之间的异同，理解因果关系，减少逻辑缺陷和个人偏差（例如避免过度简化和过度概括），培养对不确定性和模糊性的容忍度，探索不同的观点和解释，寻找创造性解决方案。

二分变量 任何可以区分为两个离散且互斥类别的变量。

基本归因错误 在试图确定人们行为动机时发生的偏差，包括高估其人格特征的影响而低估其特定情境的影响；也就是说，进行了过多的内部归因和过少的外部归因。

启发式 一种解决问题的心理捷径或经验法则策略，它将复杂的信息和耗时的任务简化为更简单、快速和有效的判断操作，特别是在不确定条件下做出决策时。

元思考 对思考进行的思考；对思考过程的批判性分析和评估。

元思维 从字面上讲是对思维的思维，它涉及批判性思维的原则。

动机偏差 归因上的任何系统性错误，源于人们为满足自己的个人需要而做出的努力，如对自尊、权力或威望的渴望。

自然主义谬误 一种思维上的错误，使个体把客观描述与主观价值判断混淆或等同，特别是仅根据统计上的频率高低来定义道德上的好与坏。

副作用推理 一种“魔法思维”，通常是导致迷信行为的原因，在这种思维中，时间上紧密相连的事件被错误地解释为因果联系。

事后错误 一种逻辑错误，指因为事件 B 在事件 A 之后发生，就判断事件 B 一定是由事件 A 导致的。也就是“在此之后，此即原因”（after this, therefore because of this）。

代表性偏差 在思维或信息加工中由于代表性启发式而产生的系统性错误。

代表性启发式 一种快速估计给定实例是某一特定类别成员的概率的认知策略。

图式 组织个人的知识、信念和过去的经验，从而为理解新事件和未来经验提供框架的认知结构或表征；是对各种现象的普遍期望或先入之见。

自证预言 人们对他人有意或无意的态度、信念或假设真的导致了其最初所期望的行为发生的现象。

单向因果关系 两个变量间一个变量为因，另一个变量为果的关系。

第3章

跨文化研究方法

前段时间，我们针对权威服从的认知进行了一项俄美对比研究。我们将调查问题从英语翻译成俄语，制作了1000份问卷，并对测试材料录了像，然后飞往俄罗斯收集研究数据。我们研究了各种各样的样本，从小学生到建筑工人和工程师，以及心理学专业的学生。剩下的挑战只有一个：我们需要联系俄罗斯警察，却得不到县警察局长的许可。然而，令我们高兴的是，耽搁了几天后，我们终于获准访谈100名警察。

程序进行得很顺利，最后一位警察填写完问卷后，我们回到局长办公室感谢他的帮助。“噢，不客气，”他笑着回答，“我真的很想帮你得到最好的结果。我告诉我的伙计（他指的是警察们）要严肃，给你们最好的、最体面的、最恰当的答案。”

我们简直不敢相信他对我们说的话！他真的指示他的警察（全为男性）只给我们“体面的”，也就是社会赞许的答案吗？如果是这样的话，我们就不能使用这些研究结果了，因为其他的美国和俄罗斯被试都没有收到老板任何关于如何回答问卷的指示。然而，这位警官试图塑造更好的俄罗斯警官形象，并指导他的下属如何回答问题！

这也许是任何比较心理学研究中最常见的方法论挑战之一：由于被试认为他们的结果将与其他国家或文化群体的结果进行比较，所以他们试图让自己在道德方面的表现比他们心目中的实际情况更好。我们怎么能避免这种情况呢？也许我们应该更好地掩盖正在进行比较研究这一事实。然而第二天，我们的一位同事为我们澄清了情况。他问我们是否已经弄明白为什么警察局长花了几天时间才给我们的研究开了“绿灯”。

为了更好地理解人类行为、动机和经验的文化多样性，心理学家必须收集可靠的证据——以无偏的方式解释可证实的事实和可重复的数据。本章论述跨文化心理学研究中的研究方法，概述跨文化心理学家最常用的方法，并对比较研究中收集事实和解释数据的过程提出批判性的建议。

3.1 跨文化研究的目标

假设一组研究人员希望在美国研究（由亲属）包办婚姻和非包办婚姻的印第安人后裔在心理和行为上的相似性和差异（Regan et al., 2012）。在这个特定的项目或类似的项目中，心理学家追求的目标是什么？

首先，研究人员很可能想描述事实和他们研究的主要发现。在这项具体研究中，包办婚姻和非包办婚姻的夫妻之间没有发现统计学上的差异；在这两种婚姻类型中，爱、满足和承诺的得分都很高。

然后，研究人员试图解释他们所发现的相似性和差异。在这项研究中，研究人员解释了为什么两组之间的差异相对较小。作者认为，一个关键原因是，本研究的参与者是美国的印第安后裔，他们在结婚前有很强的人际能力，可以不同意父母的选择，如果他们不赞成包办婚姻就可以拒绝。在其他文化条件下，参与者拒绝父母选择的权力较少，结果就会有所不同。研究人员通常会讨论他们的数据和解释：他们做演讲、参加会议、与同事和学生在线分享数据，或在学术期刊上发表文章，以让更多具有批判性的学者读到。

如果研究不仅可以解释而且能够预测决定婚姻关系成功的因素，这样的研究就具有重要的现实意义。例如，心理学家可能提出，配偶双方在爱情或赞同的基础上对对方最初的承诺是影响婚姻成功的重要因素。如果跨文化研究也出现了这一结果，从业者就可以在治疗和咨询中使用此类研究数据，以帮助来自不同文化背景的来访者，使他们通过治疗和咨询更好地理解和经营（或有效地控制）家庭关系。

总体而言，跨文化心理学的研究方法可以分为定量和定性两类。

3.2 跨文化心理学中的定量研究

定量研究（Quantitative research）是通过统计或数学数据以及各种计算技术对心理现象进行的系统研究，包括数据的记录、测量、分类、评估和解释。例如，研究者可以使用定量方法：测量两组管理者的情绪稳定性，一组在日本，另一组在法国；比较多族裔社区中男性和女性求职者的组织技能优势；或者比较两个或多个文化群体的集体主义习惯。

因为跨文化心理学家对建立两个或多个变量之间的相似性、差异和其他统计关系感兴趣，所以最常见的数据是集中趋势度量（measures of central tendency）。集中趋势度量表示分数在变量上的分布位置；也就是说，它描述了大多数分布所在的位置。集中趋势有三种度量标准：众数（mode）、中位数（median）和平均数（mean）。

最常出现的分数称为众数。例如，比较 A 组和 B 组的测验成绩，然后发现 A 组的大多数人都得到了 10 分，B 组的大多数人得到了 7 分；你可以将 10 和 7 作为两组的众数进行比较。在大多数情况下，众数并不能准确地描述所研究的群体的分数。因此，可以用中位数这个更好的指标来度量集中趋势。当 50% 的分数等于或小于 X 时，中位数就是 X。例如，如果分数为 1、2、2、2、3、4、5、5、5，则中位数就是 3，因为一半分布（分数 1、2、2、2）在 3 之前，一半分布（分数 4、5、5、5）在 3 之后。分数的数值不是中位数的决定因素。简言之，中位数是第 50 百分位（percentile）的分数。例如，你想知道你进行研究的国家人口的社会经济状况，你需要在这个国家的收入分配表上找到一个表示 50% 水平的点。假设这个点是 60 000 美元，那么这一指标表明，60 000 美元是美国家庭收入的中位数，这是美国的大致情况（Fred, 2018）。然而，中位数并不能充分描述一些数据，不能说明到底有多少非常富有或非常贫困的家庭。例如，在教育背景下，假设一个儿童正在参加认知发展测验，并得到以下分数：2、3、3、4、9、9、9。在这种情况下，中位数为 4。然而，这种描述实际上忽略了最后三次测验的高分。如果学生最后三次测验得分分别是 6、6、6 分，而不是 9、9、9，中位数却还是 4。

跨文化心理学中对集中趋势最方便、最常用的度量是平均数。平均数表示分数分布的数学中心点。将所有分数相加，并除以相加分数的数量，就得到了平均数。例如，将分数 2、3、7、8、15 相加，然后将分数之和 35 除以分数的数量 5，就得到平均数 7。然而，这种度量并不总是准确地描述高度偏态分布（skewed distributions）。例如，想象一下你检查了实验过程中被试点“赞”（Likes）某些帖子的次数。在四种实验条件下，点“赞”的数量都为 10，因此平均数就是 10。但在第五种条件下的值为 0，这会使平均值降到 8，这可能会引起误解，因为任何不熟悉该研究的观察者可能会认为所有分数都分布在 8 附近。因此，当你收集统计数据时，必须了解数据集合中两个极端分数之间的距离（全距，range）以及分数在平均数周围的偏离程度（方差，variance）。

3.3 定量取向：测量量度

测量距离、重量、体积、运动或温度时，结果表示的是数量、大小或度数。人类活动也可以沿着这些维度来测量。选择一个正确的测量量度（measurement scale）用来对变量进行分类和量化，已成为定量心理学研究总体上成功的关键因素。测量量度有四种类型：称名、顺序、等距和比率。对称名量度（nominal scale），每个分数都不表示量。该量度不度量任何等级或顺序，主要用于鉴别。例如，在“你说什么语言？”这个问题中，量度英语—西班牙语—汉语—阿拉伯语—其他就是一个称名量度。还记得对众数的描述吗？事实上，当分数反映的是称名量度的测量结果时，就用众数来描述集中趋势（Heiman, 1996）。

在顺序量度（ordinal scale）中，分数表示等级顺序。等级顺序可以表示被试的偏好、态度或观点。例如，你让来自两个国家的被试挑选并排列他们最看重的朋友身上的特质：坚定、诚实、智慧、创造力、自信、幽默感等。这个程序需要使用顺序量度。但是，正如你所看到的，这个量度不能测量等级之间的距离。

在等距量度（interval scale）中，每个分数都表示一定的量，且假定每个分数之间有相等的度量单位。在“你是否支持或反对两个未婚个体之间发生性关系”这个问题上，完全支持（+2）、有条件地支持（+1）、不知道（0）、有条件地反对（–1）、完全反对（–2）这个量度就是等级量度。这里的分数可以是正的，也可以是负的（例如华氏度），零并不表示数量为 0。换句话说，没有真正的零点。例如，在一项关于美国成年人对文身的认知的调查中，要求被试（抛开其他因素）对有文身的人与其他人相比更加“叛逆”、更不“叛逆”还是同样“叛逆”进行等级评分。汇总结果发现，40% 的人认为有文身的人比没有文身的人更加叛逆；6% 的人说有文身的人看起来更不叛逆；而 54% 的人认为没有差异（Statista, 2015）。

在比率量度（ratio scale）中，分数反映了当前变量的真实数量，零真的表示变量的真实数量为 0。比率量度不能包含负数，该量度用来测量定量变量，比如浏览互联网的时间，注意力测试中出错的次数，或者发布的照片下点“赞”的数量。

3.4 定量取向：寻找联系与差异

从事跨文化心理学研究的专家或学生通常需要建立相关，或建立两个或多个变量之间的关系。如果在一组数据中，当变量 X 低，变量 Y 也低，当变量 X 高，变量 Y 也高时，变量之间的关系就是正相关。在另一组数据中，当变量 A 低，变量 B 就高，当变量 A 高，变量 B 就低时，变量之间的关系就是负相关。例如，研究表明，图画曝光频率与图画喜好之间存在正相关关系。在扎荣茨（Zajonc, 1968）进行的一项经典研究中，向不同的人展示不同面孔的照片，每个面孔展示的次数各不相同。研究表明，被试看到某张照片的次数越多，他们就越喜欢该照片上的面孔。为了解释负相关，我们来看一个婚姻稳定性的例子：全球的离婚率与生育率呈负相关。这意味着一个家庭的孩子越多，离婚的概率就越低（Lucas et al., 2008）。当然，你要记住，当两个变量相关时，并不意味着一个变量会影响另一个。例如，离婚的可能性受许多其他因素的影响，而不仅仅是孩子的数量。另一个例子是，全球研究表明，女性受教育程度与女性生育率呈负相关（Roser, 2017）。女性接受正规教育的年限越长，她们生的孩子就越少。然而，女性受教育程度的提高并不是导致生育率下降的唯一因素。一般社会条件、信息技术的普及、文化规范的变化、女性获得政治权利以及诸多方面的发展也发挥了重要作用。

相关系数（correlation coefficient）代表相关的大小，包含两个成分：一是表示正线性关系或负线性关系的符号，二是数值。数值的绝对值（absolute value）越大，关系越强。例如，一项著名的研究表明，同卵双胞胎不管是在一起抚养还是分开抚养，他们的智力得分都高度相关：+0.88。一起被抚养长大的非亲属的智力得分相关较低：+0.20（Bouchard et al., 1990）。相关研究可以描述根据大样本所建立的整体的、一般的变量之间的关系。举例来说，在一项对42个国家的59 169人进行的研究中，婚姻状况与主观幸福感（subjective well-being）之间存在很强的正相关：换句话说，已婚的人往往比未结婚的人感觉更好。这种相关在全世界似乎都是相似的（Diener et al., 2000）。相关研究也可以处理"较小"的问题和样本。一项调查从一个较大城市中随机选择了335名没有文身的成年人（平均年龄为49岁），并对他们进行了面对面访谈，研究人员发现，年龄以及对宗教的态度与个人对文身的看法呈负相关（Lin, 2002）。这意味着年龄较大、宗教信仰较强的人有文身的可能性较小。

有必要再次重述这个问题：相关是否意味着变量之间存在因果关系？例如，一位心理学家发现在大多数情况下，某一特定国家的暴力犯罪和贫困程度之间存在正的跨文化相关，但他无法确定哪个因素是原因（如果其中任何一个是原因的话），哪个因素是结果（如果其中任何一个是结果的话）。换句话说，贫困可能会导致犯罪，犯罪也可能会助长贫困，或者这位心理学家不知道的第三变量可能对两者都有影响。以在芬兰进行的一项研究为例，该研究发现，接受过隆胸整容手术的芬兰女性自杀的可能性是普通人群的3倍（Kaufman, 2003）。这些结果与国家癌症研究所（National Cancer Institute）对瑞典和美国女性进行的一项比较研究的结果相似。在美国，有6项新近研究显示以下结果：接受过隆胸手术的女性的自杀率大约是根据一般人口估计得出的预期自杀率的两倍（Sarver et al., 2007）。问题是，为什么会这样呢？芬兰的研究报告发表后，媒体的一个普遍反应是，隆胸会导致高风险的自杀行为。这确实是一种可能：高自杀率可能是一些女性手术后数月或数年出现的问题、不适、疼痛或严重后悔造成的结果。另外也有可能是，高自杀率反映了寻求隆胸的女性的心理天性。换句话说，想要隆胸的女性群体，可能比其他所有女性都更有可能有某些心理问题（有关相关和因果关系的更详细的批判性分析，见第2章关于批判性思维的内容。）

3.5 跨文化心理学中的定性取向

定性研究（Qualitative research）不涉及测量或统计程序。当跨文化心理学家研究难以测量的变量时，通常采用定性程序，例如考察患者的创伤经历、研究儿童绘画或考察民歌的内容。也有一些情况下，标准化的措施不合适或不可用：比如你的被试是文盲，不能阅读测试量表。当变量在某种语言中没有完全概念化，或者无法在操作性上进行界定时（例如，在许多文化中，性骚扰、隐私或精神疾病就不容易定义；参见第9章），就需要使用定性方法。定性研究可以在自然环境中进行，研究参与者只需要在非研究的气氛中进行日常活动。心理学家试图发现和描述文化、潜规则、暗示中一些隐藏的方面，这些语境通常很难用标准的定量程序来测量（Marsella, 1998）。定性程序在处理如梦、图画、绘画和歌曲这类难以测量的现象时也很有用（Chakkarath, 2012; Tutty et al., 1996）。

定性研究的一种形式是心理传记研究（psychobiographical research），或对代表不同国家或文化的特定个体（通常是杰出人士、名人和领袖）的深入分析。多数时候，专家试图收集经验证据，以编写所研究的个体的传略。为了收集这类证据，要对日记、演讲、信件、回忆录、访谈和目击者证词等进行考察。

定性和定量方法并不互相排斥，在很多情况下，心理学家在研究中兼用两者。例如，在一项针对移民群体的研究中，研究人员首先使用定性方法深入了解研究样本，然后才设计和应用定量程序（Roer-Strier & Kurman, 2009）。

诚然，定性方法的使用在跨文化研究中引入了主观性的元素，但这正是它如此有价值的原因：定性方法使心理学家能够检查个体在自然文化条件下的日常思想、创作和决策（Demuth & Fatigante, 2012; Rai & Fiske, 2010）。

3.6 准备进行跨文化研究的主要步骤

专业的跨文化研究应该满足一般心理学实证研究的所有基本要求（见下面“典型案例”）。

典型案例

多步骤跨文化研究设计方法范例

第一步： 描述一个你要调查的问题。综述关于这个主题的学术文献。你可以使用流行的期刊、杂志和报纸作为额外参考。如有必要，检查你所考察国家的语言所呈现的可用资源。

第二步： 确定你的研究目标，也就是说，解释你想要达到的效果。然后，为你的研究引入一个或多个假设。你至少可以使用两种策略：（1）归纳：先收集数据，然后对所研究的样本得出结论；（2）演绎：先选择一个理论概念，然后收集数据来论证或否定所选假设。

第三步： 确定并描述你的研究样本：人群、报纸报道、儿童绘画、文本等。

第四步： 为研究项目选择或设计一种方法。确保你的方法不违反研究伦理。向当地审查委员会获得批准（这是一个机构审查委员会，大多数国家都要求该委员会确保拟用于人的研究提出的方法符合道德规范）。为你的项目制定一个时间表。

第五步： 进行预备研究，初步探索研究方法，以便检验该方法如何运作、数据收集是否有障碍。

第六步： 收集研究数据。

第七步： 使用统计程序解释数据。

第八步： 在报告中呈现结果并进行批判性分析。

第九步： 在报告中提出研究数据应在何处使用以及如何使用（例如在教育、治疗、解决冲突等方面）。

研究者终归是要探讨跨文化相似性或差异的重要性和意义。由于跨文化心理学的研究是比较性的，所以调查策略可能会至少追求两个目标。

通过选择应用导向策略，研究者试图确立研究结果的适用性：即把在一个国家或文化中获得的研究结果应用于其他国家或文化群体。在这种研究中，在特定的文化背景下（例如，在印度尼西亚以集体主义为主的群体中）考察的方法或程序（例如，记忆测验）要在其他文化背景下（例如，在澳大利亚以个人主义为主的群体中）接受验证。在另一个例子中，一位阿根廷心理学家创造了一种独特的行为疗法来治疗情绪问题，他在邻国智利对这种疗法的有效性进行了考察。

比较策略主要关注一些文化在某些统计指标上的相似性和差异。例如，一位加拿大研究人员证实，家庭成员的教育水平和家庭规模在国家层面上呈负相关。然后，研究者将使用比较策略来确定其他国家中教育和家庭规模之间关系的相似性或差异。

比较研究成功的关键因素是方法论的选择。通常，相同的方法可以在不同的国家使用，除了翻译以外没有任何修改。霍夫斯塔德（Hofstede, 1980）的一项最常被引用的研究就是直接应用同一方法的一个例子，原始问卷被翻译成 53 个国家的 10 种语言。在其他情况下，需要对原来的方法进行调整，通常包括调整问题的表述、添删一些词语以澄清意思、分解句子等。一些作者认为，许多来自某种文化的心理测试经改变后可以有效地应用到其他国家（Butcher et al., 1998）。另一些人建议，在某些情况下，应设计全新的方法进行比较研究。例如，张及其同事（Cheung, 1996）认为，在 20 世纪所设计的西方人格量表不足以衡量中国人的人格本质，因此专门为中国人编制了一份新的人格问卷（我们将在第 5 章和第 11 章研究个体人格的跨文化方面）。

任何跨文化研究都要关注的重点之一是等价（equivalence）。这一术语指研究采用的方法实际测量的现象与在该研究所选择的其他国家和文化中所测量的现象相同的证据。例如，如果研究者试图对男性和女性的成功管理和领导行为进行跨文化比较，研究者应意识到，本研究的实证结果应与所研究的领导者所在的特定政治和文化背景一起讨论（Ayman & Korabik, 2010）。例如，西方企业家所使用的谈判和交易方法已在西方得到了实证研究的支持，但他们错误地认为这些方法在亚洲等其他国家和地区也应该同样成功（Zartman, 2018）。

3.7 样本选择

至少有三种样本选择策略（van de Vijver & Leung, 1997）。第一种策略是可得性或方便抽样，在这种抽样中，研究者随机选择文化，或者通过职业或个人关系选择文化。例如，如果你有一个以前的同学和好友在印度做专业心理学家，你会考虑跟你朋友合作进行一项新的比较研究吗？方便抽样很流行，但也有一定的局限性，因为一些文化或族群可能比其他群体受到更多关注。在你看来，哪些群体在这方面会有优势？

第二种抽样称为系统抽样。心理学家根据某个理论或理论假设来选择民族、文化或族群样本。之所以选择这些样本，是因为他们代表了遵循不同习俗的人。例如，研究包办婚姻满意度的心理学家可能会选择有包办婚姻传统和没有包办婚姻传统的国家。其中一个类别可以选择印度、巴基斯坦和索马里等国，另一个类别可以选择德国、西班牙、智利和澳大利亚。

第三种抽样策略是随机抽样，即随机抽取很多国家或群体样本，所有国家或群体有均等机会被选为研究样本。例如，施瓦茨（Schwartz, 1994）使用了这种方法，他在一项最早的心理学比较项目中，对随机选择的 36 个国家的人类价值观进行了研究。戴维·施米特及其同事（Schmitt et al., 2007）在一项非常有影响力的研究中也使用了这种方法对来自 56 个国家的 17 837 名个体的人格特质进行了测量。

在一个具有代表性的样本中，样本的特征准确地反映了总体（population）的特征。在跨文化心理学研究中，代表性样本大小的确定是几乎所有研究的首要问题。有一些统计方法可以在一定程度上准确确定样本的大小和类型（Heiman, 1996）。一般来说，样本越小，抽样误差越大，偶然因素的影响也越大。（用抽样误差表示样本与其所代表的总体之间差异的程度。）反之，样本越大，抽样误差越小。例如，一项研究发现，权力距离与领导者沟通和心理接近性之间具有跨文化的负相关，该研究很可能只有很小的抽样误差，因为该研究是对 39 个不同文化下的国家样本进行的（Offermann & Hellmann, 1997）。正如我们在第 1 章所讨论的，由于早期研究中西方教育程度较高的工业化和民主国家的个体作为样本群体的比例过高，跨文化心理学现在越来越多地使用更具代表性的样本（Veillard, 2017）。

设计代表性样本最可靠的方法之一是随机抽样。随机样本被认为具有代表性。代表性样本的平均得分可能是对总体的一个很好的估计。然而，这只是一个一般假设。即使是随机抽样也可能产生不具代表性的样本，比如本章开头的花絮中描述的样本可能就是这样。

研究已经屡次表明，从大样本中得出的估计比从小样本中得出的估计更为可靠，但在形成判断时，我们通常不考虑这一原则。因此，尽管从小样本中收集的数据不能可靠地预测总体特征，但我们很容易犯一个错误，即从过小的样本中过度概括。让我们用数学方法来说明这个概念。"10 中取 7"比"100 中取 60"的概率高吗？你怎么看？是的，看起来第一个概率更高。但这些指标中哪一个更可靠？更可靠的指标是"100 中取 60"，因为它是从更大的，也就是更可靠的样本中进行提取的。

批判性思维

抽样与结果解释

布达和埃尔萨耶德·埃尔霍利（Buda & Elsayed Elkhouly, 1998）从美国、埃及和波斯湾国家（即科威特、沙特阿拉伯和阿拉伯联合酋长国）选择了配对样本。美国样本的个人主义得分显著高于阿拉伯样本。此外，在埃及和波斯湾样本之间发现了差异，埃及人在集体主义方面的得分低于对照样本。作者认为出现这些差异的原因在于埃及受到了西方的影响。许多埃及公民，尤其是首都开罗人会去其他国家旅行，并受到西方文化的影响。

然而，在仔细研究和批判性地思考了所选样本之后，可能会产生一个疑问。这项研究的总样本是 400 人，其中包括大约 130 名女性。埃及样本包括 224 名男性和 75 名女性；102 名美国被试中有 55 名是女性；海湾地区的样本中只有男性。因此，应该问一个问题：这项研究主要测量了三个国家群体之间的差异，还是实际仅显示了海湾国家男性被试（主要是埃及男性）和美国混合样本之间的差异？尽管在课堂上讨论你的意见吧。

样本应代表更大的族裔、民族或其他社会群体。如果两个国家样本包括如法国郊区中产阶级专业人士和乌拉圭首都蒙得维的亚的大学生，则不能称为具有代表性。在这种情况下，我们将不清楚测量了什么差异：要么是两个民族之间的差异，要么是学生和郊区居民之间的差异。即使是著名的霍夫斯塔德研究（1980）的结果，也应该谨慎地接受，该研究是基于对 60 多个国家的 88 000 名 IBM 员工的大样本进行的。由于所有研究对象都是一家大型国际公司的雇员，因此样本只能有条件地代表各自国家的不同人群。跨文化研究（和心理学研究，一般来说）的一个主要弱点是它对学生样本的过分依赖。从多个方面来说，学生不一定是其国家的代表性样本。与普通人群相比，学生的受教育程度更高，更容易获得信息技术，更年轻，在社会方面更进步，在经济方面更富裕（Grohol, 2018; Oyserman et al., 2002）。

总之，在为跨文化研究选择和分析样本时，应注意所选被试在人口统计学和社会学特征方面的实质性差异。

3.8 跨文化心理学中的观察

第二次世界大战中的 1940 年至 1945 年，英美情报部门“窃听”了几千名德国和意大利战俘（那些曾与英美作战的战俘），收集他们彼此对话的秘密录音，希望发现重要的军事机密。这些未经删减的对话录音还揭示了许多令人震惊的与人们在战争中的经历有关的事实。研究他们的历史学家和心理学家观察到这些人毫无悔意地谈论杀害和折磨他人，并吹嘘自己在战争期间对他人施加了极高程度的暴力（Neitzel & Welzer, 2012）。在这种情况下，心理学家使用观察法进行研究，即从原始来源获取可识别变量的有关信息。这些个体很有可能不知道被录音，因而这些对事实的观察能揭示他们之间真实的交流。

如果你在自然环境中记录人们的行为（例如，在马德里和北京的街道上），你很少或丝毫没有干预观察对象，这个过程叫作自然观察（naturalistic observation）。在实验室观察（laboratory observation）中，被试被带进实验室，心理学家设计特定的情境或准备一组刺激，并要求被试做出反应。科学的跨文化观察很难设计，因为它要使用可识别和可测量的变量，而研究人员也不能影响被观察的情境和个体（LeVine, 2010）。跨文化观察的一个例子是在几个国家对不同的步行模式（walking patterns）进行的研究，研究过程中，研究人员没有影响个体在街上行走的速度。

观察可以是非结构化的，也可以是结构化的。非结构化观察（unstructured observation），通常没有特定的计划。研究者鉴别并描述涉及被观察个体或群体的各种反应。结构化观察（structured observations）通常依赖于一个计划，该计划确定了你想要观察的行为或特征。这种方法通常需要观察者对这些动作和特征进行评级或评估。研究表明，观察者对来自本文化背景的其他人的评价，总体来说相当可靠。一项研究调查了 40 000 多人的数据，结果表明，由朋友、家人或无关观察者以所观察到的人格特征为基础进行的人格评级（评价），能在一定程度上准确预测被评估个体的行为（Connelly & Ones, 2010）。然而，当我们观察来自不同文化背景的人时，困难就会出现。观察者的期望会对观察结果产生影响。例如，对一位中国的观察者来说，大多数美国小学生可能看起来“无拘无束”和“过度活跃”。而在一位来自美国的心理学家看来，课堂上的中国学生可能会显得“拘谨”和“犹豫不决”。其他研究表明，美国人和中国人倾向于认为美国人是个人主义和独立的，而中国人是家庭导向和集体主义的（Zhu, 2016）。

要使用观察法，需要研究者有耐心和一定程度的怀疑。研究者要不断问一个问题：“我是否已观察到所研究问题的一切，或者还有什么是我没观察到的？”一个有趣的观察例证是对乌特库（Utku）因纽特人（Inuit）文化的经典研究（Briggs, 1970）。研究人员最初通过观察发现，这个族群的成员根本没有愤怒反应。这个观察是否意味着这些人没有体验过愤怒呢？完全不是。更耐心的观察提供了一组新的数据。尽管在乌特库因纽特人的人际关系中没有表现出愤怒，但愤怒的发泄对象至少有两种：狗和那些被驱逐出社区的人。

3.9 调查法

调查（surveys）可能是跨文化心理学中最常见的数据收集方法。在典型的调查中，研究者要求被试就某个特定的话题、问题或若干问题发表意见。调查中可以问开放式问题，但更常见的是选择题。开放式问题给被试一些表达自己的自由，能够解释他们思想和感受的许多细微差别。然而，这样的答案往往难以定量解释。此外，一些被试很难表达自己的想法，如儿童、语言水平不高的人或那些不愿意透露个人信息的人。选择题虽然更容易分析，但也限制了被调查者对答案的选择。此外，我们将在第 5 章提出，在某些情况下，对正式反应量表不够熟悉可能会影响个体的测验得分。例如，在许多社区，由于文盲率较高以及人们不愿意与陌生人打交道，使用引进的问卷调查技术便受到了限制。对心理学家来说，好消息是全球文盲率持续下降。例如，全球青年文盲人数从 1985 年的 1.7 亿下降到 2016 年的 1.15 亿。然而，依然存在许多地区差异和性别差异：女性文盲率普遍高于男性（UNICEF, 2019）。让低文化水平的人参与跨文化研究是一项非常重要的任务。

调查包括直接调查（direct surveys）和间接调查（indirect surveys）。在直接调查中，访谈者与被调查者进行直接沟通，在此过程中可以进行反馈、重复问题或要求提供更多信息。在间接调查中，被调查者和访谈者之间没有直接沟通，所以研究者的个人影响很小。其通常准备书面的问题，然后分发、邮寄或通过电子邮件发送到受访者的家中、教室或工作场所。

直接调查有几种方式，其中最常见的是面对面调查和电话调查。在面对面调查中，访谈者通常可以在住所或工作场所看到受访者。尽管在电话调查中受访者和研究者之间没有视觉接触，但也会直接互动。这种类型的调查通常花费最少，可以成功应用于有条件使用电话的地方。然而，如今许多政府对自荐电话施加了限制，这明显给进行大样本调查的心理学家带来了困难。

跨文化敏感性

当一个西方研究者决定在一个离家数千英里的国家进行一项调查时，应该预料到什么样的障碍？可以随机地找人当面询问吗？这可能会是个问题。想象一下，一个外国研究人员在一个小镇上向人们提问，并把答案写在一张纸上。我们期望人们对研究人员敞开心扉吗？在这种情况下，也许应该使用一些替代的调查方法。例如，霍（Ho, 1998）描述了在菲律宾进行的一项心理学研究中使用的一个程序。这是一个特殊的、不引人注目的调查程序，称为帕格塔农·塔努[①]，可用于相对较小、稳定且同质的社区。这种方法的一个优点是，研究者避免让被采访者觉得他们是“被试”以及他们的答案会被用作研究信息。使用这种方法，研究者可以在自然、无干扰的环境中提问。研究人员与人交谈，“四处打听”（asking around）。这些问题可以按顺序提出，这些问题可能会产生新的问题，如果需要的话还可以进一步澄清问题。如果答案不一致，表明受访者的意见是多样的；如果答案是一致的，可能表明人们的观点存在某种趋势。进行这种类型的研究可以让研究人员研究许多重要和敏感的问题，而“标准”的调查却不能揭示这些问题。

多年来进行的研究表明，专业心理学家使用的许多调查研究通常能以自我报告和其他形式的自我评估为基础来大体上预测个体的行为。然而，自我报告并非没有偏差。例如，你应该意识到一种自我服务偏差（self-serving bias）：人们倾向于将自己的特征评价为比“普通”人的特征更好或更高等。例如，研究表明，我们往往认为自己比周围大多数人“更聪明”、更“诚实”和“通情达理”（我们在第 2 章部分地讨论了这一现象）。另一方面，有些人倾向于贬低自己的成就或潜力：来自中国、韩国和日本的受访者样本普遍认为自己是世界上最不勤奋的人之一。在自我报告中，与来自非西方国家的人相比，来自西方文化的人（如澳大利亚人、美国人、加拿大人或德国人）更倾向于用内在心

① 菲律宾语，原文为 pagtatanong-tanong，意思是“提问”。——译者注

理特征来描述自己的个人特质，而不太可能用角色或关系来描述自己（Heine, 2008; Schmitt et al., 2007）。

自我服务偏差最常见的困难之一表现为，被试想要以适合社会的方式表现自己。在心理学中，这种现象也被称为社会赞许性偏差（social desirability bias）。研究表明，父母往往不愿意承认他们使用了社会上认为不适当的育儿方式，如打屁股或其他形式的暴力行为（Iusitini et al., 2011）。在有关性行为的调查中，男性往往报告比女性更早、更频繁地跟更多性伴侣发生性行为。事实上，这些报告的性别差异可能是由于许多女性不愿意就她们的性行为做出真实的回应，因为她们更可能认为这些话题不恰当和可耻。在一项研究中，心理学家询问了男女学生关于性态度和性行为的问题，让参与者认为他们连接上了测谎仪（多导生理仪）。填写书面问卷的学生被告知，这台机器的反应足够灵敏，即使是书面回答，也能探测出谎言。事实上测谎仪没有打开。有趣的是，在这样的条件下，当女性认为测谎仪开着时，她们在某些性行为方面的回答与男性的答案非常接近。而在不同的测试条件下（有或没有假定的测谎仪），男性的答案没有女性的变化那么大（Alexander & Fisher, 2003）。研究人员认为，在这项研究中，许多女性倾向于给出“社会认可的”答案。为了了解甚至减少社会赞许性偏差的影响，心理学家经常使用被称为社会赞许性量表（social desirability scale）的测试程序（Stoeber, 2001）。

3.10 实验研究

实验法（experimental methods）使心理学家能够确定个体的行为和体验在不同的情况下是如何变化的。实验应该给研究者透明和可验证的程序。例如，他们不仅询问个人做决定的速度，而且在各种实验条件下测试做这些决定的速度。

要进行实验，你要把随机分组的被试分配在特定的实验条件下。通过改变条件，试图发现被试在行为、态度、情绪等方面的具体变化。在一个实验中，被操纵的条件——也就是说，由你所改变的条件——称为自变量

（independent variable）。在自变量的影响下，被研究和预期会发生变化的人类活动称为因变量（dependent variable）。作为实验者，你要操纵自变量，也就是说，由你改变实验条件。

这里从一个经典的研究中选取一个实验过程作为简单的示例，该经典研究考察了阿拉伯人和犹太人这两个群体的学生的旗帜偏好。研究人员测量了居住在以色列的阿拉伯儿童和犹太儿童选择代表他们国家身份的标志——巴勒斯坦国旗或以色列国旗——的频率。在这项研究中，因变量是选择带有特定标志的图画的决定。由实验者操纵的自变量是包含各种旗帜图案的图画。这项实验记录了参与儿童的反应，发现以色列的阿拉伯学龄儿童和犹太学龄儿童在国旗偏好上有显著差异，明显地按照他们的阿拉伯或犹太血统划分（Lawson, 1975）。在另一个实验中，随机选取两组被试：一组在纽约的韦斯特切斯特（Westchester）县，另一组在瑞士的伯尔尼（Bern）。研究人员通过电话找到这些被试，告诉被试说自己的车坏了，在公用电话亭但没有零钱（那时候人们经常使用街头公用电话）。研究者让被试给研究者的朋友打电话。回复率显示，来自瑞士的参与者比来自美国的参与者更乐于助人（Gabriel et al., 2001）。接下来的章节将介绍大量当代跨文化实验研究的例子。

有些自变量不一定非要操纵，而是通过把被试划分为不同群体的方式。在典型的跨文化研究中，两个或两个以上的群体被划分为不同的类别。被研究群体成员的族裔、国籍或其他文化身份通常代表了自变量。如果研究设计得当，研究者所测量的被试的反应差异可以根据被试的文化背景来解释。

3.11 内容分析

普林斯顿大学（Princeton University）的艾尔克·韦伯（Elker Weber）是世界领先的风险和不确定性决策研究专家，他比较了几千条中美谚语和流行语，研究它们如何反映风险行为和风险规避。研究者假设，在中国文化中，与个人谨慎行为相关的表达方式的数量将显著多于西方（如以英语表达的）。事实上，她发现汉语中与冒险行为有关的谚语和格言（如“抓住机会并善加利用”，或“如果一个人从未离开过家，他就不可能成为一个伟大的人”）比英语中更为普遍（Weber, 1998）。这种文本分析方法称为内容分析（content analysis）。

内容分析是一种系统地组织和总结文本、信息或任何其他沟通类型的显性（实际所说或所写的）和隐性（所说和所写的潜在含义）内容的研究方法。研究人员通常考察谈话或采访、电视或广播节目、信件、报纸文章和其他形式交流的记录。内容分析的主要调查程序包括两个步骤。最初，研究人员确定编码类别，可以是特定的名词、概念、名称或主题。第一级编码主要是具体性的，包括识别文本中明显可见的数据的属性。第二级编码较为抽象，需要解释第一级类别的含义。

如果进行批判性思考，我们不能假设内容分析能为跨文化研究提供明确而无争议的结果。前面提到的韦伯（Weber, 1998）的研究并不表明中国人的风险决策比美国更为普遍，虽然对谚语的分析表明了这一点。韦伯的研究被纳入了一项有影响力的研究，该研究使用其他心理学研究方法，考察了中美企业家对金融和环境的收益和风险的跨文化认知（Gong et al., 2014）。这项研究表明，事实上，中国企业家比美国企业家对未来的财务和环境损失更为谨慎和担忧。

当研究人员由于各种原因不能使用标准问卷时，对回答的内容分析尤其重要。例如，一项关于在美国的非法移民的研究（Shiraev & Sobel, 2006）表明，被选择参加这项研究的绝大多数被试不愿意给出书面答案，因为他们害怕被移民当局拘留。被试更喜欢与使用录音机的访谈者进行口头交流。因此，许多情况下无法使用包含数字评级的基本访谈定量版。相反，为适应“口头”访谈的新要求，便制备了一个特别的定性版本的访谈。

研究者必须确保要核查所收到的信息源，尤其是在分析故事或自传时。当然，我们应该相信人们，相信他们的说法是正确的。然而，人们在回忆时可能会犯诚实的错误，或者会只记得那些支持他们观点的事件或事实。为了某些族群、经济群体或其他少数群体的利益，西方作者写的所谓冒名顶替的自传相当多。例如，历史学家就很清楚这种虚假信息的来源（Browder, 2000）。

典型案例

对访谈问题的修改

“标准”访谈 14 题：

“过去，你有没有做过关于被迫离开美国（或被驱逐出境）的噩梦？”

测量量表：

总是　经常　偶尔　很少　从不　不好说

修改了的新版访谈 14 题：

“现在请告诉我，过去，你是否做过关于被迫离开美国（或被驱逐出境）的噩梦？”

在新版访谈中还要问到的其他问题：

“如果是，你还记得吗？”

“你能描述一下其中的一个或一些梦吗？”

“你经常做这样的梦吗？”

“你多久做一次这样的梦？”

3.12 焦点小组法

南非的一组科学家研究了与艾滋病有关的不安全性行为。研究人员不能使用调查的方法，因为周围大多数人不想给出书面答案。有些人对此话题感到尴尬，另一些人则担心自己的名字会被暴露出来。为了避免这些障碍，科学家转而使用了由年轻女性、年轻男性和不同年龄组的社区领袖参加的焦点小组讨论的形式。通过这种方式，他们在信任和尊重的气氛中仔细讨论了一些风险行为（Zembe et al., 2013）。

焦点小组法（Focus group methodology）常用于健康研究和市场研究。这种方法的主要优点是有机会深入分析在某些议题上的社会、性别、年龄和族群话语：例如，某一特定时尚产品是否会在某一族群中取得成功，或某一心理治疗程序是否适合特定宗教群体（Puchta & Potter, 2004）。

这种方法最常见的用法是，在研究过程中让一个群体对特定社会、文化或营销问题或信息做出回应。提问通常以开放、互动的方式进行；参与者可以自由地与其他小组成员交谈。研究者不应把自己的观点强加给团队。典型的焦点小组包括 7~10 名参与者。根据具体研究的目标，这个群体可以是同质的（例如，来自同一个族群的人；然后，将结果与来自另一群体的结果进行比较），也可以是异质的（族群、国家、职业等，当我们想收集关于某个问题的不同意见时，这一点很重要）。焦点小组法的使用给跨文化心理学家带来了许多问题，因为这些小组通常不代表随机选择的样本。此外，由于任何特定焦点小组的结果都缺乏外部效度，专家们认为，焦点小组法的效度，特别是在跨文化心理学中的效度，取决于不同小组研究结果的重复（Kern & Just, 1995）。

3.13 元分析：对研究的研究

想象一下，你研究了不同国家的家庭情绪氛围与心境障碍之间的关系，发现有 30 多个关于这一主题的研究，它们都发表在 1982~2012 年间。如何从所有这些研究中进行科学概括？有没有可能对这些数据进行分析，并就个人的家庭氛围是否与其情绪障碍之间存在联系得出结论？你可能会意识到，标准的比较性评述不是一个解决办法。这些研究很难进行比较，因为它们看起来非常不同。其中一些以对几十个人的访谈为基础，而另一些则包括来自不同国家不同时期的数百名参与者（Ng et al., 2009）。

一种特殊的统计方法可以让跨文化心理学家对大量科学成果进行定量分析并整合研究结果，这就是元分析（meta-analysis）。简言之，元分析指的是对大量个别结果分析的分析［通常称为“组合检验”（combined tests）］，以理解各种不同的数据。这种方法的一个吸引人的特点是依赖于统计方法，而且必须包括大量的研究，而不仅仅是那些看起来“方便”“好”或“有趣”的研究。这种方法往往显示出难以在个别研究中看到的结果。例如，对跨文化奖励行为（如表扬、鼓励等）的元分析（共 25 项研究）表明，与从非学生雇员样本中收集的结果相比，学生样本的结果显示出更多的鼓励行为（Fischer & Smith, 2003）。一项对 36 个文化群体的 660 个样本进行的大规模元分析提出了支持证据，表明跨文化亲近、平等及与其他群体互动这些因素与较少的偏见相关（Kende et al., 2017）。

然而，元分析也有一些缺点。该方法试图比较那些以不同方式定义变量的研究。例如，如果两个研究人员以不同方式界定集体主义，对两项研究进行任何比较都会产生无效和不可靠的结果。此外，许多研究使用不同的测量技术，并且通常以从不同的被试样本获得的结果为基础。最后，元分析关注代表了重要发现的广泛发表的研究。因此，不重要的发现要么被忽略，要么被忽视，这可能会增加样本选择过程中的偏差。

心理学家越来越经常地在跨文化心理学中实施整体研究方法。“整体”指的是对具有多个相互联系的要素的系统进行的研究。整体方法基于的原则是，关于个体和文化的科学知识不能仅仅通过研究一个个体的各种相互独立的特征来获得，如经验、特征、行为、动机、情绪等。这些特征必须作为一个“整体”进行研究。整体的方法并不一定是心理学研究的“替代”（或非科学）类型。当然，有些人错误使用“整体”这个词，用于指代跨文化心理学研究中的直觉、迷信、民间知识或仪式（参见第 1 章）。在医学中，这一术语通常指研究个人疾病及其预防和治疗时的社会和文化因素。在科学中，整体方法是指将不同的定量和定性方法结合起来，从而产生一套可以在不同层次上进行分析的综合数据。

3.14 跨文化研究的潜在障碍：测验的翻译

大多数跨文化项目——尤其是调查类型的项目——需要将研究者的语言翻译成另一种或多种语言。在这种情况下，研究者面对的最困难任务之一是，要确保研究方法的翻译版尽可能接近原始版本。然而，即使是翻译得很好的测试版本也总是与原始版本不同。语言有不同的语法规则和句子结构。一些看似明显的词可能有不同的含义，比如英语中的 friend 和西班牙语中的 amigo 或 amiga。有些词需要进一步澄清。以 cousin 一词为例，在阿拉伯语和俄语中，这个词被翻译成一种特殊的方式，使其总是表示出 cousin 的性别。然而，英文版通常不会指明此人是男性还是女性。隐喻（如“天上的馅饼”或“肚子里的蝴蝶”）和模糊词（如“可能”或“经常”）也应该经常避免，因为如果不涉及特定的上下文，翻译是困难的（Brislin, 1970）。Craving 是说英语的心理学家经常用来描述成瘾行为某些方面的术语，它在 20 种流行语言中一半以上的语言中翻译得都不好（Hormes & Rozin, 2010）。

一些在美国普通人的词汇中很常见的单词和短语，在其他语言中可能没有对等词。例如，privacy 一词在翻译成其他一些语言时需要额外的详细解释。如果你不相信，请讲西班牙语、阿拉伯语、乌尔都语、越南语或希伯来语的人把 privacy 一词翻译成他们自己的语言。他们可能会用他们的母语想出一个词或短语。然后再请一个来自同一个国家的人把这个单词或短语翻译成英语。翻译的结果可能会是任何东西，却不是 privacy。你能举出一些其他的例子来说明一些词在翻译成其他语言时有多糟糕吗？

然而，在跨文化研究中，有一些可以用来进行成功翻译的通用规则。

- 首先，翻译过程从一开始就应由双语者进行，也就是说，由精通两种语言的人翻译。他们应该进行回译（back-translation）：最开始，他们对方法的原始版本进行翻译，然后将此版本再译回原始语言。然后比较两个版本，并在必要时进行更正（Mayer & Trommsdorff, 2010）。
- 第二，让多人翻译非常有益，这样就可以有多个版本。然后可以比较这些版本，并将它们转换为同一版本（Heine et al., 2002）。
- 第三，两种版本的调查问卷都可以针对同一双语个体。如果研究者在两个版本上得到相似的结果，表明翻译得很成功。

典型案例

测验的翻译

为了举例说明，我们将使用一个跨文化程序的简要描述，该程序是由卡西洛（Kassinove et., al 1997）针对状态–特质愤怒表达量表的翻译版本进行的。为了检验斯皮尔伯格（Spielberger, 1980）提出的愤怒理论模型的普遍性，构建了一个特殊的俄罗斯状态–特质愤怒表达量表（Russian State-Trait Anger Expression Inventory）。这份调查问卷要求被试指出代表不同愤怒表现和体验的几个陈述之间的一致性。这些陈述摘自美国原始版本，在一位俄罗斯精神病专家的协助下，一位母语为俄语的心理学家把调查问卷从英语翻译成俄语。新翻译的条目随后被纽约霍夫斯特拉大学（Hofstra University）的一位高级临床心理学博士生回译。这个人和另一个助手都是在苏联出生和受教育的。由于英语中有一些独特的习语用来形容愤怒或对愤怒的控制，如“怀恨在心”①、“保持冷静”②或“感觉精疲力尽”③，因此有几项没有得到确切的俄语翻译。为了克服这一障碍，俄文版中重新创建了几个项目，从而进行了调整。另一位说俄语的美国助理把这些项目从俄语翻译成英语。整个研究团队随后举行专题讨论会，对最有争议的翻译达成了共识。在几位研究人员的帮助下，这种细致的翻译和回译程序创造了一种内部一致的、理论上合理的评估工具，用于测量讲俄语个体的愤怒。该量表的中文版编制采用了类似的程序（Maxwell et al., 2009）。丹尼斯·霍多尔斯基及其同事（Sukhodolsky et al., 2001）同样使用了一种类似的技术，验证了他们在国际上广受好评的愤怒反刍量表（Anger Rumination Scale），该量表目前用于研究多个国家和不同文化群体的愤怒管理。

① 原文为 harboring grudges，字面意义为“庇护怨恨”。——译者注
② 原文为 keeping cool，字面意义为“保持凉爽”。——译者注
③ 原文为 feeling burned up，字面意义为“感觉被烧毁了”。——译者注

3.15 比较两种现象：一些重要原则

东京和纽约的人在思维、情绪和动机方面有多相似？理论上，这个问题有两个答案，每一个都反映了一种独特的跨文化心理学取向（Berry et al., 1992）。支持绝对主义取向[absolutist approach，通常被称为普遍主义取向（universalist approach）]的心理学家认为，在所有文化中，心理现象基本上是相同的：诚实就是诚实，性虐待就是性虐待，抑郁就是抑郁，无论研究者在何时何地或如何研究这些及其他心理现象。在这种取向中，有一种倾向是将一个群体的标准作为看待其他群体的规范。从绝对主义的角度来看，心理过程在不同文化中应该是一致的。然而，某些过程和行为的发生可能因文化而异。因此，科学家可以从"外部"的角度研究人类活动，比较不同的文化，并使用类似的标准进行比较（Segall et al., 1999）。对这些特征的评估很可能使用标准的——对一个国家来说——心理工具及其翻译版。要经常从这些评估（assessments）中进行测评性（Evaluative）比较。

另一种是相对主义取向（relativist approach），认为人类行为和体验的全部复杂性只能在其发生的文化背景下才能得以理解。人类学家是最早鼓励心理学家不要用一种文化的道德标准来评判其他文化的人之一（Benedict, 2006/1934）。因此，科学家应该从个体的文化中研究其心理。由于不存在不受语境或文化影响的心理过程或行为，因此在进行有效的文化比较时应极其谨慎。换言之，从相对主义的观点来看，几乎所有跨文化比较都有潜在的偏差。

在跨文化心理学文献中，读者经常会遇到"客位"（etic）和"主位"（emic）这两个词，客位指的是绝对主义立场，主位指的是相对主义立场。正如你所料，很难找到一个跨文化心理学家是一个毫不妥协的绝对主义者或相对主义者。事实上，绝对主义和相对主义是一个连续体的两端。如今我们大多数人都接受一种结合了这两种取向的观点，我们可称之为整合观（integrative view）。我们将在本书中探讨的人类行为和经验的许多要素，对所有社会和文化群体来说都是相似的。然而，有些心理现象只在特定的社会和文化条件下才显得独特。因此，心理学的发现应该用从文化角度看来是有意义的术语来理解，而对发现的比较和解释必须谨慎。总之，今天的心理学家并没有将客位概念和主位概念分开，而是创造性地、谨慎地使用它们。因此，跨文化心理学的任务之一就是在人类行为、情绪、动机和思维的普遍特征和文化特征之间找到平衡（参见图 3.1）。

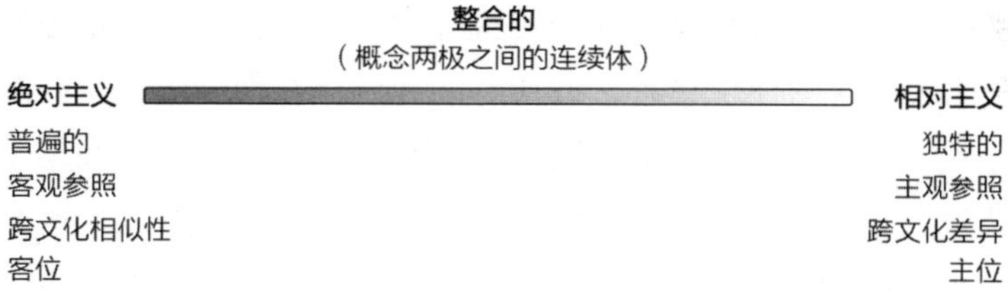

图 3.1　研究方法：绝对主义与相对主义的特征

尽管绝对主义和相对主义取向似乎有所不同，但它们在特定条件下都是有意义的，如相对主义在问候程序上的观点。对任何一个研究跨国交流的人来说，接触的规则很明显是完全不同的。在某些文化中，如美国和加拿大，握手通常对男女都是适当的。在俄罗斯或传统的伊斯兰社区，大多数女性在遇到或见到另一个人时通常不握手。在北欧，大多数异性恋男性相互见面时很少亲吻对方，而在中东，这种问候方式是适当的。在许多国家，直接的眼神交流被认为是适当的，例外的情况是，在东亚文化中的许多情况下，人们用鞠躬问候对方，几乎没有眼神交流。甚至两个人在谈话时的适当距离在不同国家和地区都有很大差异（第 10 章有关于此问题的更多详细信息）。

绝对主义（普遍主义）取向也有道理。想象自己是一个专业心理学家，正在研究某个国家女性遭受身体和性虐待的情况。通过检查案例和进行个别访谈，你发现这个国家的女性受到虐待的程度明显高于北美或欧洲女性。一些批评家，即相对主义观点的支持者，可能会认为你的数据有问题，因为“美国人”或“加拿大人”对虐待和性别歧视的观点不应该总是适用于其他国家的样本。然而你可以说，虐待没有“文化”上的正当理由，就像残忍的暴力和谋杀不应该有“文化”上的正当理由一样。

3.16 关于相似性与差异：批判性思维的若干应用

没有比较，就没有跨文化心理学。我们通过比较，如比较两个国家的情绪表情，或者比较两个民族或族群的测验分数，去寻找两个变量之间的相似性或差异。在比较任何两种现象时，最初它们或许在相似性方面“匹配”。但是，无论它们有多少共同特征，都不可避免地存在这样一个事实：在某个点上，会有一个“概念上的岔路口”，现象在此会有所不同。我们可以把这个关键点称为临界区分点（point of critical distinction, PCD），在此之前的现象是相似的，在此之后的现象是不同的。当我们试图界定、比较和对比任何两种现象时，我们必须确定和考察与所考察的特定事件相关的临界区分点。例如，如果我们对探索两个事件之间的相似性感兴趣，我们应该检查出现在临界区分点之前的变量；但是，如果我们想分析同样两个事件之间的差异，我们应关注临界区分点上以及之后的变量。当然，要全面了解两个事件之间的关系，临界区分点前后出现的变量我们都应该检查，尤其是要注意临界区分点本身。

如果发现了差异，我们经常会对比样本及其代表的大群体。然而，例如，当我们对比个人主义和集体主义时，应该意识到这两个对立的词因概念上的存在而相互依存。少了一个，其对立面就不复存在了。我们怎么可能在不讨论我们对“个人主义”的理解的情况下，而去界定“集体主义”的概念呢？如果不定义“无偏”，我们如何定义“有偏”呢？如果不理解“异议”，我们能真正理解“从众”吗？这一原则同样适用于许多其他对立面的得分：女子气与男子气、主观与客观、低权力距离与高权力距离、利他主义与自私、高背景与低背景（high context and low context）、胁迫与同意、能力与无能、狩猎文化与采集文化、适应与不适应、功能正常与功能失调。请记住，为了定义或理解任何现象或问题，也应尽可能定义和理解其理论的对立面。正如这些例子所说明的，将一个现象与其极性相反的事物进行对比，就是给这两个术语下定义。

我们讨论了一些涉及自我评价的研究。彭（Peng et al., 1997）和其他心理学家指出，来自不同文化群体的人在描述自己的信念和价值观时，首先关注自己的文化。因此，在一个以集体主义价值观为主的文化中，集体主义可能不会得到高评价，因为它是日常生活的一部分。心理自评的其他方面也是如此。美国男性的平均身高约为 5 英尺 9 英寸（美国女性为 5 英尺 4 英寸）。因此，5 英尺 9 英寸的男性相对于某些人（例如，儿童，或平均身高为 5 英尺 2 英寸的大多数日本女性）可能相对较高，而相较于另一些人（例如，大多数职业篮球运动员或大多数冰岛男性，他们的平均身高接近 6 英尺）则相对较矮。中国人倾向于通过与其他中国人比较来评价自己，而美国人最有可能参照其他美国人来评价自己（Heine et al., 2002）。正如你所记得的，像日本和韩国这样的国家，人们倾向于批判性地评价自己，认为自己不够勤奋。然而，事实和观察结果并非如此。日本和韩国都是生产力水平高、经济成功的国家。在日语中，有一个特别的词是指由于过度工作而死亡，通常是因为中风或心脏病发作——过劳死（karoshi）（Hiyama & Yoshihara, 2008）。在韩国也是如此，意外性的自然死亡一直是与工作相关的主要死因（Park et al., 1999）。要理解为什么这些国家的人对自己的评价如此之低，我们应该认识到，努力工作和尽责通常是根据更大的文化规范来衡量的。如果每个人都被期望勤奋、守时、可靠，许多人可能会认为自己没有达到文化规范所规定的"完美"标准。结果，大多数人在调查中报告说，他们的组织性和决心未达到他们应该达到的水平。这些都是文化反应偏差的例子（Schmitt et al., 2007）。

3.17 文化二分法

3.17.1 差异少于预期

如第一章所述，一段时间以来，主流跨文化心理学在文化二分法的传统下进行研究，反映了文化的分类取向。这些二分法的典型表现是西方文化与非西方文化的对比。西方人（大多数是最富有的欧洲和美洲国家，还包括其他一些主要是犹太 - 基督教价值观的国家的公民）通常与个人主义、独立和个人权利（即个人具有至高无上的价值）联系在一起。非西方人与集体主义、相互依存和群体权利联系在一起（例如，社区和社会是最为重要的）。然而，这种概括往往过于简单，因而是不准确的（Hermans & Kempen, 1998）。文化二分法没有也无法应对全球、技术和人口变化过程中所提出的挑战。但最重要的是，这种“西方”和“非西方”之间的刻板化区分往往会把标签和象征物变为“事物”，这是一种典型的推理错误（见第 2 章中更详细的讨论）。其结果是，多样化、异质化的整个民族可能被赋予并贴以同质性和独特性的标签。根据这种假设，人们可能不仅认为美国公民是个人主义者，而且在与美国人沟通时假定所有美国人都是自私的。同样地，人们可能不仅认为日本人是集体主义者，而且在与日本人沟通时假定日本人都是无私的。研究（例如，一项基于 6 个亚洲样本和 6 个西方样本的研究）表明，尽管普遍认为不同文化的人理解历史和重大世界事件的方式存在深刻差异，但他们之间的相似性还是占主导的（Liu et al., 2005）。

在现实中，研究任何群体（或个人）时，都可以假定其位于两个假设的极端之间的某个位置。而且，这些定位都是相对于不同的社会语境的。例如，一个人在其本文化中可能是个人主义的，但与其他文化群体相比，更倾向于集体主义。同样，一个人可能强烈支持集体主义，但其所生活的文化可能比其他文化更加表现为个人主义。

3.17.2 差异多于预期

当研究人员在技术发达的西方国家进行样本研究时，应该了解这些国家中的大多数都有相当大的文化和社会多样性。例如，假设一位心理学家正在研究三个国家的一年级学生对言语虐待的态度。研究样本是精心挑选的，包括同龄的学生，男女比例相等。然而，这项研究还是没有发现国家之间高等教育的差异，以及人们在自己的国家如何成为学生。在这一假设的情况下，研究人员应该意识到，德国和日本的高等教育是具有高度竞争性的体系：要成为一名大学生，必须参加并通过多个科目的高难度资格考试。许多年轻人都在这个过程中失败了。因此，如果对这项假设性研究的被试进行批判性评估，可以发现该项目没有测量三个相容的代表性样本之间的差异。相反，它试图揭示两个群体之间的差异：第一个群体是高学历、高动机和相对成功的日本和德国男性和女性；第二个群体是随机选择的一组“普通”（average）的美国大学生，他们没有像日本和德国的研究对象那样经历过艰难的大学入学选拔过程。

3.18 避免概括偏差

想象一下，测验表明 A 组被试的好奇心得分高于 B 组被试。这一得分差异意味着什么？这是否意味着 A 组所有人比 B 组所有人都好奇呢？我们不应对个人或群体做简单的概括和判断。心理测验分数可以作为一个人思维、决策和行动方式的重要指标。然而，测验可能是有偏差的，我们必须理解测验编制和解释的背景。诸如应试者的语言水平和动机、测验的结构和其他因素，都会对人们的测验成绩有显著影响（Sternberg, 2007）。在一个社会和文化环境（中上级阶层）中编制的许多测验往往对其他群体（中下级阶层）有不利的偏差。在本书的后面，我们将考察一些跨文化研究，这些研究表明，许多儿童拥有高级的实践技能，却没有在学术测验中获得认可。

人们往往对他人形成不准确的假设。我们的印象可能会以某些跨文化比较为基础。但是我们会寻找什么样的比较呢？总的来说，我们会关注那些显示出最明显、最突出的差异的研究。这样，我们会容易将这几个突出的例子过度概括到整个群体，但这会导致不准确的概括。

考虑一个有趣的研究发现。消极或悲观期望的主题在中国古典浪漫情歌中比在美国情歌中更为普遍。这是在分析了 80 首中美歌曲后得出的结论（Rothbaum & Tsang, 1998）。这些发现是否表明中国人比美国人更悲观呢？也许是，也许不是。歌曲中的悲观主义并不一定或准确地反映了人们在现实生活中的悲观态度。

为了避免过快地从研究结果中归纳总结，我们提出以下建议，以便对跨文化研究数据进行批判性评估。

- 本项目中所选样本的大小和代表性如何？如果这项研究只有来自两个国家的 50 名被试回答了关于宗教态度的几个调查问题，那就不可能对这两个国家的宗教差异得出可靠的结论。
- 选择的研究方法是否适合不同的文化环境？翻译正确吗？如果可以证明在一种环境下编制的工具在许多其他环境下仍然适用，就可以将使用该工具所获得的差异视为某些文化变量的反映。

- 数据是否令人信服？为了确保研究结果反映特定的趋势，而不仅仅是偶然的现象，研究者应重复进行同样的研究，从而可以自信地认可这些数据，或者了解其他类似的研究。
- 是否还有一些因素可能会影响研究结果，但在研究过程中没有考虑到？例如，一般认为不同文化中人们的心理生理过程是相同的。事实上，跨文化研究者基本上对心理生理过程研究领域不感兴趣。然而，神经科学的研究表明，这些生理因素可能会产生重大影响（Berry et al., 1992）。例如，关于饮酒和吸烟的研究（见第9章）表明，生理因素在跨文化研究中具有重要意义。

当研究诸如美国白种人、黑种人、拉丁美洲人、亚洲人或任何其他族群或宗教群体这样的大群体时，不要忘记，这些群体远不是同质的。其中有的个体受过教育，有的没有受过教育；有富人，也有穷人；有些住在城市，有些住在小城镇。在跨文化研究过程中，要求提供的关于所研究国家的额外信息总是很有价值。例如，人口的多样性或同质性，以及人们对这种多样性的体验，都可能影响观察程序。根据美国学者戴维·松本（David Matsumoto, 1992）的研究，来自同质社会（如日本）的个体与来自异质社会（如美国）的个体相比，前者在觉察和识别他人情绪方面更不准确。

此外，对群体的文化遗产、规范、习俗和价值观的心理依恋，群体内有些人相对于同一群体的另一些人可能会更强或更弱。每个社会群体都有智力水平很高的人，也有智力水平很低的人。在移民中，有因经济原因从祖国移民的科学家和工程师，也有逃避政治迫害的政治难民。

3.19 更多地了解你所考察的文化

如果一项实验研究表明，与西方和日本被试相比，中国被试更容易忽视似乎与他们无关的“陌生人”，这是否意味着中国人是自私的？完全不是。我们必须明白，任何实验结果都应该仔细解读，个体的得分不应推及整个社会（Tafarodi et al., 2009）。要精通跨文化研究，你应该熟悉你所研究的文化群体。

因此，你也应该熟悉地理学、社会学、人类学、政治科学和全球研究。你会发现，在过去20年里，全球贫困率一直在下降，但并不是所有地方都在下降。你还会发现，全球大多数国家的预期寿命都在上升，但不是所有国家都在上升。世界是动态的，然而这种动态性在不同的地方是有差异的。同一族群或种族的人可能有不同的国籍；同一国籍的人也非常多样化。如果你在巴西进行研究，你会发现东北部有非洲裔巴西血统（Afro-Brazilian roots），而北部有原住民印第安人血统，二者有巨大差异（Hofstede et al., 2010）。你还会发现，北美女性在评价伴侣和配偶的方式上往往不同于俄罗斯女性：俄罗斯人往往更关注男性的收入潜力和成熟度（Pearce et al., 2010）。如果你研究美国或英国的移民人口，你肯定会意识到不同“波”或不同代的移民可能在许多方面——从语言水平到移民原因——都有所不同（Schwartz et al., 2010）。

在设计访谈过程中，心理学家还应注意所研究文化的传统习俗、价值观和信念。例如，对穆斯林研究对象，尤其是那些没有接触过西方文化的人来说，预期很难对他们的自杀意念进行评估。伊斯兰教严格禁止自杀，并认为自杀是犯罪行为。因此，像“你想过自杀吗？”这样的直接提问很可能不会获得什么信息，因为绝大多数受访者会否认这种想法。然而，治疗师可以这样问：“你认为上帝会让你死吗？”这样就可以避免自杀的污名（stigma），从而得到产生更多细节的回答（Canetto, 2015; Hedayat Diba, 2000）。

总的来说，要观察、分析、怀疑、批判性地思考，然后再观察！在比较研究中，所考察的样本之间的差异很可能有多种解释方法。一项著名的研究比较了来自墨西哥、西班牙和委内瑞拉的562个人的梦，要求他们对自己的梦进行评估，然后将这些数据与非西班牙裔美国人样本的数据进行比较。结果显示了某些文化差异。例如，非西班牙裔受访者所报告的回想起来的梦明显多于三个西班牙裔群体。此外，与西班牙和美国参与者相比，墨西哥和委内瑞拉参与者与梦相联系的负面情绪明显更多。对于所报告的梦境数量的差异，作者认为，这是因为西班牙裔群体的应对方式更被动。此外，他们认为不愉快的梦是一种不好的预兆，因此根本不愿意像非西班牙裔群体那样多地透露（Domino, 1986）。

然而，如果仔细观察一些微妙的细节，你会发现也许这些差异可以归因于其他特征。尽管这项研究的被试是职业地位相同的人，但他们的生活条件和睡眠安排可能会有显著差异。与许多其他国家的家庭相比，非西班牙裔的美国和欧洲家庭通常孩子较少，并有更多个人隐私。睡眠模式可能会影响回忆梦境的效果。

你还应该预料到，由于集体主义行为在被调查的社会中具有社会赞许性，来自集体主义国家的研究参与者可能会表现出比平常更多的集体主义。换言之，人们回答问题的方式和行动并不是他们的典型行为，而是因为他们想给研究者留下深刻印象，从而给出一个符合社会期望的答案。在一些东亚国家（如中国、日本和韩国）进行的心理健康研究表明，当人们在一张纸上写下自己的感受时，与他们在专业心理学家面前谈论自己的体验时，所给出的信息是不同的（Park, 1988）。这并不意味着口头回答比书面回答“好”或“差”。正如在美国等其他国家的研究结果一样，这意味着它们是不同的（Johnson & Sanford, 2005）。

典型案例

集体主义－个人主义的样本研究

马歇尔（Marshall，1997）在新西兰和印度尼西亚各考察了一个样本，每个样本都包括三个社会类别：垃圾收集者、公交车司机和大学资深教授。每个社会类别有 25 名受访者，总共 150 人。给每一组被试一份包含 14 个陈述的问卷：代表个人主义取向的 7 个特征和代表集体主义取向的 7 个特征。被调查者要在 5 点量表上表明对这些陈述的同意程度。

集体主义陈述：（1）我的任何一个朋友如果不快乐，我就不会快乐。（2）我很高兴作为大组织的一员进行工作。（3）我愿意与朋友分享自己的问题。（4）从跟你有着相似社会和家庭背景的人里面选择朋友比较明智。（5）工作中的同事对我有所依赖，所以不管组织如何欺骗我，我都不能让同事对我失望。（6）我的多数决定都是跟亲戚朋友一起做出的。（7）我的首要职责是确保我亲属们的福祉。

个人主义陈述：（1）如果我工作的组织遇到财务困难，要求我接受大幅降薪，我会另谋出路。(2) 不管别人怎么说，我通常做我觉得对自己最有利的事。(3) 幸福在于最大化我个人的快乐。(4) 理想情况下，我希望为自己工作或拥有自己的公司。(5) 我痛恨对我个人隐私的任何侵犯。(6) 我的幸福取决于我的精神状态，不管周围的人感觉如何。(7) 如果我不照顾自己，别人也不会。

结果显示出一种趋势：印度尼西亚的参与者与新西兰的参与者相比，前者表现出更多的集体主义，更少的个人主义。由于本研究考察的是同一职业群体，所以在作者看来，样本之间的差异可以解释为文化差异，即集体主义和个人主义的差异。

问题：对于在项目中所发现的差异，你能提供其他解释吗？请考虑一下，新西兰的经济比印度尼西亚更发达，而且与印度尼西亚不同的是，新西兰有庞大的中产阶级群体。

练习 3.1

1. 请确定以下情况下的若干潜在抽样错误。

案例 1：一位教授要研究学生的族裔刻板印象。他班上有 50 个人。星期一早上，25 人来上课。教授假定这个 25 人的群体是这个班级的代表性样本，并要求这些学生填写问卷。

案例 2：一个学生组织在学生中进行了一项民意调查，收集了 150 名自我认同是男性和 150 名自我认同是女性的回复共 300 份。访谈在晚上的大学图书馆进行，随机寻找读者，并要求他们回答几个问题。

案例 3：一位电台脱口秀主持人决定研究人们对跨文化约会的看法，并要求听众把他们的推特（tweets）发到电台。

案例 4：一名研究生（在得到当局许可后）在国际机场进行调查研究，声称样本确实是随机的，因为样本包括来自许多国家、族裔和种族群体以及所有社会类别的人。

2. 非常重要的是，要确定参与者正确理解了你的问题。人们通常不是根据你问了什么来回答，而是根据他们认为你问了什么来回答（Zaller, 1992）。以下是一些在任何调查研究中都可能有用的规则：

- 不要问说服性的问题（“人们谴责这一举措。你呢？”）。
- 不要把两个问题放在一个问题中（“你隔多久会感到焦虑和沮丧？”）。
- 不要问难以理解的问题（“哪种范式可以作为这些现象的解释模型？”）。
- 不要问反问句（“这世界什么时候才能没有暴力？”）。
- 不要问已经有“现成”答案的问题（“你认为人们会互相歧视吗？”）。

使用这些技巧，你能发现以下问题的错误吗？请改正并重写。

1. 你认为人们从一个地方迁移到另一个地方是为了追求更好的生活吗？
2. 你多久跟父母讨论一次偏见和教育问题？
3. 你最喜欢的电视或广播谈话节目是什么？
4. 你隔多久会感到沮丧或愤怒？
5. 如果偏见是由无意识因素造成的，那么这些变量在多大程度上与先前确定的语境条件重叠？
6. 你父母的族群背景是什么？

3.20 本章概要

1. 跨文化心理学研究有四个基本目标：描述、解释、预测和管理。在确定目标之后，研究者要选择一种最适合实现这些目标的方法。一般来说，跨文化心理学的研究方法可以分为两类：定量和定性。

2. 跨文化心理学的定量研究涉及从比较的角度来测量人类活动的某些方面。所选择的考察变量必须经过实证研究，主要是通过观察，而不是其他形式的反映，如直觉、信仰或迷信。最常见的数据是集中趋势度量：众数、中位数和平均数。测量量度有四种类型：称名、顺序、等距和比率。

3. 跨文化心理学中最重要的统计方法是相关法，该方法用于建立两个变量之间的关系。

4. 定性研究主要在自然环境中进行，研究参与者在非研究气氛中进行日常活动。当测量变量有困难时，当被试没有阅读能力或不能回答量表时，或当没有标准化测量工具时，也会进行定性研究。在变量没有完全概念化或操作性定义的情况下，定性研究也很有用。当研究参与者的经验和优先事项对研究产生重大影响时，定性方法是有用的。

5. 通过选择应用导向策略，研究者可以确保在一个国家或文化中获得的研究结果在其他国家或文化中也是适用的。相反，比较策略主要关注文化样本在某些统计度量上的相似性和差异。

6. 样本选择有多种策略。一种策略是可用性或方便抽样；一种抽样类型称为系统抽样，是心理学家根据一种理论或某些理论假设选择民族或族裔样本；第三种抽样策略是随机抽样，即随机抽取大量国家或群体的样本，也就是说，任何国家或群体被选中的机会都是均等的。

7. 跨文化心理学家使用所有典型的心理学调查方法：观察、调查、实验、内容分析、心理传记、元分析、焦点小组及其他等程序。整体方法基于的原则是，关于个体和文化的科学知识不能仅仅通过研究一个个体的各种相互独立的特征来获得。

8. 自我报告难以避免偏差。有一种自我服务偏差：一方面，人们认为自己的特征比“普通”人的特征更好或更高级；另一方面，在其他情况和文化背景下，人们往往会贬低自己的品质。

9. 大多数跨文化项目——尤其是调查类型的项目——需要从研究者的语言翻译成另一种语言（或多种语言）。在这种情况下，研究人员面临的最困难任务之一就是确保翻译后的方法尽可能接近原始版本。

10. 分析跨文化数据至少有两种取向。支持绝对主义取向的心理学家认为，不同文化中的心理现象基本相同。然而，某些过程和行为的发生可能因文化而异。相对主义取向意味着人类行为的复杂性只有在其发生的文化背景下才能被理解。

11. 跨文化心理学家应看到不同现象的相似性；同样，相似性不应掩盖样本之间的潜在差异。专家应该知道，将一种现象与其相对的一极进行对比，就是对这两个术语做出定义。所有的极性对立都因其概念的存在而相互依存。

12. 跨文化心理学家应避免概括偏差。同时应该理解，跨文化心理学需要大量的想象和抽象。具体的人类活动发生在多样的和独特的环境中，有着各种各样的潜在因素。为了理解和比较心理现象，研究者应该假设这些因素的数量相对有限。

3.21 关键术语

绝对主义取向 跨文化心理学中的一种观点，认为所有文化中的心理现象基本相同。

应用导向策略 试图确定在一个国家或文化中获得的研究结果对其他国家或文化的适用性。

比较策略 试图在文化样本中寻找某些统计指标的相似性和差异。

内容分析 一种对显性和隐性的沟通内容进行系统的组织和总结的研究方法。

相关系数 用于总结和描述两个变量之间关系的类型以及变量之间关系强度的数字。

因变量 研究者研究并预期在自变量的影响下会发生变化的人类活动的某些方面。

直接调查 一种调查类型，在这种调查中，访谈者能保持与被调查者的直接沟通，并且能够提供反馈、重复问题或要求提供额外的信息。

等价 研究采用的方法测量的现象与在该研究所选择的其他国家中所测量的现象相同的证据。

实验 研究者改变一些变量以探测被试在行为、态度或情绪方面的具体变化的研究方法。

焦点小组法 在学术和市场研究中广泛采用的一种调查方法。这种方法最常用的是一个程序，在这个程序中，一组参与者对特定的社会、政治或营销信息做出反应。典型的焦点小组包括 7~10 名参与者，他们要么是专家，要么代表潜在的买家、观众或其他类型的客户。

自变量 由研究者控制的条件。

间接调查 由于被调查者和访谈者之间没有直接沟通，因而研究者的个人影响很小的一种调查。这些问题通常是在家里、教室或工作场所写好、分发、邮寄或通过电子邮件发送给被调查者的。

实验室观察 记录人们在研究者创造的环境中的行为。

平均数 分数分布的数学中心点。

集中趋势度量 表示分数在变量上的分布位置的度量；也就是说，描述了大多数分布的位置。

中位数 分布在第 50 百分位的分数。

元分析 对大量科学研究结果进行定量分析，以理解各种不同的数据。

众数 分布中出现频率最高的分数。

自然观察 记录人们在自然环境中的行为，很少或完全没有个人干预。

心理传记研究 对代表不同国家或文化的特定个体（通常是杰出人物、名人和领袖）的纵向分析。

相对主义取向 跨文化心理学的一种观点，认为心理现象只能从发生心理现象的文化“内部”进行研究。

代表性样本 其特征准确反映了总体特征的样本。

调查 一种调查方法，由一群人回答有关他们观点或行为的问题。

第4章 认知：感觉、知觉和意识状态

仅仅是因为文化群体的祖先生活在不同的地理条件下，这些群体在观看物体和人或听声音的方式上就存在普遍的差异吗？住在沙漠地区的人比住在海边的人有更好的色觉吗？在这方面，我们记得不久前从一位学生那里收到的一个问题。他现在是一位研究教授，我们姑且叫他阿尔伯特（Albert）吧。“心理学家是否承认在美国的欧洲人和非欧洲人存在重要差异？”阿尔伯特接着断言，几个世纪以来，欧洲人的祖先主要依靠视知觉。他说，欧洲人一定已经看过、衡量过，然后合理化了他们对视觉和表演艺术的印象。这可能也反映在科学上。他们不相信先验；他们必须用自己的眼睛体验、检验和验证一切。在谈到自己的祖先时，他说，非洲人不同于欧洲人，因为非洲的环境条件要求他们主要依靠听觉和触觉。他们通过皮肤感觉物体和振动，而不是用视觉验证；他们通过声音表达自己。阿尔伯特接着提出，由于欧洲和非洲人的祖先存在知觉差异，欧裔美国人更有可能在工程、科学和写作方面取得成功，而非裔美国人往往擅长演奏音乐、演唱和其他非视觉活动。“你有证据支持你的想法吗？”他的学生问道：“你怎么证实这一点呢？”他接着说：“我做不到。我只是这么想的！”阿尔伯特笑着回答。

阿尔伯特大胆地提出非洲人和欧洲人之间存在感觉差异，并将其归因于群体之间不同的环境条件，这是否合理？不同文化群体的人是否存在显著的感觉差异，或者人们看、听、感觉物质世界的方式是否相同？如果不同，那么视觉、听觉、嗅觉、触觉或味觉的哪些具体特征具有最坚实的文化根源？所有国家的飞行员都喜欢从左到右扫描控制板吗？时装设计师是否应该注意某些特定族群或民族喜欢或不喜欢的颜色？文化如何影响我们的意识，即我们觉知自我的能力？不同文化背景的人如何诠释自己的梦？在本章，我们将提出以上及其他问题，并从跨文化的角度通过考察人类认知、知识获得、通过经验进行理解等，来探讨感觉、知觉、意识等问题。

4.1 感觉和知觉：基本原理

受体细胞（receptor cells）受到刺激并将其信息传递到各个大脑中枢的过程称为感觉。你在夜空中看到一道移动的亮光，或者嘴里品尝一道辛辣的腌菜——所有的感觉都源自一个信号或刺激，或者是外部的或者是内部的，以能刺激神经系统的能量为形式。感觉将外部能量转化为内部的神经生理学过程，其“结果”是一种特殊的心理体验：我们看到移动的光线，尝到辛辣的食物。我们能检测到所有的刺激吗？显然不能，因为某些刺激根本没有被体验到。个体注意到刺激所需的最小物理能称为绝对阈限（absolute threshold）。差别阈限（difference threshold）是感觉到刺激发生变化所需的最低刺激水平。各种因素影响着人类的阈值，如情绪状态、期望，或者他们是否适应了信号。感觉适应（sensory adaptation）是感觉系统对持续不变的刺激所产生的反应减少的倾向。例如，我们可以适应特殊的环境，如热或冷、空气污染及辛辣的食物。西班牙一个度假小镇的居民不太可能注意到他们呼吸的空气，而一个从受污染的墨西哥城或洛杉矶来到这个小镇的游客可能会注意到这里的空气新鲜得令人难以置信。我们感觉过程的恒常性（Constancy）是指在不断变化的条件下，我们对物体或质量的感受不变的体验。例如，尽管香蕉表面反射光的实际波长在不同条件下是有差异的，但香蕉的颜色对人眼来说似乎是恒定的（Kanazawa, 2010）。

对于五种感觉（视觉、听觉、嗅觉、触觉和味觉），互不相关的神经通路通常将感觉信息（也称为信号）传递到大脑的特定区域。感觉的本质取决于大脑中被信号激活的区域。例如，对位于大脑枕叶的初级视觉皮层（primary visual cortex）进行电刺激能产生视觉，而对颞叶听觉复合体（auditory complex）的刺激则产生听觉。色觉是以眼睛视网膜上三种不同类型的锥体细胞（cones）起作用为基础的过程。每种锥体细胞都会对光波做出反应，但光谱上的某个特定点发射最持久。因此，短波锥体负责蓝色感觉；中波锥体产生绿色感觉；长波锥体产生红色感觉。将这三种原色（primary colors）混合在一起，大多数人可以检测到多达 1000 种颜色（Brown & Wald, 1964）。当一个人觉察到一种气味时，来自感受器的信息直接传送到额叶的初级嗅觉复合体（primary olfactory complex）。味觉感受器（taste receptors）至少由两条通路（path）组成。第一条通路连接到大脑的初级味觉皮层，它使人们可以探测味道。第二条通路与大脑的边缘系统相连，可以对味道产生即时的行为和情绪反应。皮肤中的多个受体进入一个与脊髓相连的感觉神经元，这使反射性动作即刻发生，如在接触到非常热的东西后会发生快速的身体运动。

把各种感觉组织成有意义的模式的过程叫作知觉。生理学家断言，知觉涉及对大脑皮层相关区域的激活，从而将先前的知识与当前的感觉结合起来。把蓝色、白色和红色这三种颜色的垂直条纹依次显示在一块布上，这对一个来自孟加拉国或北爱尔兰的小男孩来说可能没什么意义。然而，一个法国成年人将会把这种颜色序列与法国国旗联系在一起。当我们中的一个人拿着吉他演奏歌曲《天堂的阶梯》的第一个和弦时，许多美国、加拿大或英国的学生几乎可以立刻认定这是一首由齐柏林飞艇乐队（Led Zeppelin）创作的经典摇滚民谣。然而，那些在西方摇滚乐传统之外长大的人只是将这些音符解读为“旋律”。

感觉和知觉是两种基本过程，包括德国、法国、俄罗斯、英国和美国在内的几个国家的心理学实验室在 120 多年前首次对此进行了研究。对这些实验室所获得的数据进行的比较分析表明，尽管存在个体差异，但不同国家的人在感觉和知觉过程的数量和质量方面存在显著的相似性（Yaroshevski, 1996）。然而，在大多数实验中，心理学家使用 19 世纪心理学研究的“标准”被试样本来研究感觉：研究人员自己、他们的学术助理，当然还有学生。因此，这些研究的数据主要来自受过高等教育的白种人男性被试。据估计，关于感觉的跨文化研究是从里弗斯及其同事（Rivers, 1901）的研究开始的，他们在欧洲和托雷斯海峡群岛（Torres Strait Islands，澳大利亚附近的一个地区）选择被试作为研究对象。里弗斯研究了一个流行的假设，即非欧洲人具有非凡的视觉清晰度。这一假设被推翻了：从比较的角度看，托雷斯海峡岛民的视觉并不是特别突出。然而，自这项研究以来，关于感觉和知觉的跨文化研究却层出不穷。

4.2 文化如何影响我们的知觉

我们对环境和他人的经验创造了知觉期望，这些期望塑造了我们的知觉。这些期望被称为知觉定势，它们使特定的解释更有可能发生，并提高了知觉过程的速度和效率。在某特定文化的群体中常见的知觉定势可能不同于其他文化群体的知觉定势。个人经验影响个人的感觉和知觉。如果来自某个特定群体的大多数人都有这种经历，那么就应该有一些共同的文化（与群体相关的）感觉或知觉模式。例如，当我们饿的时候，我们通常能感觉到餐厅外美妙的香气，但当我们吃饱以后，对其敏感度就会低得多。一般来说，如果我们需要某样东西，我们往往会注意那些与满足需要有联系的刺激。但是，如果一个人就像地球上数以百万计的人一样，不断地被剥夺食物或水资源（根据联合国的统计，到 21 世纪的第二个十年结束时，有 7 亿多人生活在绝对贫困之中），情况会怎样呢？几年前，研究人员研究了食物和水的缺乏对一个人识别单词的影响（Wispe & Drambarean, 1953）。被剥夺者与未被剥夺者相比，前者知觉到与需求相关的词语（与食物和饮料相关的词语），所使用的时间较短。在另一项经典研究中，研究人员比较了贫困家庭和富裕家庭的孩子的知觉经验（Bruner & Goodman, 1947）。他们让孩子们调整一个光圈的大小，使之与各种硬币的大小相匹配，硬币包括：一便士硬币、5 分硬币、一角硬币和 25 美分硬币。富裕家庭的儿童往往感觉硬币比实际尺寸小，而贫困家庭的儿童则高估了硬币的尺寸。调查人员认为，贫困家庭的儿童对金钱的需求影响了他们对硬币的知觉。这个有趣的发现已经在中国香港特别行政区重复得到了类似的结果（Dawson, 1975）。

环境条件以多种方式影响感觉和知觉。研究表明，与传统农业社会相比，传统的狩猎和采集文化中的成员色盲率较低。从进化的角度来看，这是有道理的：色盲的猎人没有辨别细节、颜色和轮廓的能力是无法生存的，这些能力在狩猎或采集活动中至关重要（Pollack, 1963）。周围环境中的噪声级是环境影响感觉过程的又一个例子。生活在沙漠中的人不会像城市居民那样遭受听力损失（Reuning & Wortley, 1973）。沙漠地区的噪声级明显低于城市和大都市地区，这可以解释两组个体在听力方面出现平均差异的原因。

经验的缺乏甚至缺失可能是影响知觉的一个重要因素。生物学中有有趣的数据。例如，在一个著名的实验中，研究人员在完全黑暗的环境中饲养小猫，每天仅有几个小时不是全黑的。在这些短暂的时间里，小猫被放在一个有水平或垂直条纹的圆柱体中（Blakemore & Cooper, 1970）。动物无法观察自己的身体，他们看到的唯一物体就是条纹。实验开始 5 个月后，在“水平”环境中饲养的小猫不能知觉垂直线条。他们的大脑缺乏反映垂直线条的探测器。同样，在“垂直”环境中饲养的小猫也不能知觉水平线条。动物的大脑通过发展专门的神经通路来适应“水平”或“垂直”的世界。有研究考察了天生失明但后来通过外科手术获得视力的个体，从中得到了有趣的结果（Gregory, 1978; Ostrovsky et al., 2006）。许多这样的个体精通很多视觉任务。他们能辨别地上的图形，能察觉颜色。然而，其他视觉功能还是受到了损害。他们在判断移动的物体和人的大小的过程中出现了问题。此外，许多人无法识别他们以前通过触摸认识的物体。视觉经验的缺失影响了这些人获得视觉后的认知！在本章后面的视知觉部分中，我们将讨论另一个关于天生失聪人士的例子。

总的来说，环境条件以及活动和经验决定了与文化有关的感觉和知觉的相似性和差异。作为文化群体的成员，我们人类学会了注意某些刺激，忽略另一些刺激，并形成对许多与文化有关的表象、气味、味道和声音的特定认知偏好（Shiraev & Boyd, 2001）。

批判性思维

起源和感觉偏好

本章以一个小插曲开始：阿尔伯特提出了一个关于非裔美国人和欧裔美国人在知觉上的基本差异问题。他的本土理论类似心理学中所谓的补偿假说（compensation hypothesis）：一些群体擅长一类任务，以补偿他们不太胜任的其他任务。例如，非洲人通常擅长听觉任务，这个群体通过听觉模式进行最有效的沟通；而欧洲人更擅长视觉刺激，最擅长书面沟通。一些专家认为，非洲人在学习数学方面有困难，但通过发达的语言学习能力和良好的节奏感、音乐感得到了“补偿”（例如，McLuhan, 1971）。

另有人认为，非裔美国人知觉风格的一个更重要的特征是对听知觉和触知觉的偏好，而欧裔美国人具有对视知觉的偏好（例如，Shade, 1991）。这种偏好使非裔美国人倾向于把注意力集中在人身上，而不是抽象的思想和非人的物体上。还有一些人提出存在“神韵”（verve），这是非洲心理学的一个特殊和独有的特征。这是一种充满活力的、强烈的心理定势，或者说是一种同时适应于多种感官刺激，而不是单一事件或一组线性刺激的偏好（Boykin, 1994）。

然而，有趣的是，很少有实证数据支持这些假设，即非洲人和欧洲人之间在感觉方面存在着实质性的差异。实证研究也未能支持不同文化间视觉和听觉信息传递之间出现生理差异的假设。没有证据支持黑种人学生具有听觉判断优势以及白种人学生具有视觉判断优势这一假设。关于非洲人听觉、触觉或动觉能力突出的实证证据也非常有限。

你能想到其他在某些知觉任务上表现出色，而在别的任务上表现不佳的文化或族裔群体吗？为什么会出现这样的假设？生动的、非同寻常的事件如何影响人们对某些知觉的文化差异的看法？

4.3 人们如何知觉图画

图画知觉（Perception of pictures）是心理学研究的热门话题。这种知觉与个体的教育和社会化经历有关，或者与缺乏教育和社会化经历有关。梅坎（Mekan）是居住在埃塞俄比亚西南部的一个少数民族群体，（当时）他们接受正规教育的机会有限，也很少接触图画。在对梅坎进行的一项经典研究中，科学家使用了动物的细节图画。除了少数例外，其他被试都能辨认出这些动物，只是要经过一段时间和明显的脑力活动（Deregowski et al., 1972）。在另一项著名的研究中，哈德逊（Hudson, 1960）研究了南非人如何知觉和解读安全张贴画和标志，提供了教育经验和知觉之间存在联系的另一个例证。与农村和受教育程度较低的被试相比，城市和受教育程度较高的被试错误理解张贴画的次数低得多。大量实验表明，人们在判断其他族裔面孔的照片时，通常比判断本族裔面孔的照片更困难（Meissner & Brigham, 2001）。一项研究选取了生活在欧洲的一个土耳其儿童样本和一个奥地利儿童样本，让他们观看土耳其人和德国人面孔的照片，并让他们将正面和其他角度的照片进行匹配。土耳其儿童匹配土耳其面孔的速度比奥地利儿童匹配土耳其面孔快。然而，对德国面孔的知觉没有差异：两组的匹配速度相同。最有可能的是，正如这项研究所表明的，相比于奥地利与土耳其样本的人际交往，土耳其出生的儿童与德国人的人际交往更频繁（Sporer et al., 2007）。

语言或语言的某些语法方面影响人们对图画知觉的方式，存在着令人着迷的差异。举例来说，有些语言有性别系统，如西班牙语、意大利语、印地语或俄语。在这些语言中，共同的性别划分包括阳性、阴性和中性类别。在其他语言中，如英语、汉语或波斯语，通常不存在这些类别。研究表明，说“性别化”语言长大的人倾向于将不同的特征赋予在图画上展示给他们的某些对象，而在性别中立的语言文化中长大的人则没有（Flaherty, 2001）。换句话说，我们学习语言和了解性别的方式会在一定程度上影响我们判断事物和人的方式。

有证据表明，图画扫描（或心理图像扫描）也有一些文化差异。心理图像扫描是一个使人将注意力转移到可视化对象上的过程。最重要的发现是，我们观察图画的方向——从左到右，从右到左，或从上到下——与我们的阅读习惯有关（Goodnow & Levine, 1973）。可以预见，英国人、阿根廷人或加拿大人都是从左到右阅读，应具有从左到右扫描的模式；从右到左阅读的阿拉伯和希伯来读者应表现出从右到左的扫描模式；而从上到下阅读的日本读者，应有自上而下的图画扫描模式。然而，这一规则也有例外。例如，在一项关于复制几何图形的测试中，希伯来被试表现出从左到右的偏好。研究人员如何解释这一发现呢？希伯来语和英语都要求用从左到右的笔画来书写单个字母，而在阿拉伯语言中，书写个人信件要从右向左。因此，从实践的角度来看，研究一种特定文化的阅读模式和写作模式总是有用的。因此，关于不同文化背景的专业人员（如飞行员、火车和船只司机等）如何扫描来自监视器和其他视觉指示器信号的问题，可以根据这些发现提出有趣的假设。其他跨文化研究也支持这样的假设，即阅读习惯影响文本和图画扫描的文化差异（Abed, 1991）。

典型案例

图画解读与媒体访问

利德尔（Liddell, 1997）的研究表明，南非儿童在解读图画方面不如欧洲儿童熟练。这一趋势早在20世纪60年代就首次被注意到了。欧洲和来自农村地区的非洲儿童样本之间的差异更大。图画解读的错误包括深度知觉（depth perception）错误、面部瑕疵识别错误和运动标记解读错误。此外，与欧洲儿童相比，南非儿童在对图画进行叙述性（简短的描述）解释方面有更多困难。这些结果表明，图画可能是南非儿童组织知识的一个相对较差的来源，学校教科书的作者应限制其使用。

我们希望你们从不同的角度来考虑这些结果。尽管被调查样本中的儿童最近在交流方面取得了进展，但与欧洲、亚洲或北美的同龄人相比，仍严重缺乏机会。上网、看电视和看电影的机会有限，家里没有电脑供使用，在学校使用电脑的机会有限，家里缺少图画资料，以及许多其他与贫困相关的问题，都可能严重限制这类儿童使用图画。现在你来决定（Make your call now）。你是否建议减少南非教科书中的图画数量，或者更确切地说，是否建议让儿童能够更好地接触到教室内外的图画资料呢？

视觉扫描与书写和绘画有关。以画圆为例。不同文化群体之间之所以出现差异，可能是因为人们学习用母语写作的方式不同。如果书写需要更多顺时针运动，那么儿童就更可能以同样的方式画圆圈。在一项日美比较研究中，研究者比较了美国学生和日本学生画圆的方向。结果显示，随着儿童年级的提高，美国学生越来越多地以逆时针方向画圆圈，而日本人越来越多地以顺时针方向画圆圈（Amenomouri et al., 1997）。另一项研究显示，从儿童时期就讲希伯来语的儿童比讲法语或英语的其他两组研究对象更倾向于以顺时针方向画圆圈（Zendal et al., 1987）。

研究还表明，与发现移动的汽车等非生命物体相比，包括大城市居民在内的人们通过视觉发现动物的速度要快得多，也准确得多（New et al., 2007）。伊恩·斯彭斯及其同事（Spence et al., 2006）发现，男性和女性辨别视野中物体的能力存在差异，但这种差异不是压倒性的。还有研究发现，男性通常更善于记住和定位图画中的一般地标，而女性则更善于记住和定位图画中的食物。这些事实表明，人们的日常环境和文化经验在其确定对日常事务的知觉方面具有很重要的决定作用。

对西方人和东亚人的知觉比较研究发现了一些有趣的差异。根据研究，东亚人更倾向于整体，而西方人更倾向于分析（注重细节）。大量研究表明，与来自西方文化的个体相比，来自亚洲文化（包括中国、日本和韩国）的个体更关注图画的环境和背景，而来自西方文化的个体更倾向于关注这些图画的中心或中心人物（Ko et al., 2011）。东亚人在探测屏幕中央的变化方面还是比美国人慢，但他们的注意力分配比美国人更广泛（Boduroglu et al., 2009）。思考自我，把自我视为或多或少与他人有联系，会改变我们知觉物体的方式（Choi et al., 2015）。这些差异的根源是什么？一种可能性是，差异反映了不同的文化风格，这些风格决定了所观察场景中的哪些事物有信息量并值得报告（Masuda & Nisbett, 2006）。我们将在第 5 章再次讨论这些差异。

4.4 深度知觉

深度知觉是指感觉的三维组织，尽管眼睛视网膜上的图像是二维的。看一下著名的魔鬼音叉图：

请你挑战一下：不看图画，仅凭记忆画出叉子。容易吗？对我们大多数人来说不容易。为什么有点难？这幅画是二维的，但有几个令人困惑的深度线索。然而，由于我们有深度线索方面的经验，大脑会将这个物体解释为三维的。有趣的是，对许多没有受过正规教育的人，或之前没有接触过三维图画的人来说，并不能发现这种图画令人困惑之处，这与以往的研究是一致的

（Deregowski, 1974; Hudson, 1960）。那些不熟悉如何解释深度线索的人（通常是由于环境条件、极端贫困和缺乏正规教育）会把这类图画知觉为二维图画。一些非西方被试在知觉以图形形式呈现的深度刺激时会遇到困难。然而，根据一些研究，教育和培训可以显著提高深度知觉（Leach, 1975; Nicholson et al., 1977）。总的来说，认为非洲儿童由于出身而严重缺乏图画的深度知觉能力的观点是不正确的（McGurk & Jahoda, 1975）。研究表明，甚至连科学家在深度测试中的提问方式（例如，“哪个物体看起来更近”而不是“哪个物体看起来更远？”）也会影响文化群体判断他们在图画中看到的东西（Omari & Cook, 1972）。在这些儿童的深度知觉中发挥了巨大作用的不是族裔，而是儿童较低的社会经济水平和学校教育的缺乏（Dawson et al., 1974）。

总之，图画知觉可以视为认知技能的组合。一系列教育和社会条件决定了个体提升了哪些技能，以及哪些技能未能发展。

4.5 人们普遍受视错觉误导吗

看一下下面的图形。

这些图形代表了著名的视错觉。在缪勒－莱耶错觉（Müller–Lyer）（左图）中，上面的线条看起来比下面的线条短。在潘佐错觉（Ponzo illusion）中（中图），上面的线条看起来比下面的线条长。在水平－垂直错觉（horizontal–vertical illusion）（右图）中，垂直线似乎比水平线长。我们绝大多数都容易受到这些错觉的影响吗？即使我们知道这些线条的长度是相等的，我们是否会把它们视为不等长？我们产生这种错觉的能力是与生俱来的，还是来自经验？

对于看到这种视错觉是一种天生能力的问题上，人们对视错觉的知觉存在文化差异。例如，一项在美国和关岛进行的关于潘佐错觉感受性的研究表明，与来自西方或城市地区的个体相比，非西方和农村的个体对这种错觉的敏感性较低（Brislin, 1993）。同样地，与任何的非西方样本相比，主要生活在工业城市和郊区的西方样本更容易产生缪勒－莱耶错觉和水平－垂直错觉。研究人员发现，美国人倾向于认为，末端向外羽化的线条比末段为箭头的线条长。另一方面，喀拉哈里沙漠（Kalahari）的沙漠强征队员则更容易看到线条本来的样子——长度相等。来自十几种文化背景的被试接受了测试，美国人处于分布的最末端，因为美国人比其他人更明显地看到了错觉（Henrich et al., 2010）。与来自缺乏开阔景观区域的被试相比，来自开阔景观区域的被试更容易受到水平－垂直错觉的影响（Segall et al., 1966）。

对于我们将看到错觉的能力视为经验产物的问题上，视知觉的差异还受到这些群体成员不同经验的影响。根据一个有影响力的“木工化世界”假说（“carpentered world” hypothesis）（Segall et al., 1966），在木匠或其他建设者塑造的环境中长大的人（我们大多数人住在有矩形家具和矩形街道图案的矩形房子里），倾向于将非矩形的图形解释为视野中矩形图形的表征。对水平面上看起来似乎远离观察者的线条，他们倾向于将其解释为比横向穿过观察者视线的线条短（水平－垂直错觉）。

大多数在学校学习或在家上学的人（美国、加拿大、印度和其他大多数国家都是这样）习惯于将二维图画转换成三维图像，即使电脑屏幕上的图画和杂志上的照片都显示在平面上。我们的大脑就是这样工作的：某些知觉定势（见本章关于阿尔伯特的开场白）会将“平面”物体转换成三维物体（Segall et al., 1990）。

然而，最近的研究质疑了跨文化心理学家的假设。在印度，一组临床专家和科学家发明了一种外科手术，能够使某些从出生就失明的儿童恢复视力。当绷带从儿童的眼睛上取下后不久，科学家向他们展示了潘佐错觉（本章前面已描述过）。如果潘佐错觉是视觉学习的结果，那么刚获得视觉的儿童就不会上当。但令研究人员惊讶的是，这些儿童与视力正常的对照组儿童一样容易受到潘佐错觉的影响：他们总是发现离地平线较近的那条线较长。这些儿童也容易受缪勒－莱耶错觉的影响。我们如何解释这些研究结果？正如研究人员自己解释的那样，某些知觉结构（植根于大脑的机制）决定了从出生一刻起

（那时我们对这些物体还没有任何经验）我们将如何看待这些物体（Chatterjee, 2015）。关于人类知觉的先天性与后天性的争论仍在继续。我们有必要在这一领域进行新的跨文化研究。

4.6 绘画的一些文化模式

没受过正规教育的个体、年幼的儿童以及生活在几千年前的早期民间艺术家，没有获得将三维知觉转化为二维绘画或素描的技术能力。他们的画作经常展示彼此独立的物体、细节和环境。例如，澳大利亚原住民在描绘鳄鱼的躯干时通常从上面的角度画，而画鳄鱼的头部和尾部时则是侧面的观察视角（Dziurawiec & Deregowski, 1992）。贝弗里奇（Beveridge, 1940）和索利斯（Thouless, 1932）发现，与同期的欧洲绘画相比，他们在研究中得到的非洲绘画可能受视觉线索的影响较小。非洲图画中缺乏透视效果，物体被描绘成现实中的样子，而不是观察者实际看到的样子。

在许多其他形式的绘画中也很容易发现知觉扭曲。例如，在许多民族艺术传统中，某些时期没有出现线条透视（linear perspective）这种在平面上引起深度错觉的系统。在现代艺术中，以及在古埃及和中世纪西班牙艺术中都发现了大量的知觉扭曲（Parker & Deregowski, 1990）。空间的多维表征，也就是物体以超过三个维度的形式呈现，又如何呢？有些人可能认为，多维描绘只是现代艺术中的典型。的确，作为现代艺术中的一个重要流派，立体主义旨在给观看者时间去想象静态形式的运动，以便考察其体积和结构。立体主义图画特别鼓励观看者从每一个可能的角度考察所描绘物体的表面。法国著名画家保罗·塞尚（Paul Cézanne, 1839—1906）在其画作中表现了事物从不同的方向和视角看到的样子。然而，这种类型的描绘在许多文化中的某些时期都使用过。例如，在许多古埃及和克里特人（Cretan）的绘画中，人物的头部和腿部是侧面的，但眼睛和躯干是正面的。在17世纪以前创作的印度和早期欧洲绘画中，人物和其他直立形状呈现得像是从地面仰视一样，而人物和物体所处的水平面则呈现得像从上面俯视的一样。

4.7 颜色知觉

颜色有三个普遍的心理维度：色调、明度和饱和度。色调（hue）就是人们所说的颜色；明度（brightness）指颜色的强度；饱和度（saturation）表示颜色的纯度。如果人类的颜色知觉有类似的生理机制，是否意味着颜色知觉几乎没有文化差异？文化习俗影响颜色知觉吗？如果影响，是怎么影响的？

根据强调语言影响颜色识别和标记的颜色知觉的语言关联性理论（language-related theories），某些单词与可见光谱的多个单元相联系（Berry et al., 1992）。在儿童发展的整个过程中，口语影响着各文化的儿童如何对颜色进行分类和记忆（Adelson, 2005）。一般来说，当人们对环境中的不同项目进行比较时，会使用不同的颜色词（Bowern, 2008）。成长中的儿童学会了这些单词，并开始用它们来确定颜色。尽管绝大多数健康的个体都能识别出相同范围的颜色，但有些语言中缺乏特定颜色的词汇。相比之下，有些语言中某些颜色有几个名称。例如，在俄语中，有两个不同的词用来表示一种色调（一个表示“浅蓝色”，一个表示“深蓝色”）；但在英语中，只有一个词——蓝色。此外，在所有语言中，红色总是由一个单独的词来表示，而绿色和蓝色有时在语言上无法区分。对这一发现的解释基于这样一种假设：由于环境条件的原因，不太鲜艳的颜色对非欧洲人来说不太凸显，因此他们不太可能用专门的单词进行识别和标记（Ray, 1952）。

几种理论可以解释绿色和蓝色的知觉混淆。一些研究强调种族群体在颜色知觉方面的生理差异。例如，波拉克（Pollack, 1963）证明，某些视知觉技能可能与视网膜色素沉着等因素有关。他发现，视网膜色素沉着较密集的人更难觉察到轮廓，在知觉蓝色方面也较为困难。对颜色偏好的研究表明，不同国家的女性都倾向于选择和喜欢红色系，如粉色。另一方面，男性更喜欢绿蓝色（greenish-blue colors）。研究人员认为，颜色偏好的差异可能与女性大脑进化出涉及水果等食物的采集这种能力有关，而男性的大脑则倾向“沉迷”于成为绿色和郁郁葱葱的环境中更好的猎手（Hurlbert & Ling, 2007）。然而，与那些强调学习经验和语言感知规范重要性的理论相比，颜色觉察文化差异的生理学和进化解释所得到的认可不够多。

色彩的主观社会意义和个体心理意义对我们理解颜色知觉至关重要。人们对颜色的感觉有很强的普遍倾向。在一项经典研究中，来自 23 个国家的数据显示了稳定的跨文化相似性。“红色”这个概念被认为非常突出和活跃。“黑色”和“灰色”被认为是不好的，而“白色”“蓝色”和“绿色”被认为是好的。“黄色”“白色”和“灰色”一直被认为是被动的（Adams & Osgood, 1973）。

人类文明史上也有许多关于颜色诠释的其他倾向的例子。以红色为例。在许多国家，它是暴力、革命和反抗的政治象征。在 20 世纪 30 和 40 年代，纳粹德国的官方旗帜也是红色的。20 世纪 60 年代，欧洲的反叛学生在反建制示威中挥舞的是红色旗帜。南美洲、中美洲、东南亚和南非的游击队员选择红色作为武装斗争的颜色。20 世纪 70 年代，意大利最臭名昭著的恐怖组织之一以“红色旅”(Red Brigades）为名。然而在日本，红色代表慈善事业和活力，国旗上的红色圆圈代表太阳。如今，红色也用于横幅或彩带上，象征工人的团结。

德鲁兹（Druze）人是一个主要生活在黎巴嫩、叙利亚和以色列的宗教团体，其文化中的颜色与五大宇宙原则有关。这些原则由五色的德鲁兹星来呈现：理性（绿色）、灵魂（红色）、文字（黄色）、先例（蓝色）和内在（白色）。

另一组有趣的事实与人类对黑色和白色的知觉有关。研究人员在 40 多年前发现，在美国，不同种族的学龄前儿童更喜欢图画和照片上浅肤色的人，而不是深肤色的人，他们更喜欢白色而不是黑色。相对于深肤色人物，欧洲儿童也更倾向于正面评价浅肤色人物（Best et al., 1975）。此外，跨文化研究已经证实，人们更倾向于将白色而不是黑色与更积极的情感联系起来，这种偏见似乎在学龄前阶段就出现了。随后的研究表明，非洲原住民儿童有相同的颜色偏见（Williams & Best, 1990）。在许多文化中，白色与“好”“纯洁”“熟悉”联系在一起，而黑色主要与“消极”“不干净”“未知”联系在一起。研究人员推测，对光明而不是黑暗具有的泛文化偏好可能反映了一天中光明和黑暗循环的普遍性。光明通常与确定性和安全性相关，而黑暗则更可能代表危险和不确定性。大自然可能赋予人类厌恶黑暗的倾向，就像它赋予人类恐惧蛇和蜘蛛的倾向一样。海盗在船上升起黑色横幅作为恐吓的象征。在基督教中，天使是白色的，魔鬼是黑色的。在伊斯兰教中，白色象征着纯洁和人人平等。就像地球上许多地方一样，典型的保加利亚新娘在婚礼上会穿白色的衣服。然而，根据保加利亚的民间信仰，新娘的花束永远不能有白玫瑰，因为白玫瑰代表死亡。此外，不同宗教背景的人在哀悼时都穿黑色衣服。在英语中，“黑色”一词的定义包括“没有任何道德光芒或美德”“有害”“邪恶”“表示耻辱”“罪恶”。“白色”一词的定义包括“道德纯洁”“一尘不染”“无辜”“无邪恶意图”。1993 年，在俄罗斯经济衰退时期，当一家报纸问俄罗斯人他们的生活与什么颜色有关时，42% 的人说是“灰色”，21% 的人说是“黑色”。他们中的大多数人觉得，当事情极其困难时，他们仿佛进入了“黑暗”（Kelley, 1994）。

典型案例

若干语言中一些与颜色有关的习语

在英语和塞尔维亚语中，人们可能会说他们的“感觉是蓝的”（feel blue），这代表悲伤。在葡萄牙语中，“万事皆蓝”表示“万事如意”。然而，如果说一个德国人是“蓝”的，代表这个人喝醉了。相反，在阿拉伯语中，“蓝色的一天”可能代表糟糕的一天。在俄语中，如果你说一个男人是“蓝”的，就是在暗示他是同性恋。然而，俄语中的“蓝”也可以用来指珍爱的梦想。在德语中，“看见红色”的意思和英语中的意思一样。“白色的谎言”在阿拉伯语和英语中表示同样的意思。在德语中，遥远而不确定的未来是“灰色的”。在俄语、德语和英语中，“玫瑰色的眼镜”一词的含义是相同的。“粉红大象”和“黄色媒体”对纽约、伦敦和贝尔格莱德的人们来说有着相同的含义。人们可以变成“绿色”，这在许多语言中表示“非常愤怒”。然而在巴西，“绿葡萄”通常意味着嫉妒。同样，“蓝血”在许多语言中代表贵族身份。“黄眼睛”在阿拉伯语中代表嫉妒，“黄色微笑”在巴西代表尴尬。俄语中的“棕色”表示一个人的法西斯信仰，“灰色”表示无聊。

从你自己的个人经历中回忆一两个与颜色相关的习语，并与他人分享。你认为这些习语中为什么会用到这些特殊的颜色？

资料来源：本案例的信息由 Vanessa Bastos、Mirjana Simic、Walid Abdul-Jawad、Manal Alafrangi、Pedro DeAraujo、Fahad Malik、Makoto Tanaka 和 Denitza Mantcheva 提供。

总之，似乎在不同文化中颜色词的使用方式有很大的相似性。如果一种语言中没有某些语言标签，也很容易学会。系统的正规教育及各种可用的信息源，如书籍、电视和计算机，都可以在此类学习中发挥重要作用。

4.8 其他感觉

到目前为止，在本章中，我们一直在关注视觉，这是跨文化心理学中研究得最系统的感觉形式。其他感觉形式或知觉跨文化过程的相关信息要少得多。让我们来看一些相关数据。

4.8.1 听觉

心理学教科书倾向于强调人类听觉和知觉过程的普遍性。听觉方面的差别大多都是基于个体的神经生理学差异，这些差异与年龄、教育、专业培训、环境条件和一般经验有关。当然，文化差异是存在的。例如，根据周围的文化习俗，儿童学习如何在社交互动中使自己的动作与声音同步（Kirschner & Ilari, 2014）。最重要的差异是不同文化赋予特定发音的意义。在儿童时期和随后的社会化阶段，个体习惯于特定的嗓音、声音甚至噪声，然后根据他们所在文化中建立起来的规范对这些声音进行解释。例如，说广东话的人可能有很强的音高知觉能力。举例来说，在中国香港特别行政区的粤语中，“si”的意思是“老师”，当以更高的音高模式说话时，也有“尝试”的意思。一项研究表明，中国香港特别行政区居民的音高能力强于西方人。换句话说，我们所说的语言可能会影响我们识别声音各个方面的能力（Wong et al., 2012）。研究表明，说英语的人有时会把说阿拉伯语的人的音高持续急剧下降误解为负面情感表达，而实际上不是（Ward & Al Bayyari, 2010）。有关语音知觉的更多讨论，请见第十章。

4.8.2 味觉

全世界的人都会对四种基本的味道做出反应：酸、甜、苦和咸。研究表明，不同族群的个体探测这四种基本味觉的能力差异不大。然而，正如所料，在味觉偏好和关于基本气味的信念方面存在跨文化差异（Laing et al., 1993）。例如，与生活在寒冷气候中的人相比，赤道附近地区的人通常更喜欢辣味食物。因此，从理论上讲，意大利人可能会认为斯堪的纳维亚美食太清淡，而瑞典或丹麦的许多人则认为黎巴嫩菜太辛辣。当然，现代沟通和全球贸易使人们更加熟悉其他国家的美食，存在许多跨文化的相似性。在全球范围内，人类已经学会了让食物避免腐烂或变质。与腐烂、变质食物相关的味道通常令人非常不快。然而，由于某些传统的饮食习惯代代相传，世界各地的人们也会享用多种腐烂或发酵的食物（Rozin & Fallon, 1987）。这种产品的气味和味道往往让不熟悉它们的人感到极为不快。然而，对那些从小就吃这些食物的人来说，由于适应过程，这些味道和气味可能令人愉快。例如，奶酪在世界许多地方都很受欢迎。然而，主要吃牛奶奶酪的人可能不喜欢羊奶奶酪。世界许多地方都广泛地消费酸奶这种发酵乳产品，但是，不要让不熟悉酸奶的人去尝它（如果你现在还能找到这样的人的话）；只有少数不熟悉酸奶的人敢尝。许多俄罗斯人喜欢吃牛舌。如果你不是俄国人的话，你愿意尝尝吗？除俄罗斯以外，世界上还有一些地区的人也会吃牛舌。你能举出某些国家和地区的人喜欢但另一些国家和地区的人拒绝的其他食品的例子吗？我们将在第 7 章重新讨论味觉的主题，届时我们将从动机的角度分析饥饿。

4.8.3 嗅觉

我们根据对气味的体验来识别气味。尼泊尔夏尔巴（Sherpa）族群的大多数人从未见过鱼，因此不会将鱼的气味归为一类。相比之下，日本渔民能分辨出许多种鱼的气味（Ueno, 1993）。在不同时代和文化中，人们把令人愉快的气味与高尚的道德价值观联系在一起。感官愉悦与道德教诲有关。毫不奇怪，最早尝试生产令人愉悦的气味的是宗教实践。此外，令人愉悦的气味的存在与高阶层和权力有关。在佛教中，香炉令人愉悦的烟雾净化了膜拜的场所。在基督教中，祈祷可以伴随着令人愉悦的乳香和没药[①]的烟雾（Friedlander, 2013）。虽然研究人员现在了解嗅觉的生理机制，但对嗅觉如何影响行为的认知非常有限。一项使用瑞士、英国和新加坡的跨国样本进行的研究发现，女性倾向于认为气味更为强烈，并且女性比男性更善于识别气味（Sivam et al., 2013）。调查人员在另一项研究中发现，车内有令人愉悦的气味对安全驾驶有积极影响（Baron & Kalsher, 1996）。然而，许多关于嗅知觉跨文化差异的故事大多是轶事，这些故事主要集中于气味偏好和流行气味的跨文化差异。

4.8.4 触觉和痛觉

触觉（the sense of touch）至少包括三种形式：压觉、温度觉和痛觉。痛觉受到跨文化心理学家的广泛关注。许多个人特征和情境特征（如皮肤质地、年龄、社会地位、是否有他人在场、个人动机水平）可以决定人对疼痛的知觉。焦虑会增加痛觉。愤怒可以抑制痛觉。爱和自豪甚至能使某些人隐藏最强烈的疼痛。

文化规范和宗教信仰影响人们对疼痛的体验以及如何应对疼痛和创伤症状（Morse & Park, 1988; Zheng & Gray, 2015）。例如，西方的临床传统已经以多种方式显示出精神与身体的二分倾向，并认为疼痛介于二者之间。其他传统，如中国传统医学，更加强调整体方法（见第 3 章）和整体思维，从而将身体和情绪上的痛苦视为人类功能的组成部分。实际上，正是由于这些传统，相对于西方患者，有严重情绪问题的中国患者比欧洲人更倾向于提及身体症状，并且倾向于低估情绪困扰的心理症状（Zheng & Gray, 2015）。我们将在第 9 章讨论精神疾病的时候再回到这个问题。

在某些社会中，人们认为分娩不是污秽事件，有些社会对分娩的女性几乎不会提供帮助或安慰，在这样的社会中，关于分娩疼痛的主观报告较少。疼痛知觉所发生的环境通常会影响忍受疼痛的能力差异。与那些生活和工作条件更舒适的人相比，生活和工作条件恶劣的人往往更不容易受到疼痛的影响（Clark & Clark, 1980）。与那些有医疗保障的人相比，没有足够医疗保障的人倾向于使用更高的阈值来界定令人难以忍受的疼痛（Halonen & Santrock, 1995）。

---

① 一种芳香液状树脂，用于制香水等。——译者注

然而，其他研究产生了不同的结果，表明很多其他因素与人们如何体验和描述疼痛有关。在美国进行的一些研究中，非裔美国人报告了比白种人更强烈的疼痛。与白种人相比，黑种人报告在青光眼、艾滋病、偏头痛、下颚痛、关节痛和关节炎等疾病中感受到更强烈的疼痛（Campbell & Roberts, 2012）。美国印第安人和阿拉斯加原住民报告了比美国普通人口更高的疼痛症状和疼痛状况发生率（Jimenez et al., 2011）。

然而，关于影响疼痛知觉的文化差异的潜在机制，我们还知之甚少。一些研究关注那些可能导致文化差异的神经生物学过程。社会和心理因素，如传统，也会对其产生影响，这需要更多的研究。例如，研究发现，非裔美国人的情绪与疼痛之间的联系比非西班牙裔白种人更紧密，并且报告了与各种慢性疼痛状况相关的更高的抑郁水平。社会经济因素也起着重要作用。研究表明，非裔美国人参与健康促进行为（如定期的健康检查）的比例明显较低。总的来说，与其他群体相比，少数族群往往得不到充分的卫生保健。例如，他们接受止痛药的可能性较小，接受的止痛药剂量较低，在急诊室等待的时间较长（Campbell & Roberts, 2012）。

跨文化敏感性

在接受当地报纸《剑桥纪事报》（*Cambridge Chronicle*）采访时，一名马萨诸塞州培训警官表示，习惯吃辛辣食物的族群成员不太容易受到胡椒喷雾的影响。这位官员解释说，那些从小就食用辣椒的族群成员可能对喷雾剂有更大的抵抗力。这些“高抗胡椒喷雾”群体包括墨西哥裔美国人、巴基斯坦人和路易斯安那州卡津人（Cajun）。幸运的是，剑桥警察局长后来纠正了他的下属，并表示没有科学证据支持关于某些种族群对胡椒喷雾敏感性的任何说法（警方为香料言论道歉，路透社，1999 年 8 月 16 日）。有人可能会说，该事件发生在多年前，因此可能已经过时。然而，正如你可能已注意到的，这种与人们的感官和知觉体验有关的刻板说法在我们的日常对话中很常见。我们注意到有人说“在美国的印度移民应该能忍受潮湿”，或者说“你们俄裔美国人不怕寒冷天气。”（事实上，本书的一位作者每年冬天都会听到这种说法。）你是否无意中听到或读过类似的陈述？请批判性地思考并理解，某一群体内个体知觉差异的范围通常显著大于群体间的差异。说到胡椒喷雾，医学研究表明，任何人单次接触胡椒喷雾都会导致眼睛立即发生机械和化学敏感性的变化，这种变化可能持续一周（Vesaluoma et al., 2000）。

在不同的文化背景下，人们似乎都很看重所爱之人以前穿过的衣服。触摸（并经常穿着）所爱之人的衣服通常伴随着积极的情绪体验。然而，在大多数情况下，人们倾向于不接触陌生人穿的东西，特别是这些衣服含有如头发或水分等身体残留物的话（Rozin & Fallon, 1987）。

本体感觉（proprioceptive sense）帮助人们记录其身体位置和运动。我们在识别和协调身体位置的能力上具有显著的个体差异。然而，文化相似性和差异的证据大多是传闻性质的。罗马尼亚人和中国人擅长体操，俄罗斯人擅长芭蕾，澳大利亚人擅长游泳，东亚人擅长武术，这些都是众所周知的事情，但人们不能根据这些事情就对身体平衡做出有效的概括。

从更广泛的意义上讲，在根据其他物体和自然地标来确定人的身体位置的能力方面存在文化差异。印欧语系使用的是相对于自身的自我中心定向系统。例如："一个女人站在烧烤架的左侧。"另一些语言使用地心系统，例如："一个女人站在她的村庄朝向海洋的一侧。"然而，在当今的沟通过程中，人们很容易同时学会位置和方向系统（Haun et al., 2006）。

4.9 时间知觉

去跟几个在国外旅行或生活过的人交谈，他们会告诉你，不同文化背景的人在知觉和对待时间准则方面有所不同。我们有一位来自加勒比海的同事开玩笑说，与美国人相比，他们岛上的人通常并不着急。长期以来，有人认为西方人倾向于用精确的时间尺度来定义守时：1 分钟、15 分钟、1 小时等。在另一种更传统的文化中，时间是以明显更长的间隔来衡量的（Hall, 1959）。阿克巴（Akbar, 1991）比较了欧裔美国人和非洲人文化群体对时间的看法，他也认可，西方人重视精确地测量时间。他认为，在欧洲和北美文化中，时间主要被视为一种商品或产品，可以像任何其他消费品一样买卖；而在非洲文化体系中，时间不会被视为商品。研究还表明，对时间的知觉与人们的成就动机有关：与没有那么大野心的人相比，雄心勃勃的人更倾向于认为浪费时间令人不快，而且会高估浪费时间的时长（Shannon, 1976）。然而在当今世界，信息技术和全球旅行正在使全世界对时间的知觉更为一致。

例如，守时是关于准时的个人能力或品质。研究表明，不同的人对守时或“准时”的定义有很大的差异。但是，对守时的定义也因国家而异，并可能受到文化特征的影响，如集体主义、权力距离（如所知觉到的另一个相关人物的地位）以及人们关于改变生活中事物的能力方面的文化信念（White et al., 2010）。

富裕可能与我们对待时间的方式有关。哈莫米斯（Hamermesh, 2003）对美国、德国、澳大利亚、加拿大和韩国的富人进行了跨文化分析。研究表明，在不同文化背景下，当收入增加后，人们会产生对缺乏时间的不满。随着人们财富的增加，他们获得的机会也在增加。然而，随着对时间需求的增加，时间的“供给”并没有增加。因此，时间变得更加宝贵，人们越来越因为缺乏时间而感到沮丧。

在时间相隔很长的不同研究中（Abou-Hatab, 1997; Meleis, 1982），研究人员关注了阿拉伯文化的一个有趣的方面：相对于西方文化中的个体，阿拉伯文化中个体的时间取向结构化水平较低。例如，传统环境中的阿拉伯裔个体可能表现出一种倾向，即对“现在”发生或正在发生的事件或情况更感兴趣、更为关注，而对预期或计划在未来某个时候发生的事件或情况关注较少。一些研究表明，这种时间知觉倾向可能会影响阿拉伯裔患者或来访者对其治疗期间对任务的知觉。治疗师可能需要付出额外的努力，才能让其中某些患者接受针对行为或认知变化的特定时间表（Erickson & Al-Timimi, 2001）。同样重要的是要小心谨慎，不要过度概括：身为阿拉伯人或阿拉伯裔美国人，并不意味着他有某种已被决定的、不同于他人的时间知觉模式。

有多种以明确顺序安排时间的方式，也就是日历。地球上的大多数人都使用有宗教渊源的公历（格列高利历），该公历自 16 世纪开始采用，从耶稣化身起始，计算年份。其他重要宗教也有自己的历法。例如，伊斯兰教历法的第一年是穆罕默德从麦加（Mecca）搬到麦地那（Medina）的那一年。在朝鲜，官方日历从 1912 年算起，即已故朝鲜领导人金日成（Kim Il-sung）的生日。

在犹太教－基督教传统中，生命是线性的，其终点是死亡；而在印度教中，生命是循环的，人们会经历多轮次的生死。非洲人的时间概念很有弹性，包括已经发生的事件、正在发生的事件，甚至将要发生的事件。时间可以通过个人生活和每个人所属部落的生活来体验（Nobles, 1991）。在斯瓦希里语（Swahili，在东非和中非广泛使用的语言）中，有两个词表示时间：sasa 和 zamani。第一个词代表现在，有一种即时感；第二个表示过去，但不只是作为时间的“仓库”，还是个体灵魂的连接点。许多非洲人以从 sasa 到 zamani 的自然节奏看待人类历史。生命周期是可以再生的。一个人的肉体死亡后，只要被亲朋好友记住，这个人就会继续存在于 sasa 维度上。当最后一个认识这个人也最终死去，才意味着那个个体的终结。

巴布亚新几内亚（Papua New Guinea）布恩（Bun）群体的人并不认为他们的过去是因果链中一系列相互关联的事件。对他们来说，变化总是戏剧性的和完整的，不连续性是变化的要求。这种时间观念会影响社会行为。人们对社会变革将如何发生有着根深蒂固的期望，因此当一切都应该发生变化时，他们期待着戏剧性的变革（McDowell, 1988）。

你知道年龄和衰老可能与个体的时间观有相关，至少在工业世界是这样吗？反过来，这种不断变化的个体时间观可能会影响个体的许多其他态度（Cutler, 1975）。也许对大多数人来说，幼儿时期的主要观念是，时间是无限的。成年早期的人会意识到，时间是一种稀缺的资源。成年中年及后期会让人觉得时间变得非常有限。正如格根和布莱克（Gergen & Black, 1965）所指出的，国际政治中解决问题的取向与人们对个人未来时间的知觉密切相关：年长的政治家可能“急于”解决冲突。任尚（Renshon, 1989）也认为，对于艺术，人们在晚年的创造性和大无畏现象会更加频繁地发生。莎士比亚和托尔斯泰（Tolstoy）等作家、伦勃朗（Rembrandt）和毕加索（Picasso）等艺术家以及威尔第（Verdi）和贝多芬（Beethoven）等作曲家最后的作品都表明，生命周期的最后阶段往往会让人们从传统的关注中解脱出来，让艺术家自由地发表重要的创造性观点，代表了他们视野的巅峰。

许多作者报道了另一种明显的跨文化倾向：人们注意到随着年龄的增长，自我反省所感受到的时间流动明显加快。在日记、自我观察、个人回忆和其他资料中，许多老年人注意到，对他们来说，现在的时间比年轻时过得要快。然而，这些观察是主观的，并未在实验中得到证实。年龄影响时间间隔知觉的实验室研究的结果并不一致（Wearden et al., 1997）。

4.10 美的知觉

披头士乐队（Beatles）演唱的歌曲《顺其自然》（*Let It Be*）或墨西哥民歌，王薇薇（Vera Wang）设计的裙子或秘鲁如画般的斗篷，波斯地毯或尼日利亚象牙小雕像，泰姬陵或中国瓷瓶——地球上的所有人都会喜欢这些作品。术语"审美体验"（aesthetic experience）或"对美的知觉"（perception of the beautiful）表示被认为是美的、有吸引力的或有回报的刺激所引起的愉悦感。有一个科学领域叫作神经美学，研究艺术的神经生理学基础（Huston et al., 2015）。研究人员认为，审美偏好和反应通常是由一系列生理规律或原则引导的（Berlyne, 1960/1974; Huston et al., 2015）。人们寻求某种刺激，是因为这种活动令人愉快。另一些人认为审美是好奇心和寻求刺激的活动（见第 7 章内在动机）。伯莱因（Berlyne, 1971）发现，新奇性、模糊性、不协调性和复杂性等刺激特征通常能引起好奇心、快乐和欣赏（Berlyne, 1971; Zeki & Nash, 1999）。

几种共同的知觉机制促成了审美的跨文化相似性。例如，有实证研究表明，来自不同文化的被试对多种艺术作品（主要是绘画）的评价表现出相似性（Child, 1969）。尽管不同文化群体之间存在社会经济差异，但他们在对美的知觉和欣赏方面存在许多相似之处（Berlyne, 1974; Ross, 1977）。例如，在纳萨尔（Nasar, 1984）进行的一项调查要求日本和美国被试对两国城市街道场景的录像带和幻灯片进行评估。偏好得分结果表明，两组被试都喜欢外国场景，而不是本国场景，也喜欢街道整洁有序、车辆稀少的场景。

不过要小心。在人们如何看待和解释美的和丑的作品时，存在巨大差异。例如，在西方绘画史上，印象主义作为一种新艺术流派受到公开嘲笑和排斥

（Kandel, 2012）。多年以后，它成为国际知名的风格，收藏家开始花费巨资购买印象派绘画。当埃菲尔铁塔首次在巴黎建成时，许多人谴责这个宏伟的地标，认为它丑陋不堪。今天又有谁能想象没有埃菲尔铁塔的巴黎？

被认为有品位和美丽的东西并不局限于地理区域或特定族群。许多国家的模式（patterns）变得国际化，令无数人着迷，影响了无数人的行为。为说明这一点，请考虑一下卡瓦伊（kawaii），这是一种日本的艺术设计风格。卡瓦伊植根于对年轻和可爱的赞赏，通过简洁的故事和色彩鲜艳的俏皮设计传达其观念，已经在日本以外的地方流行起来，甚至影响了欧洲、美国和许多其他国家的街头时尚。日本一个叫作池巴纳（ikebana）的插花流派获得了广泛的国际赞誉，并在世界各地有众多追随者（Faiola, 2003）。

批判性思维

就像……你的钱能买到的一样漂亮

漂亮的东西很畅销。世界各地的艺术品收藏家和交易商都清楚这一点。今天，许多古典绘画易手，交易额不是几千美元，而是几百万美元！然而，一幅画或雕塑的标价能决定该作品的美丽程度吗？为什么塞尚或列奥纳多·达·芬奇（Leonardo da Vinci）最小的画就价值连城，而只需要 20 英镑就可以从罗马街头艺人那里买到一幅美丽又原汁原味的彩色风景画？很多时候，人们首先将价值赋予特定的艺术作品，然后才开始从美的知觉角度来评价该作品。如果媒体认为一件雕塑“著名”或认为一首歌“流行”，那么我们大多数人就会认为这件雕塑“漂亮”，认为这首歌曲“酷”吗？我们对一首歌、一幅画、一种时尚风格或一种舞蹈的评价，会根据广告或宣传的好坏而变化。试着举出一些其他例子说明事物是如何仅仅因为媒体宣传而使其变得“美丽”和“华丽”的。你认为我们需要提出新的方法来解释什么是美，什么不是美吗？还是自由市场会决定如何定义什么是美？

文化审美标准的界定很广泛，可能会狭隘的仅限于通过外表进行定义。例如，在政府或意识形态机构控制媒体从而限制信息自由流动的国家，通常会精确地规定关于美丑的标准。由于可用信息缺乏、产品稀缺以及意识形态压力，人们的选择很有限，某些物品，如服装、音乐甚至发型，很快就成为主导（Sears et al., 2003; Shiraev & Bastrykin, 1988）。

4.11 音乐知觉

不同文化中的传统音乐可能在记谱与和声上有所不同。例如，传统的西方和声不同于日本与印度的和声（Sadie, 1980）。在许多非西方传统中，很少会有将音符保持稳定、持续的音高的想法。西方的听众会觉得一些印度和日本音乐的音程（或二重奏的频率比差别很小）极端不和谐，作曲家和音乐家通常会避免这种情况。然而，这些音程在日本和印度被认为是美的，并在古典音乐中自由使用（Maher, 1976）。

当代西方乐谱反映了西方文化中发展的对美的潜在普遍知觉。由于西方和非西方音乐中使用的音阶、音程和节奏模式不同，可能会导致西方听众（比如那些在瑞典、意大利或乌克兰出生和长大的人）产生不愉悦的知觉问题。在非西方文化中，如在中东伊斯兰国家，古典音乐的大部分内容并不像欧洲和美国的做法那样要提前写出来。尽管在世界各地的许多文化中都有书面乐谱，但在许多非西方国家，古典音乐通常是根据框架式的模式即兴创作的。事实上，在这些社会中，许多类型的音乐主要存在于表演中。然而，人们不应该夸大音乐知觉上的文化差异。当代大众传媒、社交网络、全球贸易和人际接触为许多人提供了独特的机会去学习、理解和欣赏不同的音乐风格。以韩国流行音乐为例，它受到来自世界各地的多种风格和体裁的影响。

关于我们到目前为止所学习的关于感觉和知觉的知识，现在得出一些初步结论。正如我们所了解的，目前大多数心理学家都认为，不同文化之间的感觉差异微不足道，其对人类行为的影响微乎其微。总的来说，人类感觉器官和神经系统在解剖学和生理学上是普遍相似的，这似乎表明，不同文化中的感觉印象及其通过知觉系统的传递是基本相同的。然而，尽管有相似之处，人们对美和丑的看法却不尽相同，在我们的审美知觉中，文化因素占据了相当大的比重。

多数时候，健康的成年人都能觉察到自己的感觉和知觉。西班牙的街头小贩或巴基斯坦的教师可以描述其所见所闻，并且能将“客观”现实与对它的想法区分开来。无论我们做什么，不管是仔细关注一些事件，还是做关于另一些事情的白日梦，我们都能觉察到自己的主观体验。

4.12 意识与文化

文化是人类意识（对自己的感觉、知觉和其他经验的主观觉知）不可分割的属性。它是一个过程，分为几个阶段或几种状态。“正常的”意识流（flow of consciousness）可能包括集中注意力和全神贯注的时期，或相对脱离于外界事件的时期。清醒期和睡眠期交替出现。在各种情况下，冥想（meditation）、精神活性物质（psychoactive substances）、恍惚（trance）或催眠暗示（hypnotic suggestion）都可以改变正常的意识流。然而，意识的概念本身难以捉摸，因此对其进行跨文化考察特别困难。

从对精神生活进行科学探索初现曙光开始，古代思想家就发现了各种不同的意识状态。关于人类意识的主要思想是在基督教、穆斯林、犹太教、印度教、佛教和其他神学流派思想中发展起来的（Smith, 1991）。他们提出了一些基本观念，如灵魂不朽、神圣、与身体分离或不可分离。随着哲学和科学的进一步发展，两种基本的意识观得以确立。一元论者（monists）持第一种观点，认为身体和灵魂不可分割。二元论者（dualists）持第二种观点，承认身体和灵魂相互独立存在。这两个哲学舞台至今仍影响着许多人对意识的看法。

在20世纪，许多心理学家提出了个体意识依赖于社会化经验和其他文化因素的观点（Piaget, 1963; Vygotsky, 1978/1932; Wundt, 1913）。根据心理人类学家哈洛韦尔（Hallowell, 1955）的观点，人们生活在行为环境中，所谓行为环境，即对时间、空间和人际关系世界的心理表征。特定的文化信念和实践塑造了个体的行为环境。例如，对哈洛韦尔研究的奥吉布瓦印第安人（Ojibwa Indians），他们的行为环境包括自我、他人、他们的神、现有亲属和已故祖先。因此，在考虑具有道德后果的行为时，奥吉布瓦印第安人会考虑该行为可能对幽灵和亲属产生的影响（Hallowell, 1976）。

意识通过适应特定的物质环境和社会环境指导人类行为。人们倾向于关注对生存或实现特定目标很重要的事情。纽约的优步出租车司机肯定会关注手机上的交通动态，而当来自南非的游客在第七大道上行走时，可能根本不会理会交通动态。意识将额外的认知资源投入可能对个体适应特别有意义的信息上。例如，对位于太平洋的密克罗尼西亚（Micronesia）的伊法鲁克人（Ifaluk）来说，其意识内容反映了他们的文化是如何构建现实的：由于只有在周围的海洋中成功航行才能确保活着，因此人们始终知道自己的即时位置（Lutz, 1982）。

有一种流行的观点认为，西方意识倾向于线性、务实和理性（Jackson, 1991）。如果是这样的话，意识的线性元素应该在西方各种艺术形式中普遍存在。如果意识是理性的，它应该反映在非常“理性”的艺术表现形式中。然而，在西方艺术史（如文学和绘画）上，作家的钢笔或画家的画笔表现出许多非线性的、神秘的、多维的和非理性的观点。文学中的存在主义和象征主义，绘画中的立体主义、表现主义和原始主义，以及音乐中的现代主义，这些都是西方艺术家对现实的非理性和非线性知觉和反映的例子。加夫列尔·加西亚·马尔克斯（Gabriel García Márquez）是 20 世纪和 21 世纪最有影响力的作家之一，他的文学世界也许是对生命非线性知觉的最好例证之一。他是哥伦比亚人，一生的大部分时间都在墨西哥和欧洲做记者和作家。以他最著名的小说《百年孤独》为例。书中的主要人物生活在几个时间维度内。他们似乎根本不关心时间。偶尔，过去被压缩成一个瞬间，然后未来就变成了现在，时间以一种神秘的方式扭曲着。逝者回到家里，生者消失在天空中，无影无踪。意识循环起来，把记忆带回来，并在时间和空间中转移个体。分析马尔克斯的作品，可以找到天主教教义、西班牙文化传统和南美印第安人信仰的元素。这种不同影响的混合反映在作者的思想及文学作品中，揭示了人类意识许多迷人的方面。请阅读马尔克斯的《百年孤独》。你会不会觉得很难将人类意识限制在西方或非西方标签的简单界限内？（见图 4.1）

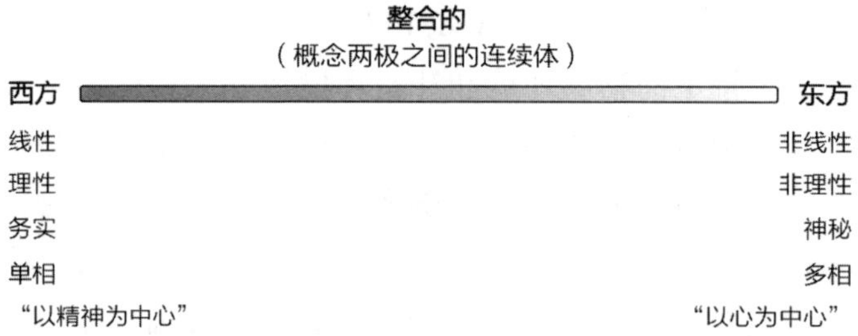

图 4.1　意识：对西方和东方属性的共同知觉

4.13 睡眠及梦的文化意义

此时此刻，世界上大约 1/3 的人正在睡觉。睡眠是一种不清醒的意识状态，其特征是对环境毫无反应，身体静止不动。

在睡眠期间，对外界刺激，特别是视觉刺激的反应减弱，但并非完全没有反应（Antrobus, 1991）。我们睡觉时的“清醒”程度有很大的个体差异。此外，文化习俗、睡眠安排和一般环境条件都会影响人们在睡眠中对外界刺激的反应。在睡眠时间方面，人们也有显著的个体差异。在全世界的各个国家中，有些人需要睡五六个小时，而另一些人则需要九到十个小时。不同文化的人睡眠时间可能不同。举个例子，陶布（Taub, 1971）在一项关于墨西哥成年人睡眠－觉醒周期的研究中发现，墨西哥被试的平均睡眠时间比其他西方国家的被试时间长。

人类自存在之初，就对睡眠中出现的故事般的图像序列，也就是梦的本质和意义感到好奇。麦克马纳斯和合著者（McManus, 1993）根据他们对梦的解释区分出两种文化。单相文化（*Monophasic* cultures）重视只发生在正常清醒阶段的认知经验，不把梦纳入社会知觉和认知过程；认为梦是做梦者对担忧、恐惧和欲望的间接表达（Bourguignon, 1954）。多相文化（*Polyphasic* cultures）重视梦，并将梦视为现实的一部分。第一种文化通常与心理体验的唯物主义世界观相关联，而第二种文化则与灵性的或传统的观点相关联。

多年来，人们认为梦是做梦者游移的灵魂所积累的经验，或者是从灵性世界传达给做梦个体的启示。这种关于梦的多相观点可以在当代文化群体中找到。莫斯（Moss, 1996）描述了易洛魁人（Iroquois，一个美洲原住民部落）的传统的梦的习俗中的几个核心元素。梦被认为是灵魂的飞行，灵魂离开身体，在空间和时间中旅行。因此，梦是真实的事件，应该按真实的理解。梦常常要求人们采取行动，因为梦代表着人们在清醒时做不到或必须重新考虑的事情。对易洛魁人来说，梦也会产生关于未来事件的信息。同样，智利的马普切人（Mapuches）认为，梦可以帮助他们与别人沟通，并与未来的事件有关联（Krippner, 1996）。在澳大利亚的许多原住民中，人们相信可以在梦中为特定的目的旅行。一些非洲部落有一种信念，即活着的和死去的亲属都可以与做梦者交流。梦可以从一个人传递给另一个人，而有些人会出于恶意这么做。一些赞比亚萨满相信，他们可以通过病人梦中的信息来诊断疾病（Bynum, 1993）。

关于梦的解释的传统心理学理论，包括心理分析最关注梦的潜在的、隐藏的内容。通常，治疗师会尝试为接受心理咨询的人解释梦的意义，这些意义对讲述梦的人来说并不明显。大多数西方疗法对做梦的人所描述的一系列事件，也就是显性内容关注较少。在多相文化中，人们通常认为梦可以对个人有所指导，人们很愿意与他人分享自己的梦，并与他人讨论梦的意义（Murray, 1999）。关于传统社会中梦的解释的研究表明，梦的实际内容，也就是做梦人所讲述的故事，通常由个体按字面意义进行解释，并可能作为促进适应性行为的重要过程（Pratt, 2000）。

当代科学对人类梦的本质形成了几种看法。例如，一些神经科学家认为梦是纯粹的生物学现象，没有隐含的心理意义（Crick & Mitchison, 1983）。另外有理论认为（Hobson, 2002），在这种意识改变状态（altered states of consciousness）中，脑干在内部自动激活。这种激活不包含任何观念、情绪、愿望或恐惧。前脑从脑干发出的“嘈杂”信号中产生梦境图像。当这种激活通过丘脑传递到大脑皮层的视觉区和联合区时，个体试图赋予其意义。由于最初的信号本质上是随机的，因此大脑皮层的解释很少有完全的逻辑意义。然而，由于传入的信号与做梦者现有的知识和态度进行了对比，因此只有那些与个体最相关的问题才会以某种方式进入梦境（Cartwright, 1992; Foulkes, 1985）。换句话说，经验会影响我们的梦（Kern & Roll, 2001）。

关于梦的内容的文化差异，我们能推断出什么？这些差异有意义吗？梦的研究者已经开发了标准化的梦的问卷，其中共同的主题元素被分在一组。这些问卷可以翻译成各种语言，从而对大群体的人的梦境深入了解，并确定不同文化中梦的主题内容的共性与差异。例如，研究人员首先比较了在加拿大收集的数百份梦的报告，然后将其与 20 世纪 60 年代在美国和加拿大收集的数百份梦的报告样本进行了比较。新旧美国和加拿大样本之间的相似性是显著的（Dale et al., 2016）。另一项研究对中国香港特别行政区和德国的两组学生进行了比较，发现在中国和德国学生中，最常见的梦境主题有明显的重叠。在这两个群体的梦中，最常见的两个主题是关于大学活动的梦境，以及关于被人追逐的恐怖梦境。关于性经历的梦在德国学生中更常见，但两组的差别很小。研究人员将这些数据与对加拿大学生的研究数据进行比较，发现在北美人的梦中，提及大学经历的明显较少。这是因为这些国家教育文化的差异吗？例如，关于考试不及格的梦在中国和德国学生中很常见，但在加拿大学生中不一定如此（Rehman, 2015; Yu, 2008）。

一项对南非祖鲁人（Zulu South Africans）（25~92 岁）样本进行的研究显示，城市和农村被试之间存在很大差异。受教育程度较低和富裕程度较低的乡下人更倾向于向解梦者咨询，与城市参与者相比，他们对梦做出更多的反应行动。此外，受教育程度较低的被试比其他人更有可能报告梦对他们生活的具体影响。老年人比年轻人更多地将经历的梦境作为与祖先的直接交流，并且比其他人更有可能通过祈祷和仪式来回应梦（Thwala et al., 2000）。

尽管梦的显性内容（如所回忆的梦的实际内容）存在实质性差异，但潜性内容（梦的意义）被认为具有跨文化的相似性。早期的一项日美研究（Griffith et al., 1958）证明，人们描述梦的内容的方式是相似的。两个群体的学生都有关于跌倒、进食、游泳、死亡、蛇、找钱、考试、不能移动和各种性经历的梦。

梦的剧情是个人的，但它们是在做梦者的社会文化现实所设置的舞台上演出的（Roll et al., 1976）。例如，一项研究比较了 200 多名芬兰和巴勒斯坦儿童的梦（Punamaki & Joustie, 1998），其中一半被试来自芬兰的工人阶级和中产阶级郊区，另一半来自中东的两个区域：一个区域是加沙地带，那里经常发生军事对抗；另一个区域没有爆发任何暴力事件。研究要求两组儿童在七天时间里每天报告他们的梦境。在对记录下来的梦进行内容分析后发现，暴力环境下的生活与梦的内容的关联程度大于文化和其他个人因素与梦的关联程度。生活在暴力社会环境中的巴勒斯坦儿童与其他被研究的儿童相比，报告了更多结合了攻击和迫害主题的、强烈和生动的梦境。研究还发现，在阿拉伯儿童的梦中，有很多令人焦虑的外部场景，通常包括恐惧。对芬兰儿童来说，梦中包含的焦虑场景主要是内疚和羞耻（guilt and shame）。作者用研究样本的社会和文化条件来解释结果，认为芬兰社会比巴勒斯坦社会更具个人主义，因此更加与个体自身的经历有关。芬兰儿童的相互依赖性不如阿拉伯儿童。此外，根据既定的文化传统，芬兰人对梦的理解主要受弗洛伊德（Freud）的影响，强调个体心理现实的重要性。而根据阿拉伯传统，梦主要被理解为一种来自指引做梦者的力量的外部信息。

记住，这两种文化有一个重要区别。芬兰是一个经济发达的欧洲国家，是世界上人均收入最高的国家之一。巴勒斯坦人民经历了多年的贫困和不公正，并遭受着各政治团体之间为争夺权力而进行的持续斗争。似乎可以推论，日常的应激体验会影响梦的内容。

土耳其民俗专家在男性的梦中发现了一个典型的主题：追求从身体上和精神上来说世界上最美丽的女人。一种解释（Walker, 1993）认为，这种关注可能与包办婚姻的古老传统有关。按照这一惯例，许多土耳其男子在婚礼之前不会见到自己的新娘。这种情感上的剥夺使人们对未来的妻子产生了一种隐秘的仰慕和迷恋。然而，另一种解释是：由于新娘和新郎的亲属通常会安排许多土耳其婚姻，因此大多数男性与女性的关系缺乏重要的浪漫主义和冒险元素。结果，男人们在梦中“补偿”了这种缺失的浪漫活动和体验。

泰德洛克（Tedlock, 1987）认为，人们关于梦的报告不仅仅是梦的报告。也就是说，一个人所说出来的梦，其基础是关于梦的特定文化概念，以及文化所认可的关于分享梦的内容的方式。使用特定的沟通规则，我们可能会报告某些梦的元素，并略去另外一些元素。简言之，我们的文化可能会改变我们对梦的体验，因此我们的梦充满了文化元素，不仅包括梦的内容，还包括相互沟通梦的方式（Ullman & Zimmerman, 1979）。

现在，想象来自另外一个国家的人与你分享其最近做的梦，并请你解释。你能做到吗？有人声称他们在听到梦的内容后可以立即进行解释。你不得不怀疑这些说法的有效性。除了鲜为人知的心理因素外，还有许多语境影响，不仅会影响梦本身，还会影响回忆、分享和解释梦的方式。当你倾听别人的梦时，你可能会问一些问题。是什么促使某人回忆并告诉你这个梦？（是老师的作业？是你的要求？还是自发的对话？）在什么情况下会回忆梦？回忆梦的时候谁在场？说梦者和听梦者之间是什么关系？在说梦者的文化中，人们如何理解梦？在听梦者的文化中，人们如何理解梦？在所研究的文化中，某些梦的象征物意味着什么？你可以很容易地扩展这个问题列表。

批判性思维

梦能预测什么吗？

一些流行故事讲述了发生在睡眠中的著名发现。据称，著名的苯环和化学元素周期系统就是他们的作者在做梦时“发现”的。在许多著名的童话、文学作品和电影中，男女主人公从睡梦中解读重要的人生预兆。我们都知道，在这个地球上，相当多的人相信梦可以预测未来，或者认为梦是未来的预兆。土耳其有一种信念，如果一个人在得到恩惠之前披露了关于接受恩惠的梦，那么梦中预言的事件可能会以灾难告终（Walker & Uysal, 1990）。一份流行的俄罗斯梦境日历年复一年地预言，一个人在梦中掉了一颗牙，意味着这个人将遭受不幸。世界各地都出版了关于如何解释梦的书籍和手册。为什么那么多人对梦及其意义抱有这样的态度？

首先，我们必须考虑到迷信是行为的有力调节器。有些人盲目地追随迷信，而从未有意识地尝试进行批判性思考。同时，一些梦可能会被合理化。想象一个人做了一个关于车祸的梦。当梦境内容与梦境后第二天发生的实际车祸不符时，梦境的内容很容易就被遗忘了。如果车祸真的发生了，他很可能会跟那个梦联系起来：“我知道会发生车祸，因为我已经在梦中看到了。”同样，当梦的内容与有意识的态度相吻合时，我们倾向于认为梦可能是一种动力。一般来说，如果具有关于梦和批判性思维能力的知识，就可以让人们较少依赖梦去预测未来。你能回忆起你的一个梦吗？现在分享一下这个梦是否影响了你的行为和思维。以什么方式影响？下一次，当你做了一个震撼而难忘的梦时，进行一下批判性的思考，观察它会如何影响你白天所做的决定。

无论心理学家如何解释梦，研究人员都可以提供大量有趣的事实，说明文化与梦的心理体验之间的相互作用（Roll, 1987）。梦不仅反映了我们个体的生理特征，反映了我们内心的希望、恐惧和担忧，也反映了人们生活的环境。

4.14 超越意识改变状态

意识改变状态是不同于正常清醒意识的现象的总称，包括神秘的知觉和感觉体验，如冥想、催眠、恍惚和附体（possession）（Ward, 1994; Wittmann, 2018）。就像著名童话故事中的灰姑娘（Cinderella）——继母家中一个被忽视、被遗弃的女儿——意识改变状态多年来一直没有受到西方学术心理学家的高度重视。以欧洲科学实用主义和实证主义以及启蒙时代鼓励的怀疑主义为基础，实证研究获得迅速发展，导致学术界对意识改变状态的关注不足。在新教传统和西欧的影响下，意识改变状态主要被认为是一种在某些情况下与精神疾病有关的变态现象（abnormal phenomena）（Warner, 1994）。

同时，全球范围内很多地方都报告了意识改变状态这种现象。大多数社会中都能发现多种形式的意识改变状态，并且这种状态可能被视为人类经验的特殊形式（Laughlin et al., 1992; Ward, 1994; Wittmann, 2018）。让我们考虑几种意识改变状态。

恍惚是一种类似睡眠的状态，表现为对刺激的敏感性降低，知识的丢失或改变，以及自动化的活动。恍惚通常由外部因素引起，如音乐、唱歌和他人的直接暗示。恍惚能产生保护、智慧和伟大的感觉。对一个群体来说，恍惚能产生团结和统一的感觉。大规模宗教仪式、集体祈祷、摇滚音乐会、政治集会和其他集体活动都能引发参与者的恍惚状态。幻想恍惚（visionary trance，也就是体验到幻觉）和附体恍惚（possession trance，个体报告其身体被一个或几个灵魂入侵或俘获）是有区别的（Verginer & Juen, 2018）。由于附体体验具有创伤意义，因此体验后的回忆通常但不总是伴随恐惧和犹豫。在许多文化中，恍惚和附体体验是宗教习俗的一部分（Bourguignon, 1976; Rosen, 1968）。根据一项调查，在一个大的全球样本中，90% 的国家的人报告了幻想恍惚或附体恍惚状态（Bourguignon, 1994）。

当代韩国萨满教被称为穆索克（musok），在电子设备和即时通信的现代社会中仍然在蓬勃发展。在韩国，这种直接的沟通也延伸到众多“神和幽灵”。数十万名专业“中保”，大部分是女性，被称为“曼辛”，帮助进行接触，并执行“附体恍惚术”（Sarfati, 2010）。

相当多的宗教团体将恍惚视为他们日常宗教体验的一部分（Taves, 1999; Verginer & Juen, 2018）。幻想恍惚的发生率在狩猎采集社会中更常见，在男性中比在女性中更常见。附体恍惚在女性和非狩猎采集文化的社会中更为典型（Bourguignon, 1976; Gussler, 1973; Lee & Ackerman, 1980）。一些心理学家提出一种观点，认为许多涉及仪式恍惚的萨满风俗会影响大脑的血清素和阿片类神经递质系统——这都会影响个人的情绪状态、行为反应甚至信念系统（Winkelman, 2000）。就像百忧解（Prozac）或哈药（Xanax，阿普唑仑（alprazolam））可以改变情绪和焦虑症状一样，许多萨满风俗也会影响人的体验。然而，这些个体中的许多人并没有意识到这种影响，并继续相信萨满的超自然能力或神奇疗效。如今，许多文化群体继续练习自我诱导的恍惚状态，将其作为一种从邪恶中“净化”的形式和情绪疗愈。例如，中东的一些犹太群体练习斯坦巴利（Stambali），这是一种用于促进个人福祉和危机干预形式的恍惚诱导仪式（Somer & Saadon, 2000）。

有人试图在实验室唤起恍惚状态及类似的体验。神经生理学家迈克尔·珀辛格（Michael Persinger）以此为主题进行了一项有趣的研究。当该研究中的被试大脑中的颞叶受到弱磁场的人工刺激时，他们就报告说产生了恍惚体验。具体来说，他们报告感觉到伟大和“永恒”的存在、全能、宁静和智慧。根据某种理论，恍惚与体内阿片类物质的释放有关，这会导致暂时的欣快、快感和兴奋状态（Persinger, 2003）。人们用各种方式解释这些体验，从“神圣”（divine）到“怪异”（weird）。解释的方式取决于恍惚所发生的背景，以及那些体验恍惚的人的文化背景：宗教人士会谈到灵性体验，而怀疑论者会提到感觉紊乱。

如果同时从观察者角度、受害者角度以及整个社区的角度对附体进行评估，就能得到更好的解释（Lee & Ackerman, 1980; Verginer & Juen, 2018）。在这种情况下，有几种科学解释与前一个案例及其他“恶魔附身”（demonic possession）的类似情景有关。一种解释关注受害者因工作不满、工作冲突和经济困难而积累的压力。对声称附体的人来说，附体为其提供了文化上可以接受的出口，以发泄他们先前受到压抑的沮丧情绪（Halperin, 1996）。

关于“附体”的信念也记录在许多斯拉夫人、德国人和斯堪的纳维亚人的民间故事中。和其他许多伊斯兰国家一样，在摩洛哥，关于附体的民间信仰包含着“恶魔或神灵（jinni）”的概念。这些“恶魔”喜欢潮湿，喜欢住在水附近、老树下、洗手间、旧废墟、墓地和垃圾堆里。如果受到干扰，这些“恶魔”会被激怒，附着于某人的身体，并对此人的灵魂进行报复。许多体验过附体综合征（symptoms of possession）的人说，他们可以确定附体所发生的时间和地点。一些人声称晚上在花园里散步时踩到了“恶魔”，还有一些人相信，他们扰乱了一个住在浴室水管或附近灌木丛里的“恶魔”。

典型案例

作为意识改变状态的集体歇斯底里（hysteri）和附体

李和阿克曼（Ackerman, 1980）记录并分析了西马来西亚一所小学院发生的一起有趣的集体附体案例。这个事件涉及几名学生，其中大部分是女性，他们表现出各种身体症状和奇怪的行为，如呼吸困难、痉挛性肌肉收缩和尖叫。受害者对周围环境一无所知，他们疯狂地跳舞，报告说被“恶魔”附身，并抱怨看到了奇怪的生物。附体的人声称，他们变成了其他东西，因为“幽灵”占据了他们的身体。传统的马来治病术士（healers）波摩人（Bomohs）被叫来帮忙。他们用圣水喷洒被附体的人，献祭一只小动物来安抚被冒犯的“幽灵”，并给受害者护身符以保护他们免受“恶魔幽灵”的伤害。值得注意的是，当治病术士确认受害者体内有“幽灵”存在时，就引发了更多附体事件。此外，该地区大多数人认为，这种意识改变状态的症状具有传染性。

在许多文化和宗教团体的人中，也发现了类似的信念，他们认为“恶魔附身”是导致特定精神障碍的原因。威廉·彼得·布拉蒂（William Peter Blatty）的畅销小说［通过 1973 年的好莱坞电影版《驱魔者》（*The Exorcist*）

而被大多数人知晓］是一个文学案例，小说讲述美国一位富有的母亲，她无法找到有效的治疗方法治疗患有严重的、令人不安的心理症状（包括附体恍惚）的儿童，转而求助于宗教治病术士（见练习 4.2）。

驱魔（Exorcism）就是将附身或占据了个体或地方的“恶魔”或其他邪恶的灵性实体驱离的灵性风俗。所谓的“驱魔”是一种古老的风俗，存在于世界上大多数宗教中。一些专家声称，尽管全球人口的教育水平不断提高，20 世纪末的驱魔人数仍在增加（Martin, 1992）。不久之后的 2005 年，一名罗马尼亚僧侣和另外四人被控在一次貌似驱魔的活动中杀害了一名 23 岁的修女。据称，这名女性连续三天不吃东西，死于脱水、精疲力竭和缺氧。据报道，这名僧侣隶属该教会的东正教分支，他解释说，他这么做是为了让这个女人摆脱内心的“魔鬼”。一些专业人士非常重视驱魔，并鼓励对驱魔进行研究（Jones, 2008）。大多数其他心理学家认为驱魔在很大程度上是民间信仰和相关仪式的一部分。

冥想是一种安静和放松的宁静状态，在这种状态下，个体实现了感觉、知觉、情绪和思维的整合。通常，要达到这种状态还需要一种特殊的原则或信仰。冥想的人经常把他们的体验描述为从自我中解放出来，或描述为意识的扩展。例如，在佛教中，人们认为冥想可以使人对现实的理解更加深刻和清晰（Ornstein, 1977）。冥想过程中可以达到一种特殊的意识状态，在这种状态下，私欲的障碍被完全消除。在超验冥想（transcendental meditation）中，个体背诵一个咒语（重复一个单词、短语或声音以有助于集中注意力），每天练习一次或两次，每次 15~20 分钟，同时闭上眼睛放松。超验冥想在宗教和非宗教环境中都有应用。研究表明，使用这种及其他类型的冥想有许多积极的短期和长期效果（Bushell, 2009）。

冥想具有很强的治疗作用，可以减轻压力和焦虑（Collings, 1989）。当代心理治疗的科学原则要求控制个人行为的结果，而许多类型的冥想原则重视与他人的分离，这与当代心理治疗的科学原则是相反的。冥想中的人不会再从行为对象中感受到快乐或困难。如果达到完全超然的状态，个体就能够感受到宁静、安详和爱。与不练习冥想的人相比，那些受过超然训练的人更不容易受到生活压力和重负的影响。冥想技术还被用于现代咨询和心理治疗，帮助客户进行精神和肌肉放松，以及减少日常压力。

当代心理学证据表明，最基本的感觉、知觉机制，以及主要的意识状态，包括正常的意识流和意识改变状态，很可能是跨文化的普遍现象。重要的区别主要在于这些经验的具体内容，以及人们根据其国家和社区的公开规则和潜在惯例进行信息加工的方式。随着技术和人际交往的发展，各种文化群体通过电视、电影、艺术、网络、人际交往等多种形式进行交流，人们迅速学会了各种经验。人们通过揭示自己的梦境和宗教体验，通过了解不同的精神现实，彼此了解得更多。尽管如此，我们对我们多样化的认知世界及其背后的文化背景尚且知之甚少。因此，研究仍在继续。

练习 4.1

对梦境内容的跨文化精神分析阐释

克拉丽莎 • P. 埃斯蒂斯（Clarissa P. Estes, 2003）在她的名著《与狼共舞的女人》（*Women Who Run with the Wolves*）中正确指出，许多梦反映了做梦者大量无法在现实生活中抱怨的感想。简言之，梦释放了我们被压抑的忧虑。请阅读作者对几个常见梦境的解释。正如埃斯蒂斯所相信的，这些梦在所有文化和社会背景的女性中都具有典型性。

一个女人梦见自己正在帮助一位老人过马路。突然，老人露出恶魔般的笑容，“融化”在她的手臂上，深深地灼伤了她（或者以其他方式伤害了她）。这个梦发出了一个信息：邪恶伪装成了仁慈。这个女人试图避免有威胁性的事实，但梦向她发出警告：远离某人，在当前的人际关系中保持谨慎。

在“可怕的黑暗男人”的梦中，一个可怕的入侵者出现在女人的公寓或房子里。她能感觉到他的存在、他的呼吸。女人体验到恐惧和无助。她不能尖叫求救或拨打紧急电话。这个黑暗男人可能以小偷、强奸犯、恐怖分子等形象出现。这个梦的意义是，这个女人应该觉醒并重新考虑她的生活：她的内心正在发生一些可怕的事情。这是一个正在“干涸”的女人的梦，她被剥夺了创造性功能，至今未能努力帮助自己。

在“受伤的动物”的梦中，一个女人看到一只受伤的动物。这个梦可能代表女性自由和其他基本权利被严重侵犯。由于文化审查制度

（censorship），她无法理解为什么自己的权利受到了侵犯，于是接受了这种象征性表达自己关切的安全方式。在女性被剥夺权利、虐待和歧视的文化中，受伤动物这样的梦尤为经常地发生在她们身上。

如果在梦中听到一个无实体的声音（一个不属于某个特定的人或生物的声音），这可能意味着这个女人的生命正走向一个极端。这可能是一个迹象，她有“太多的积极刺激”或“太多的责任”，等等。这个女人要么“被爱得过度”，要么“被爱得过少”；要么“工作过度”，要么“工作不足”。总之，她必须重新评估现在的生活。

作业

写下你对以上每一个解释的批评性意见。你同意其中一些解释吗？你不同意哪些解释？解释一下原因。

练习 4.2

从朋友那里借到或上网找到并观看经典电影《驱魔人》，回答以下问题。

1. 我们可以在电影的主要人物身上辨别出哪些意识改变状态：睡眠和做梦，幻想恍惚或附体恍惚？

2. 世界上许多部落都有一个传统，如加利福尼亚的印第安传教士，把与“灵性世界”交流的特殊职责分配给巫医（medicine man）或萨满（Caprio, 1943）。在电影中，谁负责与女孩体内的幽灵谈判，并最终将幽灵驱逐出女孩的身体？

3. 这部电影中的女孩是如何被诊断的？总结并讨论各个医生对女孩的诊断。他们为什么（以及你为什么）认为她病了？

4. 除了天主教，电影中的对话还提到或在电影中还能看到哪些文化？

5. 询问你的四五个朋友或家人（看过这部电影的）他们是否相信附体。关于为什么附体（或被邪恶的幽灵附身）的主题在受过教育的人中仍然很受欢迎，请给出意见。

4.15 本章概要

1. 我们对环境的经验通过创造知觉期望来塑造我们的知觉。这些被称为知觉定势的期望，使特定的解释更有可能发生。这些期望使人们能够预测他们将遇到什么，从而提高了知觉过程的速度和效率。

2. 许多因素可能会导致人们在感觉和知觉上的差异。这些因素包括身体和环境条件、遗传因素、社会化规范和涵化实践。

3. 跨文化研究显示，对简单模式的知觉仅有很小的差异。视觉模式绘画的跨文化相似性表明，存在知觉过程的共同机制。知觉的形状恒常性受到学习经验的显著影响。特定的文化条件决定了在特定文化中个体提升了哪些技能，哪些技能未能发展。

4. 心理学家提出了几个假说，解释错觉易感性的文化差异。木工化世界假说假设，在木匠塑造的环境中长大的人有一种习得的倾向，即将非矩形的图形解释为矩形的透视化表征。

5. 不同文化中使用颜色词的方式有很大的相似性。即使一种语言中没有某些语言标签，也很容易学会。教育、旅游、人际交往和媒体在识别颜色和给颜色贴标签的发展中会发挥重要作用。

6. 可能有一些共同的知觉机制，导致不同文化在时间知觉和审美鉴赏方面存在相似性。尽管不同文化群体之间存在明显的社会经济差异，但他们对美的知觉有许多相似之处。不同文化的传统音乐可能在记谱及和声方面存在差异，因此在对音乐和声的知觉方面存在一些文化差异。

7. 似乎是人类感觉器官和神经系统在解剖学和生理学上的普遍相似性，使感觉印象及其通过知觉系统进行的传递在不同文化中具有相似性。

8. 意识是一种分为几个阶段或几种状态的过程。“正常”的意识流可能包括集中注意力、全神贯注或相对脱离外界事件的时期。清醒期和睡眠期交替出现。在各种情况下，冥想、精神活性物质、恍惚或催眠暗示可以改变意识。对意识的理解是以对精神生活及身体与灵魂关系的一般文化观点为基础的。

9. 从文化的角度来看，正常的意识流通过适应特定的物质环境和社会环境指导我们的行为。个体意识依赖于社会化经验，而社会化经验又以文化因素、集体的存在形式或共同的集体经验为基础。人的意识随着物质环境和社会环境的发展而发展。同时，增加对世界的了解也会扩展意识。

10. 睡眠的持续时间和模式可能因个体和文化而异。人们认为，尽管生活在不同文化中的人所做的梦的显性内容存在显著差异，但其潜在内容大体上是相似的。梦不仅反映了我们的私人世界，也反映了我们所生活的环境。做梦的个体其大脑以一种“文化归因”（culturally ascribed）的方式组织和提取各种图像。

11. 冥想、恍惚和催眠等现象在几乎所有文化中都很常见。在分析它们时，专家应考虑到被研究个体的个人特征、教育水平及其在社会中的地位。专家们也应该注意到某些生活环境会影响个人的经验。另一组条件是体现在媒体、人们的日常对话或公众舆论（如果有数据）中针对意识改变状态的主导文化态度。

4.16 关键术语

绝对阈限 观察者注意到刺激所需的最小物理能。

审美体验 被认为是美的、有吸引力的和有回报的刺激所引起的愉悦感。这个词也指被认为是丑陋的、没有吸引力的、没有回报的刺激引起的不快。

意识改变状态（ASC） 不同于正常清醒意识的现象的总称，包括神秘体验、冥想、催眠、恍惚和附体。

行为环境 一种将人们引向时间、空间和人际世界等维度的心理表征。

意识 对自己的感觉、知觉和其他心理事件的主观觉知。

白日梦 把注意力从外部刺激转向内部思维和想象的场景。

深度知觉 感觉的三维组织，尽管眼睛视网膜上的图像是二维的。

差别阈限 感觉到刺激发生变化所需的最低刺激水平。

梦 在睡眠中出现的故事般的图像序列。

驱魔 将附身或占据了个体或地方的恶魔或其他邪恶的灵性实体驱离

的灵性风俗。

冥想 一种安静和放松的宁静状态，在这种状态下，个人实现了感觉、知觉、情绪和思维的整合。

知觉 把各种感觉组织成有意义的模式的过程。

知觉定势 以经验为基础的知觉期望。

感觉 受体细胞受到刺激并将其信息传递到更高级的大脑中枢的过程。

感觉适应 感觉系统对持续不变的刺激反应较少的倾向。

睡眠 一种不清醒的意识状态，其特征是对环境毫无反应，身体静止不动。

恍惚 一种类似睡眠的状态，表现为对刺激的敏感性降低，知识的丢失或改变，以及自动化的活动。

第 5 章 智力

5.1 智力的定义

当我们在心理学本科班上问学生："如果你现在有能力改变你的智力技能，你愿意提高、降低，还是保持不变？"90% 的学生选择提高智力技能。在全球范围内，人们往往将高智力技能视为一种资产。在民间传说及过去的科学著作中，我们的祖先都称赞个体的高智商。当代的数据将智力与积极行为、情绪和健康联系起来（Plomin & Deary, 2015; Stanovich, 2016）。比如，你知道智力分数高的人比智力分数低的人更可能健康吗？智力水平较高的人不太可能经历破产等负面生活事件（Hambrick & Marquardt, 2017）。显然，我们如何管理疾病和我们的智力之间存在联系：如果你有更高的智力技能，你很可能比智力较低的人更能有效地管理你的身体。人们的语言和数字推理能力与生命晚期患阿尔茨海默病（一种影响个人记忆、判断和总体行为的慢性神经生成疾病）的可能性之间存在显著负相关。高智商的人也不太可能超重。与智力得分较低的人相比，高智商的人一生中患病较少，寿命更长。智力得分越高的人，患Ⅱ型糖尿病、冠心病和中风的风险越低。这些高智商个体往往也比其他人获得更高的学位和职业地位。智力得分较低与早期辍学和未能完成中小学或大学教育有关。但另一方面，与普通人群相比，聪明人的情绪和焦虑相关障碍的发生率更高（Hambrick & Marquardt, 2017）。然而，在不同文化中，高智商通常与成功、成就、智慧以及其他明显称心的行为和认知结果联系在一起。在智力和行为之间可以建立什么样的跨文化联系？这些联系是如何运作的？

首先，什么是智力？如果你问10位不同的心理学教授，你会得到9个不同的定义。就9个？第10位老师呢？（如果你正在问这个问题，你就已经表达了好奇心，这是你智力的一个重要特征。）第10位教授可能会让你参考目前正在使用的心理学入门教材。

浏览一下2010年以后出版的几本心理学入门教材就会发现，界定智力的方式有很多种，如一系列心理能力，获取和使用知识的能力，问题解决技能和关于世界的专门知识，擅长各种任务的能力，或者让我们理解、适应、学习、推理和克服障碍的技能。我们应该采用哪种关于智力的观点？在做决定时，我们需要考虑不同定义的交汇点。大多数定义都包含了“知识”这个词。毕竟，智力就是认识和理解现实。然后，这些定义引起了人们对解决问题的关注，这导致了一种假设，即智力是帮助个体实现目标的一组心理技能。智力也是一种运用知识和技能来克服障碍的能力。最后，智力有助于适应不断变化的环境。

对智力进行全面理解，这应该有助于跨文化心理学家将文化因素纳入智力的讨论中（Trimble, 2006）。概括来说，智力有助于人们获得追求目标、适应特定环境和特定文化环境所必需的知识和技能。智力也离不开认知，即个体获取和运用知识的多样化过程。它通常包括识别、分类、思考和记忆等过程。

过去，很多国家都有许多心理学家从科学的角度研究智力。让我们把智力的各种定义作为讨论的出发点，来考虑智力研究的几种科学取向。

一些研究人员，特别是在20世纪初智力测验早期阶段的研究人员，认为存在一种一般因素（general factor）——或中枢认知功能，这种因素决定了多种认知任务成绩的某种水平（Spearman, 1927）。在语言、空间、数字及其他评估问题上的成绩之间的一系列正相关证明，这种中枢认知功能的确存在。学术排名高的人往往在诸如常识、算术能力和词汇等方面得分较高。相反，在口头任务上得分较低的人在其他测试中得分也较低。这一取向支持了基于民族和种族群体在基本心理特征方面存在智力技能差异的假设。

多年来，“单因素”（one factor）决定智力技能的观点经常受到挑战。瑟斯顿（Thurstone, 1938）就是这样一位批评家，他提出不只存在一个因素，而是存在三种智力领域和技能：语言、数学和空间。

斯滕伯格（Sternberg, 1985/1997）也支持关于多维结构的假设，认为智力有三个基本方面：分析性智力、创造性智力和实践性智力。根据他获得世界心理学家普遍接受的观点，大多数智力测试只测量分析性技能。这类测试中的分析性问题通常界定清晰，只有一个正确答案，并附带解决方案所需的所有信息。相比之下，我们所有人每天都会面临的实践性问题并未被明确界定，往往需要个人寻求更多信息，并评估所考虑问题的具体背景。要成功地解决这类问题，人们通常需要积累日常经验、学术领域的专门知识、文化能力，并有足够的动机找到解决办法。

通过研究人类行为和成就的多样性，加德纳（Gardner, 2007）认为，除了心理测验所测量的逻辑、语言或空间智力，还有其他特殊类型的如音乐、运动和个人智力（人们理解自己或他人的能力）。然而，正如你所看到的，计划、评估特定情境，以及对这种情境做出有用决策的能力，对人类的生存、教育和职业成功以及总体幸福感来说必不可少，而如音乐和运动等技能在大多数情况下则并非如此。

从智力的实证研究开始，文化就被认为是智力最重要的“贡献者”。例如，最著名的儿童认知研究专家皮亚杰（Piaget, 1972）认为，智力应该有相似的跨文化发展机制。一方面，所有国家的儿童都将新信息同化到现有的大脑认知机制中。另一方面，这些认知结构顺应于不断变化的文化特异性环境。俄罗斯心理学家维果茨基（Vygotsky, 1978/1932）的观点也得到了全球的认可，他认为如果不考虑人所处的文化环境，就不可能理解人类意识和智力。

在心理学中，智力的心理测量学取向广受关注。这种观点基于这样一种假设：我们的智力可以被描述为具有一个数值（Wechsler, 1958）。这虽然很有趣，但这种取向也很有争议，因为人们一直在争论如何准确地测量、赋值和解释这些数值。

你可能还记得曾在心理学入门课上学到，智力测验通常包含一系列任务，每个测试包含多个测量各种认知技能的子测验。当你参加测验时，你需要解决语言的和非语言的问题，做出知觉判断，解答谜题，进行单词联想，用你自己的语言解释图画，记忆单词或数字序列，等等。你的答案在被检查过后，你就会获得一个测验分数，然后很可能会将你的分数与同龄人的平均分进行比较，在大多数情况下，这里的同龄人包括与你具有相同国籍的同年龄段的人。事实上，通过比较会得出你的实际智力商数（intelligence quotient），或者简称智商（IQ）。大约 95% 的人的智力测验分数在两个标准差（15）之内，这意味着大多数人（95%）的智商在 70 到 130 之间。

长期以来，关于智力测验分数的测量和解释的有效性一直存在着激烈的争议。关于智力测验，至少有两个要点存在争议：

1. 智力测验测量的到底是什么？

2. 如何证明测验成绩不受受测者的态度、成功动机的高低、情绪状态等因素的影响？

对那些试图根据智力测验得分解释文化差异的人来说，至关重要的是要在以下三者之间进行区分：（1）认知潜能；（2）通过与文化环境的互动而发展的认知技能；（3）特定测试的得分。问题是，标准测验可能无法直接评估特定文化环境塑造的认知技能。除非智力测验能顺应人们日常生活中的活动，否则在一种文化中编制的测验将会产生不利于其他文化群体的偏差。这意味着测验成绩不太可能代表个体的认知潜能（Vernon, 1969）。研究表明，语言、测验内容和动机等因素都会影响个体的测验成绩（Sternberg, 2007）。例如，许多测验在设计时就没有打算测量人类智力的许多方面，如智慧和创造性。

对智商数值的解释是心理学家争论的另一个焦点。在 115 年前的法国，阿尔弗雷德・比奈（Alfred Binet）和西奥多・西蒙（Theodore Simon, 1913/1911）提出了一种测量智力的方法，通过记录和评估专门针对小学生设计的问题，以及儿童完成特定任务的表现来测量智力。比奈和西蒙认为，儿童只有到了一定的年龄，才能掌握特定的知识并完成某些任务，如进行形状比较或做乘法题。因此，期望一个 4 岁的女孩去执行一个 11 岁的女孩容易完成的任务是错误的。一个儿童如果能够回答同龄人水平的问题并完成任务，就认为该儿童具有“一般”的心理技能。如果儿童有能力回答为大一点的儿童设计的问题，这名儿童将有比同龄人“更高”的心理技能。此外，如果该儿童的分数总是低于标准水平，则该儿童需要进入特殊教育组。西蒙和比奈开发了测验，用以确定哪些儿童没有准备好成为“主流”之一，需要特殊教育。当智力的值被赋予庞大的社会群体，包括族裔或民族群体时，就出现了最激烈的辩论。即使是人们在身高、体型和肤色上的差异也未引起这样的争论。当谈到智力得分的话题时，人们的情绪往往掩盖了对群体差异的公正的科学讨论。

5.2 智商得分的族际差异

跨文化心理学试图解决的大多数问题，都与不同文化、族群和民族群体之间的一系列可测量的相似性和差异有关。少数族裔是否具有独特的智力模式？例如，有人能证明意大利人总体上比德国人更有创造力，但德国人的思维方式比巴西人的思维方式更“精确”和“遵守纪律”吗？韩裔美国人的记忆力比现在生活在韩国的人“更好”吗？智力可以遗传吗？智力可以在多大程度上遗传？贫困和其他毁灭性的社会问题会影响智力吗？系统的正规教育是人类智力平等的关键吗？这种智力平等在原则上是可以实现的吗？在第 4 章，我们已经提到东亚和西方被试的认知差异。有国际研究表明，高中生的教育考试成绩存在差异。例如，国际学生评估项目（the Programme for International Student Assessment, PISA）研究全球个体的阅读、科学和数学分数，发现中国和新加坡等国的亚洲学生比韩国和美国等国的学生表现更好（Hobbes, 2019）。我们现在来看智商得分。

在美国，早期的智商测试始于 100 多年前。这些研究调查了学生、新兵和移民。例如，1921 年，美国国家科学院公布了第一批大规模的国家智力研究之一的结果。研究结果使研究组织者得以根据新移民的智商得分对他们进行排名。这就是移民的“智力”顺序：英格兰、荷兰、丹麦、苏格兰、德国、加拿大、比利时、挪威、奥地利、爱尔兰、土耳其、希腊、俄罗斯、意大利和波兰。此外，数据提供的第一份证据表明，来自非洲的黑种人在这些测试中的得分普遍低于白种人。值得注意的是，据报道，在这项研究中，波兰移民的得分并不明显高于黑种人（Kamin, 1976）。

今天，各种测验均表明，不同文化群体的智力得分存在差异。例如，在美国，亚裔美国人（东亚血统）得分最高，其次是欧裔美国人、西班牙裔美国人，最后是非裔美国人。因此，非裔美国学生在标准化智力测试中的平均得分要比白种人学生低 10%~15%。成人的报告结果与其类似（Hambrick & Marquardt, 2017; Rushton & Jensen, 2005; Suzuki & Valencia, 1997）。为了更好地理解某些群体之间的差异，想象一下，白种人的平均测试水平高于 80% 的黑种人人口；而一个平均水平的黑种人的测试结果仅高于 20% 的白种人人口。根据研究，一些智商的种族群体差异出现于儿童早期。例如，在鉴别能力倾向成套测验（Differential Aptitude Test Battery）中，到 6 岁时，东亚儿童的平均智商为 107，而白种人儿童为 103，黑种人儿童为 89（Lynn, 1996; Lynn & Vanhanen, 2012））。黑种人 – 白种人平均差异的大小在三岁及以后的发展时期没有显著变化。

通常，拉丁美洲群体的平均智力测试得分介于黑种人和白种人之间。如果我们按照美国公民的宗教来划分，会发现犹太人作为一个群体（根据他们自我报告的宗教认同），特别是欧洲血统的犹太人，其测试得分比美国任何其他宗教群体的得分都要高。对被美国白种人家庭领养的韩国和越南儿童的研究表明，他们的智商往往比其本国的国家常模高出 10 分或更多（Rushton & Jensen, 2005）。尽管已经证实日本、中国和韩国血统的美国人比美国白种人得分更高，但研究结果并不一致。在社会经济阶梯的每一个层次上，黑种人和白种人智商得分的平均差异都是确定的。在此必须强调的是，在美国研究的种族群体不一定是其他大陆和国家总体的代表性样本。此外，确实存在的分数差异通常是低个位数（Niu & Brass, 2011）。

认知表现的群体差异不仅存在于美国不同文化群体之间，也存在于世界各地不同文化群体（社会、种族和族裔）之间。例如，在印度，高种姓成员（在印度，基于种姓的区分是非法的，但是可以研究）得到了比低种姓成员更高的平均分和考试成绩。在马来西亚，华人和东印度少数族裔的平均得分高于占多数的马来原住民。在南非，白种人、东印度群岛和“有色人种”（混血）群体（非白种人的官方称谓）成员的平均得分高于占多数的非洲原住民黑种人成员（Brainstats, 2019; Lynn & Vanhanen, 2002）。

一些群体在某些量表上得分较高，而在其他量表上得分较低。例如，美国原住民的语言智力得分低于其他族群的得分。然而，其他研究表明，美洲原住民群体有更高的视觉空间技能（McShane & Berry, 1988）。东亚人的非言语智力得分略高于白种人，而言语智力得分则与白种人持平或略低。此外，过去的研究表明，尽管东亚国家在政治和社会经济方面存在巨大差异，但东亚人的视觉和空间能力要优于其语言能力（Herrnstein & Murray, 1994）。

5.3 智商分数的性别差异

自从一个多世纪前开始进行智力测试以来，女性整体通常比男性低 5 分。这些数据是在选定进行研究的一些国家获得的。然而，这一差距近年来一直在缩小，而且这一趋势似乎是全球性的。的确，自开始测试以来，男性的得分一直在不断上升，但女性的得分上升更快（Flynn, 2012）。来自西欧国家及美国、加拿大、新西兰、阿根廷和爱沙尼亚的研究数据显示，男女之间的分数差距已经变得很小。此外，在阿根廷和爱沙尼亚，女性的得分高于男性。是什么促成了这些变化?

至少有两种观点。第一，与男性相比，女性在遗传上更倾向于拥有更高级的智力技能。然而，由于各种社会和文化因素的影响，她们一直未能在测试中表现出她们的优势。另一个观点是，与男性相比，女性实际上通过更多的"多任务处理"来提高自己的智商分数：与大多数男性不同，女性同时从事工作、学校和家庭的活动。

5.4 对测验得分群体差异的解释：智力和智力行为

为了解释智力测验得分的群体差异，世界认知领域的主要专家之一斯滕伯格（1997）建议区分智力与智力行为。根据这一观点，智力是一种心理现象，它可能会也可能不会导致特定的行为或行为反应。行为反应因文化而异。一种文化的成员认为聪明的，其他文化的成员可能不认为聪明。例如，如果一个华盛顿人培养出一种很好的技能，能与一个汽车经销商就一辆新车的三年租期条件进行谈判（讨论里程、保险、费用和其他细节），那么这种技能在伊斯坦布尔或赫尔辛基的农贸市场上可能不太有用。面对不同的环境和文化背景，人们培养出不同的行为技能，获得不同的思维和学习方式，这在他们特定的文化环境中是有用的。例如，人们用类别来描述其经历。过去的例子为我们提供了大量信息。传统上，对东南亚的航海家来说，“南”一词通常只用来指“朝向海”，可以是地平线的任何一边（Frake, 1980）。对这种几百年来理解方向的方式，来访的外国人在一段时间内会觉得不恰当且困惑。然而，现代导航设备的使用使我们的体验更加接近，从而在不同文化中更为一致。

跨文化敏感性

由于刻板印象（见第2章），有些人倾向于相信或预期某群体的所有成员，或者至少他们中的大多数的智商不是高就是低。这种观点是不正确的，可能会对学校表现和其他活动产生间接影响。怎么影响呢？例如，想象一下，一个没有经验的老师知道她班上有5个西班牙裔儿童和3个黑种人儿童。在不太了解这些儿童的情况下，老师刻板化地判定和假设这些儿童的智力测试得分应该较低，因此，与班上其他儿童相比，这些儿童在学习等智力行为方面的能力较差。尽管老师的意图是好的，但这种刻板印象会产生一种预期和态度，导致教师给黑种人和西班牙裔儿童“更容易”的作业，而不是在教育过程中让这些儿童经受挑战。事实上，研究支持这一假设。教育者预期“这名儿童”或“那名儿童”不太可能成功，因为他来自少数民族，或者她来自“麻烦”的社区，这常常导致他们接受的“挑战不足”，最终导致这些儿童成绩不佳（Banerjee & Duflo, 2011; Fryer, 2014; Fryer et al., 2011）。

尽管不同文化中的观点不同，但对什么是智力，大多数人倾向于有共同的理解。研究表明，人类潜在的心理机制或智力过程与其说是不同的，不如说是相似的。这些过程包括若干能力：确定问题、理解问题、确定问题类型、准备解决方案、找到解决问题的资源、管理解决方案的过程，以及最终评估行为结果，如果需要，还包括寻求新的解决方案。这个列表只需做细微改变，就被用于描述商务管理的成功行为（Dalio, 2017）。这是理解智力和智力行为之间关系的一个关键因素，然而在每个阶段，这种行为的具体内容是由个体生活的特定环境决定的（Farhi, 2007）。印度的一位象棋大师通过使用这些策略在棋盘上走出特定的棋步来赢得比赛；波斯尼亚的一位农民使用类似的心理策略，为新农舍购买了一套太阳能电池板，从而做了一笔不错的生意。

从历史上看，智力推理被认为是有前因后果的、科学的，并完全基于经验事实的推理，但并不一定在所有文化中始终都用来做实际决策（Shea, 1985）。例如，在伦敦或东京，巴西原住民部落的几个成员跳的仪式舞蹈可能被许多人认为是“不智”之举：“看看他们。他们跳舞是为了让雨停下来！”与此同时，这些讽刺他们的人却时常去教堂和寺庙，以及参与类似看似“不智”的仪式行为。这里得出的教益是，人们倾向于有选择地使用认知技能：我们选择的技能是在文化上共同的、适当的，或者在特定环境中最适于满足我们生活方式的需要的（Dasen et al., 1979）。

5.5 生物因素影响智力吗

根据先天论观点（nativist view），大多数认知现象是与生俱来的。其逐步展现是生物“编程”的结果，而环境知觉几乎不需要有机体的主动构建。根据这一观点，假设尼泊尔的一个男孩和委内瑞拉的一个女孩都是健康的，在生活中也没有面临灾难性事件，那么他们在大约 7 岁时都会形成一些概念（抽象）思维的要素。没有人能让这些儿童在 4 岁时进行概念性思考。换句话说，在很大程度上，遗传因素决定了我们智力技能的深度和广度。

这些不仅仅是少数研究人员的假设。20 世纪 80 年代，在跨文化心理学的早期阶段，1 000 多名学者被要求就智商发表自己的看法，特别是关于不同族群智商得分的差异。尽管只有 1% 的人认为这种差异总是由遗传因素造成的，但近 45% 的专业人士报告说，这种差异是遗传差异和环境差异共同作用结果（许多人不能或不想给出确切的答案）。值得注意的是，在所有接受访谈的学者中，只有 1/7 的人认为差异完全是由环境因素造成的（Snyderman & Rothman, 1988）。有些技能比其他技能更有可能具有生物学基础。法国神经科学家斯坦尼斯拉斯·德阿纳（Stanislas Dehaene, 2002）认为，人类的数学能力应该是嵌入大脑的，通常不依赖于记忆和推理。此外，个体的学习经验、学校课程甚至口语（如法语），可能抑制某些先天数学技能的发展。德阿纳还提出，一些语言，如汉语，比其他语言更有利于个体基本数学能力的发展。

一些研究表明，个体在认知测验中取得成功的能力更多的是生物“程序化”的，而不是依赖于教育的努力（Briggs, 2001）。例如，参加大学入学考试（如美国的“美国高中毕业生学术能力水平考试”或俄罗斯的 EGE）预备课程的年轻人，他们的成绩只会有一点提高。换言之，无论是为了参加此次测验而努力学习，还是单纯地学习，这两组受测者的成绩可能相差不大。一些评论者认为，布里格斯（Briggs）的结论只是指出了预备课程的无效性。还有一些评论者认为，某些认知能力在短时间内不会得到提高。

对双胞胎的研究也表明，遗传在人类智力中起着重要作用。例如，正如著名的研究所显示的，不管是在一起抚养还是分开抚养，同卵双胞胎的智力得分都高度相关：几乎达到 +0.90（Bouchard et al., 1990）。一项对日本 543 对同卵双胞胎和 134 对异卵双胞胎的研究表明，智商的遗传率（heritability）为 0.58（Lynn & Hattori, 1990）。大约 24 项研究使用磁共振成像（MRI）测量了人脑的体积，发现人脑体积与智商总体上相关（Vernon et al., 2000）。儿童的几种智力障碍有可确定的遗传原因（Daily et al., 2000; Grossman, 1983）。此外，领养儿童的智力得分与其亲生父母的得分有很强的相关，而领养父母和领养儿童的得分只有很弱的相关（Munsinger, 1978）。两个无亲缘关系的个体在一起长大，其智商得分之间的相关也相对较低：+0.20（Bouchard & McGue, 1981）。众所周知，词汇量或一个人在交流中记住和使用的单词数量可能取决于遗传素质。然而，尽管各种数据表明父母和儿童以及兄弟姐妹之间在智力技能方面高度相关，但这些数据并没有告诉我们，如果人们生活在不同于实际成长的社会环境中，其智商得分会发生什么变化。此外，尽管个体差异和相似性与遗传有联系，但并不表明群体差异（例如，在国家层面上）也是以遗传因素为基础的（Sternberg, 2004）。此外，智商的遗传率高并不意味着智力功能的个体差异是永久性的，而是表明某些个体在遗传上比另一些个体更易于接受教育、训练，更有创造性并能习得技能。这些发现，以及许多类似的发现具有相对有限的跨文化意义，因为大多数事实都是通过研究生活在特定社会条件和特定文化背景下的人们而获得的（Lynn & Hattori, 1990）。

除了遗传因素，跨文化心理学家还向生物学家学习。生物学家研究环境条件如何影响人类生理，以及生理变化是否影响认知技能。例如，研究发现，某特定地理区域是否存在某种特定的化学物质，可能影响居住在该区域人口的总体认知能力。举例来说，在印度尼西亚和西班牙的一些区域都有缺碘的地区。研究报告显示，人体严重缺碘会导致严重的心理和神经异常（Bleichrodt et al., 1980）。据预测，居住在西班牙和印度尼西亚缺碘地区的儿童，其认知测验得分远低于居住在水中含有足量碘的邻近地区的儿童得分。

我们现在讨论与认知过程有关的经典研究以及新近研究，以说明认知过程如何以及在多大程度上受到文化和社会因素的影响。

5.6 测验的不可比性：文化偏差

在第 3 章，我们学习了对等性，这是所有比较研究的重要要求之一。如果测试是为某个特定族群设计的，那么测试中的问题或任务对其他文化群体可能没有类似的意义。许多专家（Berry, 1988; Mishra, 1988; Poortinga & Van der Flier, 1988; Trimble, 2010）强调“文化公平”（culture fairness）和“测验转移”（test transfer）等问题的重要性。

从理论上说，认知过程的基本机制被普遍认为在不同社会群体的几乎所有健康个体中具有一定程度的相似性。然而，正如我们在全书中坚持的那样，这些过程应该在各种特定于人、环境、社会、心理和文化环境的背景下进行解释（Cole et al., 1971）。人们之所以培养出不同的认知技能，除其他因素外，是因为这些技能是由不同的环境所塑造的。一个女孩在巴黎上私立学校，和 45 岁的单身母亲住在一起，有自己的卧室，一台新的个人笔记本电脑，几台移动设备，通过社交媒体与朋友交流；另外有一个跟两个兄弟姐妹同住一个房间的朝鲜男孩，他上公立学校，没有个人电脑，不使用照片墙（Instagram）或推特，父母都很年轻，在自行车厂工作。这两名儿童的生活环境是非常不同的。测验可以充分衡量这两名儿童的一些基本认知技能（如比较物体的大小或对颜色进行分类），但同时，它在衡量其他特定于文化的认知技能（如解决朋友之间发生的小情感纠纷）方面用处不大。

有一种合理的担忧，尽管智力测验是精心设计的，但测验问题中使用的词汇和项目可能有利于某些族群或社会群体。例如，一些测验可能包含内部偏差，因为只有部分群体熟悉测验中使用的词汇。因此，这些群体的成员比那些不属于该群体的成员得到的分数更高。例如，尝试解决以下问题。

“找出怪人”：玫瑰、郁金香、勿忘我、罗勒

正确答案是“罗勒”，因为其他词都是花卉的种类，而罗勒不是花卉。这类问题的批评者认为，除非被试对不同的花卉和植物有所了解，否则很难给出正确的答案。在这种情况下，我们这些有机会了解花卉，或在网上研究花卉的人肯定会因此受益。此外，人们可能会假设，由于早期教育中的性别偏差，熟悉花卉名字的女孩比男孩多，因此女孩会给出比男孩更正确的答案。

文化经验会影响测验成绩，一些测验设计也证明了这一点。例如，一项经典研究发现，英国儿童在解决测验时比来自中国香港特别行政区、印度尼西亚和马来西亚的亚洲学生更具创造力。对该发现的一种解释是，被试需要对测验项目给出数字的口头回答，这对亚洲文化来说不是典型的解决问题的任务（Wright et al., 1978）。还有一个例子说明了测验是如何使特定群体的成员受益的。对不同族群的儿童进行一项针对非裔美国人社区的文化词汇测验。黑种人儿童在满分 100 分中得到的平均分是 87 分，而白种人儿童的平均分只有 51 分（Williams & Mitchell, 1991）。一般来说，当类别（词）与非裔美国人的日常经验密切相关时，黑种人青年在自由词汇回忆任务（free-word recall tasks）上的表现往往优于白种人青年（Benuto & Leani, 2015; Hayles, 1991）。

5.7 关于“文化素养”

大多数语言智力测验都包含部分关于一般知识的内容。显然，我们的“常识”是以特定文化环境中发生的事件为基础的。大多数美国小学生都应该知道乔治·华盛顿（George Washington）是谁，应该也知道关于本杰明·富兰克林（Benjamin Franklin）、大萧条和《泰坦尼克号》（*Titanic*）、《乱世佳人》、自由钟、水门事件、罗纳德·里根（Ronald Reagan）、巴拉克·奥巴马（Barack Obama）、Lady Gaga、爱莉安娜·格兰德（Ariana Grande）、梦龙乐队（Imagine Dragons）、马克·扎克伯格（Mark Zuckerberg）和勒布朗·詹姆斯（LeBron James）的信息。在意大利，文化知识是建立在其他事实、事件和发展的基础上的，这些都不同于在美国所经历的。例如，在意大利，很多人几乎毫不费力就能认出诸如菲亚特（Fiat）、红色旅（Brigate Rosse[①]）、尤文图斯（Juventus）、AC 米兰（AC Milan）、安德烈·波切利（Andrea Bocelli）或阿德里亚诺·塞伦塔诺（Adriano Celentano）这样的词和名字。你能认出所有这些名字吗？答案是“不”，除非你在意大利生活过，或者对意大利的历史、政治、足球和音乐有一定的了解。

我们的知识是以文化为基础的。毫无疑问，在所有国家和社区（除非我们进入量子物理领域），2+2 都等于 4。几乎在每一个有文化的社区，“死亡”的反义词都是“生命”，无论该社区的文化遗产或国籍是什么。然而，除了这些以及其他普遍的范畴之外——至少对我们大多数人来说听起来是普遍的——总会有特定于文化的知识。试着举出你自己关于美国或其他熟悉的国家的文化特异性知识的例子。

那些认为智力测验中几乎没有偏差的人认为，智商分数或多或少可以准确预测未来的学业成就——SAT 等考试的高分与智力测验的高分呈正相关。这些专家认为，这样的测试应该就像预测白种人儿童和成人的表现一样，也能预测任何族群的学业成绩：高智商预测学业表现好，低智商预测学业表现差（Pennock-Roman, 1992）。这意味着，任何一个族群的任何一名学生，如果在智商测验中得分很高，他在大学里的成绩都可能好于平均水平。当然，“可能”一词并不能保证一定能取得好成绩，无论如何努力。

5.8 环境与智力

比较一下你自己和教室里的任何人，你可能会找到与你年龄、身高、体重、性别、国籍、收入甚至生活方式相同的人。然而，我们并非生活在相同的环境中。我们的多样性是由个人、专业、教育、社会和文化环境等自然因素

① 意大利语。——译者注

决定的。跨文化心理学普遍接受并被跨文化心理学家公认的观点是，人类的智力技能可以而且应该受到外部环境因素的影响（Black et al., 2010; Carroll, 1983; Sternberg, 1985）。一般来说，这些因素包括资源的总体可用性和获取途径、各种知觉体验、家庭氛围的主要类型、教育机会、获取信息的途径、旅行、是否存在基于文化的神奇信念、对生活的一般态度、文化习俗。这些因素以及其他条件已被证明会影响智力测验的表现（Vernon, 1969）。教育激励、教学质量和师生沟通等因素也会影响测验成绩（Irvine, 1983; Mackie, 1983）。特殊训练计划（Keats, 1985）和额外的教学努力（Mishra, 1997）也能决定一个人在智力测验中的得分。例如，正如奥格布（Ogbu, 1994）所证明的，对考试的消极态度、绝望感和刻板印象观念会降低非裔美国人和美国其他少数群体的智力分数。研究数据表明，一些黑种人学生在认知测验中表现不好，因为他们被一种担心抑制了，也就是说，他们担心别人会按照"你没那么聪明"的消极态度来评价他们，因此害怕他们糟糕的表现会在不经意间证实这种精确的刻板印象（Steele, 1999）。

有证据表明，训练可以提高智商测验的分数（Skuy et al., 2002）。瑞文（Raven, 2000）的研究表明，被鼓励参与复杂认知任务的学生在自我指导、理解和完成其他任务的能力方面都有显著提高。

文化研究表明，对影响智力行为的许多心理功能的获得取决于与环境的互动（Macdonald & Rogan, 1990）。以西非商人为例，他们成年后大部分时间都在旅行和谈判。一项著名的研究发现，与西非裁缝相比，商人在认知任务（包括解决问题）上表现更好，因为西非裁缝大部分时间都在一个地方度过，而且不像商人那样有各种各样的接触（Petito & Ginsburg, 1982）。在另一个例子中，巴西和哥伦比亚的街头儿童通常在10岁或更小的时候就在街上卖水果和蔬菜来赚钱，他们能在"头脑"中算账而不犯错误。但是，调查人员让这些儿童用纸和铅笔进行类似的数学运算，就不是很成功。这些儿童没有接受正规教育，因此，他们没有学会在纸上进行加减法运算（Aptekar, 1989）。还有一项早期的跨文化研究，研究中，欧洲儿童观看了一系列图画，然后倾向于将这些图画描述为一系列事件，好像这些图画是儿童杂志上的连环画一样。没有接触过漫画的非洲儿童倾向于报告说，漫画描绘的是单独的瞬间，而不是一系列事件（Deregowski & Munro, 1974）。过去，原住民儿童的语言成绩低于澳大利亚城市儿童的一个重要原因是缺乏与同龄人的语言交流。如果原住民儿童有机会与白种人儿童和睦地生活在一起，双方的语言分类测试得分将比较接近（Lacey, 1971）。一般来说，严重的刺激剥夺会导致许多认知过程紊乱（Sinha & Shukla, 1974）。

个体要经历某些影响，那么这些影响肯定存在于个体所处的环境中。然而，人们的经历反过来又会决定他们的适应反应。因此，在个体生存中起关键作用的认知技能比其他技能发展得更早（Ferguson, 1956）。例如，研究表明，狩猎和采集社会的儿童比起农业社会的同龄人更早地发展了空间推理技能。农业社会中的儿童比游牧（旅行）社会中的儿童更快地理解概念，如理解数量、重量和体积等各种度量之间的关系，这些都是农业活动所必需的知识（Dasen, 1975）。

环境因素影响高级的心理操作，如计划能力。其中一个环境因素是个人生活环境的稳定性。在稳定的环境中，大多数变化都是可预测的。人们对自己的生活很确定，觉得自己掌握着自己的未来。当情况变得不可预测时，人们往往缺乏计划策略，因为他们认为不可能控制计划的结果。总之，在稳定的社会和社区中的人，比起来自不稳定社会环境的人，有更好的机会发展计划技能（Strohschneider & Guss, 1998）。

缺乏系统的学校教育也会导致计划策略发展缓慢。当然，即使个体几乎没有受过正规教育，日常生活的复杂性也可以提供条件，使个体的计划技能得以发展。然而，如果没有或几乎没有接受教育，且环境条件只需要简单的反应，个体往往不会发展出复杂的计划策略。

5.9 社会经济因素

一般来说，智力得分与个人的社会经济地位正相关（Neiser et al., 1996）。社会经济条件和测验成绩之间的联系可能在幼儿时期就表现出来了。研究发现，儿童的智商与其父母的社会经济地位正相关。儿童的智商越高，父母的社会经济地位就越高（White, 1982）。在优越环境中长大的儿童，其得分往往高于在贫困环境中长大的同龄人（Masters, 1997）。例如，早期的文化研究表明，生活在上层阶级、受过教育的家庭中的约鲁巴族（Yoruba）儿童，与不识字家庭的约鲁巴族儿童相比，表现出更高的心理年龄得分（Lloyd & Easton, 1977）。生活在新西兰的4岁毛利人（Maori）和帕克哈（Pakeha）原住民儿童也表现出类似的趋势（Brooks, 1976）。因此，澳大利亚原住民和欧洲血统的社会弱势儿童在认知能力上没有实质性差异（Taylor & deLacey, 1974）。

根据美国人口普查局的数据，大约18%的18岁以下美国儿童生活在官方贫困线以下的家庭。十年来，这个数字基本保持不变（U.S. Census Bureau, 2020）。贫困导致儿童在智力测验中得分较低，学业成绩较差（Fryer, 2014; McLoyd, 1998）。过去的研究表明，母乳喂养、营养补给和儿童的认知能力之间存在联系。母乳喂养减少了婴儿接触金属污染物的机会，同时为婴儿提供了大脑发育所必需的长链蛋白质。社会经济地位较低群体中的母亲通常不选择母乳喂养。例如，美国黑种人母亲母乳喂养婴儿的可能性只有白种人母亲的1/3（Jensen, 1998）。然而，我们应该承认，与母亲的种族、教育程度、年龄、贫困状况、吸烟、家庭环境、孩子的出生体重或出生顺序相比，根据母亲的智商更能预测母乳喂养状况（Der et al., 2006）。

一项长达40年的研究表明，来自年收入小于等于37 000美元的低收入家庭的学生，在数学和阅读方面的熟练程度较低（Strauss, 2008）。个人的社会经济地位对测验成绩可能有直接和间接的影响。例如，资源有限的社会环境往往会刺激只在该环境有用的特定认知特质的发展。如果比较大型国家集群（例如，西方发达国家与传统社会），我们会发现西方国家的人在智力测验（测试中不包括文化特异性的任务、题目和问题）中的得分通常高于传统社会的成员。

与经济发达国家相比，社会经济因素对发展中国家智力测验分数的影响更为显著。对该现象的一种解释是，在发达国家，贫富差距没有发展中国家那么大。美国官方公布的贫困标准是：每个四口之家每年略高于26 000美元，或每个两口之家17 000美元（美国卫生和公共服务部，2020），这超过了其他许多国家的家庭平均年收入。

一些研究人员认为，高智商得分往往能预测人们的高社会地位和收入（Herrnstein & Murray, 1994）。中产阶级的智商得分一般高于低阶层人群。这是否意味着只有当个人具备高智力技能时，才能取得社会经济的成功？不一定。

的确，高智商确实与个人的学术和社会成功有关。然而，能否获取资源，也会影响人的智力潜能，从而导致智商得分较高或较低。我们不应忘记，个人的社会地位决定了其在社会中获得资源和权力的机会。中产阶级和富裕的父母都与同一社会阶层的人建立联系，发展个人和职业关系，为自己的孩子在社会阶梯上达到高层级铺平道路。换句话说，心理测量中的智力不能决定社会结果；这个等式中还有许多其他变量。例如，智商得分相同的个体之间在收入、社会和职业地位方面可能会有很大不同。

那些相信社会经济因素在智力功能中起关键作用的人认为，该因素是造成美国黑种人和白种人智力测验分数差异的最显著的影响因素。一般来说，黑种人作为一个群体，收入较低，地位较低，得到的照顾也不如其他群体。贫困还与父母养育方式的不一致以及持续承受压力有关，这些压力能够影响而且确实影响了认知功能。

5.10 家庭因素

富裕且受过教育的家庭很可能为儿童提供了更好的物质环境，同时相比于贫困家庭也有更多资源来开发儿童的智力潜能。很久以前就有证据表明，中产阶级父母通常有足够多的资源来刺激儿童在家里的学习体验（Gottfried, 1984）。这样的父母很可能受过教育，因而对教育的重要性有大致的了解。他们能购买促进儿童成长的玩具，包括智能手机、电子游戏和电脑软件。他们中的大多数人不会遇到什么问题来妨碍跟儿童谈论各种话题、让他们接触有趣的事物及激发他们的想象力。相反，贫困家庭获得能刺激儿童学业发展和智力发展的资源和机会较少（Banerjee & Duflo, 2011）。如果父母的首要活动是确保家庭成员的食物和安全，那么集体的生存就是他们的首要目标，而不一定是儿童的智力发展。

然而，富裕和贫困并不是唯一使家庭影响子女教育成功的因素。例如，居住在英格兰和苏格兰的印度裔家长的子女在学校的表现优于所有其他学生。关于中国和混合背景的学生也得出了类似的数据。研究人员提出的一个因素是，大多数情况下，移民父母从低薪工作开始他们的生活，并认为子女的教育是其成功的关键。因此，这些家长特别关注他们孩子的学习成绩（Sonwalkar, 2004）。一项涉及 6 000 名美国中学生的研究也得出了类似的结论。在不同族群中，如果父母关心儿童的学业成绩，并且能激发对儿童的教育愿望，那么他们孩子的学业成绩就会显著优于其他学生（Hong & Ho, 2005）。

研究表明，来自亚洲移民群体（如中国人、韩国人和越南人）的父母往往能成功地促进孩子学业成功。研究还表明，许多西班牙裔背景的父母在这方面不太成功。这是否意味着西班牙裔父母对孩子未来的投资比亚裔父母少？这些差异的基础可能是移民家庭的社会背景，以及这些家庭移民的具体原因：他们中有一些人是为了逃避暴力和不公正，有一些人是为了改善经济条件，还有一些人是为了取得职业和教育上的成功（Schwartz et al., 2011）。这些原因可能相互关联，还需要进行新的研究。

父母的影响可能是导致白种人和一些代表中产阶级的其他族群（主要是少数民族）之间智商差异的因素之一。少数族裔的父母，尤其是那些在 20 世纪 60 年代之前来到美国的父母，受教育程度可能低于白种人。如前所述，父母的认知技能有助于儿童认知技能的发展。此外，与白种人家庭相比，一些少数民族父母对子女教育机会的关注较少。总的来说，缺乏机会、缺乏成功就会导致这种态度。相比之下，华裔、韩裔和日裔美国人（与其他族裔相比）倾向于强调教育和好成绩对儿童的重要性，并将这视为未来发展的唯一机会。这些部分是由于家庭价值观，还有一部分是由于学业成功，与任何其他族裔群体相比，亚裔美国人更倾向于在专业、管理或技术型职业中寻找并得到职位（Flynn, 1991/2013; Schwartz et al., 2011）。

研究发现，智力得分随出生顺序的变化而下降：与哥哥姐姐相比，弟弟妹妹的得分往往较低。一种理论认为，这种趋势与生物学因素关系不大（Munroe & Munroe, 1983）。家庭中每个未成年成员的智力发展都与年长家庭成员的智力水平相关。家庭中的长子具有开始优势，其周围环境仅包括一名儿童及其成年人父母，而父母有一套特殊的认知技能。当第二个孩子出生时，进入了一个由自己、父母和智力不成熟的长子所构成的环境。因此，一般来说，长子的智力环境比次子“优越”，以此类推。

尽管有争议，这个观点还是得到了其他研究的支持。例如，在 20 年的时间里，非裔美国人智商分数的持续增长与20世纪70年代以来家庭规模越来越小有关。小家庭的孩子往往比大型家庭的孩子智商更高（Vincent, 1991）。然而，对这种解释须格外谨慎。首先，这里的关系可能是相反的：智商测验的得分越高，说明认知能力越高，这反过来又会影响个体对怀孕和家庭计划的态度。智商得分变化的另一个解释是，20世纪80年代和90年代，美国黑种人家庭父母的教育水平有了更显著的提高。

5.11 “自然选择”和智商得分

根据钟形曲线原理，任何给定人群智商得分的正态分布大致可以分为三大类：低智商、平均智商和高智商人群。同样的原理也适用于人的身高分布。然而，尽管智商得分的钟形曲线和人的身高的钟形曲线可能产生类似的几何图形，但人们赋予这些图形的意义截然不同。例如，我们发现，在不同的社会圈子里，有着不同的高度，不同的职业，不同的智力。一个人在身高的钟形曲线上的位置可能使她与多种类型的人相邻，而她在日常生活中可能从未与这些人接触过，与他们也有着不同的兴趣。想想一个6英尺高的时装模特和一个同样身高的科技公司经理，他们的职业和社交道路可能永远不会交叉。

智商得分的钟形曲线就是另一回事了。例如，在美国，高智商的人在医生、科学家、律师和企业高管中的比例远超正常水平；智力得分低的人在靠福利生活的人员、监狱囚犯、单身母亲、吸毒者和高中辍学者中的比例也远超正常水平（如 Rushton & Jensen, 2005; Strenze, 2007）。

相对于跟职业和兴趣不同的人交流，兴趣和职业相似的人相互交流往往更为频繁，这并没有什么不寻常。例如，高智商得分表示你可能会上大学，读研究生，就业环境也有利于跟教育水平及智力相当的人见面和交朋友，并同教育背景相似的人结婚。同样，智商得分较低的人也会在认知水平相同的人中间寻找爱情和友谊。因此，这些年来位于两极的人们分别“集结”了：与平均水平相比，一极的人智商相对较高，另一极的人智商相对较低。根据社会运作的方式，前一类人处于有利的社会地位，拥有高声望的工作、较高的收入、良好的医疗保健和舒适的生活条件；后一类人属于弱势阶层，做着低薪工作，社会环境不稳定，医疗保障不足，生活质量低下。

不幸的是，由于各种原因，许多少数族群仍然属于弱势群体。如前所述，低智商预示着学习成绩差，个人得到高收入工作的机会少。作为一种巨大的影响力，缺乏资源使许多这样的人留在低收入社区。与较富裕地区相比，低工资和低房产价值产生的地方税收要少得多。因此，大部分公立学校要依靠地方财产税，这使其往往难以提供可以媲美富裕社区的高质量教育。不良的教育条件，缺乏合格的教师和现代化教育设备，这对儿童认知能力的发展产生了负面影响。此外，正如我们前面所看到的，贫困对儿童和成人的智力发展造成了多种间接影响。

5.12 认知的文化价值

从种族中心主义的视角来看，有人可能认为，对任何解决问题的过程而言，最“有价值”的个人特征是人的高效分析技能、理性的运算和快速的批判性推理。然而，这种观点虽然很流行，但并不适用于所有的文化。有些社会重视批判性推理和认知能力，这与西方文化所高度重视的能力不同（Berry, 1988）。有些社会是整体性决策，也就是强调整体的重要性，超过了对分析性决策的重视（Dasen, 1984; Serpell, 1993）。在这种情况下，最适当的思维过程是慎重思考，而不是快速或精确。在这些以农业为主的社会中，首选的认知风格通常是集体讨论而非个人思考。因此，在这样的文化中，如果用标准的西方心理学工具测试个体，那么根据只衡量独立性或判断速度的标准，这些个体很可能表现出较低的认知发展水平。

尼斯贝特（Nisbett, 2003）证明，西方和东亚学生在认知风格上存在差异。他用实验数据证明，正如我们在第 4 章中看到的，中国、韩国和日本学生的知觉相较于西方血统的学生更倾向于整体性。换句话说，东亚学生倾向于把物体联系在一起看待和记忆，而西方学生则关注那些明显突出的细节和问题（Masuda & Nisbett, 2006）。研究还表明，西方婴儿学习名词的速度比学习动词快，而东亚婴儿学习动词（表示物体之间的联系）的速度更快。一项对比研究发现，中国学生和欧裔美国学生在推理风格上存在差异，这表明，与欧裔美国学生相比，无论是中英双语还是仅说汉语的中国学生，在组织图画中物体的方式上都更加关注关系，较少关注类别（Ji et al., 2004）。

批判性思维

“中国式”思维？苏格拉底与孔子的比较

你有没有在网上看到有一种特殊的、独特的、中国式的思维和信息加工方式？你是否认为存在一种特定的欧洲或西方风格？根据流行的观点，应该有一种根植于习俗以及早期欧洲和中国哲学体系的特殊“文化”方式。这一论点的支持者举了一个例子，即中国和古希腊两位著名哲学家孔子和苏格拉底的教义，以及这些教义对中国和西方（欧洲）文化中形成的一般学习原则的影响。有人认为，作为西方学术思想的主要贡献者，苏格拉底鼓励对常识的质疑，以强调批判性思维和怀疑主义。他教育学生及后代数百万追随者，要成为独立的思考者，并产生自己的想法。相反，人们认为，孔子重视在尊敬教育者和不断寻求可遵循的有用行为模式的基础上，努力、尊敬、务实地获取重要知识（Tweed & Lehman, 2002; Yang & Sternberg, 1997）。孔子敦促其追随者尊敬长辈，而苏格拉底则敦促其追随者挑战长辈。

如果你接受这些观点，你很可能会同意这样一种观点，即存在基于文化的学习和思维模式。因此，苏格拉底影响了主要是批判性思考者的“典型”欧洲学生的文化特征，而孔子则影响了作为高效追随者和问题解决者的“典型”中国学生的文化特征。

如果你不同意，你很可能会说，尊敬权威、认可教师、寻求知识的实际应用，这些实际上是所有教育体系的共同特征，无论是希腊、中国还是墨西哥。因此，把它们完全归因于一种特定的文化或哲学完全是不准确的（Li, 2003）。此外，中国的教育系统中也广泛采用批判性思维，而不是“顺从”，这与外界的成见是相反的。

你更容易支持哪一种观点？为什么？如果中国人和非中国人的思维方式存在差异，那么这种差异的实际“现实”结果是什么？

根据另一种解释一般智力测试得分的取向，问题的关键在于不同文化中人们对智力的重视和理解方式。例如，你应该记住，并非所有文化都把高智商概念化为快速和分析能力。如果一个群体的智力概念包括回答的详细性和精确性，而另一个群体没有提到这些特征（而是提到即兴创作或直觉是智力的重要特征），那么精确性就不能作为两个群体的比较标准（Berry, 1969）（见图 5.1）。

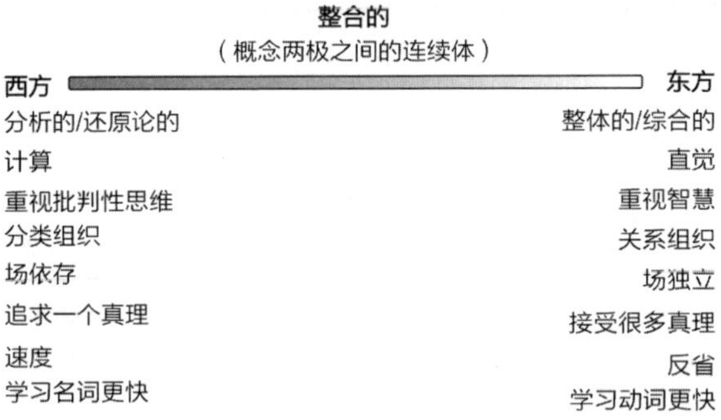

图 5.1　智力：西方与东方属性

在美国，不同族群过去倾向于使用不同的智力参照框架（Heath, 1983; Okagaki & Sternberg, 1993）。例如，在大多数情况下，欧裔美国人强调诸如记忆、分类和解决问题等认知技能的重要性，而其他群体则倾向于强调动机、社交技能和实践技能等特征。有鉴于此，斯滕伯格（Sternberg, 1997）发现，强调形式心理能力对许多具有高度创造性和实践心理能力的个体来说并不公平。例如，在创造性、灵活性和独创性方面，黑种人儿童和其他少数群体儿童的表现通常与白种人儿童一样好，而且经常是更好（Hayles, 1991）。

我们现在更明白，智力技能是根据一个群体的标准来评判的。例如，如果一种文化强调狩猎，那么良好的视力和快速的视觉判断能力被认为是极其有适应能力的。在采集文化中，快速反应并不像对任务或问题进行批判性评估那样重要，而后者需要长期的计划和毅力。换句话说，作为特定文化的代表，人们自己定义智力。如果我们坚持这种观点，就不可避免地进入了文化相对主义的领域（见本书第 3 章“比较两种现象”一节），因为我们将质疑是否存在评估人类智力活动的普遍标准。然而，文化相对主义比较容易受到挑战。例如，在当今经济全球化、互动和全球沟通的时代，对什么样的智力能力具有普遍适应性和价值，你认为人们能够、可以、也许应该形成相似的理解吗？

很多研究者试图解释西方和非洲文化价值观的差异，以及双方对健康的认知功能和智力的看法上的差异。例如，博伊金（Boykin, 1994）提出，美国黑种人倾向于拒绝唯物主义信念，并且相对于其他群体，他们在更大程度上接受非物质力量的影响。他们倾向于喜欢高水平的刺激和能量，并强调情绪和表达的重要性。此外，非裔美国人的文化在历史上植根于情感、灵性、和谐感及交际的言语元素中。这些特征可能不太适合体现在智商测验中的理性、计算、纪律、个人主义和成就等西方文化价值观上。作者甚至提出，智力评估本身的整体理念与非裔美国人的认知风格格格不入。

鲍德温及其同事（Baldwin, 1991）认为，大多数非非洲行为理论都强调满足欲望的关键作用。黑种人心理学强调，人类行为的根本目标是生存。此外，非洲神学假设，自我的最直接的体验，就是通过情感进行的体验。因此，鲍德温认为，智商测验不能测量在非洲或非裔美国人文化中长大的个体的心理。从非洲心理学的视角来看，智力是一种集体道德责任。

谢德（Shade, 1992）认为，非裔美国人重视一种独特的认知风格，即个体组织和理解世界的方式。在一项对178名九年级学生的研究中，非裔美国人倾向于自发、灵活、思想开放，对人、事件和思想的知觉结构不太清晰。样本中的欧裔美国人似乎比其他同龄人更自律、更具判断力、更不开明。在另一项研究中，非裔美国儿童学习方式的特征通常是重视情绪因素、和谐、整体观点、表达性创造力和非语言交流（Wills, 1992）。有人提出，测验强调抽象、计算、分析性思维，这都是某些黑种人不重视的特点，这就可以解释为什么非裔美国儿童在标准化测试上得分低于平均水平（Benuto & Leany, 2015; Whethrick & Deregowski, 1982）。

研究还表明，非欧洲血统的学生倾向于使用不同的信息处理认知风格：他们在课堂上比欧洲同龄人更具场依存性（Kush, 1996）。具体来说，场依存学习者在学习任务中更关注外部参照、上下文和说明。场独立学习者则能自主地学习、解决问题和做决定。研究发现，在美国的学术环境中，场独立的学生比场依存的学生更成功。尽管个体的认知风格是由许多因素决定的，但跨文化研究表明，个人主义文化中的人往往比集体主义文化中的人更具场独立性，前者如德国和美国，后者如俄罗斯和马来西亚（Kuhnen et al., 2001）。

意识形态也会影响某个国家的人最看重何种认知技能。考虑这个例子。如果当局（不管他们是中央政府还是地方老板）为你的生活做了大多数决定，那么显然你的选择可能会受到限制。在有限的选择范围内，你可以根据自己的决定进行的活动也会受到限制，这很可能会影响你的创造性和解决问题的能力。创造性思维可能会让个体“凌驾于群体之上”，并可能鼓励个体质疑甚至挑战既有规则，而这是当局既不欣赏也不能容忍的。同样的逻辑也适用于那些提倡教条思维、惩罚自由交换思想的社会（Shiraev & Sobel, 2006）。

练习 5.1

请分析以下理论，区分二分变量和连续变量。杰克逊（Jackson, 1991）介绍了以下关于非裔美国人认知技能的假设：

- 美国黑种人往往将事件知觉为整个视觉画面；而白种人则将现实知觉为分离的部分。
- 非裔美国人往往偏好基于语境和人际因素的推理；而欧裔美国人则偏好归纳和演绎推理。
- 黑种人偏好近似的空间、数字和时间；欧裔美国人偏好一维时间的精确概念和个体之间“客观”的空间。
- 非裔美国人更喜欢关注人及其活动；而欧洲人则表现出以欧洲为中心的倾向和准则。
- 黑种人偏好合作、保护生命、从属和集体责任；欧裔美国人则偏好竞争、冲突、控制生命、所有权和个人权利。
- 非裔美国人更加利他主义，关心“下一个人”；而欧裔美国人则重视个人主义和独立。
- 与欧裔美国人相比，黑种人偏好新奇、自由和个人的独特性。

5.13 一般认知：智力“之下”是什么

关于文化多样性的大量事实，以及关于认知普遍原则的实证证据（见“智力的界定”一节中对认知的定义）为许多探索文化与智力之间联系的理论奠定了基础。认知过程有多种，包括识别、类别化、思维和记忆；对这些认知过程的分析也许有助于我们了解不同族群在智力功能上的相似性和差异。

5.13.1 分类

人们在对环境进行分类方面有什么不同吗？人类倾向于以高度相似的方式看待许多类别。世界各地的小学生都知道，花不是动物，但狗是动物。最普遍的分类之一是植物和动物之间的认知区分（Berlin, 1992）。人们会最为仔细地区分和命名那些对个体生存至关重要的植物和动物。一般来说，物体和动物的重要性，以及人对这些动植物的熟悉程度是影响分类的最重要因素。研究表明，彼此相对较远的群体在分类上往往存在差异（Schwanenflugel & Rey, 1986）。这些差异可能成为认知技能测试中潜在偏差的来源。

5.13.2 归类

如果你让任何国籍的 7 岁儿童按颜色对电脑屏幕上的 100 张彩色卡片进行分类，他们应该能毫不费力地完成这个操作。儿童经常跟颜色打交道。现在，请埃塞俄比亚一个小村庄的一位老年居民根据音乐类型（摇滚、古典、爵士乐和嘻哈）对 100 份电子音乐文件进行分类，他可能会遇到严重困难（除非此人熟悉音乐类型）。

我们可以把各种各样的东西进行归类，即便没有关于如何归类的指示。一般来说，我们用一个维度来归类，即根据概念或特征归类。语言学家认为，归类中使用的许多类别是通用的。我们使用同义词，如“quick”和“fast”①；反义词，如“干净”与“肮脏”；亚类别，如“臭鼬”和“动物”；以及部分，

① 均表示“快”的意思。——译者注

如“心脏”和“身体”（Raybeck & Herrmann, 1990）。

研究表明，文化群体倾向于根据他们与这些物体相联系的特定文化经验对物体进行归类（Okonji, 1971; Wassmann, 1993; Wassmann & Dasen, 1994）。换句话说，人们根据自己的经验，知道了物体的用途，然后根据这些知识经验对其进行分类（Mishra, 1997）。研究还表明，对环境的熟悉程度会影响分类行为。例如，根据一项著名的研究，与新墨西哥州的学生相比，利比里亚农村学生在卡片分类任务中的表现水平较低。然而，利比里亚人对盛米饭的碗进行分类时表现得更为出色（Irwin et al., 1974）。有几项研究发现，在实验室实验中执行类似的物体分类任务时，北美的中东移民比其他移民表现出更好的整合思维。这些差异很可能反映了国家教育体系的差异（如教师培训、学校项目等）（Zebian & Denny, 2001）。还有研究发现，非裔美国人在对人进行分类方面有高超的技能，但对物体的分类方面却并非如此（Shade, 1992）。

5.13.3 记忆

许多关于记忆的比较性测验都包含一些任务，要求被试记住类似故事的信息，然后进行回忆。记忆有文化差异吗？在早期的研究中，曼德勒及其同事（Mandler, 1980）发现，美国和利比里亚的儿童和成人在回忆故事方面差异较小。同样，在英国人、波兰人和津巴布韦的修纳人（Shona）等相距遥远的文化群体中也发现了信息即时回忆的共同模式（Whetrick & Deregowski, 1982）。

人们回忆故事的方式具有共同的模式，但这并不意味着人们回忆的内容或者加工这些信息的速度有共同的模式。文化、社会和教育经历会影响我们所记住的内容。研究者要求澳大利亚人和亚洲人（包括中国人、日本人和韩国人）这两组学生提供关于所谓自我定义记忆的信息，要求这些记忆信息应该是他们认为将其塑造为个体的事件的自传体记忆。澳大利亚人提供的是更详尽的自我聚焦记忆，亚洲人产生的更详尽的记忆涉及他人以及人际关系（Jobson & O’Kearney, 2008）。与其他学生相比，社会经济地位较高的儿童在各种记忆测试中获得了更高的得分（Ciborski & Choi, 1974）。斯蒂芬森和卡尔克（Steffensen & Calker, 1982）测试了美国和澳大利亚原住民女性，让她们回忆两则关于一个儿童生病的故事。在一个故事中，该儿童接受了西医治疗（美国女性熟悉的情况），在另一个故事中，儿童竟接受了本土医学治疗（澳大利亚原住民女性熟悉的情况）。当故事与被试的知识相一致时，回忆的效果更好。其他研究不同文化人群的心理学家也报告了类似的结果（Harris et al., 1992）。德雷戈夫斯基（Deregowski, 1974）指出，赞比亚的城市儿童比农村居民回忆出更多测试信息。也许城市儿童获得的更好的教育机会以及在学校活动中对记忆的重视影响了儿童的考试成绩。

5.13.4 形式推理与数学推理

形式推理是对给定前提进行抽象分析并从中得出结论的基本认知操作。它很容易受到系统教育的影响（Scribner & Cole, 1981）。形式推理不同于利用日常经验进行的经验推理。一个人可能会培养出经验推理技能，但在测量形式推理技能的测试中会表现不佳。俄罗斯心理学家亚历山大·鲁利亚（Alexander Luria, 1976）在一项研究中证明，如果推理过程所涉及的客体可以观察到，苏联共和国乌兹别克斯坦的文盲农民能理解经验推理，但往往不能理解需要假设和想象的抽象形式推理。

许多跨文化研究特别关注数学问题，这是因为涉及数学问题的研究提供了对推理能力的良好测验，而且数学符号似乎是文化中立的。其中一个重要发现是，东方文化，比如中国和日本儿童的数字能力发展水平高。事实上，中国参与者在几个数学指标上的表现都明显好于美国学生（Geary et al., 1992; Stevenson et al., 1990）。戴维斯和金斯伯格（Davis & Ginsburg, 1993）比较了贝宁（非洲）、北美和韩国的儿童，发现他们在与生活有关的非正式数学问题上的表现差别不大。然而，在正式问题上，韩国儿童表现最好。为什么会有这种倾向？最常见的解释基于一种假设：东亚国家制定了一套特定的社会规范，尤其是，为了发展儿童的数学技能，家长和老师比国外的家长和老师花费了更多时间和精力。很可能是教育规范和态度的差异导致了美国和东亚儿童测验成绩的差异（van de Vijver & Willemsen, 1993）。研究表明，在解决推理问题的过程中，欧裔美国学生和亚裔美国学生在使用言语方面存在差异。交谈对欧洲人的帮助明显大于对亚洲人的帮助，正如研究人员所说，这是因为亚洲人比欧裔美国人更倾向于使用内部言语（Kim, 2002）。

5.13.5 创造性

如果你用英语写一首诗，用 forever 和 together 押韵，或用 you 和 true 押韵，这就不能称为有创造性的诗。为什么？因为已经有几万首诗和歌曲中使用了这样的押韵。创造性通常意味着独创性，或者以新颖的方式产生有价值的成果的能力。创造性是关于做、说、设计或烹调一些意想不到的事物。

创造性通常可以理解为一个产生既新颖又有用的事物的过程。具体而言，创造性认知取向认为，创造性思维中包括两个认知过程：生成过程（generative processes）和探索过程（exploratory processes）。首先，人们积极地提取或找出可能具有创造性潜力的相关信息。接下来检查这些想法，以确定哪些应该接受进一步的加工，如修改、细化和转换（Leung et al., 2008）。在跨文化心理学中，关于文化在创造性中所起作用的研究，主要关注社会因素和社会化实践方面（Harrington, 1990; Stein, 1991）。例如，父母持续的支持和积极的刺激似乎可以很好地预测创造力（Simonton, 1987）。在一项墨西哥 - 美国比较研究中，来自经济条件优越家庭的儿童比处境不利的儿童表现出更高的创造性得分（Langgulung & Torrance, 1972）。研究还发现，阿拉伯被试的语言创造性得分往往高于空间创造性得分，这可能是由于伊斯兰文化强调要达到语言精熟，而宗教会限制用图像反映现实（Abou–Hatab, 1997; Mari & Karayanni, 1982）。这两项研究以及其他研究表明，在阿拉伯文化中，男性在创造性测验中的得分高于女性。然而，对同样多地接触过媒体、西方教育和旅游的被试来说，几乎没有证据表明存在创造性得分的性别差异。

文化经验可以提高或阻碍创造性。我们学会的习惯经常帮助我们协调我们的社交行为（Chiu & Hong, 2006）。然而，如果个体沉浸在一种文化中，并且只接触这种文化，这种习得的习惯和关于该文化的传统知识可能会限制个体的创造性反应和成长。研究表明，多元文化经验与偏好从陌生文化中抽取想法之间存在正相关。然而，虽然在国外生活与创造性思维之间存在正相关，但短期的国外旅游与创造性思维之间不一定相关。一方面，当我们在国外生活时，我们会有让自己的认知和行为发生适应和改变的机会。另一方面，有创造性的人比没有创造性的人更有可能选择在海外、在不同的文化中度过一段时间。然而，旅行和多元文化经验并不能提高个体在创造性任务中的表现，除非个人愿意接受新经验（Leung et al., 2008）。

典型案例

多元文化经验与想法的创造性扩展有联系，并能促进想法的创造性扩展。有些旅居国外的艺术家和作家离开祖国在国外定居时，就显露出杰出的见解，对此你是怎样看待的？考察一下部分作家、作曲家和艺术家的传记。他们在哪里创作了他们的重要杰作？加夫列尔·加西亚·马尔克斯（出生于哥伦比亚）、弗拉基米尔·纳博科夫（Vladimir Nabokov）和谢尔盖·拉赫曼尼诺夫（Sergei Rachmaninoff）（均出生于俄罗斯）、保罗·高更（出生于法国）、纳兹姆·希克梅特（Nâzım Hikmet）（出生于土耳其）、拉宾德拉纳特·泰戈尔（Rabindranath Tagore）（出生于印度）。为什么生活在不同的文化中能激发作家的想象力，或者激发艺术家的创造性作品？你能想到其他艺术家（女演员、画家、导演或作家）在远离祖国时创作出了杰作吗？再者，有很多艺术家和作家没怎么旅游，但没有人怀疑他们的创造性和才华。例如伟大的波斯诗人尼扎米，他一辈子都待在一个地方。

无论是否有创造性，在现代教育和全球就业的世界中，在做出影响许多人的生活机会的高风险决策时，大多数商务和管理决策者已变得过度依赖认知能力、知识或技能测验（Dalio, 2017; Helms, 2007）。

5.14 认知技能、学校成绩和教育体系

几项研究表明，个体的智商得分与学校成绩相关。换言之，如果阿里（Ali）的智商比约翰高，就可以预期阿里在数学、科学、文学和社会研究方面的成绩会比约翰好。那么，我们能不能认为，智力分数越高，学校成绩就越好？这可能是一个正确的假设，但包含了一个潜在的逻辑错误，因为一个人在学校得高分也可能由个体的努力、动机、学习兴趣和纪律性所决定。反过来，

这些特征可能在很大程度上受个体的家庭、书籍和在线教育资源的质量，甚至潜在的社会经济条件的影响。加上同龄人的影响、教师的努力和承诺、学校和家庭教育资源的可用性，所有这些都能决定个体的成绩和测验得分。

我们不应忘记，在全球范围内，各国学校系统的组织方式各不相同。在美国，公共教育主要以当地社区确定的指导原则为基础。在大多数情况下，对于要求幼儿园、中学或高中学生学习什么内容，联邦政府对州或学区的规定不能超过普通教育标准。然而，在大多数其他国家，学校采用标准的国家课程，全国学生在所有科目上都使用类似的教科书。教育专家和政府官员制定了儿童到一定年龄或年级时应该达到的特定标准。举例来说，日本的儿童在数学方面通常比美国儿童的水平高。这可能不是智商得分差异的结果（日本和美国儿童的平均分数接近），而是日本国民学校课程高度重视数学的结果。

批判性思维

在数学和其他学科方面，美国儿童是否落后于世界上其他国家？媒体认为“美国正在失去”教育，这不是一个新现象。一篇刊登在《生活》杂志 1957 年 3 月份的封面故事写道：“教育危机”。文章指出，在教育成就方面，勤劳而有纪律的苏联学生超过了懒惰且无忧无虑的美国人。早在 20 世纪 80 年代，许多关于日本学生与美国学生成绩对比的报告就预测，将会出现不可避免的快速经济衰退，而与之相对的是，以受过高等教育的聪明的日本工人为担当，日本经济将成为日益增长的力量。

如今，美国学生在每一门学科上的成绩都与世界上其他工业化国家的学生旗鼓相当。此外，美国人在诸如公民学（研究公共事务以及公民权利与义务的学科）等学科上的表现通常优于所有其他人。当然，与他人处于同一水平并不意味着美国的教育体系在各方面都很好。美国的教育挑战与制度和文化因素有关。首先，除了少数例外，美国公立学校是由当地资助的，不是由联邦政府管理的，这不同于世界上大多数国家，包括俄罗斯、韩国、中国和印度。第二，大多数美国学生都有机会接受大学教育（通过一个庞大的州立大学和两年制学院网络），并不需要高中学生的学习成绩特别优异。第三，美国的教育体系历来特别强调个人发展、自由选择、创造性及非传统的问题解决方式。这种文化关注点使许多学生及其父母不必进行严苛的考试准备（Farhi, 2007）。

为了获得更高的分数和更好的认知能力，你认为美国（或你选择的某个国家）的教育体系应该做出哪三个最重要的改变？为什么？

研究还表明，总受教育年限与智商得分之间有很高的相关。简单地说，智商较高的人可能会继续接受大学教育，而拥有大学学位的人可能比拥有高中文凭的人智商更高（Neiser et al., 1996）。高智商可以预测好成绩，好成绩反过来又提高了个人留在学校进一步接受教育的动机。

5.15 文化、测验与动机

智商测验得分不仅取决于个体的智力技能，还取决于个体对于测验的动机、渴望和态度。例如，为什么白种人、非裔美国人和墨西哥裔美国人的智力测验得分之间存在差距，而其他移民群体，如阿拉伯人、中国人或伊朗人，则不存在这种差距？为了解释这种差异，学者们转而考虑所谓的低努力综合征（low-effort syndrome）（Ogbu, 1991）。低努力综合征是一种应对策略或适应策略："无论我多么努力，我都会落后。"

与主流文化群体成员相比，一些少数群体成员往往更消极地看待支配群体成员的积极反馈。在一项实验中，白种人评价者在不同条件下表扬或不表扬黑种人或白种人学生的良好学术表现。与未受表扬的黑种人学生相比，被表扬的黑种人学生对评价者的礼貌程度评分较低；而表扬并不影响白种人学生对评价者礼貌程度的评分。黑种人学生往往将表扬归因于评价者期望较低；而白种人学生则往往将表扬归因于评价者期望较高（Lawrence et al., 2011）。

为什么会出现这种综合征？在美国，也许在其他一些国家也是，至少有两类少数群体。第一类是移民少数群体，他们中的大多数是自愿来寻求更好的条件和机会的。这些少数群体成功的条件是高学术成就。相反，另一类少数群体则是通过奴隶制或被强行殖民带到美国的。他们发展出另一种态度的基础是一种假设：学术成功不会导致进步，因为社会不希望他们在教育上取得进步。

人们很难不同意这样的观点：人们应该通过努力工作获得成功的结果。否则，悲观主义可能会阻碍我们中的许多人去研究、学习，并为更好的未来奋斗（Raspberry, 2000）。那些认为少数族裔的智力测验动机水平较低的人通常认为，少数族裔并不想在测验中取得优异成绩，因为他们认为自己无论如何都不会上大学，测验存在对其不利的偏差，因此测验结果并不重要。一些人将自己视为少数群体的成员，认为权力和资源不属于他们，他们没有理由去努力取得成功，因为成功是不可能实现的，由于他们的少数群体地位或其他原因，他们的努力不会得到社会的回报（Fryer et al., 2011）。此外，有些人认为智力测验是政府推进歧视少数民族的另一种工具（Williams & Mitchell, 1991）。

这种消极态度往往会传递给年轻一代，并成为其价值观体系的一部分，这种价值体系鼓励人们寻求不包括教育在内的其他生存方式。此外，一些黑种人将学业成就刻板地定义为“白种人”行为，这种行为不适合非白种人，尤其是非裔美国人（Ogbu, 1986）。

有些学者认为，参加智力测验的黑种人和白种人的动机水平没有实质性差异（Herrnstein & Murray, 1994）。作者举了一个“数字广度测验”的例子，在这个测验中，按一定顺序给被试读一系列数字，然后要求被试按照读出的顺序进行重复，如 11、17、20、16、9、49。测试一定数量的正向序列（forward sequences），或出现一定数量的错误之后，测试者要求被试反向重复数字序列。测试的这两个部分是一个接一个连续进行的，内容相同：被试重复的数字必须与给她的数字完全相同。

在这个测试中，黑种人和白种人的反向数字成绩差异大约是正向数字的两倍。作者认为，造成这种差异的原因不可能是黑种人被试缺乏动机：为什么“正向”序列上的差异是最小的，而“反向”序列上的差异却这么大?

然而，如果你批判性地思考，你很可能会发现，测试的两部分对参与者的意义并不相等。测试的前半部分只需要相对简单的记忆和重复操作，而测试的后半部分则要求被试反向重复数字，这需要大量的心理努力。这可能会激发被试的心理抵抗，他们认为这样的困难任务不可能克服，因此不值得持续努力。

然而，测试结果并不一定准确，可能会在弱势群体中产生负面反应。另一方面，测试也能帮助个体做出与其成绩相关的决定，从而产生成功的结果（Griffore, 2007）。在准备考试或分析考试结果时，学生可能会寻找提高记忆力、理解力和批判性思维能力的方法。

5.16 智商、文化与社会公正

少数人的权力是以他们的智力技能为基础的吗？尽管有例外，在大多数当代社会中，人们所受教育的程度一般能预测其社会地位和社会经济地位。事实上，你的受教育程度越高，你就越能申请并最终获得有声望和高薪的工作。如前所述，受过高等教育的人通常比受过较少教育的人赚得多。例如，在大多数社会中，从事诸如医生、律师、牙医、大学教授和一些其他职业需要 20 年的正规教育。换言之，高智商意味着在学校的成绩更高，应该最终导致更高的社会地位——其价值是由产生的收入和职业声望来衡量的。

用你的批判性思维能力举例说明，在某些社会中，某些有声望的职业不需要个人通过很多测验或取得高级学术证书。在这种情况下，智商和收入潜力之间的关系将不太明显，因此智商可能会失去对人们生活的歧视性力量。那么，在当代社会，是否还可以根据人们的测验成绩将他们分为“上层”和“下层”两个社会类别？

一些人认为，在当代社会中，人人生而平等，法律应保护他们的平等权利。因此，继续以测验分数为依据对社会人群进行划分，从根本上就是错误的。为什么当代制度根据某些群体的分数而歧视他们，还要认为这样的制度是公平的？例如，一些少数族裔，主要是黑种人、拉美裔和美洲原住民，他们上大学的机会较少，因此与那些教育水平较高的其他族群的人相比，获得高薪工作的机会也较少。从一个稍微不同的角度来看待这种情况，人们可能会问：“如果我们只有一个教育系统，它将社会成功与测验得分联系起来，决定人们应该从事什么工作，并最终以成绩为基础决定他们能赚多少钱，我们怎能称之为公平的社会？”

其他人可能会回答：“那有什么问题呢？我们都是不同的。有些人高，有些人矮。我们有不同的技能。我们倾向于为不同的目标而努力。我们无权以同样的方式表现。我们必须接受多样性。多样性假定了会存在某种不平等。”如上所述，智力测验得分可以预测一个人可能从事的职业。在美国和许多其他国家，某些职业要求申请人需要获得特定的大学学位，并通过特定的资格考试。毫无疑问，这些职业需要个体运用他们的智力技能。例如，想象自己是一名内科医生。你每天必须做什么？最有可能的是，你必须检查具有各种症状和问题的不同的患者；你必须培养你的研究技能和观察能力，才能做出正确的诊断；你必须与保险公司及主管沟通；你必须了解如何写处方；你必须知道如何与患者及其亲属交谈；你必须关注在线医学新闻并阅读科学及其他专业期刊。我们还要继续吗？这项工作需要较高的学术学位和很高的智力。学历较低或未受过正规教育的人应该从事其他活动。

也许人们会在某些行业内相互竞争和歧视。也许人们没有办法在学校考试中发挥同等的表现，从而取得同样的分数。然而，只要有可能，生活在自由和民主社会中的人们都能减少歧视带来的影响，无论有意还是无意。为了论证这一问题，我们假设两名儿童出生于 2015 年。我们可以期望他们有为更好的未来而竞争的平等机会吗？也许吧。然而在现实中，从一开始，他们就可能以不同的“速度”加入对幸福的竞争中，其中一名儿童的智力成长条件较好，而另一名儿童则没有这样的有利环境。

在不平等的环境下，这两名儿童是否有同等机会发展出同等的认知技能，即使他们在出生时具有同等的潜力？这个问题很难回答。有些人可能认为，政府（当然，由受过教育的专家管理）应该创造特定的条件，使每个人都可以平等地分享财富和资源，不管他们的教育和智力得分如何。例如，一名脑外科医生应该得到与高中辍学者相同的补偿——当然，如果他们作为雇员已经尽力了的话。然而，你们当中没有多少人会同意这个计划。

我们中很少有人会要求不管人们的成就、努力、技能和道德行为如何，大家都应该完全平等并获得相同的收益。我们相信，富裕的民主社会能通过帮助弱势群体争取和追求幸福，从而为其公民创造更好的条件。然而，这场辩论不仅引发了心理问题，还引发了许多超出当前分析范围的道德和政治问题。

然而，智力测验和智商得分可能会发生变化。弗林（Flynn, 1987/2007）讨论了一个有趣的趋势，即智力测验成绩在全球范围内持续稳定上升。这种效应主要是在发达国家发现的，表现为智商分数每 10 年增加 3 分。总体而言，在过去半个世纪里，有足够数据的所有工业化国家的智商得分平均提高了 18 分。从更广泛的角度来看，我们可以认为每代人的得分都比他们的父母一代高，差异是 6~9 分。这种差异可能是由人们的技术进步造成的。举个例子，在 20 世纪 80 年代，大多数电子游戏都是简单、一维的，有两个或三个缓慢移动的物体。今天的电子游戏大多是三维、高分辨率和彩色的，需要大量的准备和训练才能成功地玩其中的某一个（特别是如果你玩的是在线游戏）。互联网接入的增加也加剧了周围世界的复杂性，并可能会刺激个人心理技能的发展。技术和其他资源改变了人们的生活。例如，在 20 世纪 90 年代，美国农村和城市人口之间的智商得分差距显著缩小（Neiser et al., 1996），这可能是由于社会和技术环境的变化所致。在农村地区，与 20 年前或 40 年前的情况相比，儿童有了更多途径去获取各种信息，如电视和互联网。

考试成绩高和整体学业成功都需要获取知识和技能，同时还需要学习动机。正如许多专家所说明的，虽然学术学习是教育的主要目标，但关于如何最好地实现这一目标的想法需要拓宽，以考虑到孩子的学习参与、他们作为学生的自信心以及他们与其他孩子和成人一起有效工作的能力（Bemak et al., 2005）。

5.17 最后，道德价值观

总之，许多心理学家支持的当代观点是，智力的最基本要素是所谓的高水平能力，即推理、解决问题和决策。智力不仅仅是对环境条件变化的反应，还是一个人了解和欣赏环境的整体能力。与智力水平低的人相比，智商高的人更能注意、理解和解释周围环境中各种情境下、各种活动形式的现象。一种观点认为，与大多数其他人相比，智商较高的人更有可能改变我们的社会和物理环境（Sternberg, 2004）。

然而，智商高、改变环境潜力更大的人也可能缺乏或没有道德价值观，缺乏怜悯、同理心或善意。

早在 20 世纪 70 年代，人类认知发展领域最著名的专家之一乔姆斯基

（Chomsky, 1976）就批评了主流的成功取向。这种取向假设个人成就的基础是其收入及知名度。事实上，收入和声望不是也不应该是衡量社会成功的唯一标准。在许多国家，社会成就在很大程度上不仅取决于一个人的赚钱能力，或者在智力测验中取得高分的能力，而且取决于其生存技能（这是最重要的）。生存技能包括：（1）在食物和资源供应有限的条件下的坚持；（2）适应环境；（3）在无法无天、暴力、环境退化和疾病的压倒性压力下改变环境的能力。此外，许多人并不仅仅将个人幸福感、工作理由和成功建立在外在奖励和物质因素的基础之上，还有道德上的满足、爱、友谊、激情、灵性和许多其他人类经验元素，即使是设计得最好的智力测验也可能无法衡量。

练习 5.2

记忆和经验

我们对主题或话题的熟悉程度会影响我们记忆和提取信息的准确程度。因此，不同的文化经验可能会影响我们在特定环境中的记忆质量。考虑以下句子：

The quarterback threw an incomplete pass and his mistake forced the team to punt the ball right before the two-minute warning.

选择 5 个熟悉橄榄球的人和 5 个对这种运动知之甚少或一无所知的人，给两组被试读这句话，然后让他们写下他们记住的内容。你期望得到什么结果？事实上，即使很难记住这句话的所有 22 个单词，但熟悉橄榄球的人会准确记住大部分单词，而那些不熟悉橄榄球的人在传达这句话的意思时可能会犯一些错误。你能检验这些假设吗？

典型案例

理性计算与道德价值观

在以下情况中你会怎么做？想象一下，你是一艘宇宙飞船的船长，带着 5 男 5 女共 10 名船员降落在一个遥远的行星上进行科学研究。这些人中有 1 人超过 65 岁，还有 1 人是 25 岁。9 人有大学学位，1 人没有学位。其中 8 人有配偶和孩子在地球上，2 个人没有配偶和孩子。然而，你了解到，由于一些灾难性的问题，如果所有船员都在飞船上，这艘飞船就不能从这个行星上发射：它超过了 170 磅的承载能力。现在氧气罐几乎要耗尽了。你会怎么办？在著名的经典电视剧《星际迷航》(*Star Trek*) 中，智力技能超群的角色斯波克先生 (Mr. Spock) (其智力远远超过其他船员) 提供了一个非常"合乎逻辑"的解决方案：最不值钱的船员留在这个行星上 (这个人在那里会死亡，他的牺牲能拯救其他船员的生命)。在这种情况下，谁的价值更低，谁的价值更高？你如何定义一个人的价值？你对这个假设任务的解决方案是什么？

练习 5.3

寻找纸笔测验中可能的偏差

根据联邦政府资助的写作测验的结果，全国 3/4 的学生 (四年级、八年级和十二年级的 60 000 个样本) 写不出一篇组织良好、连贯的短文。大多数学生能够按要求写短文，但是，他们的写作既没有达到全国教育委员会、州政府官员和商务领袖所期望的复杂程度，也没有达到相应的熟练程度 (Cooper, 1999)。不同种族和族群的表现也存在差异。白种人和亚裔学生的写作比非裔美国人、西班牙裔美国人和美洲原住民要好。在位于军事基地的学校中，这种差距较小，少数族裔学生的得分高于其他地方的同龄人。也许少数族裔学生受益于国防部学校资源的公平分配以及位于军事基地的学校的态度、教育和财务安全。

但是，有没有人检查过测验可能存在的文化偏差？显然没有。以下是国家评估管理委员会用来测试不同年级学生写作技能的问题示例。你能否检查一下这些问题，并就这些作业是否对某些族裔有偏差提出你的观点？解释你的论点，并尽量让你的分析既复杂又熟练。

四年级学生

我们都有我们关心并且不想放弃的最喜欢的东西。想一件对你来说很重要或有价值的东西。例如，可以是一本书、一件衣服、一个游戏或你关心的任何事物。写下你最喜欢的事物。请务必描述该事物，并解释它为什么对你有价值或重要。

八年级学生

想象一下这种情况！一天晚上，外面的噪声把你吵醒。你看向窗外，看到一艘宇宙飞船。飞船的门打开，一个太空生物走了出来。这个生物长什么样？这个生物是做什么的？你是做什么的？续写一个接下来会发生的事情的故事。

十二年级学生

你的学校正在赞助18岁高中生选民注册活动。你和你的三个朋友正在讨论这个项目。你的朋友这样说：

朋友1："我正在做年轻选民登记工作。你要来登记吗？你们都18岁了，所以可以登记。我们正试图帮助增加参加投票的年轻人的数量，这应该不会太难——我了解到近年来18~20岁年轻人的投票比例有所提高。我们希望这个比例继续提高。"

朋友2："我会去的。人们年满18岁后应该去投票。这是生活在民主国家的责任之一。"

朋友3："我不知道人们是否应该费心去登记。选举中的一票什么都改变不了。"

你同意朋友2还是朋友3的看法？给你的朋友写一个回复，说明你是否愿意登记投票。一定要解释原因，并用你阅读过或经历过的例子来支持你的立场。试着说服与你意见不同的朋友，让他们同意你的立场。

5.18 本章概要

1. 大多数智力定义都包括诸如了解和理解我们周围现实之类的短语。智力还被定义为一组帮助个体实现目标的心理技能。智力也被视为使用知识和技能克服障碍的能力。最后，智力被定义为能帮助人们适应不断变化的环境。

2. 智力离不开认知这一个体用来获取和运用知识的多样化过程。它通常包括识别、分类、思维和记忆等过程。总而言之，认知发展既不是相对于文化的，也不是各个地方完全统一的。

3. 在心理学中，最受关注的是所谓智力的心理测量学取向。这种观点基于这样一个假设：我们的智力可以用一个数值表示。

4. 现在的各种测验表明，大型文化群体之间的智力得分存在差异。例如，在美国，亚裔美国人（东亚裔）得分最高，其次是欧裔美国人、西班牙裔美国人，最后是非裔美国人。因此，平均而言，非裔美国小学生的标准化智力测验得分比白种人小学生低10%~15%。

5. 为了解释智力测验得分的一些群体差异，斯滕伯格建议区分智力和智力行为。在他看来，智力是一种心理过程，可能会也可能不会导致特定的行为模式。这些智力行为模式可能因文化而异。一种文化中的成员认为是聪明的行为，其他文化中的成员可能不认为聪明。

6. 按照智力的先天论取向，人类的认知现象与生俱来。它们是生物“编程”的结果，而环境知觉几乎不需要有机体的主动构建。有证据表明，遗传在人类智力中起着重要作用。然而，尽管个体差异和相似性与遗传有联系，但并不意味着群体差异（如国家层面的）也是以遗传因素为基础的。

7. 一些专家暗示，由于测验词汇（测验问题中使用的单词和项目）的原因，大多数智力测验有利于特定族群。测试可能包含内部偏差，因为只有部分群体熟悉测验中使用的词汇。因此，这些群体的成员比那些不属于该群体的成员得到更高的分数。

8. 已发现许多环境条件会影响智力测验的表现。其中包括资源的可用性和获取途径、各种知觉体验、家庭氛围主要类型、教育机会、书籍和旅行的获取途径、是否存在文化神奇信念、一般态度和文化习俗。

9. 智力得分一般与个人的社会经济地位正相关，社会经济条件与测验成绩之间的联系在幼年时就会表现出来。儿童的智商与其父母的社会经济地位也呈正相关。与贫困家庭相比，富裕且受过教育的家庭可能为儿童提供更好的物质环境，也有更多资源来开发儿童的智力潜力。贫困对儿童和成人的智力发展产生了多种间接影响。

10. 在美国，高智商的人在医生、科学家、律师和企业高管中的比例远超正常水平。智力得分低的人在靠福利生活的人员、监狱囚犯、单身母亲、吸毒者和高中辍学者中的比例也远超正常水平。

11. 不同文化的人对智力的评价和解释方式有所不同。例如，并非所有文化都把智力概念化为快速和分析能力。如果一个群体的概念包括反应过程中的详细性和精确性，但另一个群体没有提到这些特征（而是提到即兴创作是智力的一个要素），那么精确性就不能作为这两个群体的比较标准。

12. 西方和东亚学生在认知风格上存在差异：来自中国、韩国和日本学生的知觉比西方血统的学生更倾向于整体性。

13. 认知过程具有跨文化的相似性，但也可能根据特定的文化规范和社会需求以不同的方式发展。人们发展出最适合其生活方式需要的认知特征。跨文化研究结果表明，分类、记忆、标签、创造性和形式推理方面的差异可能源于文化因素。不同的文化群体根据与这些对象相关的特定文化体验对刺激进行不同的分类。许多认知过程可以根据特定的文化规范和社会需求以类似或不同的方式发展。

14. 一般来说，美国儿童在选择学校活动方面比其他国家的儿童有更多自由。美国通常强调个人个体发展、愉快的活动和对儿童个性的尊重。相反，在亚洲国家，积极促进儿童数学能力的发展至关重要。从一开始，儿童就学会了为了教育目标而遵守纪律、坚持不懈和做出牺牲的规则。

15. 一些少数族裔可能会表现出所谓的低努力综合征，或者智力测验中较低的动机水平。这通常表明这些个体不会努力在这些测验中取得优异成绩，因为他们认为自己无论如何都不会上大学，测验存在对其不利的偏差，测验结果并不重要。

16. 总体而言，在发达的西方社会，高智商得分与社会成功相关。然而，智力测验和得分的情况可能会发生变化。有一个有趣的趋势，即智力测验成绩在全球范围内持续稳步地上升。这种效应主要是在发达国家发现的，表现为智商分数每 10 年增加 3 分，这可能是因为教育的努力和技术的发展。

5.19 关键术语

认知 代表个体用来获取和运用知识的一系列过程的通用术语。

认知风格 个体组织和理解世界的个人方式。

创造性 独创性或以新颖的方式产生有价值的成果的能力。

经验推理 取自日常活动中的经验和认知操作。

场依存风格 个体更多地依赖外部视觉线索并主要以社会为导向的一般认知能力。

场独立风格 个体主要依赖于他们自身的身体线索并较少以社会交往为导向的一般认知能力。

形式推理 基于对给定前提的抽象分析并从中得出结论的基本认知操作。

智力 理性思考、有目的地行动、克服障碍和适应不断变化的环境的总体能力。

低努力综合征 基于测试有偏差且测试结果对生活成功不重要的信念而产生的智力测验动机水平低下。

先天论观点 认为所有认知现象都是与生俱来的，它们是生物“编程”的结果，并且环境知觉几乎不需要有机体的主动构建。

智力的心理测量学取向 以假设我们的智力可以用数值表示为基础的观点。

第6章 情绪

今天你笑了几次？是什么让你发笑？或者是谁让你发笑的？是什么让你周围其他人发笑？正式地说，呼吸系统的一系列收缩被我们听见，就是笑声。同时，笑声表达了多种积极情绪，如喜乐和惊奇。我们可以把笑声看作一种生理现象。例如，有人咯吱我们，我们就会咯咯地笑。这也是一种文化结构：我们听到有趣的笑话，或者看到喜剧场景，就会大笑。但生活在其他国家的人能理解我们最喜欢的笑话吗？笑是否具有普遍的跨文化机制呢？作为人类的我们，会因为相似的原因或在类似的情境下笑吗？著名的古代故事《金驴记》（*The Golden Ass*）的主要角色是露西乌斯（Lucius），作为人类，他被错误地困在动物体内变成了驴子，并经历了许多冒险故事。历史学家和语言学家发现，这个可以追溯到2000年前的故事具有跨文化意义，因为它反映了一系列似乎普遍的幽默来源，也就是引人发笑的条件。

研究者认为，幽默至少与三个相互关联的特征相关联：幽默与嘲讽有关，表达了相对于他人或相对于自己的优越感；幽默与遭遇困窘（confusion）有关；最后，幽默可以缓解紧张感（Beard, 2014）。但我们如何得知《金驴记》确实会让我们开怀大笑呢？当然，这取决于许多因素和情况。一方面，作为人类，我们很可能以许多相似、基本和普遍的方式欣赏幽默并体验情绪。另一方面，有许多文化的、个体的和情境的因素，使我们对幽默的理解具有文化特异性甚至非常独特。例如，如果我们咯吱自己，几乎不会让我们发笑。此外，不同文化中的人对咯吱的看法也不相同。在一个国家流行的笑话，在另一个国家却不好笑。仅仅在几个世纪之前，对陌生人微笑才成为可以接受的社交方式。父母教孩子在某些特定情况下不要笑。例如，当你观看喜剧时，如果主角把咖啡洒在自己身上，这时哈哈大笑是可以接受的，但当你的教授在课堂上遇到同样的事情时，哈哈大笑就不可接受了……不是吗？

你知道日本不可以当众接吻吗？我们谈论的不是几个世纪前的“日出之地”，而是现代日本。在许多国家，正式的法律禁止在公共场所发生“不雅行为”，严格的宗教规定要求个体在公共场所要谦逊，而在日本，两者都不适用。日本没有法律或宗教法令禁止在公共场所亲吻配偶或朋友。人们只是遵循传统，也就是古老而非正式的行为准则，将这些行为视为私密行为。在纽约或莫斯科，你总会在火车站或机场看到人们拥抱或吻别，而在日本却很少见。那么对日本人来说，为什么公开亲吻看起来如此令人无法接受呢？来自日本的人会告诉你，从生命之初，他们就学会了在公共场所克制自己的情绪。在别人面前引起注意，会被视为表现软弱或行为不当。问题是，在情感表达或多或少受到文化规则限制的日本，来自不同文化的人们是否以不同方式体验情绪？

此时时刻的蒙特利尔，某人因为工作晋升而欢呼跳跃。在地球另一端的耶路撒冷，一个女孩正在焦急地期待着她的成人礼（Bat Mitzvah）。在莫斯科，一名优步出租车司机因高峰时段的交通堵塞倍感沮丧。在韩国，一名军人在第一次跳伞前异常平静。情绪或情感是一种评价性反应，通常包括生理唤醒、主观体验（积极、消极或矛盾）和行为表现。无论我们生活在哪里，无论我们说什么语言，快乐与失望、悲伤与惊讶、嫉妒与自豪，以及其他几十种情绪总会伴随着我们的日常生活。从我们出生那天起，我们就通过语音和手势来表达情绪。我们从周围的人、读的书和看的视频中学习如何感受和如何表达我们的感受。人类情绪总是巧妙地表现在文字、图像和声音中，并引起艺术家的极大兴趣。几个世纪以来，诗人、音乐家和画家在他们的作品中展示、表达和描绘了人类的爱、悲伤、内疚、愤怒和激动。

对学术书籍的简要调查显示，哲学思想一直都关注人类情绪的理解。在中国教育家和哲学家孔子（Confucius）（公元前6世纪至公元前5世纪），希腊的伊壁鸠鲁主义者（Epicureans）和智者学派（Sophists）（公元前5世纪至公元前3世纪），阿拉伯医师和思想家阿维森纳（Avicenna）（10—11世纪），欧洲人笛卡尔和斯宾诺莎（Spinoza）（17世纪）等的著作中，我们可以找到关于恐惧与喜悦、愤怒与悲伤等的复杂而有趣的观察结果。然而，对情绪的科学研究是在最近，也就是一个多世纪前才开始的。

美国心理学家威廉·詹姆斯（William James, 1884）是这一领域的先驱之一，他认为情绪以身体体验为基础。身体体验使人感觉到唤醒，从而激起焦虑、快乐等主观体验。詹姆斯认为，人们不是因为高兴而蹦跳和拍手，相反，他们是因为蹦跳和拍手而高兴。詹姆斯甚至给出了感受特定情绪的建议：

> 如果我们失去了自发的快乐，那么通往快乐的主动路径就是快乐地坐起来，像是快乐已然存在那样去行动和说话。要想感受到勇敢，就像是自己勇敢那样行动，用我们所有的意志去实现那个目标，勇气将会取代恐惧。
>
> （引自 Wallis, 1965, p.156）

大约在詹姆斯在美国谈论自己观点的同时，丹麦生理学家卡尔·兰格（Carl Lange, 1885—1922）独立于詹姆斯提出了关于情绪的类似观点。这一观点现在被称为詹姆斯—兰格理论（James–Lange theory）。

40 年后，美国人沃尔特·坎农（Walter Cannon）和菲利普·巴德（Philip Bard）发表了另一种观点，现在称为坎农—巴德情绪理论（Cannon–Bard theory of emotion）。他们认为，多种不同的生活场景——比如一只毛茸茸的蜘蛛爬到你的肩上——能同时引发情绪体验（如厌恶或恐惧）和身体反应（如血压升高或手心出汗）（Cannon, 1927）。20 世纪 60 年代，另一种情绪理论受到心理学家的信任。根据该理论的观点（Schachter & Singer, 1962），情绪体验有两个关键要素：生理唤醒及对唤醒的认知解释。对任意一种情绪，我们首先体验到一种生理唤醒状态，然后，我们试着向自己解释唤醒的意义——如果情境表明我们应该体验到快乐，我们就说感受到了喜悦；如果有人威胁我们，我们就说感受到了恐惧。

这些理论的最初测试是通过在北美和欧洲学习的学生进行的。然而，这些理论可以在跨文化背景下应用吗？从支持该理论的角度来看，人类所有情绪都是普遍的，有着相似的潜在生理机制，而特定的文化环境只会把表面的“妆容”应用到人类基本的普遍情感上。例如，在美国，当喜欢的球队在足球比赛中进球或在棒球比赛中打出全垒打时，一群快乐的朋友会互相击掌，而在东欧，朋友们在类似情况下更有可能握手。然而，尽管表达方式有差异，但两组朋友感受到的喜悦几乎是完全相同的。如今，在科技的推动下，人们交流的速度越来越快，这使得全球的体育迷越来越有可能用类似的方式表达他们对球队获胜的喜悦之情。简言之，快乐就是快乐，无论你住在墨西哥、波斯尼亚、尼日利亚还是越南。

第二个有利于该理论的观点是，情绪的文化起源和文化特异性。根据这一观点，人类所有的情绪都是在特定的文化条件下产生的，因此，首先要在特定的文化背景下才能最好地理解情绪。例如，如果观察者既了解讽刺的本质（一种间接表达意思的表达形式），又了解讽刺反应出现的周围环境，那么他就可以认出波兰工人脸上的讽刺微笑。

与其他文化相比，个体是否会更准确地识别他们自己文化成员的情绪表现？这一直是心理学研究中的一个重要议题（Soto & Levenson, 2009）。

6.1 笑的时候是快乐的：情绪体验的相似性

人们通常能识别他人的情绪。即使我们不会说某个人的语言，我们也可以通过观察其面部表情来直觉地判断他是高兴还是悲伤。如果你通过判断别人的情绪表情来理解别人的感受，并且如果他们反过来也能正确判断你的情绪，这就意味着人类的感受应该是相似，甚至普遍的。跨文化研究表明，情绪表情通过向观察者提供有关某人内心感受的信息，有助于促进人与人之间的社会交往。我们随后的反应和想法基于这样一个假设：情绪表情和情绪知觉是以某种方式对应的（Fang et al., 2017）。事实上，这一观点是查尔斯·达尔文（1872—1979）在他的著作《人类和动物的情绪表情》（*The Expression of the Emotions in Man and Animals*）中提出的。他通过收集来自世界各地的访谈而得出结论，认为人类基本的情绪表情应该是相似的，因为它们具有适应进化的目的。动物和人类都通过手势、姿态和面部表情来表示他们准备帮忙、战斗或逃跑。例如，想象一下，你看到你朋友的眼睛睁得大大的，听到他尖叫，看到他扔掉一杯苏打水。这种综合反应可能会让你警觉，你朋友可能对他在杯子里看到的东西感到害怕或厌恶。你几乎立刻就会检查是否有问题，比如你的杯子里是否有个小虫子。许多情绪都能调节社会行为，保护人们免受危险。例如，恐惧和愤怒通常比快乐更能加速心率。从进化的角度考虑，这是有道理的。愤怒和恐惧与战或逃反应（fight-or-flight responses）有关，这些反应需要心脏向肌肉输送更多血液：你要么保护自己，要么逃避威胁。在所有文化的男性和女性中，恐惧在危险情境中都会引起一种特定的防御反应。同样，厌恶阻止我们尝试潜在的有毒物质，如腐烂的食物或变质的水（Izard, 1977）。从进化的角度来看，厌恶是一种适应性情绪，可以激发回避疾病的行为，有助于识别与感染风险相关的物体和情况（Curtis, 2011）。

批判性思维

虽然基于调查的研究方法经常用于情绪研究，但至少存在两个方法论问题。情绪需要在调查问题中解释，并由被试进行描述。这是有问题的，因为有些人既记不清自己是如何表达情绪的，也不能准确描述别人的特殊反应。此外，人们会假设某些情绪表情不“好”或不“道德”，从而倾向于给出社会赞许的答案（例如，当众大笑或公开表达愤怒）。这会让被试根据他们认为应该如何反应而给出回答（Oishi et al., 2004; Park et al., 2018; Wang et al., 2006）。你认为这些跨文化情绪研究还有哪些局限性？

实证研究表明，人们表达情感的方式有许多相似之处。对西方工业化国家和非西方环境下人们的面部情绪表情进行比较，发现二者有很大的相似性（Ekman, 1980; Engelmann & Pogosyan, 2013）。过去，在大众旅游和传播的全球化时代到来之前，研究人员在情绪的嗓音表情中发现了一些普遍的模式（Van Bezooijen et al., 1983），在嫉妒和羡慕等复杂情绪的行为表情中发现了跨文化的相似性（Hupka et al., 1985）。

关于人类情绪相似性还有一个有趣的论据，该论据来自关于情绪表情的识别、描述和解释过程的大量研究——简称情绪识别（Ekman, 1980; Engelmann & Pogosyan, 2013; Izard, 1971）。例如，在最早的一项研究中，向美国、巴西、智利、阿根廷和日本等 5 个国家的被试呈现人的照片，每张照片都表现出 6 种情绪中的一种：快乐、悲伤、愤怒、恐惧、惊讶或厌恶。大多数被试都能正确识别这些情绪（Ekman & Friesen, 1969）。人们在解释眉毛位置和微笑时表现出显著的准确性（Keating et al., 1981）。例如，微笑普遍被理解为快乐的标志，眉毛低垂则是愤怒或支配的标志。在另一项被试来自爱沙尼亚、德国、希腊、中国香港特别行政区、意大利、日本、苏格兰、苏门答腊、土耳其和美国的研究中，艾克曼及其同事（Ekman, 1987）证明，像羞耻和沮丧这种混合的情绪表情，也很容易被不同国家的人识别。

一项涉及 37 个国家的大规模比较研究显示，西方国家和非西方国家的人表现出相同的一般情绪表情模式：一般来说，男性群体倾向于表达愤怒，而女性群体更倾向于表达悲伤和恐惧（Fischer et al., 2004）。

对被试嗓音中情绪语调的跨文化识别研究也得到了类似的结果。如果说话者用外语说话并录音，人们通常能识别说话者的情绪（Albas et al., 1976; Van Bezooijen et al., 1983）。在另一项研究中，要求来自西方和非西方文化的被试做出表情，表示他们见到某人时高兴、对某人生气、对坏消息感到伤心等，并记录下这些面部表情，然后进行分析。结果显示，两组被试表现出相似的面部肌肉模式（Ekman & Friesen, 1978）。换言之，不同文化中的人不仅能轻松识别基本情绪，而且能用相同的肌肉群来表达自己的情绪。世界上大多数人都能从声音线索中推断情绪。在欧洲、北美洲和亚洲的 9 个国家进行了一项研究，考察了由德国专业演员制作的愤怒、悲伤、恐惧、喜悦和中性声音的嗓音情绪。

在不同文化和不同语言中，人们命名情绪的方式有着惊人的相似性（Russell, 1991）。在其他语言中，几乎每一个英语情绪词都有对应的词（Scherer & Wallbott, 1994; Scherer et al., 1988）。所有的语言都区分积极情感和消极情感。幼儿在很小的时候就开始了解这种区别，并会使用诸如“美”“小气”“好”（good）、“坏”“我喜欢”和“我不喜欢”之类的词汇和短语。不同语言定义所谓基本情绪的方式也有相似之处。虽然理论家可能会列出稍有不同的列表，但大多数分类都包括 5 到 9 种情绪。几乎每个国家的情绪类别中都包括愤怒、恐惧、快乐、悲伤和厌恶。另外的类别还包括惊讶、蔑视、兴趣、羞耻、喜悦、信任、期待和内疚（Lynch, 1990; Russell, 1991; Vekker, 1978）。

不同文化背景的人用相似的方式评价表示特定情绪的词语（Frijda et al., 1995; Roseman, 1991）。举例来说，讲日语、印尼语和荷兰语的被试对表达愤怒的词语也有类似的评价，认为这些词语都表示不愉快的体验，如阻碍某人实现目标，或者由于某个原因或某个人而发生的不公平的事。

即使人们生活的地方相隔遥远，也能为某些复杂的情绪发展出比较相似的语言标签，这表明人类情绪体验及其解释具有共同的、普遍的根源。例如，在日语和中古英语方言中，有两个词 amae 和 mardiness，它们显然都表示一个人对感情（affection）的需求（Lewis & Ozaki, 2009）。

跨文化敏感性

一项对 32 个国家（包括印度、中国、土耳其、以色列、俄罗斯、津巴布韦、美国、德国和墨西哥等）的样本进行的研究表明，个人主义与更高的情绪表达性（emotional expressiveness），尤其是与幸福感和惊喜感的表达正相关；个人主义与悲伤的表达呈负相关。这些发现表明，文化个人主义总体上与积极情绪的认可有关（Matsumoto et al., 2008）。蔑视、厌恶和恐惧是在所有样本中最不受认可的情绪。很有可能的是，负面情绪，特别是蔑视和厌恶，被认为能破坏社会关系，特别是在集体主义文化中（Butler et al., 2009）。悲伤还标志着痛苦（Izard, 2004），这被理解为个体软弱的明显标志。然而，这些发现并不能证明这样一种假设，即来自主要是集体主义文化的个体在情绪表达上总是含蓄的，而来自主要是个人主义文化的个体则不是。在判断别人的情绪表情时，要考虑到这些个体独特的人格特征、当时的情况及你在这种情况下的角色，以避免自证预言（见第 2 章）。

总之，人类情绪普遍性观点的支持者认为，无论我们的文化起源如何，我们都与他人有许多共同点。当然，应该有一些跨文化差异（Elfenbein & Amabady, 2002），然而人们倾向于用基本相似的面部表情、生理变化、混合情感及主观的快乐或不快乐体验对外部事件和身体信号做出反应。从跨文化的角度来看，在失去亲友、孩子出生、最喜爱的运动队获胜及他人批评时，个体会敏感地表现出情绪。在不同的文化中，悲伤会引发哭泣，愤怒会引发攻击，而快乐会帮助人们拥抱和原谅他人。

6.2 如果你没受过伤害就无法解释痛苦：情绪体验的差异

尽管不同文化的情绪体验是相似的，但人们知觉和描述基本情绪的方式存在差异（Fang et al., 2017; Park et al., 2018）。在佛教文本中（有些是中文），7 种基本情绪是快乐、愤怒、悲伤、喜悦、爱、恨和欲望，其中没有厌恶。此外，罗素和叶（Russell & Yik, 1996）回顾了对反映包括儒家、道教和佛教在内的主流哲学的中国古代文本的研究，发现有各种不同的情绪集合，情绪种类数从 5 种到 7 种不等。他们翻译成英文的情绪标签总共有 12 个，其中不包括厌恶。然而，最近涉及各种心理和生理测量的研究表明，中国被试识别六种基本情绪的方式与其他民族倾向于相同（Wang et al., 2006; Yang et al., 2020）。文化对情绪的语言描述也各不相同。例如，塔希提语（Tahitian）有 46 个不同的单词表示愤怒，但没有一个单词表示悲伤。在一些非洲语言中，同一个词可以表示悲伤和愤怒。在一些俄语方言中，“我可怜你”（I pity you）可以表示“我爱你”、哀悼甚至蔑视。

情绪体验表情的差异、情绪标记的语言多样性及不同的社会化实践均表明，人类情绪有许多文化特异性的起源。简言之，根据这一观点，不同文化、不同群体的人的情绪是不同的，因为这些情绪产生和发展于文化特异性的体验。

想想人们是如何判断表情符号的。在网络交流中，表情符号是一种备受欢迎的情感表达新渠道。然而，我们理解这些表情符号的方式植根于我们的经验。有一项跨文化实验研究，其中一个样本来自喀麦隆和坦桑尼亚（狩猎采集者、农民、牧民和城市居民，很少使用表情符号），另一个样本来自日本（表情符号非常流行），该研究表明，日本被试对表情符号代表的情绪非常敏感，喀麦隆和坦桑尼亚的被试几乎读不出表情符号所代表的情绪。换句话说，没有文化经验，“☺”这个符号看起来不一定像微笑（Takahashi et al., 2017）。

我们知道，我们的情绪经常是混合的（例如，你可以同时感到惊讶和愤怒）或矛盾的（你可以同时感到遗憾和喜悦，回想一下你高中毕业时的情景）。

研究（主要集中在东亚）发现，东方文化中的人对多种不同情绪（及它们之间复杂的相互关系）的反应更为敏感，而西方文化中的人则对最显著或主导性的情绪敏感（Fang et al., 2017）。还记得我们在第 5 章讨论了文化背景在东西方文化中人们的认知风格中的重要性吗？不同文化群体在常见情绪反应的频率和意义上也有所不同（Matsumoto et al., 1988）。例如，一些研究指出，有些群体在体验积极情绪，如喜悦（Markus & Kitayama, 1994a），以及消极情绪，如愤怒（Solomon, 1978）的程度上存在文化差异。日裔美国心理学家大石繁宏（Shigehiro Oishi）和几位同事调查了日本、韩国和美国的 350 多名大学生。他们发现，平均而言，欧裔美国人比亚裔美国人、韩国人或日本人更快乐。然而，欧裔美国人会因负面事件（停车罚单或成绩不好）而心烦意乱，从这些挫折中恢复的速度比亚裔对照组要慢。韩国人、日本人、亚裔美国人（程度较低）报告说，他们总体上不太快乐，但能比欧裔美国人更快地“恢复”到正常的情绪状态。研究人员发现，欧裔美国人平均需要两个积极事件才能恢复到正常的幸福水平（例如，接到一个鼓励性的电话或得到一个 A 级）。平均而言，韩国人、日本人和亚裔美国人只需要一个积极事件就能恢复情绪（Oishi et al., 2004）。一项研究考察了来自德国、俄罗斯和美国的近 400 名大学生，结果表明，德国和美国被试对教授负面反馈的情绪反应比俄罗斯的被试强烈（Hansen & Mendzheritskaya, 2017）。

尽管不同文化背景的被试在面部情绪识别方面有明显的相似性，但在特定情绪识别的一致性程度上存在差异。例如，在 20 世纪 60 年代的一项研究中，68% 的非洲参与者和 97% 的欧洲参与者正确识别了幸福感（Izard, 1969）。在另一项研究中，美国和欧洲的参与者在面部情绪照片识别中的正确率从 75% 到 83%，而日本参与者的正确率为 65%，非洲参与者仅为 50%。如果被试很少接触其他文化，对照片上面部表情的识别率就会较低（Izard, 1971）。希马克（Schimmack, 1996）在对现有的情绪研究进行元分析后发现，白种人参与者在识别快乐、恐惧、愤怒和厌恶方面比非白种人参与者表现好，但在识别惊讶和悲伤方面却并非如此。其他研究表明，在判断其他情绪的准确性和速度方面存在文化差异（Elfenbein & Ambady, 2003）。

在一些研究中还发现，与来自印度和北美的参与者相比，日本参与者较少使用“担心”（afraid）等词，更多使用“惊讶”等词。此外，与其他群体相比，美国人更喜欢将某些面部表情和姿势理解为“害怕”，而较少理解为“惊讶”或“厌恶”（Elfenbein et al., 2002）。

两种文化的代表在情绪识别上可能存在差异，因为某些情绪表情是儿童在社会化过程中培养的，而另一些则不是。在一个早期关于日语和中古英语习语指代感情需要的例子中，英语中的 mardiness 在大多数情况下被认为指代“幼稚的”，因此与日语中的 amae 相比更不容易被接受，后者被认为有“友好”和“支持”的内涵（Lewis & Ozaki, 2009）。另一方面，公开表现情绪可能被视为具有破坏性，因而是不恰当的。这可能会影响日本人如何看待来自其他文化中的人，因为这些人会自由地表达自己的情绪。例如，一个日本观察者可能会认为这样的人“过于亢奋”（hyper）和不守秩序（disorderly）。在许多其他国家，都存在情绪知觉的差异。当希腊人和英国人观察他人在尴尬情境中的表现时，希腊人通常会高估所观察到的尴尬情绪的强度，而英国观察者通常会低估其强度（Edelman et al., 1989）。造成差异的原因可能是，希腊有比英国更强的集体主义规范。因此，希腊人感受到更多的相互联系和群体导向，这导致他们的尴尬比英国人更强烈。

几项研究发现，男性和女性识别愤怒表情的速度都很快，同时还发现，人们识别男性面部的愤怒比识别女性面部的愤怒表情更快（Williams et al., 2007）。最有可能的原因是，能够快速发现愤怒的人有生存优势——而且由于男性比女性更可能把愤怒转化为致命的暴力，因此快速发现男性愤怒的能力更有价值。

我们已经了解了理解文化和情绪之间关系的两种不同取向，那么我们如何知道哪种取向更科学呢？第一种取向提倡跨文化的普遍性，而第二种取向则提出人类情绪的文化起源和特异性（Ekman, 1994; Mead, 1975; Russell, 1994）。在我们给出答案之前，请考虑以下关于个体如何体验痛苦的讨论。

6.3 情绪：普遍的还是有差异的

绊倒后的剧烈疼痛是否会使任何两个人都产生相同的负面情绪？也许会。

如果一个人在波多黎各出生长大，而另一个人来自伊朗呢？没有区别。绊倒会导致身体疼痛，而这反过来又会导致负面情绪。离开心爱的人会让你伤心吗？可能吧。如果你真的很渴，喝杯凉水，你会体验到快乐吗？很可能是的。但是，在类似的情况下你是否一定会以与他人完全相同的方式来感受和表达你的情绪呢？恐怕不会。我们感受和表达情感的方式受我们的人格、经历、眼前的环境、旁边是否有人及许多其他因素的影响。例如，在公共场所笨拙摔倒后，你可能会隐藏沮丧，但如果在自己家摔倒了，没有人看到，你会尖叫、诅咒。情绪可以被看作是相似的，也可以被看作是不同的，因为我们经常从不同的角度去感知、分析和思考情绪。

随着描述的层次变得更加具体和详细，情绪的文化差异往往会变大。我们通常可以把嫉妒看作悲伤。或者，如果使用一副“心理学放大眼镜”进行更详细的分析，嫉妒可以解释为愤怒、恐惧、悲伤和沮丧的混合体。高度抽象使我们看到来自不同文化或社会群体的所有人在情绪上的相似性。现在，我们都能回忆起公众对“毫无感情”的芬兰人和日本人、“热血”的意大利人和巴西人，以及“令人愉悦”（sensuous）的阿拉伯人和法国人的刻板印象。你还能提出哪些刻板但错误的假设呢？

为了对情绪进行更全面的跨文化分析，我们应该从“内部”看看情绪。再看一下这个定义，我们应该把情绪理解为一个多成分的过程（Frijda, 1986; Scherer, 1984）。第一，情绪被激发，并有一个潜在的生理过程；第二，情绪被体验到，它会被展示出来，或者被隐藏；第三，情绪会在某种程度上影响我们的决定，这一情绪还可能会引发其他情绪；第四，它最终消失。有没有什么跨文化的发现可以帮我们了解文化在这些阶段可能扮演的角色？在本章的开头，我们指出情绪包括生理唤醒。让我们进一步更详细地描述一下。

6.4 生理唤醒

情绪的生理机制有显著的跨文化相似性。一般来说，我们会检测来自周围环境和身体的刺激，然后将信号传入大脑。杏仁核充当大脑的“情绪计算机”：评估刺激的情感意义。因此，某些刺激可能不会引起情绪。然后作为边缘系统一部分的下丘脑，激活跟情绪相关的交感神经反应和内分泌反应。大脑皮层也对情绪有多种影响，特别是对刺激的评价方面。大脑皮层的颞叶与个体的幻想和想象有关（Kandel, 2012）。此外，右半球通常被认为对情绪面部表情有重要影响（Borod, 1992）。研究还表明，愉快情绪与左侧额叶皮层的激活有关，而不愉快的情绪主要与右侧额叶的激活有关（Davidson, 1992）。

实验研究表明，当不同民族群体的人表达情绪时，他们的血压也会发生变化。尴尬这种情绪具有跨文化的共同生理反应，其中之一是体温升高（Edelman et al., 1989）。在一项经典研究中，研究人员指导参与者以表现愤怒、悲伤、快乐、惊讶或厌恶的特定方式收缩面部肌肉（Ekman et al., 1983）。被试保持这些表情 10 秒钟，期间测量特定的生理反应。研究人员发现，改变面部表情的简单行为与生理反应模式之间存在联系。情绪的不同会导致一些指标的变化，如心跳加速、手指温度的变化，以及与唤醒或焦虑有关的手掌出汗量，也被称为皮肤电反应。对来自南欧和北欧地区的被试报告的生理变化进行比较，也产生了有趣的结果。与“冷漠”（cold）的北方人相比，“热血”的南方人在体验快乐、悲伤和愤怒时血压变化明显更大（Rime & Giovannini, 1986）。然而，在另一项研究中，亚裔美国人在表达消极情绪时明显比欧裔美国人的血压升高更多（Butler et al., 2009）。

但究竟是什么导致了如此多样的生理反应呢？

6.5 前因事件的意义

总有一些事件会导致或引发一种情绪。身体疼痛，输掉垒球比赛，和你喜欢的人一起喝咖啡，窗外刮风下雨的日子，或者卫星广播里传来烦人的音乐——日常生活中很多前因事件对我们有着特殊的情绪意义。然而，不同文化背景的人是否认可某些情境会引发类似的情绪？所有人都承认失去朋友令人悲伤，孩子出生令人快乐吗？大量的研究数据支持这一假设：从跨文化的角度来看，基本情绪通常由较相似的事件类型标记或引起。现在用几个跨文化研究的结果来说明这一陈述。

研究要求来自美国、韩国和萨摩亚的被试就引起 6 种情绪之一的事件写一个故事，6 种情绪分别是：愤怒、厌恶、恐惧、快乐、悲伤、惊讶（Brandt & Boucher, 1985）。然后将这些故事提交给其他被试，要求其评估故事与情绪之间的关联。结果发现，对故事相关的情绪的分配，在被考察的文化之间及文化内部都有很大的相似性。在另一项研究中，沃尔伯特和舍雷尔（Wallbott & Scherer, 1986）考察了人们体验快乐、恐惧、愤怒、悲伤、厌恶、羞耻和内疚的情境。从 27 个国家收集的数据表明，尽管样本之间存在一些差异，但这些差异远低于国家内部的差异。舍雷尔及其同事（Scherer, 1988）进行的一项研究也提供了证据，证明前因事件具有相似性。在这项研究中，要求被试描述一种使他们感到高兴、悲伤、愤怒或害怕（scared）的情境。任务完成后，这些情境被分为若干类别。基本上在所有文化中，最重要的事件类别是出生和死亡，好消息和坏消息，人际关系中的接受或拒绝，与朋友的会面、约会、暂时和永久的分离，听音乐，性经历，与陌生人的互动，以及成功或失败。在另一项研究中，美国和马来西亚的被试对 96 种不同类型事件引起的情绪进行识别，结果发现准确率相同（Boucher & Brandt, 1981）。松本及其同事（Matsumoto, 1988）发现，对于如何评价引发特定情绪的情境，日本人和美国人在很大程度上达成了文化共识。研究发现，对于导致人们体验嫉妒和羡慕事件的知觉，也存在跨文化的相似性（Hupka et al., 1985）。

批判性思维

例 1：情绪“不作秀”

关于对人类情绪的分析，如果仅限于一种情感是否会发生这个问题，我们会发现人类情感之间有许多跨文化相似性。事实上，任何一个饥饿的人得到一块面包大概都会很高兴。然而，如果我们关注人类是如何在活动中体验和表达情绪的，我们就更有可能看到文化差异，如日本相扑选手。如果你有机会观看相扑比赛（电视上经常有播放），你会发现相扑选手从来不会表现他们的情绪。即使一名相扑选手经历了惨痛的失败、重大的胜利、极度的痛苦，或者观众热烈的掌声，他仍然不动声色。他的脸上没有任何肌肉变化。看过这些画面以后，人们可能会得出结论，相扑选手体验不到情绪。然而更为合理的假设是，相扑选手感受到了情绪，只是没有表现出来。要成为一名职业相扑选手需要多年的训练、教育和奉献。在这段时间里，选手们耐心学习如何在比赛中隐藏自己喜悦、沮丧等情绪的明显表情。与相扑运动员的训练不同，南美和欧洲的足球运动员并没有训练过在赛场上隐藏情绪。相反，他们可能会发现，在与对手发生碰撞后，夸大自己的痛苦表情是有益的，因为观察到球员痛苦表现的裁判可能会觉得自己有义务惩罚对方球队。你还能想到文化影响情绪表现的其他例子吗？

其他例子

我们必须特别注意情绪描述的特定抽象层次。例如，同一种快乐的情绪可能具有文化上的相似性，也可能有跨文化差异，这取决于所选取描述的概括水平。如果在高度概括性抽象的水平上描述情绪，也许会发现情绪之间有许多相似性。如果强调对特定情绪特征的观察，文化差异可能会凸显出来。例如，许多作者都写过一种“特定的”恐惧，过去生活在威权政治文化中的人会感受到这种恐惧，现在仍是如此：这些个体害怕因为说话大胆而受到政治迫害（Gozman & Edkind, 1992; Smith, 1976）。然而，更抽象的分析可能会产生另一种解释：这些个体基于对威胁的绝对充分评估而体验到一种典型的恐惧。一旦迫害威胁消除，恐惧可能会消失（Shiraev & Bastrykin, 1988）。同样，数以百万计的非法移民可能会体验到被美国驱逐出境的恐惧。如果我们将其视为恐惧的特殊类型，美国公民对此并不熟悉。用更一般化的方式描述，这种情绪就失去了特殊性，对驱逐出境的恐惧变成了不过是对不愉快事件不情愿的期待状态。

然而，同样的情况在不同文化中可能会有不同的解释，从而导致不同的情绪。也有科学和轶事证据表明，引发情绪的事件存在文化差异。例如，大多数欧洲人及北美人和南美人都认为数字 13 不吉利，有些人甚至害怕住在 13 号公寓或公寓的 13 层。相反，许多其他族裔的人很少注意这个数字。俄罗斯人不敢在花瓶里放偶数数目的花：一般去葬礼时才会佩戴偶数数目的花。然而，加拿大或墨西哥学生很可能不知道这种外国习俗，并且会很高兴收到朋友送的 6 朵鲜花。

与其他研究一致，中国学生在数学考试中的焦虑程度高于德国学生。研究还发现，中国学生比德国学生体验到更多享受、自豪感和羞耻感，以及更少的愤怒（Frenzel et al., 2007）。利姆（Liem, 1997）分析了第一代和第二代亚裔美国人和欧裔美国人的羞耻感和内疚感。研究者要求参与者描述他们感到内疚或尴尬的情况。第一代移民之间存在一些差异。根据这项研究，欧洲人很可能将内疚视为一种预期的道德越轨：内疚表示一个人违反了道德行为的内部标准，即使这种违反没有引起公众的注意。在第一代亚裔美国人所报告的故事中，典型的负罪感是由未履行责任引起的。对欧裔美国人来说，羞耻感主要是因为他人在场：别人发现你的不当行为是可耻的。对第一代亚裔美国人来说，羞耻感还包括外人在场。然而，还有另一个对欧裔美国人来说非典型的因素会产生影响，也就是一个人所属的群体，通常是其家人。因此，羞耻感还被认为是让一些重要人物失望而感受到的后悔。有趣的是，第二代日裔美国人和欧裔美国人在体验羞耻感和内疚感方面的差异并不显著。

正如已经证明的，各种前因事件可以在大多数人身上产生类似的情绪反应，不管他们的文化起源或当前身份如何。这些研究表明，人类对特定生活事件或条件的情感敏感性具有高度的相似性。也有证据表明，特定的情绪可以由文化特异性事件引起。不熟悉各种文化规范和传统的人可能无法识别这种情绪，并可能在交际中出错。什么样的错误呢？例如，想象一下，主人在聚会上无意中为印度客人提供了牛肉三明治。

6.6 情绪是一种评价

我们通常能意识到自己的情绪，我们在不同时候感觉到好或坏、害怕、惊讶、沮丧或解脱。尽管存在巨大的个体差异，但仍有一些文化规范和规则调节着我们对情绪的评价。有证据表明，对于哪些情绪对社会角色或社会环境最重要或最适合，人们持有一些文化信念（Ellsworth, 1994; Markus & Kitayama, 1994b; White, 1994）。当其他人在场时，羞耻或恐惧会被称为“丢脸”（face loss）（Lin &Yamaguchi, 2011）。例如，有些情绪可能会被认为不恰当因而被压抑，比如嫉妒你哥哥或姐姐成功找到了一份好工作。其他情绪可能是完全合理甚至令人渴望的，比如在考试中取得好成绩后的喜悦感。这些评价附着在情绪反应受到期待的情况下。例如，注意人们对所谓族群笑话的反应。如果讲笑话的人属于这个笑话中所提到的族群，例如，一个俄罗斯人讲俄罗斯人的笑话，人们听到讽刺这个族群的笑话后就会笑。然而，如果讲笑话的人与笑话之间不“匹配”族群，或者讲笑话的人不是你的好朋友，你可能会感到失望甚至愤怒。你能谈谈为什么吗？

批判性思维

独处

你有没有经历过独自一人且身边没有人的时候？你感觉怎么样？你是喜欢独处（alone）的时光还是渴望有人来打破你周围的沉寂？人们会对这些问题给出不同的答案。我们大多数人都会说：“独处的感觉取决于环境。”研究人员给出了更具体的答案。例如，在西方文化中，独处可能被视为一种引起满足感或幸福感的隐私场所（Mesquita et al., 1997, p. 271）。相反，对一些因纽特群体来说，独处被认为会引起悲伤。塔希提人认为孤独（loneliness）会引起奇怪的感觉和恐惧。对澳大利亚的一些原住民来说，“独自坐着”使人无法体验幸福（Briggs, 1970; Levy, 1973; Myers, 1979）。你觉得如此区分西方和非西方对独处的体验过于简单化吗？你认为所有人都认为长期孤立令人不愉快吗？一些研究表明，从跨文化的角度来看，孤独被认为是消极的（Bowlby, 1982）。你能想出一些（也许是个人的例子）把长期“独处”与积极情绪相联系的例子吗？对生活中诸如“独处”这样的暂时状态跟“孤独”这样的永久状态进行区分。

斯蒂普克（Stipek, 1998）在一项中美比较研究中考察了人们如何评价一些假设的情境，研究参与者包括200名来自中国浙江省和美国洛杉矶加州大学的学生。该研究给参与者六个书面故事。在一半的故事中涉及参与者自己，故事包括三种情况：他们作弊被抓住，正期待进入名牌大学，正参加体育比赛。在另一半的故事中是其他重要人物的上述三种情况。研究表明，美国学生一般来说倾向于将自豪感归因于个人成就。相反，中国学生更有可能为自己的成果有益于他人而感到自豪。此外，与美国人相比，中国受访者对他人成就的积极情绪反应更强。例如，中国参与者声称，如果他们的孩子被名牌大学录取，他们会比自己被同一所大学录取感到更自豪。美国受访者声称，在这两种情况下，他们会感到同样自豪。

该项研究的作者提出，对这些差异可以做出的最好解释是，在中国，人们更强调情绪体验的集体性质。中国人的社会取向以儒家的理想为基础，即个体应该主要关注自己在人际关系网络中的地位。这不是一个全新的解释。正如许多学者指出的，中国人倾向于在重要人物的情境中看待自我。早期研究的结果与中国的主流意识形态要求是一致的（Triandis, 1990）。中国的意识形态倡导要求群体利益优先于个体的利益。值得注意的是，由于这项研究是在20世纪90年代末[①]进行的，意识形态的某些特点在当今中国可能已经减少了。

这项研究的结果可以部分地从另一个角度进行批判性评价。中国的高等教育制度与美国的制度大不相同，因为中国的大学录取是以竞争激烈的考试为基础的（其他一些国家也有同样的高考制度）。每年都有相当数量的学生不被录取，许多人不得不等一年再考。在美国，如果没被一所学校录取，他可以向接受SAT分数和平均分较低学生的其他学校提出申请。因此可以预期，与美国参与者相比，中国参与者将认为“大学录取”（acceptance to college）情境更具压力。对体育赛事而言，情绪体验的差异的原因还可以追溯到公众对体育的总体态度。因为中国人的大多数体育活动都是由政府资助的，输赢就成了一个公共问题。如果你赢了，你就为自己的团体、学校、省或整个国家作出了贡献。

---

① 原文错误，应为80年代末。——译者注

6.7 我们被期望以特定的方式去感受

情绪体验当然会受到社会规范或大众期待的影响。情感规则（Feeling rules）指关于在特定情境下如何感受的特定文化规则。我们经常会想到我们的笑声（一种喜悦的表情）或摇头（一种失望的表情）是否会引起别人积极或消极的反应。与基本社会规范相抵触的情绪体验可能与符合现有习俗的情绪有很大区别。此外，表现情绪或观察情绪的环境不同，情绪的感受可能会有所不同。一位中国父亲可能会对他唯一的儿子即将离家上大学深感悲伤。然而，这位父亲的情绪也可能因为不愿意在其他家庭成员和邻居面前表现自己的软弱而受到抑制。如果快乐同时伴随着重要事物或人物的失去，对快乐的体验可能完全不同。

有证据表明，当对如何解释事件及如何应对事件有明确规范时，个体对事件的意义更有把握，并会给出更确定的情绪反应（Frijda & Mesquita, 1994; Mesquita & Frijda, 1992）。

研究发现，情绪的复杂性，或愉快情绪和不愉快情绪并存这种现象在东亚文化中比在西方文化中更为普遍（Fang et al., 2017; Spencer-Rodgers et al., 2010）。在西方，愉快和不愉快的情绪通常被概念化为离散、短暂和对立的现象，很少同时发生。在东亚，像快乐—悲伤这样的建构被认为是在一种平衡状态下相互依赖的（见图 6.1）。

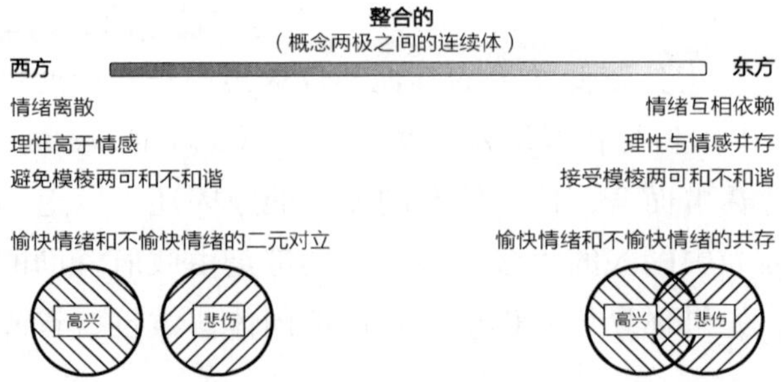

图 6.1 情绪：西方特性与东方特性

然而，有时我们对人们应该感觉到什么，或者不应该感觉到什么的期待会导致错误的判断。在一项研究中，蔡和列文森（Tsai & Levenson, 1997）对 22 对大学年龄段的华裔美国情侣及 20 对欧裔美国情侣进行了比较。参与者被问及他们在试图解决人际冲突时所体验到的情绪。研究还对参与的情侣进行了生理测量。通常期望华裔美国人比欧裔美国人更重视情绪调节（见第 1 章及本章前面的内容）。然而出现了不同的结果，中美之间在情感上没有出现差异，大多数的生理反应测量也没有差异。也许大学校园环境创造了某些特定规范，强化了两个族群在某些情感类型上的相似性。还有哪些其他因素可以促成这种相似性？

前面提到的厌恶这种情绪，与拒绝某些食物的文化要求有关，或者与避开饮食相关的特定情境的文化要求有关。一旦被接受，这些要求就会得到强烈情绪的支持，从而较少受到诱惑或修改。关于厌恶的经典跨文化研究强调，人们产生了对儿童应该如何对特定食物和食物消费进行反应的期望（Rozin & Fallon, 1987）。例如，我们大多数人都会厌恶并拒绝吃我们刚刚咀嚼并吐出的食物。我们大多数人都不介意从割伤的手指上吮吸自己的血液，但大多数人会反感用勺子收集自己血液的想法。几乎全人类都讨厌吃与人类身体相似的动物（如猴子）或与人类有密切互动关系的动物（如猫和狗）。对于来自偏离该规则的文化中的人，大多数人持批评态度。我们通常在生命的早期就学会了避开令人厌恶的情境这一倾向。这种行为回避几乎是自动发生的，不需要我们有意识地做出重大努力。

厌恶情绪与感知到食物污染有关。例如，如果有人认为杯子里的果汁被污染了，除非采取措施“清除”被污染的果汁，否则他就不太可能喝杯子里的东西。人们对不同食品或饮料受到污染的看法各不相同，同时还存在一些文化差异。一项研究考察了 4 岁至 8 岁的儿童，包括 125 名印度教印度儿童和 106 名美国儿童，结果表明，大多数人拒绝食用因接触蟑螂、人类毛发而被污染的食物，以及陌生人尝过的果汁。然而，印度儿童比美国儿童对污染物更敏感。他们对陌生人或蟑螂污染过的食物反应明显更强烈，且不接受“净化”（purifications）（如煮沸或母亲触摸）。专家认为，与大多数西方文化相比，人际厌恶和传染是印度教—印度文化更加重要的方面。只要直接（通过咬或啜饮）或间接（通过手或唾液）接触了口腔，食物就不可接受了。特别是，在这项研究中，印度儿童不接受通过净化去除陌生人的污染，而大多数美国人可以接受煮沸的果汁（Hejmadi et al., 2004）。

典型案例

联合国晚宴

假如你被邀请参加纽约联合国总部的新年招待会。在那里你一定要尝尝大使的厨师准备的各族群的菜肴。在展示的食物中，你能找到鱼子酱、蒸牛舌、烤狗肉、烤羊脑、腌甲虫和发酵的马奶。东道主都要你尝尝！你会厌恶这些外国食物吗？如果你的饮食口味是在麦当劳或薯片店里培养出来的，也许你会厌恶上述食物。但是，厌恶这种情绪，只能由你而不是烹饪这些食物的人来体验，这公平吗？当然，答案是其他人也会体验到厌恶，但是在其他情境下体验到的。这是否意味着我们都有相似的“内在”（within）情绪，但只有在特定的情况下才被“激活”（activated）？这是否意味着我们关于人类情绪的知识必须包括情绪发生的情境？现在想一下，你在某个时间改变了对某种食物的看法，开始喜欢一些你以前不喜欢的东西。是什么让你改变了主意？如果你已经成为素食主义者，请描述（如果可能的话，在课堂上与其他人分享）这种变化为什么会影响你的偏好及如何影响。

情感规则研究的一个重要应用是，人们越来越明白，自己的情绪状态是可以管理的。例如，有跨文化证据表明，人们可以学习如何感觉积极，从而影响自己幸福感的层次。我们将在本章后面讨论幸福的研究时再回到这个主题。

6.8 人们如何评定情绪体验

当人们试图评估其情绪体验时，他们不仅从快乐、不快乐的维度，而且从其他多个维度来评估情绪体验。例如，人们试图确定自己的情绪（1）是由熟悉的还是不熟悉的事件引起的；（2）是否表明存在障碍；（3）产生了掌控还是失控的感觉；（4）增加还是减少了自尊；（5）引起了其群体的赞扬、责备还是嘲笑（Ellsworth, 1994; Frijda, 1986; Matsumoto et al., 1988; Wallbott & Scherer, 1986）。可以预期，这些维度用于情绪评估的频率会有所不同。例如，那些可能对个人的家庭或社会群体产生影响的事件在集体主义文化中比在个人主义文化中更为重要。相反，在个人主义文化中，那些影响自尊、物质成功和职业成就的事件是大多数人主要的情感关注点（Markus & Kitayama, 1994a）。研究还表明，我们的某些情绪是由文化信念引起的（Abu-Lughod, 1986; Rosaldo, 1980）。例如，一个简单的短语，如"一个独立的巴勒斯坦国"，对密歇根州的一位焊工来说可能没有什么意义。然而，这个短语对生活在中东的数百万人则有情感意义。对一些人来说，这代表着骄傲和荣誉，而对另一些人来说，却会唤起挫折感。

对情绪的评估可能与更复杂的心理评估有关，比如猜测一个人的文化身份。例如，你是否曾通过看一个陌生人的照片猜出他的国籍？显然，个体的笑脸包含了一些信息，有助于其他人判断此人的族群或国籍。将日本人脸照片与日裔美国人脸照片进行比较，将澳大利亚人脸照片与美国人脸照片进行比较，人们倾向于从显示情绪的照片中猜出国籍，而不是从中性面部表情中猜出。换句话说，如果一个人在微笑，人们就更有可能猜出其国籍（Marsh et al., 2007）。社会化训练也可能会影响评估过程（Williams et al., 2002）。马卡姆和王（Markham & Wang, 1996）比较了中国北京的儿童和澳大利亚悉尼儿童的样本。研究人员比较了这些儿童对中国人面孔和白种人面孔的评价能力，以及他们表达对所看到的情绪看法的能力。最初的假设是，澳大利亚儿童可以获得广泛的资源，加上当代澳大利亚社会中的儿童拥有各种社会经验，包括电视和互联网，因此，这些儿童将会有更高的评估情绪表情的能力。然而，作者没有发现两组被试之间的反应有任何实质性差异。此外，一些中国儿童得分比澳大利亚儿童得分高。为什么会有这种差异？作者用两个社会的家庭规范来解释这一现象。一般来说，中国父母对孩子的管教要求比澳大利亚父母高。与澳大利亚相比，中国儿童的社会化过程更具一致性，这可能会缩小适用于情绪解释的评价范围。作者还指出，来自小家庭的儿童在识别情绪方面表现更好。如你所知，中国官方的人口政策多年来一直是"一个家庭，一个孩子"，因此，样本中包含来自小的核心家庭的被试。

另一项研究得出了类似的结果。乔利及其同事（Jolley, 1998）研究了中国和英国的儿童如何描述图画人物的情绪。研究显示，中国儿童比英国儿童更早理解图画中的情绪。作者认为，这种差异是两国不同的教育传统的结果。根据中央政府制订的中国小学艺术计划，儿童应该学习绘画技巧，而老师们应该专注于解释图画人物所传达的确切信息。英国与大多数西方国家一样，艺术教育课程可能因学校而异。

6.9 情绪的表达

8 岁的汤姆正睁大眼睛注视着车祸现场。他没有掩饰他的恐惧，任何人都能从汤姆的脸上看出来。汤姆的父母来自中国台湾地区，他们并没有教汤姆如何用嘴唇下垂来表达恐惧。汤姆的美国学校老师没有训练他面对威胁时垂下眉毛。他表达恐惧的方式和地球上数十亿人一样，通过面部表情、姿态和手势表达恐惧。

情感表达的规则——展示规则（display rules）——主要是在社会化过程中获得的（Birdwhistell, 1970）。每种文化都有特定的制裁方式，以支持在该文化中被认为适当的展示规则或情绪表达模式（Ekman & Friesen, 1975; Ekman et al., 1983）。纵观人类文明史，管理情绪的方式之一就是学会如何控制其展现。有趣的是，这种展示规则主要与抑制情绪表达有关（Ekman, 1982）。大概从中国思想家孔子（公元前 6 世纪到公元前 5 世纪）和希腊哲学家柏拉图（Plato）（公元前 4 世纪）开始，情绪就被视为人类事务的破坏力量。柏拉图断言，理性必须抑制激情，否则就会扭曲理性思维。德谟克利特（Democritus）与亚里士多德（Aristotle）（公元前 5 世纪到公元前 4 世纪）也有类似的观点，认为情感位于“较低的”更原始的灵魂层次，而思维则位于“更高的”高级层次。斯多葛学派（Stoicism）是个古希腊和罗马的哲学流派，认为人应该从激情的力量中解放出来，以接受命运和生活中的不幸。世界上大多数主要宗教——伊斯兰教、犹太教、佛教和基督教——都引入了一些规则，通过这些规则，人类可以免受嫉妒、骄傲、虚荣等“破坏性”情绪力量的影响（Smith, 1991）。

情绪表达的评估至少有两个标准：频率和强度。例如，在美国，许多父母常常对孩子说“我爱你”，孩子也是。相反，在乌克兰、俄罗斯和白俄罗斯，父母和孩子之间口头表达感情被认为太“情绪化”、太夸张，因此仅在一些重要的生活情境中表达。

如果情绪是文化和社会的产物，文化规范和环境因素应该调节人们表达情绪的方式（Kitayama & Markus, 1995; Margalit & Mauger, 1985）。从预测的角度来说，全球调查显示，一个国家的社会稳定和经济安全（如稳定的工作、负担得起的住房等）通常与人们对其主观幸福感的积极评价相关（World Happiness Report, 2019）。

当然，悲伤的表现也存在文化差异。塔希提人报告说对损失感到疲倦（Levy, 1973）。在埃及沙漠的贝多因人（Bedouins）中，哭泣被认为是软弱的标志，而在其他伊斯兰国家文化中，如土耳其文化，在某些情况下哭泣被认为是可以接受的社会反应（Abu-Lughod, 1986）。展示规则不仅因文化而不同，也因性别而不同。一些证据表明，女性很可能比男性更“强烈”和公开地表达情绪。除了愤怒以外的所有基本情绪的研究证据都可以支持这一点。女性通常能更轻松地表现出诸如爱、快乐、羞耻、内疚和同情之类的情绪，从而有助于建立亲密关系和照顾他人。然而，男性倾向于避免这些在他们看来显示了男性脆弱性的“柔软”情绪（Brody & Hall, 1993; Gong et al., 2018）。对于在传统文化中长大的男性来说，复杂的荣誉情绪包括掌控自己的家庭，超越其他男性或给其他男性留下印象。在这些文化中，女性的荣誉包括遵守谦虚和忠诚的准则。这与我们对文化性别刻板印象观念的看法是一致的（将在第 11 章论）。同样，据报道，可耻事件引起了男性和女性不同的反应：男性通过攻击或报复行为来恢复自己的荣誉；女性则通过顺从行为和回避来应对（Abu-Lughod, 1986; Blok, 1981）。在预期社会化的过程中（见第 8 章），男孩和女孩接受关于各种情绪的表现规则的不同指导。事实上，仅有 3 岁的儿童就能认识到，女性更有可能表达恐惧、悲伤和快乐，而男性更可能表现愤怒（Birnbaum, 1983）。

其他人是否在场也可能对情绪表情产生多种影响。艾克曼和弗里森（Friesen, 1975）要求日本和美国学生在两种条件下观看能产生压力的电影：单独观看或实验者在场的情况下观看。以被试无法觉察的方式记录被试在两种情况下的面部情绪表情。研究发现，当被试单独观看时，两个样本对同一电影情节表现出相似的表情反应。然而，在实验者在场的情况下，日本被试表现出的负面表情远少于美国被试。这个实验是否部分地解释了为什么有人会误以为日本人是无情绪的？

在另一项研究中，研究人员要求居住在美国的美国学生和日本学生报告他们在日常生活中经历某些情绪的频率（Markus & Kitayama, 1994a）。美国学生报告说，与消极自我相关情绪相比，体验到积极自我相关情绪的频率要高得多，但在日本学生中几乎没有这种效应。有人可能会认为，这种差异的原因可能是日本被试不愿意向陌生人透露自己的情绪。还有数据表明，例如，在日本，最幸福的人是那些主要体验了相互依存的“社会参与情绪”（socially engaged emotions）（如友好感情）的人。相反，在美国，最快乐的人通常是那些体验了独立的社会“游离”情绪的人，如自豪（Matsumoto, 1994）。对美国移民的研究表明，集体主义和个人主义等价值观影响了移民父母对集体主义或个人主义价值观的认可（Chen & Zhou, 2018）。研究人员还指出，在西方，表达性水平高往往被视为能力和可爱的标志，这与亚洲文化形成了对比。教育家报告说，亚裔美国大学生与欧裔美国人相比表现力较差，这可能是因为亚洲文化传统重视情绪的自我克制及关注他人（Butler et al., 2009; Kim & Markus, 2002）。

然而，这些表达行为的趋势并没有得到其他研究的支持。例如，要求美国和日本参与者对他们在表达独立和相互依赖情绪时的预期舒适度进行评分（Stephan et al., 1998），结果发现样本之间没有实质性差异。另一项研究考察了3组被试：日裔美国人、菲律宾人和欧裔美国人。每组被试都完成了自我报告问卷，评估了自己在恋爱关系中体验和表达的积极和消极情绪。要求参与的学生思考他们与伴侣的关系，以及他们感受到和表达的情绪。还要求参与者用一个量表对他们的情绪进行排序。研究人员发现，恋爱关系中负面情绪的体验和表达方式并不存在实质性文化差异。美国被试的愤怒表达得分较低，这可能是因为在日常生活中巨大的社会压力抑制了负面情绪的表达。

我们如何解释这些研究结果？我们能说集体主义和个人主义对人们感受和相互交流情绪的方式没什么影响吗？我们不应匆忙做出这种明确的判断。不要忘了，这些研究中 2/3 的被试是“混搭”文化背景的人：他们出生在菲律宾或日本，并在美国留学。也许在当代世界，人们从其他文化中学习，开始了解许多在卫星电视和互联网新时代之前还没有的议题和行为。今天，日本和美国社会的联系比十年前更加紧密。例如，如果向一名日本传统家庭的女性展示裸体海滩的照片，可能会引起极度羞耻的反应。然而，这名女性可以出国旅行，如到欧洲，并了解更多关于其他文化及其与裸体有关的风俗。其经历可能不会改变她对公开裸体的负面看法，然而，她的情绪反应可能会发生变化。

练习 6.1

尴尬被认为是社交焦虑的一种形式，是人们意识到自己行为不当而引发的不愉快的情绪。一项对 5 种欧洲文化（希腊、英国、意大利、西班牙和德国）的研究表明，脸红、体温升高、微笑和咧嘴等现象具有跨文化的一致性（Edelman et al., 1989）。还有其他一些尴尬的标志，如印度奥里萨邦人会伸舌头（Menon & Shweder, 1994）。至少请 10 个人（最好是来自不同文化背景的人）想象遇到非常尴尬的情况。他们在面部表情和肢体语言方面会如何反应？请此人描述这种情况，然后要求他使用面部表情、手势等“扮演”尴尬人物。立即写下你所看到的，或在对方同意的情况下用手机录制视频。你观察到什么了？这个人触碰他的脸了吗？他们有没有挠头、耸鼻子或伸舌头？还是微笑着转身走了？与另外至少一个人重复此过程。你观察到的反应中哪些很常见，哪些不常见？你在这些个体的反应中是否注意到相似性和 / 或差异？描述你的观察结果。

6.10 情绪与行动倾向

从跨文化的角度来看，情绪的影响会导致我们回避和拒绝某些人，帮助和接受另一些人，支配或服从某些人，以及尊重或轻视另一些人（Frijda, 1986; Frijda et al., 1995）。

一些跨文化研究表明，在某些情绪引起的行动准备方面有相似之处。在先前引用的广泛的跨国研究（Scherer & Wallbott, 1994）中，要求被试回答他们的情绪体验是否导致他们走向、远离或反对情绪的对象，结果发现了显著的跨文化相似性。快乐导致更多接近行为；愤怒导致更多攻击性行为；悲伤、厌恶、羞耻和内疚经常导致退缩反应。

在情绪如何影响人的行为准备方面发现了一些文化差异。对日本人、荷兰人和印度尼西亚人的比较研究发现，面对敌对行为，荷兰人是愤怒的冲动反应更常见，而印度尼西亚和日本群体是更"内在"的冲动更常见。日本群体更经常报告感受到无助感，以及保护自己的强烈冲动。与荷兰和印度尼西亚参与者相比，日本群体更多地表达希望依赖别人，并有更高的冷漠感（Frijda et al., 1995）。这些结果部分地支持了其他研究的结果，这些研究表明，个人依赖于亲密他人并被他人接受，这是日本乃至整个东亚地区情绪体验的重要组成部分（Lebra, 1983; Markus & Kitayama, 1994a; Sundararajan, 2015）。

科技高度发达社会的典型特征是强调对环境的掌控，而另一些文化强调和谐和自然秩序。因此，积极的应对风格在某些文化中可能更可取，而在另一些文化中则并非如此（Kluckhohn & Strodtbeck, 1961）。我们能学到的一课是，压力应对与其文化背景有关。更重要的是，某些在一种文化中被证明有效的压力应对治疗策略，在其他文化中可能并不奏效。

6.11 情绪与判断

著名的经典美国电视连续剧《星际迷航》的主角斯波克先生，他是半人类半外星人，天生没有任何情绪，也从未体验过情绪。其行为是纯逻辑的。当然，他是一个虚构人物，是创造性想象的产物，通常与现实生活经验关系不大。在现实中，情绪与思维密切相关。情绪可以影响人们做出判断和预测的方式（Mayer et al., 1992）。反过来，人们的思想和信念也会影响情绪。有充分的证据表明，情绪状态可能以多种不同的方式影响认知过程。例如，抑郁的人往往会低估自己成功的概率，而高估未来发生不好事件的概率（Beck, 1991）。体验积极情绪的人与体验消极情绪的人是不同的。前者有更好的记忆力，并使用不同的策略进行问题解决和分类（Clore et al., 1994）。研究发现，愤怒会导致更多自责，而悲伤则会导致人们倾向于认为负面环境是由命运、偶然性或不幸决定的（Keltner et al., 1993）。

情绪会导致信念改变：某些情绪评价会导致知觉泛化和刻板印象。例如，个体对某一特定族群的代表有负面体验和情绪情感，会导致该个体对族群的所有成员产生偏见。日本和美国被试对愤怒的归因存在显著差异。显然，日本人或其他亚洲被试与美国被试相比，更不愿意将愤怒归因为由其他人引起（Matsumoto et al., 1988; Scherer et al., 1988）。其他研究也显示了类似的趋势（Sundararajan, 2015）。日本是集体主义文化，也许社会相互依赖性是一个因素，使人很难产生愤怒反应。

6.12 当情绪预示着挑战：应激和焦虑的跨文化研究

觉察到个人适应内外需求的能力受到挑战称为应激（stress）。这一定义指出了应激的两个重要方面：（1）应激是一个心理生物学过程（a psychobiological process）；（2）它需要人与环境之间的相互作用（transaction）（Lazarus, 1993）。如果挑战没有减少，有机体就要维持激活状态，身体就要继续转移资源来响应需求（Cannon, 1932）。任何个体所能体验的最强烈的应激事件之一就是家庭成员或亲密朋友的死亡。日常的麻烦——从缺少食物到缺乏空闲时间——都可能是应激源。天灾和人祸，如地震、洪水、暴力及其他创伤事件影响着全世界数百万人。在不同文化中，许多此类创伤事件的幸存者会反复出现噩梦和人际关系困难，并容易焦虑和抑郁（Allodi, 1991; Bemak & Chung, 2008; Herman, 1992; Koopman, 1997; Nadler & Ben-Shushan, 1989）。

由于人们使用不同的应对策略，并用不同的标准来评估应激，所以应激和焦虑的实际程度很难衡量。人们评估应激的方式，以及他们认为应激性的情境，都是由文化决定的，同时也可能取决于个体的特质（Lin & Peterson, 1990）。恶劣的生活条件、政治不稳定、暴力和许多其他因素都可能影响人们的评价。即便是教育系统，也可能会影响学生的应激体验。例如，研究反复发现，美国的考试焦虑程度低于巴西、南非和埃及等其他国家（Bodas & Ollendick, 2005; El Zahhar & Hocevar, 1991; Guida & Ludlow, 1989）。

詹金斯（Jenkins, 1995）研究了非裔美国人的应激，认为黑种人已经形成了一种行为反应的特殊情绪风格，反映了对个体管理应激性生活事件的能力具有的文化价值。他认为，非裔美国人的文化强调积极处理困难局面，而不是情绪紧张。因此，欧裔和非裔美国人的区别在于，后者能利用灵活性、创造性和创新能力，以适应不断变化的困难环境，并控制生活条件和品质（Jones & Campbell, 2011）。

对自己生活的自我批判、悲观的评价，可以被视为另一些族群的文化规范。例如，与其他群体相比，居住在美国的俄罗斯老年移民中，包括焦虑和悲伤在内的消极情绪水平较高（Consedine & Magai, 2002）。由于难以适应新文化，大多数移民群体都会体验到应激和各种负面情绪，但俄罗斯移民群体表现出的焦虑和悲观更多。也许多种原因可以解释这种差异，包括大多数俄罗斯移民受过高等教育，他们中大多数人必须降低不切实际的志向和希望：在美国可以迅速且毫不费力地取得成功（Drob et al., 2016; Kliger, 2002）。

研究人员还发现，在包括焦虑、悲伤和对负面评价的恐惧等情绪困扰方面，亚洲人的得分一直高于欧裔美国人（Norasakkunkit & Kalick, 2002）。这种差异同样可以用文化规范来解释。从西方的视角来看，在大多数社交情境中，缺少焦虑被视为令人向往的，并被视为与积极的心理健康和健康的人际关系功能有关的特征。然而，从亚洲人的视角来看，对社交情境有一定程度的焦虑在意料之中，甚至令人向往（Okazaki et al., 2002）。在遵循这种社会期望的同时，很多个体对自身行为及他人负面评价产生了特殊的敏感性。

6.13 当情绪受到伤害：愤怒的跨文化研究

愤怒是一种情绪，由于个人感知受到干扰或威胁，以及公开或隐蔽的袭击或冒犯活动而引起。愤怒在不同文化中都被视为一种人际情绪，因为其体验通常涉及其他人违反规范的行为。有一些事件普遍会引发愤怒，包括人际关系中的问题、不公正、与陌生人的交往、不方便、成就、坏消息、死亡及一些与分离相关的问题（Averill, 1982; Mauro et al., 1992; Wallbott & Scherer, 1986）。

然而，当某人用外语说I am angry时，人们应该小心谨慎，不要急于做出判断，因为大多数人类语言都有多个关于愤怒的标签（Klineberg, 1938; Tanaka-Matsumi, 1995）。举个例子，比较一下英语单词anger和伊法鲁克（太平洋地区）语言中的song是很有趣的。这两个词指的都是对来自他人的伤害的评价。然而，它们所带来的行动（action）可能有所不同。anger往往会导致对他人回以伤害的倾向。然而，song产生了旨在改变冒犯者行为的行动。当然，这种行动可能包括攻击性行为，但也可能包括回避性行为，如拒绝进食和试图自杀（Lutz, 1988）。

人们会在居住地的文化规范基础上产生愤怒并解释这种情绪。例如，日本文化传统强烈禁止公开展示私人情绪，尤其是负面情绪。日本文化强调，同质性和一致性是维持其社会相互依存网络的必要条件（Johnson, 1993）。在集体主义文化中，愤怒通常被视为一种脱离社会的情绪，是对社会完整性的威胁（Markus & Kitayama, 1994a），因此通常不受鼓励。个人主义社会（如美国）往往更容易表现出愤怒，因为人们更加重视的是独立权和自我表达权。

6.14 加强积极情绪：幸福的跨文化研究

跨文化心理学批判性地考察了数百年来在不同文化和不同学术传统中存在的各种幸福观（Shiraev, 2015）。根据唯物主义观点，一个人可以通过积累金钱等物质财富而变得幸福。幸福还涉及拥有权力和较高的社会地位。使人们的生活更加舒适的事物——舒适的家、引人注目的存款、新车或最新版智能手机——是幸福的重要"引爆器"（triggers）。个体的社会地位越高，其拥有的权力就越多，然后地位和权力会转化为幸福。大多数人都知道，尽管物质财富可以让人开心，但这种情绪状态不会持久。研究表明，幸福与财富（经济上的成功）不一定相关（Harari, 2014）。以英国为例，在过去的40年中及在经济困难的时期，幸福感的各种指标并没有太大变化：总体而言，英国人的幸福感得分高于其他大多数国家（Suh et al., 2008）。这一进步观（progressive view）为幸福的秘诀增加了一个重要因素——社会关怀。这一观点的支持者认为，如果每个人都能得到保障和基本社会服务，包括医疗保健、负担得起的住房、体面的工资、带薪假期和免缴学费等，那么实际上就不会有任何外部因素导致此人遭受不必要的痛苦。换言之，如果一个人的基本需要得到保障，他就应该感到幸福。事实上，在社会福利制度最发达的丹麦或芬兰这些斯堪的纳维亚国家，人们在幸福指数上的得分非常高。其他研究结果则恰恰相反，社会福利的多少并不一定影响人们的幸福感。例如，尽管冰岛在社会福利方面的支出明显低于瑞典，但冰岛被试的幸福感得分高于瑞典（Suh et al., 2008）。过去许多著名的心理学家，如弗洛伊德，对社会改革自身就能让人幸福的观点表示怀疑（Menand, 2014）。

情境观认为，幸福不一定与物质财富或社会服务有关。相反，个体发现自己的累积（cumulative）生活状况决定了幸福程度（Lyubomirsky, 2007）。生活中是否有重大悲剧，个人人际关系的质量，尤其是家庭内部关系的质量，以及获得机会，都是促成幸福的因素。然而，另外有心理学家指出，即使生活在有利的条件下，个人还是会出现无视幸福、拿自己与他人进行比较的倾向。

知觉比较观认为，幸福是一种基于评价和比较的精神状态。如果一个人做得比别人好，他对生活的感觉就会更好。但是如果别人做得比我们好呢？不幸的是，比较往往导致嫉妒。我们可能会对那些比我们拥有更多的人说“我希望你没有”（Fiske, 2010）。嫉妒导致轻蔑和不幸福。研究还表明，在个人主义文化中，人们在评估自己的幸福感时依赖于自己的情绪。在以集体主义为主的文化中，人们依靠社会线索或其他人的反应进行判断（Suh et al., 2008）。在个人主义和集体主义文化中，他人都会影响我们对个人幸福的评价。

期望观是指个体过去的目标，以及完成这些目标的程度。幸福较少依赖于物质条件或他人的反馈，而更多依赖于我们对生活的期望。如果你今天的体验达到或超过了昨天的期望，你就感到幸福。然而我们的期望会发生变化。当生活越来越好时，期望值就会增加，我们的不满也相应增加。我们期望的结果越好，如果这些期望得不到满足，我们就越不幸福。

生物遗传观认为，人们是否快乐主要取决于其基因和生物基础。主要由大脑和身体负责愉快的感觉，而有些人倾向于比其他人有更多这种感觉。进化心理学认为，幸福是有机体试图达到的一种暂时状态。因此对个体来说，总是不满意是很正常的，因为在生存的过程中，他们总是努力得到更多（Harari, 2014）。总之，不幸福是生物学预先决定的，而由于遗传基础，有些人可能比别人更快乐。

灵性观强调内在因素的重要性，强调在个体内部寻求更大的力量。许多文化和地区的哲学家、宗教学者、行家和社会科学家都讨论过我们的感觉和情绪的短暂性。例如，佛教和印度教的教义，以及古希腊、罗马、中亚和中国的几位哲学家，总是提到某个个体在求助于内在力量之后变得幸福并能保持幸福。来自身体的愉快感觉来来去去。昨天的快乐之源可能会成为今天的痛苦之源。我们的挚爱可能会离去。因此，通往幸福的道路在于限制外部感觉世界的影响，以及培养内在智慧和内省意识（Harari, 2014）。

持人本主义观点的心理学家接纳其他关于幸福的观点，并提出了他们自己关于人们如何变得幸福和保持幸福的观点。人本主义传统内部存在差异，但最重要的相似性可以概括如下。

很可能有些个体天生就有体验某种情绪状态的倾向。由于激素，或由于大脑和神经系统的功能，有些人倾向于快乐或悲伤。物质财富、社会保障及与他人的比较也有可能给某些个体带来愉悦。然而，愉悦是一种短暂的情绪，并不一定是幸福状态。幸福是一种个体可以控制的精神状态。换言之，幸福是可以学习和获得的。

人本主义视角的第二个核心理念是社会和人际交往。与一些鼓励自我反省、超然和自我孤立的宗教教义相反，人本主义观点鼓励人际交往（帮助）、批判性思维（思考）、投入社会事务（投入）。人本主义观点植根于现代观点，即科学知识、推理、理性、经验主义和怀疑论已经深刻改变了个体感知道德、正义和幸福的方式（Lyubomirsky, 2007; Shermer, 2015）。例如，研究发现，快乐、多产的个体并不是比其他人更快乐，而是更经常地参与复杂活动，而这些活动反过来使他们对自己感觉更好，并提高了他们的自尊（Csíkszentmihályi, 1997）。

把人本主义团结在一起的第三个核心思想是积极反馈。作为个体，我们寻求对自己的积极反馈。这种反馈应该是一致的。鼓励和表扬并没有错。为了得到验证，人们经常求助于巴纳姆式的占星术。正如在祝福塔罗牌解读中，评估越快乐，我们就越有可能相信它，然后我们就越有可能快乐（Konnikova, 2014）。就像是连锁反应，积极的评估促进了乐观，乐观激发了愉悦，愉悦又增加了幸福。

如前所述，自我成长是人本主义人格观的几种应用之一。如果不为实现自己设定的目标而奉献和不屈不挠地努力，自我成长难以实现。个体可以通过自我成长获得幸福。

跨文化心理学研究支持古老哲学的观点，即幸福往往是以我们保持积极的能力为基础的。研究支持佛教的观点，即许多人感到不快乐是因为他们选择了错误的人生目标，错误地认为理想的工作、金钱、社会成功和物质财富会让他们快乐（Wallace & Shapiro, 2006）。幸福感可以通过物质上的东西得以提升，但恐难持久。持久的幸福是一种由个体发起和维持的情绪状态。例如，戴维森及其同事（Davidson, 2003）发现，冥想练习与大脑左前额叶皮层那些与积极情绪相关的活动的显著增强有关。幸福也是长寿和健康的一个因素。安吉拉·布莱恩（Angela Bryan）通过实验证明，乐观是养成健康习惯的一个重要因素（Bryan et al., 2004）。相信自己会变得更健康的人与悲观的人相比，前者往往能得到更积极的结果。戴维·迈尔斯（David Myers）已经找到证据证明，我们的灵性信仰对健康有积极影响（Myers, 2008）。此外，正如索尼娅·柳博米尔斯基（Sonja Lyubomirsky, 2007/2013）所证明的，除了影响我们幸福的生物因素和运气之外，人们还有能力管理自己的幸福。简言之，西方心理学和佛教都证明，持久的快乐是通过心理训练获得的，而不是通过刺激驱动的快感（Wallace & Shapiro, 2006）。

练习 6.2

泰特尔鲍姆和盖塞尔曼（Teitelbaum & Geiselman, 1997）研究了白种人、黑种人、拉丁美洲人和亚洲人四个种族和族群的参与者对白种人和黑种人面孔的跨种族识别。研究人员发现，对同一种族面孔的识别往往比跨种族的识别更准确。换言之，来自同一族群或种族群体的人倾向于比来自其他社会群体的人更准确地评价图画情绪和心境。准确率的差异为 10%~15%，具有统计学意义。研究还表明，愉快的心境可以提高被试在自己族群中识别面孔的准确性。研究还发现，拉丁裔和亚裔参与者识别白种人面孔的情绪比识别黑种人面孔的情绪的困难要小。

问题：作者认为，这些结果对日常生活情境有些启发。你能想到其中的一些启发吗？

6.15 本章概要

1. 情绪的经典理论几乎没有提供文化影响情绪体验的实证证据。为了阐明文化因素对人类情绪的影响，跨文化心理学家至少建立了两种理论模型。根据一种理论模型，人类的情绪是普遍的，文化对情绪的影响有限。另一种观点假设了情绪的文化起源和文化特异性。支持人类情绪普遍性的人认为，所有文化中都存在相似的情绪，所有的情绪都有着相似的生理机制。

2. 关于人类情绪的相似性，令人信服的论据来自大量关于情绪识别和人们在不同文化和语言中命名情绪的方式具有跨文化相似性的研究。然而，情绪具有文化特异性这一观点的支持者认为，具体的情绪现实在不同文化中有显著差异。情绪行为表情的差异、情绪标记的语言多样性及不同的社会化实践证明，人类情绪的产生有文化特异性的根源。根据这种观点，人们学会感受和解释他人的感情。情绪体验的学习与情绪所发源的文化有关。

3. 情绪可以被看作是相似的，也可以被看作是不同的，因为我们经常从不同的角度去感知、分析和思考它们。如果我们把对人类情绪的分析局限于一种情绪是否会发生这个问题，我们将会发现，人类情绪之间有许多跨文化相似性。我们必须特别注意情绪描述的特定抽象层次。此外，任何情绪都可能具有文化上的相似性，也可能有跨文化差异，这取决于所选取描述的概括水平。

4. 如果在高度的概括性或抽象的水平上描述情绪，我们也许会发现情绪之间有许多相似性。如果强调对特定情绪特征的观察，文化差异可能会凸显出来。

5. 把情绪理解为一个多元的过程是有用的。它通常包括以下组成成分：前因事件、生理反应、评估、表达行为和认知功能某些元素的改变。从跨文化的角度看，引发情绪的特定事件类型标记着基本情绪。尽管个体差异巨大，但还是有一些文化规范和条件来调节情绪体验。对某些情绪反应被容忍或重视的程度，仍然有一些文化差异。人类情绪表达一般是在社会化过程中获得的。文化差异可能会导致情绪相关认知过程的差异。一种特定情绪或某种体验情绪方式的盛行，能影响人们的特定态度、信念，甚至对生活的看法。例如，厌恶与拒绝某些食物的文化要求有关，或者与避开饮食相关的特定情境的文化要求有关。这些文化要求一旦被接受，就会得到强烈情绪的支持，从而较少受到诱惑或修改。

6. 人类有体验相同的基本情绪的潜能。然而，我们的文化差异及随后的社会化实践鼓励我们体验特定的情绪，压制另外的情绪，并在情感上卷入其他人漠不关心的特定问题中。因此，心理学家应该掌握有关文化规范、展示规则的知识及各种情绪的特殊前因和普遍前因的知识，并在特定的文化背景下对其进行研究。

6.16 关键术语

愤怒 因威胁、公开的（明示的）或隐蔽的（隐藏的）错误行为、袭击或冒犯而引起的不快情绪。

展示规则 在特定的文化、年龄或社会群体中被认为适当的情绪表达模式。

情绪 一种评价性反应（积极或消极的感觉），通常包括生理唤醒、主观体验和行为或情绪表情的组合。

情绪识别 对情绪表情的识别、描述和解释的过程。

情绪评价 个体根据某些标准或原则对情绪进行的评估。

情感规则 关于在特定情境下如何感受的特定文化规则。

前因事件 对特定情绪体验具有强烈影响的环境和个体反应。

应激 觉察到个人适应内外需求的能力受到连续的挑战。

第 7 章 动机与行为

你愿意现在接受一部便宜的智能手机作为礼物，还是愿意在两年之内得到最新最贵的苹果手机呢？你愿意现在得到 1 000 美元奖金，还是愿意在毕业一年后得到 7 000 美元奖金？总的来说，你是一个有耐心的人，还是会屈服于自己的直接冲动？

冲动满足（IG）是一种著名的心理现象。几个世纪以来，哲学家和宗教学者一直在讨论冲动满足。眼前的小收益和未来的大回报哪一个更重要？大多数思想家会选择耐心。诗人们巧妙地表达了意志和等待的特征。大约 3 000 年前，著名的旅行家奥德修斯（Odysseus）克服了美丽但致命的塞壬（Sirens）的巨大诱惑，希腊作家荷马（Homer）的著作令其名垂青史。两千年前的中国学者和 17—18 世纪的欧洲哲学家都写过关于克制和节制的文章，谴责冲动和欲望的即时满足。做一个好人几乎总是意味着自我控制。科学已经为冲动满足提供了重要的实证数据。60 年前在斯坦福大学进行的著名的棉花糖实验中，研究人员一个一个地询问儿童，他们是愿意现在就吃一个棉花糖，还是等 15 分钟后吃两个。一些儿童等待了 15 分钟，另外一些立刻吃了棉花糖。这项研究表明，许多年后，那些等待的人通常成绩更好，SAT 分数更高，挣钱更多，体重指数更低，心理幸福感更高，滥用药物的可能性更小，行为问题（如被捕）更少（Mischel et al., 1972）。另一项研究表明，冲动满足控制水平低的囚犯比冲动满足控制水平高的囚犯更有可能犯下新的罪行并重返监狱（Malouf et al., 2012）。在瑞典，冲动满足控制水平较低的儿童成年后被定罪的可能性比冲动满足控制水平较高的儿童高 32%（Akerlund et al., 2014）。这些研究及许多其他跨文化研究表明，控制自己冲动的能力是一种重要的个人特征，与许多其他个人品质及有用的行为相关。

冲动满足是如何发展的？其基础是我们的生理机制，还是基于文化的教育经验？遗传因素很重要。例如，高、低水平的冲动满足控制与负责逻辑和耐心的前额叶皮层及腹侧纹状体有关，并与可能调节奖赏机制的大脑腹侧纹状体有关（Casey et al., 2011）。

然而，冲动满足并不只由遗传因素决定。大自然只是设定了一般的路线，而不是预定的命运。例如，跨文化研究表明，经济上的不确定性会显著影响冲动满足。与那些在成长过程中知道自己有经济保障的人相比，不确定自己收入的人往往更容易冲动（Chiraag & Griskevicius, 2014）。贫困也是一个因素。尤其是贫困儿童及在父亲缺席条件下长大的儿童，与其他儿童相比，也表现出立即获得奖励的倾向（Mischel, 2014）。教育也很重要：上学能让人们更加珍惜自己的未来，并培养起耐心（Perez Arce, 2011）。家庭文化实践也发挥了作用。北美的亚裔移民往往比其他家庭更强调子女的冲动控制（Baumeister & Tierney, 2012）。然而，冲动控制并不一定与财富和确定性相关。家庭习俗也很重要。例如，比较研究表明，德国的父母群体更关注儿童的独立性和自发性，喀麦隆的父母倾向于培养儿童的服从和耐心，而不是独立（Lamm et al., 2017）。

我们可能天生就具有某种强大意志力和冲动控制的心理倾向，但我们的社会和文化经验也发挥了作用。我们向父母和老师学习。我们从文化习俗中学习。我们从自己的经历中吸取教训。我们的生活往往持续地发现等待的价值，而不是立即得到我们想要或需要的东西。

人们在哪里找到资源来耐心地追求自己的目标，并在此过程中等待最好的机会？是其家人吗？宗教信仰？理性计算？个人愿望还是社区的集体目标？为了生存和奋斗，我们都需要呼吸、进食、避免不必要的痛苦和不适。但是，我们如何了解同情、贪婪、攻击和爱等看似不同的行为的内在机制？文化如何影响我们的动机？

动机是一种条件，通常是一种内在条件，它引发、激活或维持个体的行为。研究者不断讨论人类动机的本质，并不断尝试找到解释人类动机本质的普遍理论。例如，进化心理学家普遍认为，自然因素能最好地解释人类行为的许多方面。社会科学认为，人类动机的本质主要是社会或经济动机。经典心理学家确定了动机的主要心理机制，从而对动机理论作出了贡献。对这些取向的批判性考察为跨文化心理学家提供了有价值的想法，可以用来分析特定类型的人类动机。

7.1 进化论一瞥

根据进化论观点，由于基因变异，在某些条件下，某些有机体比其他有机体更有可能生存下去。那些幸存下来的个体会把他们“有利”的基因传递给后代，因此一些个体特征和适应性习惯也会传递给后代。经过很多代的传递，促进生存的基因模式占据主导地位。例如，猎人变得能成功找到并杀死动物，采集者变得能成功发现和种植浆果、树根和水果。人类为生存而进行的斗争促使人们争夺稀缺的资源。善于竞争、适合斗争的人一定会成功，一定会兴旺发达。不适合斗争或者缺乏竞争动力的人，将会失败。生活是不公平的，但谁说就应该如此呢（Summer, 1970）？生存技能可以是个体的，也可以是集体的。例如，鲍德温（1991）提出，几个世纪以来，集体生存原则一直是非洲人民心理的一部分。这个群体的继续存在——而不一定是个体的生存——与非洲人的集体责任感和相互依存密切相关。这是一个有趣的假设。然而，一位批判性思考者可能会提出，这一解释性原则不仅适用于非洲文化，也适用于许多其他受到压迫或继续生活在压迫之下的族群或社会群体。

人类动机的进化取向提出了一些有趣的观点，但它通常不能解释人类动机在不同背景下的多样性，忽视了个体选择和理由的影响。

与进化论不同，大多数社会科学强调，社会因素在决定个体动机中发挥关键作用。我们通过描述两种理论来说明这种取向。

7.2 社会科学：首先看社会

例如，考虑社会学家马克斯·韦伯（Max Weber, 1968/1922）的观点。他区分了两种类型的社会：前工业社会（旧的，传统的）和工业社会（新的，非传统的）。前工业社会的人们与传统和习俗密不可分。在这样的社会中，根据人们的愿望和行为是否符合现有的习俗和规则，将其视为适当或不适当。例如，传统社会中的已婚夫妇不太可能要求离婚，因为离婚破坏了传统家庭。相反，现代社会认可理性是人类动机的支柱。人们有意识地评估实现特定目标的最有效方式。如果夫妻双方认定他们无法继续生活在一起，他们就会离婚。为什么？因为这种行为符合其最大利益。在这种情况下，理性倾向于战胜情绪；批判性思维常常取代直觉；对收益和损失的评估往往会取代习俗。

其他社会科学家关注经济因素、社会不平等，或者将消费主义视为人类行为背后的主要驱动力（Marcuse, 1964; Stearns, 2006）。然而，经济因素不能解释人类动机的许多方面。例如，不幸的是，社会平等并不能阻止攻击和暴力。同样，经济不平等也不必然引起人与人之间的冲突。人们经常能找到应对社会挑战和新职业角色的方法。一项对中国和美国当权女性的研究表明，尽管她们都在工作场所和家庭中面临着重大障碍，她们还是会把工作和家庭角色结合起来，使二者协调一致（Cheung & Halpern, 2010）。

下面是对动机的基本心理学理论的概述：驱力和唤醒理论，以及心理动力学、人本主义和学习取向。

驱力就是引导有机体满足某种生理需要（physiological need）的内在唤醒状态。动机理论的核心概念之一是需要，即由生理或心理剥夺（如缺乏食物或水）引起的一种激活状态。根据驱力理论，不同国家的人都会重视他们没有的东西，就像饥饿的人特别重视食物一样（Peng et al., 1997）。行为的目标是在个体内部达到稳定或平衡的状态。刺激，如饥饿和疼痛，激发和启动我们的行为。需求分为两类：生理需要和社会需要（Social needs）。生物学需要（Biological needs）是人类普遍的、直接的自我保护行为，如为了生存而吃东西的需要。社会需要引导人们建立和维持关系。被需求所激活的有机体处于驱力状态（drive state）。处于驱力状态时，人类表现出目标导向行为（goal-directed behavior）。环境可能迫使个人与敌人作战、祈祷或发展特定技能（Murray, 1938）。贫困的压力会产生对经济安全的需要，导致某个体更加努力地工作并接受教育（Van de Vliert, 2007）。受不同环境的影响，另一个体选择与社会进行暴力对抗，因为此个体认为是社会造成了他的贫困。

动机的唤醒理论认为，人们通过积极改变对唤醒刺激的接触程度而保持最佳唤醒水平（Yerkes, 1911）。与饥渴不同，缺乏感官经验或其他经验不会导致生理失衡。然而，人类和动物都会经常寻求感觉刺激：一个来自布鲁克林的人停在公园边下棋；一名乌兹别克男子在当地一家茶馆前停下来聊天；一名来自波士顿的学生花 40 美元看红袜队（Red Sox）的比赛。每种文化都有自己的活动，人们出于各种原因有动力寻求参与这些活动，以保持最佳的唤醒水平（Ryan & Deci, 2000）。

研究为唤醒理论提供了一些支持。来自 6 个国家（西班牙、秘鲁、委内瑞拉、英国、澳大利亚和美国）的 1 000 多名男女完成了关于拖延的问卷调查。结果表明，国家内部和国家之间没有显著的性别或国别差异。总的来说，近 30% 的受访者表示他们有拖延的倾向。他们中有一半的人因为唤醒的原因而拖延：他们相信在压力下工作会取得更好的结果。另一半是避免拖延者，他们在最后期限的压力下表现不佳。这些发现表明，拖延有一些跨文化的心理机制（Ferrari et al., 2007）。

驱力理论和唤醒理论的一个主要缺点是，把文化当作一种相对独立于人类活动的“外部因素”。这些理论通常否定这样一个事实，即人们不仅用自己的身体和思想做出反应，而且还是自己生活和文化的积极的“建筑师和设计师”。

7.3 无意识的力量：精神分析

最初由西格蒙德·弗洛伊德（Sigmund Freud, 1938）提出的精神分析（psychoanalysis）的核心概念是无意识（unconscious）。无意识是一个意识的层次，包含我们没有觉察到但影响着我们的思想、情感和记忆，而且我们也无法随意地觉察到。所有的人生来都有两种基本的驱力：生的本能（life instinct）和死的愿望（death wish）。所有朝向生命物质整合（如爱、喜欢、帮助、关怀、建设和创造）的努力倾向，都是由生的本能驱动的。死的愿望代表了所有攻击和死亡倾向。为了生存，个体倾向于摧毁不相容的事物和人。

个体的人格包括三个主要组成部分。人格最基本的部分是本我（id）：该成分包含与生俱来的驱力（生的本能和死的愿望），并根据快乐原则（pleasure principle）寻求其冲动的即时满足。新生儿的行为受这一原则的指导。所有文化中的婴儿都意识不到社会规则。渐渐地，成长中的儿童面临越来越多对其行为的监管，这些监管以限制的形式系统性地出现。特别严格的限制通常适用于他发展中的性兴趣及攻击冲动。这标志着超我（superego）发展的开始。超我是一个人格层次，以道德指南的形式抑制其最初的冲动。超我代表着社会的价值观和文化标准，通过父母及其他成人传递给儿童。被本我和超我包围的是自我（ego），这一人格层次通过在本我、超我和环境之间做出妥协来适应外部现实。弗洛伊德是最早批判性地描述人类文化的心理根源及其对个体经验和行为的影响的人物之一。

精神分析主要是在西方文化环境中发展起来的，这种文化环境倾向于个人主义、理性思维、自由选择和相对较低的权力距离。心理学家曾多次尝试将这一理论应用于非西方文化的文化研究和跨文化研究。早在 1929 年，印度精神分析学会的创始人和第一任会长吉林德拉塞哈尔·博斯（Girindrasekhar Bose）就写信给弗洛伊德，强调印度和欧洲在性别认同方面的一些差异。他认为印度文化总体上有一种倾向，即个体内部的女性和男性特征不完全分离（Kakar, 1989）。此后，出现了对非洲巫术（witchcraft）、澳大利亚原住民的社会习俗、白种人社会对非裔美国人的影响的精神分析研究，以及对缅甸、柬埔寨、老挝或泰国佛教文化社区的自我克制力量进行的精神分析研究（Tori & Bilmes, 2002）。这些研究带来了一个非常重要的发现：在传统文化中，家庭纽带和性别关系的结构在历史上不同于西方模式，因此，精神分析的假设很难应用于对传统家庭的理解（Roland, 2006）。

瑞士的卡尔·荣格（Carl Jung, 1875—1961）是精神分析传统最杰出的追随者之一，他是最早批判西方心理学种族中心主义世界观的人物之一。他面对的是 20 世纪中期心理学的一个普遍观点，即欧洲式的思维和行为远远“优于”亚洲或非洲式的行为和经验。他乐于指出，欧洲只是亚洲大陆上的一个半岛。事实上，欧洲人只是在追赶其他那些心理世界的丰富性和复杂性超乎欧洲人想象的族群。荣格认为，西方世界几乎完全建立在理性的基础上，需要了解对自我和其他文化的更深刻认识。荣格认为，心理学可以通过研究民间传说、童话故事、神话和文物来更好地解释个体。现今，当代心理学已普遍接受荣格的观点，即鼓励发展包容性的、跨文化的取向来获取心理学知识（Shiraev, 2011）。

7.4 人本主义取向

人本主义心理学（Humanistic psychology）关注人的尊严、个人选择和自我价值。人本主义心理学的先驱亚伯拉罕・马斯洛（Abraham Maslow, 1970）提出，人类有许多天生的需要，这些需要按照其影响力形成一个等级结构（表 7.1）。

马斯洛将这些需要分为五个层级：生理需要、安全需要、归属和爱的需要、尊重需要和自我实现（self-actualization）的需要。一旦某个个体满足了某一特定层次的一系列需要，就能够进入下一个层次。因此，在人们满足了对食物、水和住所的需要之后，才会被激发去寻求接受和尊重。

表 7.1 亚伯拉罕・马斯洛的需要层次

第五层：	自我实现的需要
第四层：	尊重需要
第三层：	归属和爱的需要
第二层：	安全需要
第一层：	生理需要

资料来源：基于马斯洛（1970）。

马斯洛指出，当一个人提升需要层次时，他就变得不那么像动物，而更加人性化。如果一个人充分满足了前四个层次的需要，他就要去满足最高层次的需要，也就是实现其独特的潜能。根据马斯洛的说法，一旦人们达到自我实现的层次，他们就与那些仍在努力满足更基本需求的人产生了质的差异。自我实现者的生活由对“存在价值”（being-values, B-values）的追求所支配，如真、善、美、完整、正义和有意义。

与之前的大多数人格理论家不同的是，马斯洛通过研究健康和成功的人创立了他的理论，而不是通过研究精神机能障碍（psychopathology）的临床案例。他对自我实现者产生兴趣，始于他对格式塔心理学创始人之一马克斯·韦特海默（Max Wertheimer）和著名文化人类学家鲁思·本尼迪克特（Ruth Benedict）的极端钦佩。马斯洛在发现这两人有许多共同特点后，开始寻找其他具有相同品质的人。他最终分离出来进行更详细研究的群体，包括亚伯拉罕·林肯（Abraham Lincoln）、托马斯·杰斐逊（Thomas Jefferson）、阿尔伯特·爱因斯坦（Albert Einstein）、埃莉诺·罗斯福（Eleanor Roosevelt）、阿尔贝特·施韦泽（Albert Schweitzer）、本尼迪克特·斯宾诺莎（Benedict Spinoza）、阿德莱·史蒂文森（Adlai Stevenson）和马丁·布伯（Martin Buber）。

马斯洛以其非正式研究为基础，对表现出最佳功能的、成熟的、健康的人提出了一个综合的大致描述。马斯洛的结论是，自我实现者表现出许多相似的特征，包括：（1）对现实的准确知觉；（2）对经验持续保持欣赏和开放；（3）自发性和简单性；（4）强烈的伦理意识；（5）哲学（而不是敌对）幽默感；（6）对隐私的需要；（7）周期性的神秘（“高峰”）体验；（8）民主的领导特质；（9）深厚的人际关系；（10）自主性和独立性；（11）创造性；（12）以问题为中心（而不是以自我为中心）取向；（13）对儒化的抵制；（14）对自我、他人和自然的接纳。

自我实现者的一个显著特征是高峰体验——周期性和深刻地感受到幸福、乐观、内心和谐和创造性。这些都是发现、理解、成就或亲密的非凡快乐时刻（Maslow, 1962）。虽然非自我实现者也有可能产生高峰体验，但这样的体验对他们来说可能并不常见。虽然多种冥想练习（例如，在印度教或佛教传统中很常见）也让练习者准备好达到这些纯粹的快乐时刻，但冥想技术通常鼓励对自我的专注及个人与外部世界脱离。虽然高峰体验同样涉及内部激活（个人必须超越需要层级结构中的四个层次），但这些体验通常涉及他人及一致的社会参与。高峰体验是自我强化的：它让人们有更好的自我理解，而一旦人们有了更好的自我理解，就会有动力去寻求更多的高峰体验。

在马斯洛描述了高峰体验之后的几年，他的观点得到关于心流（flow）的研究的支持。所谓心流，就是一种完全专注并快乐地沉浸在某种情境或活动中的状态。心流还与人的一种能力有关，即在其他人可能觉得乏味的日常活动中寻找乐趣的能力（Csíkszentmihályi, 1990）。进化心理学家认为，心流似乎是一种有用的进化现象，人们需要享受一些乏味的日常活动。如果有某种遗传机制让某些个体通过从事某种工作来体验愉悦，那么这些机制就会代代相传（Csíkszentmihályi, 1997; Csíkszentmihályi & Asakawa, 2016）。

在每一个被研究的文化或宗教传统中都发现了心流现象，包括印度、美国、韩国、日本和南美洲国家。例如，在日本，有一种主观心理状态叫作Jujitsu-kan，简言之，这是一种满足感。日本人经常用这个词来形容一种感觉，即他们在现有能力的范围内充分有效地发挥了作用。这是一种重要的、往往是强制性的活动过程中的感觉。Jujitsu-kan类似于一种自立、与他人联系在一起的感觉，一种信任的感觉。研究还表明，在西方，心流体验通常与外部刺激相联系，而在东方文化中，体验心流的方式是主要通过心灵或内在体验。特别是，日本的心流体验与社会和谐的社会共享标准联系在一起（Csíkszentmihályi & Asakawa, 2016）。

仅仅因为某人有过反复和强大的心流体验，并不一定意味着此人已经达到了自我实现。有些人有心流体验是因为他们很幸运，或者仅仅是因为他们避免了失败，好的事情发生在他们生活中的频率比发生在别人生活中的频率要高（Baumann, 2012）。

批判性思维

显微镜下的马斯洛

你认为马斯洛的理论是对功能完备的人的有效描述，还是马斯洛自身主观价值体系的反映？在其他非西方文化中会发生高峰体验吗？马斯洛是否混淆了逻辑与伦理道德考量？例如，他把自我实现者描绘为开放、现实、自发、具有民主领导特质、抵制儒化，并接受自我、他人和自然的人。这是对所有文化中人类满足感的客观描述吗？还是一种马斯洛处理（伪装成描述）自己主观理想的方式？马斯洛是否只是选择了他心目的英雄（他们都是欧洲人或欧裔美国人），然后在其范式中把这些英雄特征组合起来并提供给其他人（Smith, 1978）？不同的文化会以什么方式影响高峰体验（周期性和深刻地感受到幸福、乐观、内心和谐和创造性）？

尽管马斯洛提出的需要结构可能适合所有文化的个体，但需要的相对优势具有文化特异性。自我关注（Self-preoccupation）可被视为一种西方特征，而在其他一些文化中并不占主导地位。例如，中国人的价值观层次结构包括对相互联系的促进，而马斯洛的需要层次理论强调自我发展，二者形成鲜明对比。在一项研究中，尼维斯（Nevis, 1983）修改了马斯洛的需要层次，并认为在共产主义中国，人们最基本的需要之一是归属感，而不是生理需要。此外，自我实现可以表现为对社区的服务。如果一个人通过对群体的贡献来实现自我，那么这个人就是在实现集体主义自我实现的价值观。

马斯洛承认，他对自我实现的理论和研究缺乏严格实证科学的严谨性。然而，他强烈地相信，要完善心理学的领域，关注"健康、强壮的人的最高能力及残废灵魂的防御策略"势在必行（Maslow, 1970, p. 33）。此外，马斯洛坚持认为，如果相信科学是价值中立的，这就是误导，因为科学方法和程序的开发和利用是为了人类的目的。

苏联心理学家亚瑟·彼得罗夫斯基（Arthur Petrovsky, 1978）提出了一个类似的动机理论，并在不同的文化环境中进行了实证检验。他声称，大多数苏联人都存在集体主义倾向。当一个人接受并内化了社会的目标和价值观时，他就能发挥其最大潜能。在中国和俄罗斯的例子中，环境要求、社会主义意识形态和传统（如中国的儒家职业道德，或苏联的道德行为准则）都提倡和谐和合作，而不是西方通常所提倡的个人主义决心。

7.5 学习与动机

主要与心理学中行为主义传统相关的学习理论认为，人们能觉察到自己的思维模式，并能控制自己的动机和行为，这是因为他们控制着这种行为发生的条件。人们学习他们想要的，以及学习如何获得奖励、掌握和从属关系。动机有两种：内在动机（Intrinsic motivation）和外在动机（extrinsic motivation）。内在动机促使人们参与各种活动，除了活动本身的愉悦和满足感外，没有明显的回报。德西（Deci, 1975）认为，人们从事这类行为至少有两个原因：获得认知刺激，以及获得成就感、胜任力和对环境的掌握。相反，外在动机来自外部环境。外在奖励的例子包括表扬、高分或报酬。这样的奖励可以加强现有的行为，为人们提供关于其表现的反馈信息，并增强自我价值感（Ryan & Deci, 2000）。

属于该传统的心理学家希望建立一些解释行为的普遍科学原则。环境、教育条件、文化规范——所有这些因素都制约着人们对刺激的反应，帮助其适应环境，并指导其行动。行为主义是一套普遍适用于任何文化环境的原则。

现在让我们来考察几种具体的人类动机类型。我们将首先分析饥饿，然后讨论成就动机，最后考察性动机（sexual motivation）和攻击动机（aggressive motivation）。

7.6 胡萝卜与牛舌：饥饿与食物偏好

显而易见，为了生存，我们必须吃东西。这在任何文化中都没有例外。饥饿是一种生理需要。身体将食物转化为能量以促进生长和功能发挥。我们对进食的渴望由一种生理状态（身体化学反应和脑中的下丘脑活动）所推动，并由我们习得的对外界刺激的反应所拉动。饥饿的生物学本质解释了许多饮食偏好的跨文化相似性。所有文化中的人都学会了在期待诱人的食物时流口水。我们对甜味和咸味的偏好是遗传得来的、普遍的。对大多数儿童来说，糖果是极为理想的食品。然而，个人经验创造了特殊的口味偏好。例如，如果人们不断地吃高盐食物，就会形成对过咸食品的喜好（Beauchamp, 1987）。因此，在新奥尔良或伊朗长大的人可能会认为多种斯堪的纳维亚或北欧食物有些清淡，不够辛辣。

文化规范和传统规定了我们的饮食习惯，决定了我们认为什么是可口的，什么是不可口的，并形成了针对特定食物和加工食品的社会禁忌。阿拉伯的贝都因人可以吃骆驼的眼睛，但大多数欧洲人会觉得恶心。在一些欧洲和亚洲国家，牛舌是美味佳肴，而大多数北美人却认为很荒诞。同样，大多数北美人和欧洲人拒绝吃狗肉，但越南人却普遍接受吃狗肉。穆斯林吃牛肉，但虔诚的印度教徒不会吃牛肉。穆斯林及许多犹太人都不吃猪肉。大多数其他族群和宗教团体的人只要有可能就吃猪肉。研究表明，人们通常对尝试新异的肉类产品和食品持谨慎态度。对熟悉食物的偏好和对新食物的谨慎似乎具有适应性的进化价值（Modlinska & Pisula, 2018; Pliner & Pelchat, 1991）。然而，随着反复接触，我们通常会增加对新口味的喜欢。此外，接触一种新异食品使我们更愿意尝试另一种新异食品（Pliner, 1982; Pliner et al., 1993）。

7.7 当饥饿引发痛苦：进食障碍

进食障碍在西方比在非西方国家更常见。此外，在工业社会（如加拿大、美国、欧洲国家、日本和澳大利亚）的年轻女性中，进食障碍比在其他国家的年轻女性中更常见。西方国家女性的神经性厌食症（anorexia nervosa）发病率在 0.1% 和 6% 之间。在西方国家，神经性贪食症（bulimia nervosa）的发病率从男性被试的极低数字到 2%，以及女性被试的 0.3% 到 7% 不等。非西方国家女性被试的神经性贪食症发病率在 0.5% 和 3% 之间。研究还表明，非西方国家的不正常饮食态度普遍增加了（Castillo, 1997; Hans, 2016; Makino et al., 2004）。这里我们将重点讨论两种进食障碍，神经性厌食症和贪食症（bulimia），两者都会威胁生命。患有进食障碍的人（其中往往 90% 的人是女性）被体重所困扰，为了保持理想的体重，他们会采用饥饿饮食法，或反复把食物排出（如呕吐、惩罚性运动）。

对个体是否关注瘦身理想，是否对体重增加产生强烈恐惧，文化规范有着重要影响（APA, 2013）。在大多数文化中，女性的某些解剖学特征成为女性多么女性化、多么性感的标志（Habermas, 1991）。如今，在西方文化中，苗条是定义吸引力的一个重要方面，它增加了感知到的女人味特征。除了一些可能导致个人患上进食障碍的心理因素外，社会因素（如美的文化模式、时尚趋势和同龄人压力）也可能导致产生臃肿、肥胖和缺乏吸引力的自我形象（Smink et al., 2016; Thompson, 2003）。在现代许多非传统文化背景中，吸引力越来越与更小、更瘦的体型联系在一起。庞大、圆胖的体形与许多年轻女性极力避免的“妻子和母亲”的刻板印象联系在一起。

厌食症（Anorexia）不是现代社会才出现的“新”障碍，它不仅发生在西方国家。虽然“厌食症”一词的提出是在 1874 年，但一些医学资料显示，在 18 世纪及更早的时候，有人就出现了厌食症症状。利用历史文献，贝尔（Bell, 1985）描述了一种所谓的“圣厌食症”（holy anorexia），包括拒绝进食，同时认为禁食与神力有关。虽然研究人员发现有证据表明，厌食症和贪食症在 20 世纪变得更加常见，但在世界上每一个非西方地区都能观察到厌食症症状。除日本和伊朗外，非西方国家贪食症发病率的估计值低于西方国家报告的范围，在较早历史时期也没有找到贪食症的证据（Keel & Klump, 2003）。

7.8 胜利与和谐：成就动机

人们不断追求成就和卓越。看看人类创造性的杰作，如埃及的金字塔、古印加神庙，或者巴黎的埃菲尔铁塔。请到体育网站上或手机应用程序中，看看不同民族、宗教和族群背景的运动员是如何为卓越而竞争的。请阅读波斯之子（the great son of Persia）尼扎米的诗歌，以及哥伦比亚的文学天才加夫列尔·加西亚·马尔克斯的小说。人们总是努力做到最好，胜过别人。成就需要是一种社会需要，引导人们不断追求卓越、成功、影响力和成就。

我们生来就有这样的动力去获得成就吗？早期成就动机研究的领导者之一戴维·麦克利兰（David McClelland, 1958）对这个问题的回答是“不”。他证明，人们的成就动机在很大程度上是在儿童时期习得的。如果父母强调卓越，并为儿童的高水平成就提供感情和情绪奖励，他们就习得了成就动机。在个体的一生中，各种各样的社会和心理因素都会进一步影响成就动机。麦克利兰认为，如果未能给儿童树立这样的榜样，他就不会发展出成就需要。

特定的社会规范与成就动机有关。例如，捷克斯洛伐克（当时是一个统一的社会主义国家）的工业管理者的成就动机比美国同行要低得多（Krus & Rysberg, 1976）。1992年的一项研究发现，美国11至12岁儿童已经比同龄的中国儿童表现出更多竞争性和个人主义动机（中国在那几年才开始市场经济改革）(Domino, 1992)。另一项研究发现，与墨西哥母亲相比，美国母亲不断为孩子选择更难的成就目标（Madsen & Kagan, 1973）。在一项关于动机的经典研究中，麦克利兰（McClelland, 1987）分析了22种文化中的儿童故事，以及这些故事在多大程度上表现出成就动机主题。然后，他将这些动机水平与所研究国家的经济发展指标联系起来，结果发现，成就动机得分与儿童所在国家的经济增长高度相关。换言之，各国对儿童所讲的故事中对成就的重视程度越高，随着儿童的成长，这些国家的经济发展就越快。

在一个涉及12 000多名参与者的跨国项目中，弗纳姆及其同事（Furnham, 1994）的研究发现，个体成就动机与经济增长之间关系密切。特别是，经济增长与对竞争性的态度相关。这些态度越强，成就动机就越高。成就动机越高，经济增长率也越高。如果相关确实存在，那么其因果方向是什么？不少科学家认为，经济发展改变了文化综合征。例如，有的国家随着其国家发展和经济强大，增加了对个人主义的支持，减少了对权力距离和威权主义的认可（Hofstede, 1980）。其他人强调，文化综合征促进经济发展：正如早期研究所预测的那样，努力工作和渐进储蓄的价值观应能促进经济发展（McClelland, 1961; Weber, 1930/1905）。

然而，最近的研究大多表明，这种相关可能是双向的，经济发展和文化变革似乎是以一致的模式进行的（Allen et al., 2007）。例如，日本和中国香港特别行政区这两个经济上非常成功的经济体，是所谓儒家工作动力论（Confucian work dynamism）最强大的长期支持者。所谓儒家工作动力论，是一种文化综合征，表现为坚持实现经济目标、社会稳定、鼓励谨慎和储蓄，并通过强调羞耻感来促进忠诚和信任（Hofstede & Bond, 1988）。此外，强有力的实证数据表明，在经济繁荣时期，成长的个体对平等主义、和谐和自治等价值观的认可程度越来越高（Allen et al., 2007）。财务不安全感导致人们寻求强有力的领导者、绝对规则和社会秩序，而财务安全感则促使人们走向自我表达和个人满足（Inglehart, 1997）。

高成就动机的特征之一是企业家精神（entrepreneurship），这一特质能产生新想法和新方案（D. Miller, 1983）。惩罚一般不会促进新思想的产生。此外，在父母专制的家庭中，儿童的成就动机水平相对较低（Segall et al., 1990）。一项对 9 个国家的研究表明，企业家精神通常与高权力距离（对工作场所相对不平等的容忍度）、高个人主义、低不确定性规避和高男子气有关（McGrath et al., 1992）。在美国样本中获得的数据（Zheng & Stimpson, 1990）显示，企业家和非企业家在创业的 4 个心理特征上存在差异：创新、成就导向、自尊和个人控制。

不需要太多想象力就能认识到，任何两个人都可能产生两种不同类型的成就动机：低成就动机和高成就动机。高成就动机者追求卓越和成功；低成就动机者乐于做需要做的事，不需要正式的成功或他人的认可。令人感兴趣的是动机的文化差异。前面提到的研究结果是否表明，存在高成就导向和低成就导向的国家和文化？

批判性思维

成就动机与财富

考虑一下这样的研究：经济发达国家的成就动机更高（Inkeles & Smith, 1974; McClelland, 1961; Steers & Sanchez-Runde, 2002）。正如我们已经知道的，我们在解释任何相关数据时必须谨慎。相关并不一定证明高成就动机是经济增长的原因（cause）。一个国家的经济繁荣有可能刺激其公民成就动机的发展。理由可以是：“如果我知道我的努力会得到回报，我会为成就和卓越而奋斗。但是，如果我知道由于经济条件差和政府干预，我个人的努力不会得到回报，我将很难说服自己去渴求成就。”心理学家提出，研究成就动机可以让我们深入了解某些国家和社会在特定历史时期经济突飞猛进的原因（Allen et al., 2007）。你如何看待动机与财富之间的联系？想一想那些高成就动机，却没有带来物质上成功的人的例子。举一些例子，说明财富和富足不会激发高成就动机。在你看来，什么因素能激发个体的成就动机？

答案的关键是，成就或成功可以用多种方式理解。所谓的个人主义成功动机（迄今为止引用的大多数研究所衡量的动机类型）影响个人的态度和行为，并直接影响个人目标的实现。相反地，集体主义成功动机指导个人与他人建立联系；个人的贡献被视为对某一特定群体或社会的成员有益（Parsons & Goff, 1978）。

每个社会都会设定卓越的标准，并决定个人或集体应该达到的目标。西方文化盛行个人主义目标，如美国、法国和德国；东方文化中更常见的是集体主义目标，如印度、韩国和日本（Maehr & Nicholls, 1983）。在韩国、泰国和中国，有一种特殊的工作伦理，根据这种伦理，未来导向及和谐的人际关系网络对商务成功至关重要（Cauquelin et al., 2014; Cho & Kim, 1993）。研究还发现，与非原住民学生相比，澳大利亚原住民学生更重视集体主义目标（Fogarty & White, 1994）。巴斯（Bass, 1997）的研究表明，在某些国家，吹嘘成功是适当的，但在其他国家则不然。例如，在印度尼西亚，吹嘘某人的能力可能令人鼓舞，并使下属建立自信心，但在日本，这种行为大多数情况下都被认为是不适当的。

在许多跨文化研究中，都有关于集体主义成就动机和个人主义成就动机的讨论。例如，考虑一下教育。任务导向（Task orientation）是一种成就动机，其目标是发展个人学习和成长的能力，而自我导向（ego orientation）的目标是表明具有相对于其他人的优越性（Nicholls, 1989）。在对中国和美国小学生的比较研究中发现，这两种类型的成就取向在所研究的样本中几乎同等地出现。该结果令研究人员大为意外。正如前面提到的，中国被视为非常强调人际和谐、谦虚和合作的典型国家。因此，期望所抽样的中国学生的自我导向比美国学生低。一种解释是，中国的教育体制与美国的差异在于具有高度的选择性和竞争性。一个人要想成功，他必须比别人强，尤其是在成绩方面。因此，中国学生的首要动机来源是，要在跟其他同学的竞争中取得好成绩（Xiang et al., 1997）。

在对中国人和欧裔新西兰人的研究中获得了有趣的结果。研究发现，中国学生对学业和职业成就的动机比欧洲学生更强。然而，中国学生表现出更强的实现父母期望的责任感，他们与欧洲学生相比，更害怕父母对失败的反应。根据中国的文化规范，父母要求并期望孩子在学校取得好成绩。学生有义务完成父母的期望，并要感激父母为他们做出的牺牲（Sue & Okazaki, 1990）。或许这就可以解释下述事实：20 世纪 90 年代末之前，新西兰的中国移民在教育和职业领域持续取得巨大成功，获得更高职位的比例超过包括欧洲人在内的任何其他族群（Chung et al., 1997; Liu et al., 2005）。

有进一步证据表明，成就动机具有与文化相关的复杂性。对 500 多名英裔澳大利亚人和斯里兰卡人进行了访谈，以对两组成员的成就动机进行比较。澳大利亚人的个人主义导向比斯里兰卡人更为普遍，后者主要为家庭和群体导向（Niles, 1998）。然而，两个群体在实现目标的首选方式上是相似的：他们都强烈支持个人责任和工作伦理。结果并未显示其中一个群体比另一个群体的动机水平更高。最重要的是，该研究表明，人们有动机通过不同的手段实现相似的目标，或通过相同的手段实现不同的目标。也有人认为，成就或成功在不同的情况和文化背景下可能具有不同的含义。简言之，成就导向行为不一定是个人主义的：一个人可以将进入研究生院设定为看似非常个人的目标，但这个人也意识到，实现这个目标将是他整个大家庭（extended family）的成功标志。

根据对特定行为的文化知觉，或根据集体主义和个人主义等关键文化特征，人们可能会以不同的方式看待成就。人们可以通过自尊和自豪的棱镜看待成就，或通过与他人的相互联系感和避免羞耻感来看待成就（Ishi et al., 2017）。以优柔寡断（indecision）为例，在某些文化中，优柔寡断受到贬低，这个词甚至带有负面的含义。例如，在美国的政治和商务环境中，优柔寡断被认为是一种负累。而在其他社会，如在日本，同样优柔寡断的行为可能会得到积极评价（Yates et al., 2010）。文化规范可能会鼓励不同类型的成就动机。研究表明，佛教和西方社会可能会鼓励两种不同类型的动机：“最大化”和“满足”。最大化者几乎总是在寻求最佳（这让他们经常不开心），而满足者通常对他们所取得的成就感到满意（Iyengar et al., 2006）。

跨文化敏感性

当人们具有刻板印象时，通常意识不到自己扭曲信息的程度。多年前，当英国菲利普亲王（Prince Philip）访问苏格兰爱丁堡附近的一家高科技公司时，他发现一个线路不良的保险丝盒，就对公司经理评论说：

"它看起来像是由印度人安装的。"此后王室发言人为此番言论道歉，但你可以想象这对生活在世界各地的数百万勤奋和成就卓越的印度人及其后裔来说是多么的冒犯。

墨西哥前总统比森特·福克斯（Vicente Fox）也几乎以同样的方式评论说，在美国的墨西哥移民从事的工作"连黑种人都不想做"。墨西哥总统办公室立即发表声明说，总统说错话了，人们不应错误解读他的话。当然，总统并不想冒犯非裔美国人；他应该更仔细地挑选用词。你是否知道其他人对群体动机和成就的刻板印象？你如何看待此类言论？在课堂上讨论这些言论，将批判性思维规则（第 2 章）应用于对这些言论的评估。

7.9 攻击动机与暴力

"每场比赛结束后，我们只想痛打别人。最好是'有人'来挑战我们。如果没有人敢挑战，我们无论如何都会去踢一个人的屁股。"这是 M. M. 在伦敦郊区对我们说的话。他是两个孩子的父亲，30 岁，英国人，过去自称是"足球流氓"。

想要伤害他人的愿望称为攻击动机。无论我们住在哪里，身体虐待、言语攻击、愤怒的报复、公开的敌意及许多其他形式的攻击行为都是我们日常生活的一部分。攻击动机有多种根源和原因，无法用一种理论去解释，无论这种理论看起来多么有吸引力。跨文化心理学家将现有数据比较并组合成一个综合观点，该观点考虑了与攻击动机和行为联系在一起的广泛的心理、政治、生物、社会经济和文化因素。

例如，科学家发现，正常小鼠的大脑中如果缺乏特定的化学物质——一氧化氮，就会变成暴力和性侵犯的恶棍。同样的机制也适用于人类（Brown, 1995）。即使在心理上倾向于暴力反应，大多数人仍然能够适应现有的社会约束和文化要求。在暴力行为很少见的文化中，人们对任何形式的暴力和攻击都非常敏感并进行抵制。相反，在把暴力作为常见问题解决方法的社区，例如，存在族际冲突的地区，人们可能会把这种特殊的暴力行为模式作为一种规范（Buckley, 2000）。有些跨文化研究提供了额外的支持证明，暴力的根源是某些社会条件，如不平等、不公正或对全体人民的系统性虐待（Frey & Hoppe-Graff, 1994）。

当攻击行为有助于人的生存时，社会规范就会支持攻击行为。通过攻击行为，个体可以获得权力和控制，获得物质资源，或者抵抗挫折（Rohier, 1975）。例如，研究发现，同一国家的儿童如果在不同社会环境中长大，往往会表现出不同的攻击行为模式。一项针对墨西哥两个地区儿童的研究发现，生活在暴力程度较高的城镇儿童的攻击行为是其他暴力程度较低的城镇儿童的两倍（Fry, 1988）。报告称，生活在高暴力地区的父母往往会鼓励儿童的攻击性，并对针对他们的暴力行为采取报复行动。此外，在父母忽视、拒绝、缺乏感情、对儿童的攻击性漠不关心和虐待的家庭中，攻击行为更多。该研究提供了一个双向因果关系的示例（见第 2 章和第 3 章）。一方面，危险的社会条件导致父母在“自卫”中鼓励使用暴力。另一方面，鼓励攻击行为创造了一种允许新的攻击行为的特殊社会氛围。然而，这项研究几乎没有说明为什么有些儿童和成人不会以新的攻击行为来回应攻击行为，而是终生保持无暴力行为。其他研究表明，放任或缺乏父母控制也可能导致儿童之间的暴力行为（Schlegel & Barry, 1991）。

一种关于攻击性的观点受到挫折—攻击假说（frustration-aggression hypothesis）的影响（Berkowitz, 1962; Dollard et al., 1939）。该理论将攻击描述为对挫折的主要反应。许多社会科学家试图解释各种挫折情境下攻击行为的根源，如贫困、破碎的家庭、移民、城市化、失业和歧视（Bernard, 1990; Pinto et al., 1991; Weiss, 1992）。斯托布（Staub, 1996/2016）调查了不同文化群体中攻击行为背后的多种因素，这些因素包括歧视史、遭受暴力、对权威的态度、基本需求得不到满足、缺乏教育、严厉的对待、家庭虐待、失业。作者认为，在社会成员形成了物质主义价值观的社会中，个人的成功主要取决于一个人赚了多少钱，以及是否可以获得权力和资源。如果经济和社会成功的所有可能性都是可见的，但没有能力利用，这个人可能会体验到无力感。这种心态反过来可能会导致挫折和攻击性。此外，如果个体乐意把不容忍作为评估现实的方式，他们的挫折就很容易通过各种暴力行为来疏导。需要未得到满足，通常会使一个人更加亲近群体（如一个帮派），这个群体会促进积极的认同、承诺权力、提供同龄人联系。由于世界各地年轻人的生活发生快速的社会变化（以及全球出生率的迅速下降），对家庭的传统依恋正在迅速消失。因此，许多年轻人正在其他地方寻找归属和依恋，其中一些人最终成为帮派成员（Yakhnich et al., 2019）。然而，研究还表明，在过去曾受伤害的文化群体中，经常出现一种新的非暴力行为，一种因苦难而生的利他主义和同情心（Staub, 2016）。换言之，暴力不一定导致暴力，不公正也不一定导致不公正。

在与攻击性相联系的心理因素中，专家们经常提到自尊。一些研究人员假设，低自尊与高频率的违法行为之间存在相关（Crain & Weissman, 1972; Jenkins, 1995）。然而，跨文化比较并不总是为这些假设提供研究证据。例如，研究人员考察了 3 个族群，以确定个体自尊是否与违法行为有联系。该假设仅在欧裔美国人身上得到了验证，但未在黑种人和西班牙裔被试身上得到验证（Leung & Drasgow, 1986）。攻击性也可能与儿童跟同龄人社交能力差有关。如果没有这种能力，儿童就不知道如何协商冲突、处理困难的社交情境、控制情绪或解释他人的情绪（Asher et al., 1982）。

大量实验研究提出证据表明，攻击并不总是由潜在的挫折引起的（Kadiangandu et al., 2001）。阿尔伯特·保罗维茨（Albert Borowitz, 2005）描述了一种由对恶名或自我美化的渴望所引起的特殊暴力。保罗维茨创造了“希罗斯特拉托斯综合征”（Herostratos syndrome）这个词，这个词指的是公元前 356 年一个人摧毁了以弗所神庙（Temple of Ephesus），目的是在历史上留下自己的名字。它指的是一个人认为生活欺骗了他，而弥补不公正感的唯一方法就是给其他人造成痛苦。

暴力冲动可以作为习得的反应模式发展。通过观察攻击行为榜样，经常能学会攻击行为（Bandura, 1969）。生于加拿大的心理学家阿尔伯特·班杜拉（Albert Bandura）（生于 1925 年）在斯坦福大学工作，并发表了有影响力的《社会学习与人格发展》（*Social Learning and Personality Development*）一书（Bandura, 1963）。20 世纪 60 年代初期，班杜拉及其同事进行了一系列实验，这些实验被称为波波玩偶实验（Bobo Doll Experiments）（波波是一种由乙烯树脂制成的 5 英尺长的充气玩具；当推或撞玩偶时，它会倒下然后恢复直立状态）。在这些实验中，班杜拉及其同事向 3~6 岁的男孩和女孩展示各种玩具，包括波波玩偶，并邀请他们一起玩。在一些实验场景中，儿童和一名成年人（研究团队成员）在房间里，成年人会踢、打和口头攻击玩偶。在其他情况下，儿童会看电影，电影中的成年人会袭击玩偶。研究结果表明，与在实验过程中没有看到暴力行为的男孩和女孩相比，直接和间接接触暴力的儿童更有可能对波波玩偶表现出攻击行为（Bandura et al., 1961/1963）。这个实验在许多国家被重复多次，都产生了相似的结果：儿童通过模仿，通过观察成年人的行为学会了暴力。这项研究使专业人士和公众开始关注电影和媒体中的暴力及其对儿童及成人的影响（Lansford, 2012）。

不幸的是，没有绝对不存在暴力的社会。美国、以色列、巴基斯坦、印度、瑞典、亚美尼亚和智利的总统和总理都遭遇过袭击和暗杀。恐怖组织在俄罗斯、阿根廷、埃及、秘鲁、法国、英国、坦桑尼亚、西班牙袭击过无辜受害者。暴力行为发生在伦敦、纽约、内罗毕、东京、奥斯陆和莫斯科的地铁和街道上。有些国家的犯罪率正在下降，有些国家则在上升。然而，不同群体之间攻击行为的发生率有所不同。在美国，男孩被捕的可能性是女孩的四倍。社会经济地位较低的青少年被捕的可能性几乎是中产阶级青少年的两倍，非裔美国人和拉丁裔青少年被捕的可能性几乎是白种人的两倍。欧裔美国人被捕的可能性是亚裔美国人的两倍多。然而，社会经济因素和教育在暴力行为中发挥着巨大的作用。在不同文化中，更富裕和受教育程度更高的社区的暴力都较少。总的来说，正如一些世界上最优秀的人类暴力研究权威所坚持的那样，从历史的角度来看，在 21 世纪的今天，全球暴力的水平明显比过去低了（Pinker, 2012）。

社会对各种暴力和攻击行为有不同的容忍阈限。例如，在过去的一些传统社会中，杀死婴儿不被视为犯罪（Minturin & Shashak, 1982）。在一些族群中，以上帝或报复的名义杀人是恰当的，甚至受到赞扬。过去在许多国家的传统文化中，都容忍了所谓的为名誉杀害女性的行为。由于多种原因，许多此类案件从未受到审判。许多受到有目的侵害的受害者，尤其是被限制在丈夫家中未受过教育的女性，因为太害怕而不敢提出指控。此外，根据另一个称为同态复仇（qisas）和赔偿（diyat）的伊斯兰法律概念，受害者的血亲可以正式原谅犯罪以换取报酬（Constable, 2000）。在大多数工业化国家，战争过程中的杀戮被认为是合法的，因为被杀的人属于“非法”群体。此外，在这些社会中，死刑之所以被接受，不仅是因为被定罪的罪犯的所作所为，或者因为司法是由既定的权威来执行的，还因为罪犯将自己置身于法律和社会之外。

典型案例

监禁率

根据国际研究，每 10 万人中监禁率（rates of incarceration）排名依次是美国（698 人）、土库曼斯坦（583 人）、卢旺达（492 人）、泰国（457 人）和俄罗斯（445 人）。每 10 万人中监禁率较低的国家是尼泊尔（52 人）、阿曼（36 人）和印度（33 人）等国家。然而，应该谨慎解释监禁率的高低。这些比率可能反映了较低的暴力和犯罪率，如日本，其谋杀率为每 10 万人 0.3 人，是世界上谋杀率最低的国家之一。在日本，成年人被监禁的比率（每 10 万人中监禁 45 人）也远低于大多数经济发达国家（McNeill, 2018; Struck, 2000）。然而，暴力发生率也可能是因为预防措施不力。高监禁率还可能反映了国家法律体系内的做法、相对较长的刑期或强制刑期的使用。例如，在美国和泰国，因毒品相关犯罪被定罪的囚犯人数众多，对高比率的影响很大（Walmsley, 2006）。

资料来源：世界监狱简报（日期不详）：www.prisonstudies.org/world-prison-brief

多年来，许多跨文化来源报告称，男孩往往比女孩更具攻击性（Segall et al., 1997）。有行为问题的男孩比女孩更经常被转介给社会工作者（Hyde, 2005）。男孩在学校往往更具破坏性（OECD, 2011）。在全球范围内，男性成为谋杀受害者的可能性几乎是女性的四倍。与女性相比，男性自杀的人数是女性的两倍（UNODC, 2015; WHO, 2015）。在几乎所有文化中，大多数男性和女性的社会化方式不同：男孩是战士和问题解决者，女孩是调解人和和平维护者。人们普遍认为，男孩会受到更多与攻击性有关的灌输和鼓励。然而，实证研究并没有提供令人信服的证据，表明鼓励是刺激侵略的唯一因素。一些心理学家认为，男性比女性更具攻击性，是因为男性的睾酮水平更高。然而，贫困、虐待、暴力、缺乏男性榜样、颂扬战争和无法无天、吸毒等因素似乎对男性的异常破坏性行为的促进程度都超过女性（Eagly, 1997）。研究人员比较了在美国历史悠久的南部和北部长大的男性的攻击行为模式，发现南部男性比北部男性更有可能误解和高估对手的攻击意图（Vandello et al., 2008）。

批判性思维

攻击性和睾酮

在人类攻击性和导致攻击性的肌肉系统的发育中，睾酮发挥着重要作用（Batrinos, 2012）。多年前在美国进行的一项著名研究发现，睾酮水平在前10%的男性更有可能属于较低的社会经济阶层（Dabbis & Morris, 1990）。乌干达也出现了类似的结果（Nansunga et al., 2014）。这是否意味着睾酮水平较高的人更有可能变得贫困或保持贫困？很有可能。如果一个人具有攻击性和暴力，那么他将无法在需要合作并要求其成员服从的社会中取得成功。然而，另一种解释也有道理。有人可能认为，不利的社会条件、虐待和歧视可能会导致持续的挫折和压力，从而导致体内释放过多的睾酮。

典型案例

性嫉妒与攻击性

男性和女性在嫉妒引发的攻击行为方面是否有所不同？从跨文化角度来看，男性更容易攻击女性，而不是相反，这样的证据并不一定意味着男性会体验到更强烈的性嫉妒。也许女性会体验到同样强烈的嫉妒，并且有同样强大的动机去惩罚其配偶，但她们缺乏这样做的力量或专业知识：男性通常比女性更强壮，并且经常有更多攻击行为的经验。

尽管基于嫉妒的暴力事件发生率很高，但一些研究人员预测，性嫉妒和随之带来的攻击行为在未来可能会减少。为什么？从进化的角度来看（Archer, 1996; Miller, 2000），一方面，对女性来说，嫉妒主要由抚养孩子所需资源（男性）的潜在损失引起。在这种情况下，不忠的伴侣可能会威胁要离开并带走资源。因此，女性对男性的不忠反应非常强烈（Miller, 2000）。另一方面，对男性来说，性嫉妒主要基于不同的关注点。如果他们的伴侣与其他男性发生性关系，丈夫最终可能会抚养其他男性的孩子。然而，这还不是全部。在今天的西方社会中，女性变得在政治和社会上比过去（如 50 年前）越来越独立于男性。可以获得资源、权力和有效的避孕药具改变了许多女性的生活。因此，基于嫉妒的暴力的推动力将会大幅减少。在你看来，男性对女性的暴力行为发生率高于女性的原因是什么？在你看来，文化因素扮演什么角色？

作为一个群体，集体主义文化的成员更常容忍来自群体内权威的攻击，而不是容忍较低级别的群体内成员或局外人的攻击。一项实验比较了中国香港特别行政区和美国公民的两个样本。对中国人来说，只要攻击者的地位高于群体内的攻击目标，他们对攻击者及其行为的批评较少。相比之下，美国公民并没有根据攻击者的身份或群体成员的身份做出一致的区分。人们认为，中国人的集体主义和权力距离较高，而美国人的集体主义和权力距离相对较低（见第 1 章）。换句话说，无论攻击者是谁，美国人都倾向于做出反应和反击（Bond, 1985）。

7.10 文化与性行为

“性别”（sex）一词是指男性和女性这两种典型的性别的解剖和生理特征。我们将在第 11 章更详细地讨论诸如双性（intersex）、性别角色和性取向等概念。届时，我们还将讨论性别角色和性别认同。在本章，我们将讨论与人类性行为相关的动机——性欲体验及相关行为反应的能力。我们体内的激素和其他化学物质可以决定性唤起的动力和相关的心理体验（Byrne, 1982）。因此，性动机，或从事性活动的动机，肯定是由人类生理机制调节的，至少部分是这样。然而，基因、激素和其他生物因素只会改变某些类型的性行为发生的概率。事实上，包括法律、习俗和期望在内的社会因素决定了什么类型的性行为可以被接受、被容忍或被禁止，以及在何种情况下可以被接受、被容忍或被禁止。每种文化都有自己的一套关于性及其表达的要求和信念。这组特征被称为性文化（sex culture）。世界各地的性文化差别很大，受传统价值观及当前社会产生的宗教、意识形态、政治和道德价值观的影响。

我们如何考虑性，这是由生物、心理和文化因素共同决定的。政治和法律规则也发挥了作用。例如，在美国，联邦法律禁止通过公共宽带在广播或电视上播放淫秽、猥亵和亵渎的内容。法律上对“淫秽、猥亵和亵渎”的定义往往会随着时间的推移而改变。例如，在美国，被裁定为淫秽的内容必须是能吸引普通人的色情兴趣；以明显冒犯的方式描述性行为；总体上缺乏严肃的文学、艺术、政治或科学价值（FCC, 2019）。

许多文化中的信念认为性快感是正常的、可取的、自然的，而其他文化则认为性快感是原始的、罪恶的，甚至是变态的。例如，在全球范围内，人们普遍认为手淫是一种罪恶，可能导致发育迟缓及其他严重的心理和生理问题，包括失明（Kon, 2001）。进化心理学家强调，人类性行为具有重要的适应作用：这是正常的，因为它对生殖有用且重要（Miller, 2000）。例如，跨文化调查表明，男性通常更喜欢与年轻、外表迷人、生殖潜力高的女性结婚。女性则更愿意嫁给年纪较大、较富有的男性，这些男性一般擅长为家庭提供物质资源和社会地位。择偶行为的其他普遍特征也可以用适应性术语来解释。例如，在世界各地，婚姻的稳定都与生育率有关：孩子越多，离婚的概率越低。此外，几乎所有文化中的离婚都可以根据不孕和不忠进行预测（Lucas et al., 2008）。

对性的文化信念会影响对性的跨文化研究的质量。例如，拒绝率（不愿意作为被试参与研究的人数比例）可能会影响性调查的有效性。为什么？由于现有的文化规范允许，某个国家的人可能对谈论性持开放态度，并同意接受访谈和回答调查问题。在性限制更严格的环境中长大的人通常不愿意提供任何关于性的信息。由于上述原因，很难就婚前性行为和青少年性行为、婚外性行为、性关系的频率和数量及性虐待等的标准进行文化比较。许多女性没有报告她们受到的性虐待，因为她们认为即使是提到这种虐待都是不光彩的。在这种情况下，性的自我表露（self-disclosure）引起的羞耻感压倒了一切（Shiraev & Sobel, 2006）。

可以调节性动机的性价值观在不同文化中可能有很大差异。例如，瑞典、丹麦、德国或荷兰等国不认为贞操（没有性交经历）特别重要。相反，在中国、伊朗、印度和许多其他国家的许多社区，贞操对女性在社会中的地位至关重要（Halonen & Santrock, 1995）。分娩的速度有显著差异，分娩过程中的心理环境也有极大差异。更快、更容易的分娩似乎与将分娩视为正常现象且不必有羞耻感有关（Newton, 1970）。

传统性文化认可关于性的展示或表达的限制性规则。例如，在非洲和中东的一些地区，许多人遵循女性割礼的习俗。据信，它有助于保持女孩的贞操、纯洁，并免受“罪恶”性欲的影响。在某些文化中，这种程序甚至被认为带有宗教性质。在美国，20 世纪前的一些地方也有女性割礼的习俗，但只有少数群体有过这种经历（Robinette, 2010）。

相比之下，非传统性文化通常允许不同形式的性行为。在荷兰、瑞典、俄罗斯、澳大利亚、丹麦和其他一些代表所谓非传统性文化的国家，对大多数人来说，性并不像在传统文化中那样具有神秘感、羞耻感和冲突（见表 7.2）。

表 7.2　性文化类型和对性的一般态度

议题 / 文化类型	传统性文化	非传统性文化
性的表达	严格监管	有点受监管
婚前性行为	禁止和拒绝	有点容忍
婚外性行为	禁止和拒绝	有点容忍
同性恋	禁止和拒绝	有点容忍
贞操	高价值	低价值

甚至服装风格也代表了特殊的性文化。在传统的伊斯兰社会，女性通常从头到脚都戴着面纱和斗篷；当代欧洲和美国的时尚潮流允许女性暴露身体的大部分部位。那些访问欧洲国家的人都知道，在大多数公共海滩上，许多女性都会赤裸上身，而在其他国家，由于法律和文化的限制，这种现象很少见。

“传统主义”和“非传统主义”的标签可能会产生误导。许多生活在传统性文化中的人可以表达非传统性文化中更常见的态度和行为，反之亦然。家庭社会化、态度、成年期（adulthood）经历及许多其他环境因素都会影响个体的性行为——包括对性的看法、性行为的频率和性活动的类型。在美国的“非传统”性文化中，许多知名人士，包括政治家、电影明星和意见领袖，都发声支持包括贞操和禁欲在内的传统价值观（Edsall, 1998）。

就性别角色而言，男性、女性或跨性别者（transgender）并不一定决定一个人的性行为或性取向。性取向指对特定性别的人的浪漫的吸引力或性的吸引力。

大多数人的性取向倾向于逐渐发展。尽管绝大多数儿童在出生时就被分配了生理性别，而且许多儿童对自己的性别认同感很强，但研究表明，儿童并不总是或不一定意识到自己的性取向。有些儿童发展性取向相对较早。其他人则在以后的生活中获得性取向。还有一些人在其生命中的某个时刻改变了性取向，或者将他们的性取向视为“正在进行的工作”，并在一生中不断发展。有些人接受这种性取向的不确定性。另一些人与之斗争并遭受痛苦。

性取向是一个连续体，其中一端为无性恋者，另一端的人则性欲亢进。无性恋是指对他人缺乏性吸引力及对性活动的兴趣减弱。无性恋（Asexuality）也可以视为个体缺乏性取向。异性恋、双性恋（bisexuality）和同性恋（homosexuality）是性取向连续体上的三个主要类别。异性恋是个人对异性别的人的浪漫吸引力或性吸引力。在希腊语中，heteros 代表“不同”或“其他”。同性恋是同性之间的浪漫吸引力或性吸引力。双性恋是对男性和女性都具有浪漫吸引力或性吸引力。例如，在英国，当要求人们根据自己的性取向确定自我认同时，72% 的人将自己置于完全异性恋的一端，4% 的人将自己置于完全同性恋的一端，19% 的人表示他们介于二者之间某个位置（YouGov, 2015）。我们将在第 11 章再次回到这个主题。

关于同性恋的成因，有两种基本的理解。根据遗传学取向，个体表达同性恋行为是因为它是由遗传驱动的；文化对同性恋的影响不大。根据环境取向，社会和文化因素对同性恋的影响比其他任何因素都重要。例如，一些作者认为，古希腊的同性恋是在某些政治和社会经济条件下发生的，其中包括强势的社会分层、庞大的贫困阶层、分权的政治体制及缺乏正规教育（Dickerman, 1993）。

在对 70 种前工业化文化的综合民族志研究中，确定了可能与同性恋有关的几种社会和心理条件（Barber, 1998）。与最初的预测不同的是，在对婚前性行为持压抑态度的文化中，并没有发现更高的同性恋比例。实行一夫多妻制（一个丈夫多个妻子）的社会中，同性恋的比例也很低。此外，在以狩猎和采集为主的社会中，同性恋发生率非常低。在具有越来越复杂的现代文化的农业社会中，同性恋发生率在增加。高人口密度也与同性恋有关。最近的研究还表明，人们对同性恋的看法肯定与其国家的整体政治气候及历史上占主导地位的文化传统有关，当然，这些传统会随着时间的推移而改变（Donaldson et al., 2016）。

7.11 性别与性行为：一些跨文化相似性

心理学家认为，男性和女性都能对轻微疼痛做出性反应（Leknes & Tracey, 2008）。贝齐格（Betzig, 1989）发现，从跨文化角度来看，通奸和不孕（不能怀孕）是最常见的离婚原因。人际关系中男女吸引力的某些方面在不同文化中也是一致的。例如，在不同文化中，善良、理解、聪明、健康、情绪稳定、可靠和令人愉快的性格等特征都被认为对女性具有吸引力。男性因诚实、可靠和情绪稳定而突出。当伴侣分享与他人发生性关系的性幻想时，男性的反应比女性消极。当伴侣亲吻别人时，世界各地的女性都比男性更痛苦（Rathus et al., 1993）。非言语交际的许多方面似乎也是普遍的。例如，在许多文化中，求爱和调情的模式都是相似的，都是为了择偶和繁殖的特殊目的（Aune & Aune, 1994）。研究还表明，在各种文化中，人们对性和亲密关系的看法都在迅速演变（Aumer, 2016）。

然而涉及到性，有许多不同的文化态度和做法。例如，接吻是一种跨文化现象，但在非洲和南美洲的一些文化社区中却鲜为人知。在地中海国家，触摸可能被视为两个陌生人之间的正常交流行为，但在美国可能完全不合适。对婚姻的忠诚似乎也是一种跨文化的要求。在世界范围内，男性都更愿意娶比自己年轻的女性，而女性更愿意嫁给比自己年长的男性。一项在 33 个国家进行的研究显示，男性和女性对配偶特征的偏好存在相似性，他们将“善良和理解”排在第一位，“聪明”排在第二位，“令人兴奋的个性”排在第三位，“健康”排在第四位，“宗教”排在最后。尽管存在总体上的跨文化性别相似性，但还是有一些偏好上的差异。根据调查，男性几乎普遍偏爱女性的“好看”，而女性则把“良好的挣钱能力”作为异性伴侣最重要的特征（Buss, 1994）。

在非洲、亚洲、南美洲和欧洲很多国家收集的数据（Neto et al., 2000）表明，大多数人在恋爱关系中经历的阶段都是相似的。根据全球性态度和行为研究，世界各地的男性和女性都会经历与衰老有关的相似的性问题。该研究基于对全球 30 个国家的 27 500 名男性和女性的面对面访谈和电话访谈，发现男性最常见的问题是勃起功能障碍，并且随着年龄的增长而增加。对女性来说，最常见的问题是缺乏性兴趣和无法体验性高潮（Harms, 2002）。

文化规范和接受度随时间而变化。不久前，手淫被广泛认为是一种病态行为，甚至是一种需要治疗干预或有时需要体罚的严重慢性病。在几十年前的出版物和公开演讲中，医生、心理学家和精神病学家经常将手淫和同性恋标记为退化和病理的表现形式。总体而言，教育、社会规范、信息技术和旅行方面的全球变化，已经改变了许多关于人类性欲和性行为的传统观点（Donaldson et al., 2016）。

练习

幽默通常可以帮我们更好地了解自己。下面的作业可以表明，性是一种文化现象。我们看待自己和他人的方式通常以我们做出判断的起点为基础。

蒂克（Teak）18 岁，蒂尔（Teal）也是 18 岁，他们都是外国大学交换生，都是大三学生，都将在纽约城市大学（the City University of New York）学习。他们交了学费，买了书，房间的钥匙装进了两个年轻人的口袋。新的生活开始了。

蒂克在大西洋的一个小岛上长大。这个岛上的人对接吻一无所知。裸体被强烈禁止。人们有 DVD，但岛上没有评级为 R 的电影。婚前性行为会受到惩罚。男性和女性都认为性经验会减少他们的能量，对其健康有害。人们甚至不谈论性。一对夫妇结婚后，允许夫妻每周一次性行为，要在晚上，并且要尽快。双方都要穿着睡衣，不能互相看对方。女性性高潮很少见，而且被认为是不正常的。法律禁止性教育。

蒂尔在太平洋的一个小岛上长大。这个岛上的儿童，无论男孩还是女孩，早在7岁就开始接受性教育。裸体在岛上是完全可以接受的。13岁时，男孩们会经历一种特殊的仪式，让他们开始进入成人的性生活。女孩在15岁时也这样。这个年龄的每个年轻男女都有一个成年异性性伴侣来教他性技巧。经过一年的培训，学生就可以在没有监督的情况下发生性行为。成年人几乎每天都有性行为，通常是在公共场所。

在美国待了一个月后，蒂克和蒂尔决定给本国的一些好友写信，讲述他们在美国的性文化经历。请代表两个年轻人写两封简短的信件并进行比较。我们如何帮助这些年轻人更好地适应美国文化？提出具体建议并写下来。如果合适的话，在课堂上进行分享。

7.12 本章概要

1. 动机是一种条件，通常是一种内在条件，它引发、激活或维持个体的行为。在著名社会科学家的经典著作中，有许多关于人类动机本质的有趣且有价值的想法。社会生物学理论声称，进化的一般生物学规律非常适合解释人类动机。社会学取向强调社会因素（如价值观和经济不平等）在决定个人行为方面的关键作用。

2. 动机的心理学理论有多种。驱力理论关注需要，这是一种是由生理或心理剥夺引起的激活状态。动机的唤醒理论认为，人们通过积极改变对唤醒刺激的接触程度来保持最佳唤醒水平。精神分析强调无意识过程的重要性。人本主义理论关注人的尊严、个人选择和自我价值。在西方发展起来的高峰体验概念类似于其他文化教义，它关注他人的重要性及个人一致的社会参与。认知心理学家坚持认为，我们能觉察到自己的思维模式，因此可以控制自己的动机和外显行为。

3. 一般来说，大多数理论强调受各种环境因素影响的人类动机的普遍性。反过来，这些因素又是历史、宗教、政治、文化和社会经济发展的产物。

4. 通常，文化规范和传统会调节饥饿。文化建立了与文化相联系的饮食习惯，确定什么是可口的什么是不可口的，并形成对特定食物和加工食品的社会禁忌。与非西方国家的同龄人相比，工业社会中的年轻白种人女性进食障碍更常见。

5. 成就动机是个体习得的，受其文化的影响。在国家层面，个人成就动机与经济增长之间关系密切。然而，有“个人”导向和“社会”导向的成就动机。第一种类型常见于西方文化。后者常见于韩国或日本等亚洲国家，以及其他集体主义文化。

6. 不存在没有攻击行为的国家或文化。攻击动机有许多潜在因素，从化学、生理到社会经济、心理和政治。不同文化对各种暴力和攻击行为有不同的容忍阈限。贫困、缺少机会、社会化经验、暴力史及其他因素都会影响暴力。

7. 性动机当然受人类生理机能的调节，至少在一定程度上是这样，但文化决定了性体验和性行为的各种表现形式。有传统的和非传统的性文化，分别实行限制的或宽容的性行为规范。性取向，如同性恋，以及各种形式的性障碍都与特定的社会实践和价值观有关。

7.13 关键术语

攻击动机 想要伤害他人的愿望。

唤醒理论 基于以下假设的动机理论，即人们通过积极改变对唤醒刺激的接触程度而保持最佳唤醒水平。

集体主义成功动机 一种指导个人与他人建立联系的成就动机；个人的贡献通常被视为对特定群体或社会的成员有益。

儒家工作动力论 一种文化综合征，表现为坚持实现经济目标、社会稳定、鼓励谨慎和储蓄，以及通过强调羞耻来促进忠诚和信任。

驱力 一种引导有机体满足某种生理需要的内在唤醒状态。

外在动机 一种使人们参与各种活动以获得特定奖励的动机类型。

心流 一种完全专注并快乐地沉浸在某种情境或活动中的状态。

个人主义成功动机 一种影响个人态度和行为并旨在实现个人目标的

成就动机。

内在动机 一种促使人们参与各种活动的动机，除了活动本身的愉悦和满足感之外，没有明显的回报。

动机 唤醒、指导和维持行为的心理过程。

需要 由生理剥夺（如缺乏食物或水）引起的激活状态。

成就需要 一种引导人们不断追求卓越和成功的社会需要。

高峰体验 周期性和深刻地感受到幸福、乐观、内心和谐和创造性。

自我实现 心理发展的最终阶段，个人努力实现其独特的人类潜能，以实现其能够实现的一切。

性文化 一组关于性及其表达的要求、信念、符号和规范。

性动机 一种使人参与性活动的动机。

性取向 对特定性别的人的浪漫的吸引力或性吸引力。

第8章

人类发展与社会化

在21世纪，我们大多数人都可以改变自己的姓名、国籍、宗教信仰和性别。然而，我们能改变我们的年龄吗？不是幻想而是正式的？例如，如果某人是22岁，她可以变成17岁吗？最合乎逻辑的答案是“不”。然而，官方年龄现已超过70岁的荷兰人埃米尔·拉特尔班德（Emile Ratelband）一直在打官司，目的是合法地把年龄减少20岁。他认为，如果越来越多国家（包括美国、南非、丹麦、印度和许多其他国家）允许人们改变性别，那么也应该允许人们改变年龄。改变的理由是什么？据他的医生说，他认为自己拥有45岁的健康身体。而且，他觉得自己至少比他的法定年龄年轻20岁。对于告诉别人自己的年龄他越来越感到不舒服。

批评家否决了他的提议。有人认为，允许将自己的年龄改小的可能性，将会为相反的做法打开方便之门。如果包括儿童在内的许多人决定变老怎么办？另一些人用逻辑来回应。如果从记录中删除10年或20年，是否会删除发生在此人身上的所有事情，如交通罚单、大学学位或婚姻？还有人将年龄、法律和文化联系在一起。每个社会都形成了习俗，其中许多已成为法律规则。社会将年龄与特定的权利和义务联系在一起：投票权、在某些国家服兵役的义务、结婚权、上学权、开车或退休权。如果人们可以随意改变年龄，可能会给太多人带来困惑和不确定性。

拉特尔班德使用另一个心理学论点来证明改变年龄的必要性：存在与年龄相关的刻板印象，尤其是在社交网络和约会网站上。他只是不想被当作70岁的老人来对待，不想仅仅因为人们认为他太“老”而拒绝他。

这个案例并不像看起来那么简单。在某些国家/地区，人们携带着表明其族裔或宗教身份的政府文件。在美国，驾照上会标明一个人的身高、头发颜色和眼睛颜色。护照通常会标明出生地。几乎所有身份证明文件都表明了我们的年龄。我们无法控制自己的年龄，就像我们无法控制自己的肤色或出生地一样。我们反对基于种族和出身的各种歧视，对吗？那么，如果我们可以消除年龄这个影响我们的规定行为、权利和义务的因素呢？

8.1 发展与社会化

心理学家在人类发展（human development）与社会化（socialization）之间做出了区分。人类发展被视为个体在人生全程（从受孕到死亡）所经历的身体、心理和社会行为的变化。社会化是个体成为特定文化的成员并接受其价值观和行为的过程。当然，人类发展和社会化之间存在一些重叠，并且它们都不会在 18 岁甚至 25 岁时停止。两者都是充满加速和延迟、方向变化、突然转变和长期转换的终生过程。人类发展不仅涉及成长，还涉及衰退和改进。

心理学作为一门科学学科，早在 120 多年前就开始研究人类发展和社会化。正如你将在本章后面看到的，一些心理学家相信，个体发展机制几乎是普遍的，并将文化影响视为影响行为和经验的“外部”因素。其他人相信文化相对主义及不同社会化实践的重要性（Edwards & Bloch, 2010）。一项名为“社会化的六种文化研究”（The Six Cultures Study of Socialization）的早期基础比较研究始于 1954 年，涉及来自三所大学（哈佛、耶鲁和康奈尔）的研究人员。其选定的国家是美国、墨西哥、日本、印度、菲律宾和乌干达（LeVine, 2010; Whiting, 1963）。这只是一项关于人类发展的长期而全面的跨文化研究的开始，该研究一直持续到今天。

我们首先概述文化对人类发展和社会化的影响，然后，在描述文化背景下的特定生命周期阶段之前，先关注几种关于发展的心理学理论。

8.2 生活质量与儿童发展

整体生活质量——食品和其他产品的供应、身体和财务安全、生活条件类型、教育和医疗质量、家庭或社区中是否存在暴力及许多其他因素——显著影响个体的发展。技术提升和社会经济进步影响着家庭的构成（Berry, 1997）。在 21 世纪，平均每名女性生育子女的数量，即全球生育率不断下降。60 年前，“普通”女性有五个以上的孩子。如今，这个数字略高于两个。美国的出生率约为 2，而许多国家（包括巴西、韩国、新加坡、泰国或俄罗斯）的出生率低于美国（Roser, 2017）。欧洲、北美和南美、东亚、中亚和中东的总体人口趋势是生育率稳步下降（Winter & Teitelbaum, 2013）。

移民也是一个重要因素，它极大地改变了许多有百年历史的家庭传统。在跨文化研究中，在不同代的移民之间做出区分是非常重要的，因为除其他因素外，该因素可能在社会经济观点、教育进步和职业方面有所不同（Schwartz et al., 2010）。

财富和个人获得资源的机会是影响社会化的重要因素。信任这种心理现象（或相信他人在社会交往中有良性意图）与国家经济安全正相关（Hamamura, 2011）。如果人们在经济上有保障，而社会普遍保护他们获得资源的机会，他们就可能感到安全，从而信任周围的个体。

获得资源和教育机会很可能为发展中的儿童提供了有利的环境。在一项经典研究中，俄罗斯著名心理学家列夫 • 维果茨基（Lev Vygotsky, 1978/1932）证实，与知识更渊博的伙伴进行引导性互动可以促进儿童的智力发展。中产阶级的父母回答儿童的问题时比底层社会的父母解释得更详细，而底层社会的父母一般比中产阶级家庭的父母受教育程度低（见第 5 章）。一项研究表明，与其他家庭的母亲相反，来自社会经济地位较低群体的墨西哥母亲与他们的孩子进行触觉互动，如触摸和推搡，比使用语言手段互动的频率高（Zepeda, 1985）。过去，在美国的许多工人阶级社区，以及非洲和太平洋地区的前工业化社会，父母亲自指导孩子的意愿很低，他们倾向于认为孩子可以自己学习（Rogoff, 1990）。

贫困可能直接影响家庭内部的关系。在前工业化和经济不发达的社会中，部分是由于获得资源的机会有限，家庭内部的密切合作成为一种经济上的必要条件（见第 1 章）。

8.3 规范、习俗与儿童保育

各国在总人口密度和直系亲属人数方面各不相同。几十年来，在加拿大、瑞典或美国等西方社会，一个或两个成年人与自己的孩子一起生活的情况很常见；而由父母、子女、祖父母、堂兄弟甚至一些远房亲戚同住的大家庭在巴基斯坦、卢旺达或印度尼西亚等非西方国家更为常见。在希腊、塞浦路斯、荷兰、英国和德国进行的一项研究考察了家庭纽带与家庭结构的关系，但没有发现抽样国家的家庭在情感亲近度、地理上与亲属的接近度和电话联系的频率等方面存在差异（Georgas et al., 1997）。然而，当对大家庭进行分析时，研究发现样本中普遍富裕的个人主义国家（荷兰、英国和德国）与明显不太富裕的集体主义国家（希腊和塞浦路斯）之间存在差异。后一类样本中的大家庭在情感和地理上比个人主义样本中的家庭更接近。

在过去的 40 年中，许多与家庭结构相关的模式开始迅速变化。例如，研究表明，只有 46% 的美国 18 岁以下儿童生活在两个已婚的异性恋父母通过首次婚姻组成的家庭中。与 20 世纪 60 年代相比，这是一个重大变化，当时 73% 的儿童生活在此类家庭中（Livingston, 2014）。

儿童的发展和社会化取决于儿童与之互动的人、他们共度时光的地方及儿童扮演的角色（Whiting & Whiting, 1975）。成人给儿童分配某些角色，而不分配另外的角色。例如，男孩和女孩行为的跨文化差异可以部分归因于成年人分配给他们的角色不同。与男孩相比，女孩更倾向于待在离家近的地方，并且更多参与育儿活动（Whiting & Edwards, 1988）。追逐打闹游戏（Rough-and-tumble play）是不同文化中常见的儿童活动。然而，在传统的穆斯林社区，父母很少鼓励女孩参与此类游戏（Ahmed, 2002）。当然，这样的传统可以改变。来自儿童、配偶、亲戚和朋友的社会支持模式有相似之处。然而，比较研究确定了一些国家和文化差异。例如，南非白种人母亲认为，儿童摇晃或吮吸拇指是错的。而在非洲本土母亲看来，这样的行为绝对是正常的。当婴儿在玩实物时，美国母亲对婴儿的要求反应更积极。而另一方面，日本母亲在婴儿与她们玩耍时反应更敏感。过去，日本父母与美国父母不同，很少把孩子留给保姆。这或许可以解释为什么当父母不在场时，日本儿童比美国儿童表现出更多焦虑（Bornstein & Tamis-LeMonda, 1989）。对亲子交流的研究表明，法国和意大利的亲子互动比德国的亲子互动更多（Best, 1994）。在阿拉伯文化中，夸大自己的感激之情是正常的，甚至受到期待（Triandis, 1994）。美国的男孩和女孩通常向生日客人发送"感谢"卡或电子邮件，但在俄罗斯、乌克兰、亚美尼亚和许多其他国家则没有这种传统。然而，正如你所料，全球旅行和学习经验会影响旧的传统和习俗。

集体主义的文化传统与以严格要求、行为控制和制裁为基础的权威型教养方式呈正相关（Rudy & Grusec, 2001）。换句话说，与个人主义文化相比，集体主义为主的文化中有更多父母采用专制方法。当然，我们应该明白，除了集体主义之外，还有许多社会因素促成了威权主义，包括政治威权主义、缺乏教育、社会不稳定和教育传统。例如，俄罗斯青少年认为他们的父母和老师比美国学生更有控制力（Chirkov & Ryan, 2001）。观察家认为，俄罗斯的小学和中学教育比西方教育所实行的风格更加集中、更有控制性（Potapova & Trines, 2017）。

研究表明，与美国和德国的母亲相比，印度母亲倾向于强调儿童的责任感和相互关联性（Keller et al., 2010; Raghavan et al., 2010）。对白种人父母、墨西哥裔美国父母和墨西哥裔父母的比较研究结果表明，白种人父母报告的教养方式的独裁程度不如墨西哥裔美国父母。然而，白种人和墨西哥父母之间在专制养育方式上没有出现差异（Varela et al., 2004）。不同种族背景儿童的养父母可能会使用相似的收养披露策略，首先关心的是关于收养的真相是否会造成儿童的心理创伤，以及是否应该在适当时间和有利的情况下披露此事（Alexander et al., 2004）。

跨文化敏感性

当林恩出门购物时，她已经知道她4岁的儿子心情不好。那天他一直在竭尽全力地让她失望。首先，他不吃早餐，然后把苹果汁洒在地毯上。他断然拒绝穿他的红色夹克，并在车内不断试图解开安全带。自从他们到了商场，他就不停地抱怨了20分钟，要求立即去玩具店。当林恩的儿子跑掉并开始从喷泉中捡硬币时，她的耐心终于耗尽了。她把儿子从喷泉里拉出来，打了三四下他的屁股。儿子先是尴尬地短暂而沉默地停顿了一下，然后尖利的叫声充满了整个购物中心。几滴晶莹的泪珠从他的脸颊上滚落下来。"这太可怕了。你不能这样对待你的孩子。"一个路过的女人指着林恩大声说道。"你不应该那样做，女士，"另一个女人说道，"至少不应该在公共场所这样做。"林恩不明白为什么这些陌生人会有这样的反应。她是两年前作为柬埔寨难民来到这里的，到目前为止，她没听过任何批评她的话。她做了什么让这些人不高兴？柬埔寨传统的育儿方式允许打屁股。而且，多年来，这种体罚一直是儿童学习过程的主要组成部分，而且父母在家庭中的权威很少受到挑战。大家庭、当地社区和佛教可以容忍家庭内的纪律。一项研究发现，超过50%的东南亚父母报告说，他们曾在某个时间对孩子进行过体罚（Tajima & Harachi, 2010）。然而，同一项研究发现，在移民家庭中，在美国的教育和生活经历与减少打儿童屁股有关。在全球范围内，富裕和教育被认为会改变父母对使用武力对付儿童的态度。也许是因为高等教育相关思想的传播，更多父母开始将打屁股视为无效的管教方法。在旅行中跟来自世界各地的父母交谈时，人们经常听到父母怀旧的叹息，回忆儿童更守纪律更传统的时代，并抱怨父母不再惩罚儿童。一位家长甚至提出，如今的儿童缺乏的是"恐惧"：体罚给儿童灵魂留下的恐惧对儿童的性格是有益的。你认为哪种做法对儿童的性格发展有好处：父母过度放任，让儿童在没有父母干涉的情况下独自学习生活中几乎所有的一切？还是父母过于专制，对儿童实行严格的控制？或者介于这两种风格之间？

规范一旦建立，就会代代相传。在大多数传统的非洲文化中，服从一直是儿童非常想要的行为模式，这种模式对儿童在恶劣的生活条件下生存至关重要（Klingelhofer, 1971）。大多数西方育儿观念批判性地对待服从，并批评大多数形式的成人对儿童的胁迫。

8.4 父母的价值观和期望

在成为父母之前，许多人对什么时候要孩子及想要几个孩子有所期望。在美国，重要的民意调查公司盖洛普（Gallup）自 20 世纪 30 年代以来一直在调查这个问题。早在 20 世纪 60 年代，人们想要的孩子平均数量为 3.5。20 世纪 80 年代之后，该数字有所降低，但相对平衡，为 2.5（Stone, 2018）。来自 12 个国家（美国、俄罗斯、德国、法国、中国、印度、印度尼西亚、波兰、南非、土耳其、以色列和日本）的 3 300 多名青少年回答了他们将来希望生几个孩子的问题。除以色列和中国外，青少年更愿意生育两到三个孩子。与来自其他欧洲国家的青少年相比，美国和法国青少年报告的想要的孩子数量更多。一个仅在美国出现的值得注意的性别差异是，女性青少年比男性想要更多的孩子（Mayer & Trommsdorff, 2010）。

父母通常有自己的发展时间表：他们期望儿童在某个年龄获得特定的特征（如走路、说话或逻辑思维）。研究表明，尽管个体差异很大，但这种期望存在一些文化模式（Super & Harkness, 1997）。例如，在一项研究中，有欧洲背景的以色列母亲比非欧洲裔母亲期望儿童更早地发展某些认知技能（Ninio, 1979）。与日本母亲相比，美国母亲期望儿童更早树立自信心，日本母亲期望儿童更早获得控制情绪和表达礼貌的能力（Hess et al., 1980）。根据利维（Levy, 1996）的说法，在较小的、平等的、职业的专业化程度较低的社会中，父母期望儿童“靠自己”学习，而在工业化民主社会中，对儿童应该学习什么、与谁一起学习、何时学习及应该如何学习等问题，有着明确的期望。

父母的特定信念会转化为行为，进而影响其他信念。日本母亲通常将儿童的自主性视为与其他儿童互动的能力，而在许多以色列母亲看来，儿童的独立性是执行某些工具性任务的能力，如接电话和摆桌子（Osterweil & Nagano, 1991）。跨文化研究（如一项涉及阿根廷、哥伦比亚和西班牙的研究）表明，父母对儿童的亲社会行为和同情心的期望似乎对青少年亲社会行为的发展有影响（Mesurado et al., 2014）。

对孩子的正规教育及父母在此过程中发挥的作用，来自不同文化群体的父母可能持有不同的看法。查奥（Chao, 1996）询问了学龄前儿童的母亲样本，以了解其对父母在儿童学业成功中的作用的看法，样本包括48名华裔（中国台湾地区）移民妈妈和50名欧裔美国母亲。与欧裔美国母亲相比，中国母亲表达了对教育的更大兴趣，并表示愿意为孩子做出更大程度的牺牲。相反，欧裔美国母亲强调建立孩子自尊的重要性，表达了较少关于孩子教育的动机。为什么会出现这些差异？本研究中赴美的中国台湾地区移民大多来自中产阶层，她们大多是出于经济和政治原因从中国台湾地区移居美国的。这可能解释了为什么这一群体具有高水平的成就动机。

在一项研究中，日本母亲和美国母亲样本分别描述了他们认为的儿童最理想和最不理想的行为特征，并在每个列表中选择一个他们认为最积极或最消极的特征。在描述理想特征时，两种文化的母亲都倾向于强调社会合作性和人际关系敏感性。消极行为的比较显示了文化差异。美国母亲比日本母亲更有可能将攻击行为和破坏行为视为消极行为，而日本母亲则倾向于强调社会不敏感和不合作行为是消极行为（Olson et al., 2001）。

在另一项研究中，来自印度、日本和英国的175位母亲指出了她们期望孩子在45种不同活动中获得能力的年龄，包括教育、依从性、与其他孩子的互动、情绪控制和环境意识（Joshi & MacLean, 1997）。研究发现，日本母亲期望孩子获得能力的年龄比英国母亲期望的年龄更小。与英国和日本的母亲相比，印度母亲期望孩子在较晚的阶段获得相应能力。然而，印度母亲的期望与其他两组母亲的期望有很多不同，唯一的例外是对环境能力的发展期望：她们比日本母亲“晚”但比英国母亲“早”。为什么会出现这样的差异？日本和英国的被试来自城市地区，这些地区的儿童主要生活在小家庭中，这些母亲可能有工作，她们会鼓励孩子早日独立。相比之下，印度母亲可能不会有鼓励孩子早日独立的压力。样本中的印度儿童主要生活在大家庭中，一个家里的家庭成员就包括两三代人。尽管人们可能期望日本和印度社会具有相似的文化特征，如集体主义和家庭价值的优先地位，但这种相似性可能会被特定的社会经济因素所掩盖，如生活质量、多样化信息的可用性及使用计算机和先进技术的机会。

批判性思维

查看样本

在印度、日本和英国对母亲进行研究（Joshi & MacLean, 1997）的作者认为，样本之间的差异不能归因于社会经济因素，因为所有样本均来自城郊地区，从购买力来看，其收入大致相同。但是，这种直接比较可能会产生误导。即使 A 国的家庭可以买与 B 国家庭相同数量的食物，但所购买食物的质量可能会大不相同。如果两个国家的两个家庭都能获得医疗服务，那么 B 国的医疗质量可能会明显高于 A 国。印度面临的问题的广度和深度——人口过剩、传染病、腐败、环境问题，仅举几例——与普通美国和日本公民的日常问题仅有极小的相似性。

总的来说，跨文化心理学家意识到他们在研究中面临的方法障碍：尽管他们研究的是来自不同国家和文化的儿童，但他们的样本主要由受过教育和经济安全的家庭组成。与贫困的父母相比，有时间、资源和动机的父母更有可能带婴儿参加大学实验室的发展研究。近年来，探索年轻人基本认知能力的数百项实验几乎都集中在中产阶级参与者身上。例如，在 2010 年国际婴儿研究会议上，1 000 份研究报告中只有不到 1% 包括来自贫困、弱势家庭的参与者（Fernald, 2010）。这种情况现在正在发生变化，如第 1 章（Best, 2018）所述，心理学研究中的样本正在变得越来越呈现跨文化的多样化。总之，当你检查跨文化研究时，请再次批判性地查看样本的构成。

8.5 埃里克森的心理社会发展阶段

德国出生的美国心理学家爱利克·埃里克森（Erik Erikson, 1902—1994）以其发展和人格理论而享誉全球（Erikson, 1950）。基于他对美洲原住民拉科塔（Lakota）和尤洛克（Yurok）部落人们的童年和养育方式的早期研究，并以对数百名患者的仔细观察为依据，埃里克森提出理论，认为每个人在其人生全程中都会经历8个发展阶段。每个阶段的特征都有一个发展冲突、问题或危机。如果危机得以积极解决，这个人的自我就会获得一种美德从而得到加强，这会导致个体更好地适应环境，并有更健康的人格。但是，如果危机仅得到消极的解决，自我就会失去力量，导致适应受到抑制及不健康的人格。例如，如果一个小女孩上街玩耍的愿望（独立决定、主动）和害怕父母惩罚（内疚）之间的冲突得到了积极解决，就会导致目的这一美德；然而，消极的结果会导致一种无价值感（见表8.1）。

因此，埃里克森将健康或心理成熟的人格定义为拥有8种美德（希望、意志、目的、能力、忠诚、爱、关怀和智慧），这些美德从每个发展阶段的积极解决方案中产生。埃里克森相信，每次危机解决的结果都是可逆的。因此，他的心理治疗方法的目标是鼓励人们发展其失去的任何美德，从而获得幸福（Erikson, 1968）。

表8.1 埃里克森的发展阶段

阶段	自我危机	年龄	积极的结果
1	基本信任对不信任	0~1	希望
2	自主对羞愧和怀疑	2~3	意志
3	主动对内疚	3~5	目的
4	勤奋对自卑	5~12	能力
5	自我认同对角色混乱	青少年	忠诚
6	亲密对孤独	青年	爱
7	繁殖对停滞	成年期	关怀
8	自我整合对绝望	老年期	智慧

资料来源：基于埃里克森（1950）。

埃里克森的观点使我们能够解决在一种文化中建立的心理学思想的全球适用性问题。研究表明，他的个体发展阶段理论可以适用于各种文化（Gardiner et al., 1998）。此外，埃里克森的观点在许多方面与印度古典哲学传统一致，旨在通过洞察自我的本质来实现自我转变（Paranjpe,1998）。然而，正如马斯洛的理论（见第 7 章）一样，埃里克森将客观描述与主观指定（prescription）混为一谈，因而受到心理学家的批评。具体来说，他用来定义健康个体的美德显然符合西方犹太教—基督教伦理、价值观和社会制度。换句话说，与许多社会理论家一样，埃里克森可能一直在描述他认为应该是什么，而不是到底是什么。我们想强调的是，我们无意质疑埃里克森理论中隐含的价值判断；事实上，我们发现自己与他的许多信念密切相关。然而，价值观和真实性并不相同。此外，我们必须记住，我们对世界的知觉不可避免地会受到我们个人信念的影响，描述和指定之间的区别确实经常是混乱的。

埃里克森理论中的阶段是一个非常笼统的顺序，在其他国家并不总是完全一致的。对经济发达社会中的大多数成年人来说，健康和经济独立的退休生活是首要关注的领域之一。货币储蓄和投资是美国、德国、日本和其他国家数百万人兴高采烈或沮丧的根源。与此同时，数十亿人完全没有钱存入银行。饥饿、内战和族际战争、当局强加的暴力和压迫、长期的生态问题及其他灾难是这些人长久不变的日常关注焦点。各种不可预知的干扰带来范围广泛的不可预知的问题，而这些问题的出现次序并不像埃里克森分类中那样以线性的方式出现。因此，在许多情况下，更直接的生存策略可能会主宰人们的生活。对美国移民的研究表明，认同问题会占据人们成年后的头脑，这一时期远在埃里克森在其分类中提出的时期之后（Birman & Trickett, 2001）。

在工业化、富裕的国家，大多数人有选择的自由。他们可以选择不同的意识形态、生活方式，甚至宗教。换句话说，埃里克森的理论可能更适用于强调独立和自由的自我表达的所谓广泛社会化（*broad socialization*）实践的社会，而不是规定了意识形态、严格确定行为是非的狭隘社会化（*narrow socialization*）的国家。

贫困往往影响相互依存，因为人们需要安全感和免受他人伤害。例如，在佛教中，相对的社会孤立通常是有益的，未必要避免。心理亲密可能发生在生命的早期阶段。此外，角色混乱在来自传统文化的个体中不一定很普遍；然而，来自传统文化国家的移民如果发现自己处于新的社会和文化环境中，角色混乱可能就会变得重要。研究还表明，在西方，父母往往预期他们与青少年（adolescents）孩子之间的冲突越来越多，亲密度越来越低。在其他国家，情况并非总是如此。在印度、巴西和印度尼西亚等国家，青少年和父母的冲突和亲密度并没有改变。青少年报告说，他们倾向于享受跟父母在一起，感到与父母的关系比与朋友的关系更亲近（Larson et al., 2003）。但是，你也可以推断，这些国家 / 地区的许多青少年可能给出的是从社会的角度来看“适当”的答案，并没有透露他们对家庭的真实感受，因为他们不想对父母的声誉产生负面影响。

随着全球移民的增加，许多正在经历社会转型的人的身份可能会发生变化。埃里克森认为，人们应该在身份或信仰方面有选择权。然而，在世界上的许多地方，人们的身份和生活方式在出生时就被规定好了。他们必须接受特定的宗教、社会地位、职业和居住地。人们的选择较少，因此他们从一个阶段到另一个阶段的过渡可能比拥有更多选择的人更“顺利”。同样重要的是，要认识到，在某些文化中，社会成熟并不像西方那样与独立性的增强有关，而是与相互依存性的增强有关。例如，在印度，印度教的自我概念历来不关注人的自主性，而是关注成为更大“整体”或社区的一个组成部分（Kurtz, 1992）。研究表明，不同族群（如南非的黑种人和白种人样本）的发展阶段的顺序和时间有时可能相似，但也可能不同。例如，白种人女性能比男性更早地解决身份危机问题（Ochse & Plug, 1986）。

一般来说，当将埃里克森的理论应用于特定的文化条件时，尝试分析每种文化如何看待各个生命危机——当然，假设危机发生了——以及一个人通常被期望表现、相信或拒绝什么以解决危机。

8.6 皮亚杰的认知发展阶段

瑞士心理学家让·皮亚杰（1896—1980）的主要兴趣是儿童思考自己和周围世界的过程如何发展。皮亚杰认为，儿童的认知成长是一个分阶段的过程，由四个阶段组成（Piaget, 1963）。在第一阶段，即感觉运动阶段（sensorimotor stage），婴儿了解他们与周围直接环境的互动。在第二阶段，即前运算阶段（preoperational stage），儿童为语言习得奠定了基础。在这一阶段，儿童不能理解其他人可能会以不同的方式看待事物[自我中心主义（egocentrism）]。在第三阶段，即具体运算阶段（stage of concrete operations），儿童学习逻辑，并能意识到，尽管物体的物理外观发生了变化，但体积、数量和重量可能保持不变[这个过程称为守恒（conservation）]。最后一个阶段，即形式运算阶段（stage of formal operations），是青少年发展抽象思维能力的阶段。

世界各地的儿童都会经历这些阶段吗？达森（Dasen, 1994）总结了一些研究的结果，认为皮亚杰提出的阶段序列（感觉运动——前运算——具体运算——形式运算）似乎在不同文化中是普遍的。正如皮亚杰预测的那样，儿童往往会从一个阶段过渡到另一个阶段。尽管如此，其他心理学家在对皮亚杰的发现进行跨文化评估时则更加谨慎（Gardiner et al., 1998）。他早期的实验和观察所产生的一些假设并没有得到后来研究的支持。例如，皮亚杰认为所有儿童都相信泛灵论（animism）（将“灵魂”赋予玩具、植物和自然现象），并提出了一个普遍的发展顺序，即儿童的泛灵论会随着时间的推移而减弱。然而，人类学家发现，有些群体[如来自阿德默勒尔蒂岛（Admiralty Island）的部落]的幼儿不是泛灵论者，而是在后来的生活中形成了这种观点（Shweder, 2010）。大多数批评意见都与皮亚杰及其同事使用的方法和程序有关。例如，早期使用皮亚杰理论对语言发展进行跨文化研究的研究人员对所研究的语言了解有限。也许正因为如此，研究人员经常使用不需要儿童具备语言能力的标准化测验。此外，很多时候并不能拿到许多儿童的准确出生日期，因此研究者并不总是知道所研究儿童的实际年龄。

皮亚杰的理论很好地解释了儿童如何理解各种体积、重量和数量之间的关系。然而，这个理论并没有很好地解释我们的日常思维及在混乱的日常环境中做出实际决定的能力（Goodnow, 1990）。批评者还指出，皮亚杰激发了将某些发展阶段解释为比其他发展阶段更“有价值”的诱惑，这反过来又导致了进一步的分类。但实际上，社会成功、满意度或适应策略，以及某些活动和职业，并不要求个体在形式运算层次上发挥作用。是否所有社会中的所有青少年都达到了形式运算阶段也令人怀疑。在西方和非西方环境中，有许多健康、快乐和成功的个体基本无法完成形式运算任务（Byrnes, 1988）。

8.7 科尔伯格的道德发展阶段

美国心理学家劳伦斯·科尔伯格（Lawrence Kohlberg, 1927—1987）研究并描述了道德发展的6个阶段，在这些发展阶段中，儿童和成人能够做出多种类型的道德判断（Kohlberg, 1981）。简言之，人们从推理的较低阶段（选择避免因不当行为受到惩罚）到较高阶段（首先选择社会契约），然后用普遍原则指导道德行为（见表8.2）。

史纳瑞（Snarey, 1985）考察了在27个国家进行的45项道德判断发展的实证研究，并提出前4个阶段似乎在所有被研究文化的被试中普遍存在。然而，一些批评家指出了这一著名理论的弱点。他们的论据是什么？

表8.2 科尔伯格的道德发展阶段

阶段	内容
1	前习俗水平（Preconventional level）：以对惩罚的恐惧为基础判断什么是对和错
2	前习俗水平：道德行为产生愉悦，而不道德行为导致不想要的后果
3	习俗水平（Conventional level）：任何得到重要他人认可的行为都是好的
4	习俗水平：现有法律决定什么是道德和不道德
5	后习俗水平（Postconventional level）：基于个体权利和潜在的社会环境判断道德行为
6	后习俗水平：道德行为受普遍伦理原则的约束，可能超越政府和法律

道德发展的跨文化研究中使用的方法是以关于道德选择的假设故事为基础的，这些故事仅与美国被试关系密切（Shweder et al., 1990）。例如，在其中一个故事中，一位女性正患有疾病。医生给她开了一种可能挽救她生命的昂贵药物；然而，故事中的药剂师对处方收取了过高的费用。女人的丈夫没有钱。这个小故事中的道德困境是，偷药是否合乎道德。

这看起来像一个有道理的故事，所描述的情况并不罕见。但是，在许多国家，药品受政府控制，药剂师可能不会向患者开出高昂的价格。有些物品供不应求，在这些情况下，贿赂是获得药物的常见方式。此外，在一些国家，医生本身（而不是药剂师）可以获得药物并分发给患者。

批评的另一点是，发展阶段与基于道德选择的西方自由主义和个人主义价值观密切相关。然而，自由个人主义并不总是代表适用于所有文化和民族的道德原则。在许多文化中，道德判断主要基于现有传统，不一定基于自由意志和选择。对某些宗教团体，某些类型的道德行为在《圣经》（*Bible*）、《托拉》（*Torah*, 犹太律法，希伯来文意为“教谕”）或其他宗教经文中有严格规定。其他研究指出，个体的道德判断是由环境引起的，并不一定基于个人道德发展的特定层次（Matsumoto, 1994; Vassiliou & Vassiliou, 1973）。跨文化研究还表明，接触特定事件，包括暴力和战争，会对个人做出高度道德判断的倾向产生负面影响（Haskuka et al., 2008）。

马和张（Ma & Cheung, 1996）对科尔伯格理论进行了另一项跨文化检验，他们比较了 1 000 多名中国香港特别行政区、英国和美国大学生、高中生的道德判断。测试由四个故事组成，每个故事都包含对一个道德问题的描述。要求被试对问题的可能解决方案做出判断。结果发现，中国学生倾向于强调第三阶段判断的重要性，认为第四阶段判断与第五和第六阶段判断更相似。英国和美国被试倾向于认为第四阶段的判断与第二或第三阶段的判断更相似。

作者认为，中国人的道德判断往往会受到传统规范的强化。中国人倾向于从集体主义的视角看待社会秩序。为了近亲和朋友而采取利他行为，这种强烈倾向是中国文化的一部分。根据作者的说法，中国人也应该受到了儒家关于 5 种主要关系的观念的影响，它强调（用当代的术语来说）老板和雇员、父亲和儿子、丈夫和妻子、兄弟和兄弟、朋友和朋友之间的和谐关系。社会秩序、共识和守法行为与中国人的集体心态息息相关。相反，西方人倾向于首先关注个人权力和利益受到法律的保护。在西方，人们经常将他人告上法庭，因为法律提供了调解人际关系的工具。中国人往往不通过法律制度来解决冲突。相反，他们更喜欢通过人际交往来解决冲突。对这种看似简单的观点，批评者提出了两个论点。首先，中国文化在变化，中国人有很多选择：中国的法院系统正在发展，人们越来越多地使用法律来解决纠纷。其次，人际交往。与可能看起来缓慢和低效的基于法律的系统相比，人际交往导向似乎更“人道”或更有效（确实，在他人的帮助下解决冲突似乎比寻求法律帮助更容易）。此外，强调人际交往系统往往会激发裙带关系（有权力的人偏袒亲戚或朋友的做法）和腐败——中国人非常清楚这两个问题的严重性（Pei, 2016）。

8.8 发展阶段

根据大多数科学和民间理论，人类发展是分阶段进行的。通常，作为肉体存在的起点和终点，出生和肉体死亡也出现在发展分类中。对轮回（reincarnation）和永生（immortality）的信仰促使人们把生命作为一个周期去理解。关于孩子生命开始（什么时候开始，受孕时还是某个后期阶段？）的看法具有跨文化差异，并受人们的教育背景、宗教和其他价值观的影响。

生日、入会仪式、婚礼、毕业典礼、工作晋升、子孙出生、退休和其他重要生活事件标志着人类转变的最重要时刻。一些生物、行为和生理变化也在不同文化中被视为特定生命阶段的指标。自然事件包括恒牙的出现、第一次说话、女性第一次月经和后来的更年期，或年轻男性面部毛发的密集生长。尽管头发色素沉着存在巨大的个体差异，但白发通常被视为老年的标志。变化可以是渐进的，也可以在某些文化群体中被视为突然的：在大洋洲的某些部落群体中，男孩在某一天变成了男人（McDowell, 1988）。还有基于民间信仰或特定生活事件的年龄分类。此类事件可以象征性地标识某个生命阶段的开始或结束。一个人的第一次性交可以被视为对一个人的“男子特征”（manhood）或“女子特征”（womanhood）的确认。达到法定饮酒年龄——例如，美国是 21 岁，乌克兰是 18 岁——也可以被解释为法定成熟的标志。

关于人类发展的书籍区分了人生全程的几个常见阶段：产前期（prenatal period）、婴儿期、儿童期（分为儿童早期和儿童中期）、青春期（adolescence）和成年期，其中成年期又细分为 3 个阶段：成年早期、成年中期和成年晚期（见表 8.3）。

然而，生命全程还有其他略有不同的分类。例如，根据印度教传统，婴儿期、儿童早期和儿童中期并不是独立的阶段（Valsiner & Lawrence, 1997）。在犹太—基督教传统中，生命是线性的，其终点是死亡。在印度教中，生命是循环的：人们生死多次（Fernandez et al., 2010）。在施莱格尔和巴里（Schlegel & Barry, 1991）所研究的社会中，一半以上的社会中没有特定术语代表青春期。

表 8.3　人类发展阶段

产前期	婴儿期	儿童期	青春期	成年期
从受孕到出生：在每个族群、种族或社会群体中都是大约需要 266 天	从出生到 2 岁：获得最初的运动、认知和社交技能	从 2 岁到 11~12 岁：习得语言并学会最重要的社交技能	11~12 岁至 19~20 岁：达到性成熟，但尚未承担成人地位的权利和义务	20 岁以后：获得特定社会的规范和法律所规定的成人身份

8.9 出生前的生命：产前期

在伦敦和北京，与地球上任何其他地方一样，产前期——通常是从受孕到分娩之间的时间——是 38 周。从一开始，在母亲子宫中正在发育的胚胎就可能处于有利或不利的环境中。例如，母亲周围的自然环境可能稳定或不稳定、安全或危险。在世界各地，环境问题和危险条件可能会导致怀孕期间的各种并发症和严重的先天缺陷，如饥饿、暴力、过度辐射、接触化学品、空气和水污染等。是否有专业的产前护理也是影响胎儿发育的关键因素。有许多与怀孕相关的常见认知和行为倾向。例如，研究表明，在大多数国家，当一个家庭想要孩子时，更希望要男孩而不是女孩（Hortacsu et al., 2001）。在这种情况下，文化规范很重要。最近对移民的研究表明，那些来自性别不平等仍然非常严重的传统文化的移民，依然更加偏好男孩而不是女孩（Blau et al., 2017）。然而，在美国，这种趋势似乎正在消失，大多数父母想要女孩和男孩的愿望相同（Kopf, 2017）。在不同国家，青少年怀孕在农村均比在城市更常见，这与农村居民的收入相对较低有关（Barber, 2001）。

胎儿的生命可能会因母亲决定终止妊娠而中断。根据世界卫生组织的数据，全世界每年有近 5 000 万人次堕胎。其中近 60% 发生在发展中国家。由于法律和宗教的限制，堕胎在世界上许多地方都是非法进行的。据估计，这一数字为每年 2 000 万，所有非法堕胎（这对女性的健康非常危险）中约有 90% 发生在发展中国家（WHO, 2019）。

正如人们所料，人们对堕胎的看法各不相同。家庭背景、国家法律、文化传统和调查问题的类型等，都会影响人们对堕胎的看法。在欧洲和北美，60%~75% 的女性和男性认为，在所有情况或大多数情况下，堕胎应该是合法的。这存在一些性别差异。例如，在亚美尼亚和立陶宛，女性比男性更有可能认为堕胎应该合法。在葡萄牙和挪威，女性比男性更不支持堕胎合法的观点。世界上的其他一些地区对堕胎的支持率较低。在墨西哥，只有不到 1/3 的人支持合法堕胎，而在撒哈拉以南的非洲，这一比例低于 20%（Salazar & Starr, 2018）。

人们对怀孕的态度也不同。在传统的集体主义国家，如马来西亚、新加坡、印度尼西亚、菲律宾和泰国，怀孕历来以家庭为中心，并会得到家庭的积极参与和指导（Gardiner et al., 1998）。在个人主义社会中，分娩往往是一件相当私密的事情。然而，我们应该小心尽量不要做出笼统的判断。例如，许多外国交换生向我们提到，许多美国人对怀孕的态度是多么开放：人们发表官方声明，通知亲友，并举办派对来宣传她们怀孕的消息。然而，在许多国家，如俄罗斯，怀孕通常是保密的，直到女性身体的变化开始明显。丈夫不仅缺席妻子的分娩，而且还被禁止进入生育诊所，如果他们敢进入产房，可能会被警察护送出去。传统和法律往往齐头并进（见表 8.4）。

表 8.4 美国产科病房中部分移民女性遵循的部分习俗清单

地区	来自该地区的一些移民遵循的习俗
俄罗斯	孩子至少一个月内不应该被陌生人看到，以保护其免受“邪恶之眼”（evil eye）或其他不幸
越南	新妈妈不应该暴露在寒冷中，因为这会破坏被认为对身体健康至关重要的平衡
伊斯兰国家	妇科检查或分娩只能由女性卫生工作者进行

续表

地区	来自该地区的一些移民遵循的习俗
一些非洲国家	传统上要将胎盘带回家埋葬
拉丁美洲国家	女性在分娩后的前几天不能给孩子哺乳

资料来源：艾森曼（Aizenman, 2002）。

批判性思维

为什么人口中男孩多于女孩？寻找几个原因

预期在全球范围内，第一胎的性别比例应为 105 个男婴比 100 个女婴。然后自然会在成年后“修正”这些统计数据，比例变得相等（因为男孩比女孩稍稍更容易受到儿童疾病和伤害的影响，并且在婴儿期死亡的人数略多）。这些数字在加拿大也应该是相同的。然而，一项研究提出了另一种解释，尤其是对第二胎的孩子。在韩国出生的加拿大母亲所生孩子的性别比例是 120 个男孩比 100 个女孩。而对印度、菲律宾等东亚国家的妈妈来说，男女比例大约是 111 : 100。如果把第三个孩子考虑进去，这种趋势就更加明显了。例如，在安大略省，在印度出生的母亲一年内生了 1 883 个儿子和 1 385 个女儿，比例为 136 : 100（Jha & Kesler, 2011）。

这种趋势不仅是加拿大移民家庭的趋势，也是全球现象。印度父母往往偏爱男孩，中国也呈现同样的趋势。经济发达的韩国、新加坡和中国台湾地区出生的男孩通常也多于女孩。许多苏联国家（如塔吉克斯坦或土库曼斯坦）的统计数据也在一定程度上是相似的（Eberstadt, 2015）。

如何解释这些差异？与往常一样，可能有多种原因（Jha & Kesler, 2011）。然而，最常见的解释如下。首先，夫妻往往更喜欢男孩而不是女孩（Blau et al., 2017）。第一个孩子不管什么性别，夫妻通常都会欢迎，即便如此，当第二个孩子预计是女孩时，一些母亲会进行选择性堕胎。另外两个原因是：迅速普及的产前性别鉴定技术（当男孩或女孩快要出生时，父母提前知道性别），以及全球生育率下降（Eberstadt, 2015）。你看到其他原因了吗？在你看来应该做些什么？能做些什么来减少男孩和女孩出生率的这种差异？

8.10 第一步：婴儿期

婴儿期是从出生到两岁，儿童获得最初的运动、认知和社交技能的这段时间。新生儿需要全面的照顾。很明显，新生活开始时所处的环境和社会条件对儿童的生活、健康，甚至可能包括其人格特质都有着至关重要的影响。例如，婴儿死亡率在不同国家有巨大差异，取决于每个特定国家的社会经济和政治条件。例如，塞拉利昂的婴儿死亡率为 110（每 1 000 名活产婴儿），是世界上婴儿死亡率最高的国家之一。婴儿死亡率最低比率的是摩纳哥、日本和冰岛，约为 2。在美国，该比率为 5.8，在中国为 12。尽管在全球范围内，新生儿死亡率从 1990 年的每 1 000 例活产婴儿死亡 37 例下降到 2017 年的 18 例，但问题仍然存在。在全球范围内，仅 2017 年就有 550 万五岁以下儿童死亡（United Nations Population Division, 2018）。

婴儿的气质或人格特质可能具有遗传基础（Buss & Plomin, 1985）。气质也会受到环境因素的影响。当孩子哭时，父母的反应各不相同。有些成人在孩子哭的时候很容易忽视他们，也有一些会立即做出反应。对孩子哭声的立即或延迟反应可能会刺激或抑制婴儿的某些情绪和其他行为反应。这种反应存在个体差异和文化差异。例如，在一项关于母婴交流的跨文化异同项目中，比较了肯尼亚农村和波士顿中产阶级母亲的异同。所研究的样本之间有许多相似性。如果孩子在哭，两个地方的母亲都会热切地触摸、抱住孩子，或与孩子交谈。然而，与肯尼亚母亲相比，美国母亲更多地通过语言进行交流，较少进行身体接触（Berger, 1995）。

问一位抚养过健康婴儿的母亲，她可能会告诉你，她的儿子或女儿很早就能识别人脸。事实上，大多数婴儿在看到熟悉的面孔时会感到平静，而当他们看到附近陌生人的脸时会表现出担忧的迹象。在几个国家进行的一项研究表明，大多数婴儿在其生命的第 7 个月左右会形成一种依恋形式（Kagan et al., 1978）。这种陌生情境中的依恋模式是普遍的，可以分为三类（Gardiner et al., 1998）：

- 焦虑回避型（anxious and avoidant）[婴儿不太关注其父母]。
- 焦虑抵抗型（anxious and resistant）[婴儿往往留在离父母很近的地方，并关注父母的下落]。
- 安全依恋型（securely attached）[当父母在场时，婴儿不会受到陌生人的威胁]。

一些研究人员发现，焦虑回避型在西欧国家的比例相对较高，而焦虑抵抗型在以色列和日本等非西方国家更为普遍（Van IJzendoorn & Kroonenberg, 1988）。与依恋理论一致，美日比较研究的结果表明，两个国家有明显大多数的母亲认为，具有合意特征的儿童是安全的，具有不合意特征的儿童是不安全的（Rothbaum et al., 2007）。

右利手（Right-handedness）似乎在所有文化中都很普遍，正如研究显示的，这种功能很可能是遗传的（Coren, 1992）。然而，研究发现，世界各地不同的文化习俗和信念影响了数百万儿童的行为。例如，在许多国家，左撇子受到抵制，正如所说的那样，老师和家长都试图迫使儿童忘记许多需要使用左手的技能，从而改变这种他们称之为“反常”（anomaly）的习惯。环境因素也会影响儿童发展其运动行为的方式。例如，非洲婴儿的运动技能比白种人儿童的运动技能提前几个月发展，因为父母在教孩子走路时使用了多种训练策略（Gardiner et al., 1998）。

典型案例

父母行为的习惯

东欧的一种习惯在 21 世纪还维护得很好：在婴儿出生后的第一个月内，除了近亲外，不向任何人展示新生儿。为什么呢？一些俄罗斯人认为，这种隔离是防止“邪恶之眼”或某些不可避免的不幸的必要预防措施。换句话说，儿童在生命的大概前30天里，相对缺乏与其他人的接触和新的经验。

问题：这种习俗也许是由数百万父母遵守的，并导致儿童在生命的前30天内相对孤立，你认为这会以某种方式影响儿童的心理发展吗？你是否认为这种做法仅有微不足道的影响？

社会变革塑造了父母行为的模式。例如，母乳喂养的频率与国家的工业发展水平呈负相关。换句话说，国家越工业化，母乳喂养的频率下降就越多，这会导致进一步的社会变革。婴儿配方奶粉和其他食品的供应、女性职业和社会地位的变化、公众态度的普遍变化，以及其他因素都促进了女性决定是否进行母乳喂养的自由选择。

婴儿经常被代表特定语言的复杂声音系统包围。婴儿在很小的时候就能对声音做出重要区分，这就可以解释人们在学习外语时所经历的一些语言差异。例如，我们来自日本的同事在说英语时很难发L音（同样，许多美国人无法发出通常难发的德语R、希伯来语中的KH或乌克兰语中的GH）。日本婴儿通常不会注意到L和R之间的区别，因为日语中没有L音，而且他们的父母在谈话中也不会使用这种音。说英语的婴儿能发现这种差异，即使他们自己不会说话。也许我们发音困难的根源在我们的婴儿期，也就是我们开始识别和记忆声音的时期。一些语言学家认为丹麦语特别难说，因为包含了很多不熟悉的声音，非丹麦人在婴儿时期没有接触过。

批判性思维

关于依赖性标签

人们经常强调，与西方社会的人相比，日本人之间的相互依存和情感依恋程度更高。这个假设有几种理解和解释。其中一些用早期的社会化经历来解释。其中一种观点认为，日本人发展出一种称为amae的模式，使他们相互依赖（Doi, 1989）。Amae就是一个人的自我与另一个人的自我相融合的趋势。这种倾向成为日本人日常生活的一部分，尤其在早期的母子关系中受到鼓励（Lewis & Ozaki, 2009; Yamaguchi, 2004）。在美国，安全感被视为导致自主、自尊和自我表达的主要因素。在波多黎各，安全被视为导致尊重、服从和冷静的主要因素。最后，依恋的前因存在差异，美国白种人母亲更强调培养自主性，而波多黎各母亲则更强调控制儿童的行为（Carlson & Harwood, 2003）。日本的 amae 与西方心理学流派的依赖（dependency）概念有什么区别（依赖是对安慰、认可或关注的需要，可以在行为层面上描述为儿童哭泣、依附、跟随母亲及其他引发照看者注意的行为）？为了比较这两个概念的含义，韦雷伊肯及其同事（Vereijken, 1997）评估了日本专家对 amae 和西方专家对依赖的描述。专家们使用 Q 分类法进行评估。首先，专家拿到了 90 张卡片，每张卡片上都有对代表母子关系特点的特定行为的书面描述。然后，专家按照一定的顺序排列卡片，使那些在开始时选择的卡片代表最突出的行为，也就是对 amae（日本专家）和依赖（西方专家）来说典型的行为。研究人员发现，尽管先前已经有所预测，但日本专家对 amae 给出的行为定义，与美国专家对依赖给出的行为定义之间存在惊人的相似性（$r = 0.77$）。很可能某些普遍的行为模式在不同的文化中有不同的标签。实际上，不同的标签可能描述相似的行为。你能在其他语言中找到代表英语中的“依赖”的词吗？你可以询问母语人士，如班级中双语（或三语）的学生。这些词在其他语言中的含义是什么？它们与依赖有多大相似或不同？

8.11 发现世界：儿童期

中国古代哲学家孟子（Mencius）写道：“大人者，不失其赤子之心者也。”（a great person is one who does not lose his childhood heart）。儿童之所以伟大，是因为他们真诚而感性。儿童期是一个不断成长、学习和发展的时期。在儿童早期，儿童的想法一厢情愿并富于幻想。年幼的儿童常常不清楚现实和幻想之间的区别，他们经常将其混在一起。他们不断将自己的想法与现实进行比较，但仍然相信他们想法的神奇力量。在童年中期（大约 6~12 岁），儿童继续发展思维和社交技能，概念思维开始在日常活动中发挥更大的作用。然而，儿童的思维仍然主要以直接经验为基础。如果某事物是有形的或可观察的，则很容易理解和解释。例如，几项涉及英国、日本和挪威儿童的研究表明，他们发展出复杂的战争概念的时间早于和平的概念。战争的概念主要集中在杀戮、战斗和使用武器等方面。冲突是普遍存在的，并且其具体方面可以观察到。然而，和平是一种不太明显和显著的现象，它可能不会像暴力和攻击那样出现在生命早期的人际交往中（Rosenau, 1975）。

不同文化之间一系列相似或不同的实践以中介形式，对儿童期这一发展阶段产生影响。在美国，许多家庭都有表扬儿童的习惯，并对他们的成就表现出积极的情绪。在新西兰对萨摩亚男性进行的定性研究表明，公开表达对儿童的情绪或感受通常是不恰当的，因为正如父亲们倾向于相信的，他们的孩子必须首先学习谦逊的价值（Anae et al., 2000）。

想想孩子们画的图画。这些画有的复杂多彩，有的简明扼要，反映了孩子们所看到或希望的，主要以他们的日常经验为基础。研究表明，在强调相互依赖的文化中，幼儿将自己画得比其他人物（如他们的家庭成员）小，而在强调独立的文化中，自画像较大（Rubeling et al., 2011）。孩子们看到周围的现实，并将其反映在他们的思想和幻想中。例如，多米诺（Domino）和汉娜（Hannah）分析了 160 名中国和美国小学生生成的 700 个故事。与美国样本相比，中国故事表现出更多对权威的关注，更多对道德正直的关注，更少的身体攻击事件，以及更突出自然力量和偶然性的作用（Domino & Hannah, 1987）。儿童绘画经常反映了他们眼前所展现的政治议题（Kostelny & Garbarino, 1994; Rubenstein, 1987）。

除了严重缺粮的地区，在几乎所有的文化中，母亲都试图哄孩子吃饭。他们使用各种方法来促进良好的饮食，从惩罚到奖励，从劝说到喂食游戏（Dettwyler, 1989）。成年人的饮食习惯和偏好通常与早期喂养实践有关（Schulze et al., 2001）。不同国家和家庭的饮食偏好差异很大。在大多数文化中，面包和多种水果蔬菜都很常见；然而，有些儿童在儿童期开始吃的食品，在其他文化中却被认为不适合儿童。穆斯林儿童不吃猪肉；印度教男孩和女孩可能永远不会吃牛肉；欧洲人不会吃狗肉和猫肉（见第 7 章）。你可以继续举这样的例子。

不同国家的儿童喂养看上去是相似的，但让儿童与父母睡在一张床上的做法通常因国家而不同。通常，同睡在美国并不常见。如果条件允许，西方母亲通常会把儿童放在单独的卧室里。然而，人们应该注意到，在某些国家实行同睡，部分原因是生活条件所迫，父母根本负担不起家庭中每个孩子都有单独的卧室（Morelli et al., 1992）。

社会认同的许多要素是在儿童期形成的。6~8 岁的儿童已经能够清楚地产生对其族群、国籍和社会阶层的认同（Dawson et al., 1977）。在这个阶段，以色列的阿拉伯学童和犹太学童在旗帜偏好、将“我们”和“他们”分开的族裔和宗教认同上有所不同，以及对权威的态度也有所不同，根据阿拉伯或犹太血统明显区分开来（Lawson, 1975; Teichman & Zafrir, 2007）。年仅四五岁的儿童就能解释人与人之间的某些族裔和种族差异（Park, 2011）。

不必研究，任何人都知道世界各地的儿童都喜欢游戏（play）。游戏有一些跨文化通用的功能，如教给儿童学会互动模式、合作、分享和竞争（Farver et al., 2000）。尽管有这些相似之处，但不同的文化习俗可能会发展出不同的行为特质。在 20 世纪 70 年代初进行的一项研究中，在北美游戏的儿童似乎比研究中许多其他社会的儿童更具竞争性（Madsen, 1971）。然而，这些结果应该在当代条件下进行验证。为什么？例如，在今天的美国，一位母亲为她的儿子或女儿报名参加少儿联盟足球队，可能会收到联盟的一张便条，非常礼貌和谨慎地解释说，比赛的主要目的是参与，并不是必须要赢。在美国的许多当代儿童体育联盟（例如棒球、橄榄球、篮球、足球、冰球及其他）中，都非常严肃地尝试强调更加非成就的方面。

是否有证据表明以多种方式限制儿童行为的社会规范可能导致儿童变得好斗和叛逆？一些研究指向了这个方向。中非共和国的波菲（Bofi）农民符合所谓的专制养育方式，表现为重视尊重和服从，以及对儿童进行强制控制。然而，结果表明，波菲的儿童并不退缩，也不缺乏主动性。相反，他们恰恰显示出相反的特质（Baumrind, 1971；Fouts, 2005）。根据抑制—助长假说（suppression-facilitation hypothesis）（Weisz et al., 1987），文化中不鼓励的行为在精神卫生机构中很少见。例如，如果父母因为儿童的暴力行为而惩罚他们，那么这个国家的精神卫生设施中应该不会有很多暴力精神疾病患者。抑制—助长模型还假设，被奖励的行为会出现过多。相反，从成人痛苦阈限假说

（distress threshold hypothesis）的角度来看，在儿童期不受鼓励的行为出现在诊所中的概率将高于"可接受的"行为。韦兹及其同事（Weisz, 1987）在一项涉及泰国和美国儿童的跨文化研究中测试了这个模型。泰国的佛教传统不同于美国的文化规范。前者强调无攻击性、礼貌、谦虚和尊重他人。父母非常不能容忍儿童的冲动、攻击性和"未控制"行为。正如第一个假设所预测的，泰国儿童比美国儿童更频繁地报告"过度控制"问题（冷漠、退缩）。美国儿童更频繁地报告暴力和无序行为等问题。因此，抑制—助长假说得到了一些实证支持。

8.12 重要排演：青春期

约翰（John）和乔治（Jorge）都是16岁，他们是邻居，也是不同族群背景的朋友。同时，他们又非常相似。他们都穿着成人尺码的衣服，上唇都开始长小胡子，每天玩电脑游戏好几个小时，都想找一份暑期工作，都想在两年内上当地大学。作为青少年，他们都已达到性成熟，但尚未获得成人的权利和义务。

青春期不仅被视为一个发展阶段，而且被视为一种文化现象。例如，在许多发达国家，教育的延长使青春期延长至从儿童期到成年期。相比之下，许多非工业化文化鼓励其成员尽早扮演成人角色，导致青春期阶段变得几乎无法区分。在一些国家，如苏丹和巴西，许多儿童早在12岁甚至更早就开始全职工作并照顾其他家庭成员。在其他社会，如印度，女孩可以在十几岁时结婚并搬到丈夫家中，接受妻子和母亲的角色。文化条件可以决定对整个发展阶段的识别。

体重和身高的快速变化是青春期的重要特征。从跨文化角度来看，女孩比男孩早两年成熟。自19世纪第一个10年在欧洲和北美开始进行观察以来，现在的女孩比以前研究的女孩早熟，大约每10年就早几个月。例如，从19世纪50年代到20世纪50年代，女孩第一次月经（初潮）的平均年龄低了5岁，已经接近12.4岁。这种趋势在20世纪下半叶有所放缓，在欠发达的非西方国家没有明显观察到（Frisch & Revelle, 1970）。一种对这种较早成熟的可能解释是，世界发达地区大多数公民的医疗保健、营养和生活条件得到了改善。在美国，非西班牙裔黑种人女孩和拉丁裔女孩的平均初潮年龄一直早于白种人女孩（Chumlea et al., 2003）。

在这个发展阶段，形式思维取代了具体思维，道德判断往往基于个人的价值观（Piaget, 1963）。与此同时，青少年的思维可能充满矛盾、不可预测的假设和突然的转变。尽管青少年有做出道德判断的能力和巨大的认知储备，但他们并不具备在更成熟的年龄才会常见的远见或智慧。利他与自私、热情与退缩、宽容与急躁很容易同时存在于同一个人身上。如果儿童对世界的看法通常是天真和信任的，那么青春期往往与愤世嫉俗（cynicism）的发展有关（Sigel, 1989）。愤世嫉俗是人们普遍且反复地违反规定的行为道德标准的信念。愤世嫉俗可能在青春期变得突出，因为年轻人倾向于变得越来越独立和挑剔，或者因为在青春期后期有越来越多的关于社会的令人沮丧的信息，特别是在政治丑闻成为普遍现象的国家（Schwartz, 1975）。但是，我们应该预见到，在政府严格加强了意识形态和政治同质化的国家中，愤世嫉俗的公开表达将会很少。在这种情况下，青少年可能会产生愤世嫉俗的想法，但没有将其透露给民意调查者或社会科学家（Gozman & Edkind, 1992）。

一个多世纪以来，许多西方心理学资料一直在讨论一个议题．青少年叛逆和反抗是每个年轻人生命中一个预期的阶段（Glad & Shiraev, 1999; Hall, 1916; Kon, 1979）。心理学家和社会学家试图了解与“青年文化”相关的各种反社会时尚的深刻心理根源，是否在于年轻人对独立的渴望（Petersen, 1988）。北美和中美洲的“帮派”，俄罗斯的“流氓习气”（hooliganism），或英国女孩的“假小子文化”（ladette culture）（一种“像男孩子一样”的行为模式，包括抽烟、骂人、打架、喝酒和在学校捣乱）只是青少年反社会趋势的几个例子。文献中也记载着，非西方文化下的暴力群体中也有很多年轻人。然而，仅凭心理原因就可以解释年轻人为什么加入各种反叛群体，这是非常值得怀疑的。显然，必须考虑特定的社会经济和政治因素。例如，非洲有大量记录在案的案例，青少年和儿童被迫违背自己的意愿加入叛乱激进组织（Beah, 2008）。

社会和政治条件在个体社会化中起着重要作用。在以色列进行的一项研究中，北美和苏联移民儿童在课堂上表现出明显不同的行为模式。来自北美的学生是同龄人导向。来自（20 世纪 80 年代的）苏联的学生是教师导向

（Horowits & Kraus, 1984）。与美国的教育体系相比，苏联的教育体系非常强调学生的纪律和服从。进入新的文化环境后，苏联青少年移民并没有改变他们服从导向的行为模式。在以色列进行的另一项研究中，与在以色列长大的以色列人相比，受过苏联教育的青少年在道德判断上更具现实主义导向（Ziv et al., 1975）。也许是多年的个人羞辱，以及为争取移民离开苏联的机会而与政府的斗争，促进了现实和务实态度的发展（Kliger, 2002）。社会和政治因素也会影响青少年的文化认同。在以色列，对巴勒斯坦的阿拉伯青少年基督徒的研究表明，他们中大多数人都保持着他们的族裔认同和独特的宗教认同。然而，与阿拉伯穆斯林相比，他们更愿意采纳犹太社会的元素。他们还感受到来自以色列犹太人的更大的同化压力。阿拉伯基督徒通常被视为“双重少数民族”，因为大多数阿拉伯人是穆斯林，而且他们生活在一个以犹太人为主的国家。巴勒斯坦的阿拉伯基督徒更愿意与以色列犹太人进行社会和文化接触，这可能反映了他们希望获得更多教育和工作等重要资源。此外，巴勒斯坦的阿拉伯基督徒在历史上倾向于将自己区分为一个更加西化的文化群体（Horenczyk & Munayer, 2007）。

总体而言，特定国家的社会和政治条件、政府政策、社会经济条件（包括经济不平等或平等）都会影响年轻人的态度和动机（Bronfenbrenner, 1970; Fraczek, 1985）。

在一项研究中，要求来自芬兰和爱沙尼亚的 1 500 名高中生想象自己处于三种假设的情境中：（1）如果你的一个同学反复被其他同学取笑，你会怎么做？（2）如果你的一个同学持续成为被敲诈的对象，你会怎么做？（3）如果你看到有人偷你一个同学的钱，你会怎么做（Keltikangas-Jaervinen & Terav, 1996）？然后向他们提供了几种解决这些情况的可选方案：攻击行为、亲社会行为、承担社会责任和回避。结果显示出多种趋势。与芬兰青少年相比，爱沙尼亚青少年在回答问题时更具攻击性，社会责任感更小。此外，爱沙尼亚学生解决问题的最典型方式是回避。如何解释这些差异？所研究的国家在地理上非常接近，且有许多共同的文化和历史元素。作者通过社会和政治因素来解释这些结果。40 多年来，爱沙尼亚是苏联的一部分，而芬兰仍然是一个独立的国家。芬兰的儿童社会化过程一直强调西方的个人主义价值观。相反，属于苏联的爱沙尼亚，其公共教育和社会化过程提倡集体主义、服从权威、忠于祖国和社会责任感等准则。但是在解释过程中存在一个混淆因素：据我们所知，该系统促进了社会主义国家的忠诚、责任和集体主义。为什么这项研究中年轻人的实际态度表现出攻击性、回避性和缺乏责任感？该研究的作者表示，尽管政府做出了努力，但爱沙尼亚的大多数年轻人还是拒绝了当局提倡的主要价值观。然而，其他因素也可能促成了 20 世纪 90 年代爱沙尼亚青年的社会化。该国独立以后所出现的空前的政治和意识形态斗争、犯罪和腐败的迅速增长、社会不平等的加剧及有保证的社会保障几乎丧失——这些因素可能引发了民众的失望感和沮丧感。也许是最近的这些负面发展，加上 20 世纪 80 年代初期的经历，共同影响了该研究所揭示的爱沙尼亚青年的态度。

集体主义和个人主义规范影响个体行为及对人们行为的看法。埃尔贝杜尔及其同事（Elbedour, 1997）比较了以色列犹太人和以色列贝都因青少年对亲密关系的看法。超过 600 名 7 至 11 年级的学生完成了问卷，其中要求学生在 4 点量表上从低（1）到高（4）对描述同性青少年友谊的陈述进行评分。被问及的陈述如下："以下陈述在多大程度上描述了与亲密朋友的关系？"研究了诸如情感亲近、控制、遵从和对朋友的尊重等特征。通过 8 个问题，测量了所有这些特征。结果表明，与贝都因青少年（集体主义多于个人主义）相比，犹太青少年（个人主义多于集体主义）表达的控制或遵从朋友的需要较少。贝都因青少年倾向于强调对朋友的控制和顺从。

8.13 成年期

在所有文化中，成年期代表成熟、责任感和义务（accountability）。这个时期通常分为 3 个阶段：成年早期、成年中期和成年晚期（Levinson, 1978）。成年早期阶段通常与形成过程有关，而成年中期和晚期则与各种成就相关。然而，分隔这些时期的界限尚不清楚。许多成年人在很小的时候就已经并且能够完成伟大的事情。例如，法国女英雄圣女贞德（Joan of Arc）以她在战场上的决心和勇敢而闻名的时候是 19 岁。乔治 · 华盛顿在 21 岁时成为驻法国大使。他在 22 岁时作为上校赢得了第一场战斗。马丁 · 路德（Martin Luther）开始对基督教进行宗教改革时是 29 岁。艾萨克·牛顿（Isaac Newton）开始研究万有引力、微积分和颜色理论时是 24 岁。阿尔伯特·爱因斯坦在 26 岁时发表了他著名的相对论。杰夫·贝佐斯（Jeff Bezos）在 30 岁时创立了亚马逊。马克·扎克伯格的脸书于 2012 年进行了首次公开募股，当时马克是 28 岁。谢尔盖·布林（Sergey Brin）在 25 岁时与别人共同创立了谷歌。总的来说，主要是年轻科学家做出了伟大的科学发现。例如，研究表明，所有科学学科中，科学家进行其获奖的研究时，平均年龄约为 38 岁，物理学家从事其获奖研究工作的年龄最小，为 35 岁（Stroebe, 2010）。

尽管一些心理功能会随着年龄的增长而下降，但个体的社会化会在整个成年期持续进行。持久模型（persistence model）和开放模型（openness model）试图解释这个过程（Renshon, 1989）。根据持久模型，成年人在生命早期就习得了态度和学习行为，以后往往不会再发生改变。例如，如果一名儿童在摩洛哥或印度的虔诚宗教家庭长大，那么无论他成年后生活在何处，都会保持虔诚。开放模型的观点则相反：人们确实会改变他们的感受、信念和行为，因为他们必须适应不断变化的环境，而这种转变可能是实质性的。换句话说，儿童早期和青春期的经历不一定决定这个人今天是谁。尽管一些社会化的学生对持久模型感兴趣，但大多数分析家都认为，社会化不会在 18 或 20 岁停止。公认的是，社会化在成年阶段持续进行，很多个人观点和行为的转变发生在这个发展阶段（Sigel, 1989）。

成年期经历因文化而异，并取决于年龄、性别、社会经济地位、职业、家庭结构和多种生活事件。暴力、经济困难和饥饿影响了整整一代人的生活。例如，20 世纪最后 25 年，阿富汗的社会和政治发展表现为一系列破坏性事件，其中包括革命和罢免国王，1979 年的战争，以及随后夺去数万生命的看似不会休止的内战。一名出生于 1950 年的成年人在其成年生活的几乎所有阶段，都面临持续的压力、贫困、创伤事件和恐惧。与此同时，1950 年出生于挪威一个小镇的人就可以过上完全没有重大社会灾难、外国入侵、军事叛乱及其他突发事件的生活。

在成年期，大多数人会发展出自己的认同感，即把自己视为个体和社会成员的看法。如果不考虑其文化背景，无法理解认同的形成。例如，在传统社会中，人们在系统和连贯的环境中接受他们的身份。社会应该为其个体提供安全感。个体不断地参照他人以评估自己（Kağıtçıbaşı, 1985）。个性在意识形态或宗教层面上受到特别限制。人们在逐渐从一个生命阶段过渡到另一个生命阶段的过程中，了解了自己的角色并获得这一角色。在西方工业化社会中，社会角色的表现对个体更加开放，因为这些角色还没有严格定型。个体会成为多种不同亚群体的成员（Camilleri & Malewska-Peyre, 1997）。与非西方社会相比，西方社会倾向于为个体提供广泛的选择。社会不但给大多数人选择权，而且还鼓励他们做出选择（见图 8.1）。我们将在第 11 章再次更详细地讨论认同问题。

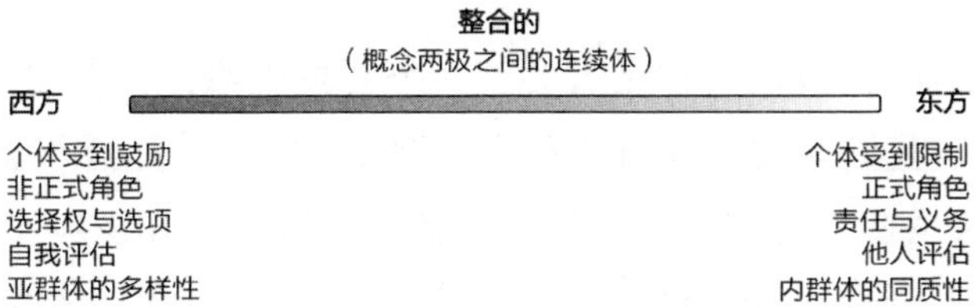

图 8.1　认同发展：西方与东方属性

在当代世界，年轻人为许多工作做准备所需的教育量正在增加。随着这些人接受更长时间的教育，他们也推迟了向成年角色的转变。而且，当传统权威的力量减弱，年轻人越来越能掌控自己的生活时，他们通常会选择等待更长时间才成家。在每个工业化社会中，成年人转变的年龄中位数都在将近 30 岁，而在发展中国家也迅速上升（Arnett, 2002）。在许多社会中，向成年角色的转变有所延迟，这一事实导致了一个新的生命时期的蔓延，称为“成年初显期”（emerging adulthood），从近 20 岁到 25 岁左右，其特点是自我关注式地探索爱情、工作和世界观的可能性。现代工业化社会中的年轻人现在正在经历这一时期，并且这一现象在发展中国家的年轻人中也越来越普遍（Arnett, 2000）。

典型案例

美国治疗师约拉·加马西（Yola Ghammashi）（个人访谈，2015 年 10 月）正在发展一个“冻结文化”（*frozen culture*）的概念，以描述许多成年移民在新家园的生活和经历。一些成年移民在新的国家定居，并继续保持与移民前相似的大部分习俗、语言模式、信仰和情感依恋。他们故意说他们过去的语言，保持大多数文化习惯，抵制学习、抵制适应不同的文化规范。与此同时，他们的祖国随着时间的推移也发生了转型，习俗、时尚和语言模式可能都变了。然而，这些移民继续生活在过去自己创造的文化中。他们认为他们不属于新文化。然而，他们的“旧”文化已不再是他们记忆中的样子。你认识这样的人吗？你能从他们“冻结文化”的元素中发现什么？为什么有些人觉得有必要保留“冻结文化”的元素？

在人们心目中，成年与智慧有关。一个人越成熟，人们就期望他越聪明。社会期望会影响我们对成人智力的看法。例如，思维敏捷性与流体智力（fluid intelligence）联系在一起，即形成概念、抽象思维和将知识应用于新环境的能力。晶体智力（Crystallized intelligence）是个人积累的知识和经验。在西方社会，思维的速度受到高度重视，流体智力被解释为成功的指标。在许多非西方社会中，操作速度较不受重视，因为人们认为经验或晶体智力比速度更重要（Gardiner et al., 1998）。许多中介的个体环境因素和社会因素会影响晶体智力。例如，在里海（Caspian Sea）附近的一个小镇，一位60岁的伊朗父亲可以成为他的女儿开办小型零售企业的完美导师。在他的家庭移民到另一个国家，他的孩子开办一家软件公司之后，同一个父亲指导孩子的能力和知识就不够了。

8.14 成年晚期

人什么时候变老？老化是一种态度没有发生实质性改变的身体磨损和衰退吗？人们什么时候开始慢下来？老化是一个生物学过程。尽管生物学家还没有找到关于老化的普遍特征的结论性解释（Cox, 1988），但许多老年人患有相似的疾病（如癌症、痴呆和关节炎），他们的皮肤变得缺乏弹性，头发也失去了原有的色素。肌肉开始萎缩，骨骼变得更脆，心血管系统变得效率低下。大多数心理功能也会衰退。听力和视力障碍很常见。然而，人类无视自然的“规则”。自19世纪的经典著作以来，科学心理学的主流观点是，记忆力会随着时间的推移而下降。然而，临床和实验室研究表明记忆力也可以提高。实际上，记忆会随着时间的推移同时提高和降低（Erdelyi, 2010）。伟大的德国诗人歌德在 80 岁时完成了他的《浮士德》（*Faust*）。让 – 巴皮斯特・拉马克（Jean-Bapiste Lamarck）在 78 岁时完成了他伟大的动物学著作《无脊椎动物的自然史》。罗纳德・里根在 70 岁时成为美国总统。圣雄甘地（Mahatma Gandhi）的声望在 75 岁时达到了巅峰。特蕾莎修女（Mother Teresa）在 87 岁去世之前并没有放慢她的慈善工作。

在许多国家，成年晚期始于退休，即正式辞去工作的时候。如果一个人不在家庭之外工作，这个时期可能就是从这个人放弃主要的家庭责任时开始的。各国都有正式退休的“截止日期”，但各有不同。在俄罗斯，女性可以在 55 岁退休，男性是 5 年后退休（2020 年之后俄罗斯将逐步提高女性和男性的退休年龄）。在美国，普遍的退休年龄是 65 岁，挪威人将退休年龄提高到 70 岁，预计只要预期寿命提高，退休年龄就会更高。

各国在人口预期寿命方面差异很大。日本和瑞士在 2011 年的预期寿命接近 80 岁。8 年后达到了 83 岁。贫困、自然灾害和长期的政治和经济问题使一些国家（如尼日利亚、肯尼亚、索马里和乍得）的预期寿命是 60 岁及以下。这比发达国家的平均预期寿命低 10~15 岁（GHO, 2019; World Factbook, 2011）。

在集体主义为主的文化中，老年人通常占据较高的社会地位。在个人主义社会中，年轻人往往享有最高的地位，而老年人往往被孤立和忽视。研究表明，日本和中国对老年人的尊重高于美国（Yu, 1993）。不久前，在大多数非洲和亚洲社会，代际家庭是常态，年轻的家庭成员通常会照顾年长的亲属（Gardiner & Kosmitzki, 2008）。美国的亚裔和拉丁美洲家庭的文化传统非常重视儿童在支持、协助和尊重家庭方面的作用（Chilman, 1993; Uba, 1994）。由于出生率下降和家庭作用的减弱，这种趋势近来可能正在改变（Hsu, 1985; Tolbert, 2000）。

然而，许多习俗和传统期望仍然存在。在一个由 745 名不同族裔的美国人组成的群体中，研究人员在他们开始从中学进入成年期时，研究了他们帮助、支持和尊重家庭的义务感的变化。所有年轻人的家庭责任感都增加了，依族群和经济背景而略有不同。与其他族群背景的人相比，来自菲律宾和拉丁美洲家庭的成年早期年轻人报告称，他们在成年早期的家庭责任感最强（Fuligni &

Pedersen, 2002）。一些研究观察到，来自经历经济危机家庭的青少年对家庭的支持更大（Elder & Conger, 2000）。性别也会塑造家庭义务感，传统的性别角色往往会使女孩为家庭提供的帮助多于男孩。尽管如此，研究还表明，对于出生于 20 世纪 90 年代末和 21 世纪初的年轻一代，其观点与他们父母的价值观和期望相比，在集体主义、保守、传统方面倾向于较弱，在自我提升方面倾向于更强（Marcus et al., 2016）。这可能是全球范围内非常重要的文化转变。

典型案例

文化与对老化的知觉

本章开始于一个人想要合法改变其年龄的案例。我们大多数人难道不希望有时也可以这样做吗？你还记得 15 年前你是如何迫不及待地等待下一个生日吗？童年时期，我们喜欢长大（变得更年长的过程）。然而，老化就让人不愉快，有压力甚至创伤。只需四处打听一下，听听人们对变老的感受就能知道。有些人在 25 岁时突然发现未来不再充满无限的可能。到了 30 岁，有些人终于意识到，青春的光明承诺正在消失。在 40 岁时……每年都会有“典型的”令人不快的压力。一些显著的生理和心理变化与老化联系在一起，正如研究人员所说，它们令人不快（Lazarus & Lazarus, 2006）。老化的特征之一是，很多人感觉不到自己的年龄了。他们感觉更年轻，这是一种模棱两可的脱节，随着时间的推移往往会增加。在 2009 年美国的一项调查中，50 岁以上的人声称感觉至少比实际年龄年轻 10 岁；65 岁以上的人更愿意说他们感觉自己年轻了 20 岁（Segal, 2013）。为什么这种脱节会带来压力？因为与老化相关的身体衰退和其他变化与个体对其年龄的知觉不符。社会对“老年”的负面看法也可能带来压力：“爷爷”和“奶奶”的污名，也就是对老年人的负面看法（无论是真实的还是想象的）通常包括居高临下的态度、不屑一顾的意见，甚至是不公平和歧视性的行为。许多人憎恨被视为年老和无助。在许多西方文化中，都存在人们隐藏老化迹象的趋势。在当代美国社会，人们往往避免说“老”，而更喜欢使用“资深”这一更中性的标签。人们通过手术消除面部和身体上的皱纹，购买昂贵的乳液以保持皮肤弹性，戴假发和发髻，并尝试不同的“神奇”颜色以消除老化头发的自然灰色。成年人真的不喜欢他们变老后的样子吗？他们是否认为自己变得不那么有吸引力，因此想要改变自己的外表以提高自尊心？

问题： 你个人想要看起来更年轻还是更年长？问问班上的其他人。人们有时希望自己看起来更老吗？为什么很多人希望自己看起来更年轻？根据你的经验，人们做了什么使自己看起来更年轻？使用你的个人观察或其他来源的信息，并在课堂上讨论，不同家庭，以及可能的话不同文化中的人们是如何应对老化的。哪些职业群体有兴趣创造“更年轻形象”的夸张宣传？

法国作家和历史学家安德烈·莫洛亚（André Maurois, 1967）写道，变老只不过是一个坏习惯，而忙碌的人是没有时间养成这个习惯的。年龄和老化与个体的时间观密切相关。反过来，这种时间视角可能会影响个体的态度（Cutler, 1975）。儿童早期的儿童认为时间是无限的。成年早期的人们意识到，时间是一种稀缺资源。成年中期和晚期阶段的人们觉得时间变得非常有限。正如你记得的第 4 章中的内容，许多人在成年后期仍然非常富有成效和创造性。

练习

培养与原始资料打交道的批判性思维技能

金（Kim, 2002）归纳了关于几个亚洲国家和美国的儿童与成人之间语言交流的比较数据。与美国相比，日本中产阶级的母亲与年幼儿童说话要少得多。此外，中国幼儿教师将安静视为一种控制手段，而不是视为被动性，并且比美国教师更欣赏沉默。因此，东亚儿童往往不像欧裔美国儿童那样说那么多话。日本儿童每个来回产生的话语明显少于北美儿童，他们使用语言来沟通情感的频率也低于美国儿童。

找到这篇文章

Kim, H.（2002）. We talk, therefore we think? A cultural analysis of the effect of talking on thinking. *Journal of Personality and Social Psychology, 83*（4）, 828-842.

回答以下问题

该研究选择了哪些研究数据？该研究选择了什么样本？在你看来，这些样本是否具有代表性（它们是否与所研究国家的儿童人口相似）？该研究使用的主要方法是什么？在该研究中发现的差异有多大？作者得出了什么结论？作者提供了哪些解释？你能给出自己的解释吗？

8.15 本章概要

1. 自古以来，世界上许多思想家都认为，人类发展是环境与自然个体素质作用的结果。当代人类发展理论强调社会化中的个体因素和文化因素的意义。然而，许多经典的发展理论是种族中心主义的，没有考虑到丰富的人类多样性。

2. 在普遍存在于农村传统社会的相互依存家庭中，家庭结构在两个维度上具有相互依存特征：父母与子女之间，以及子女之间。在独立家庭（在大多数欧洲和北美国家是典型的中产阶级核心家庭）中，家庭结构的特点是在两个维度上的独立性。

3. 发展中的儿童被视为具有天生素质和技能潜力的个体。儿童所处的环境是更大文化系统的一部分。环境和个体都被看作是开放的、相互转换的系统。

4. 埃里克森认为，发展中的个体会经历一系列的心理危机。每一次危机或冲突，主要是出于适应社会环境和培养能力的需要。一旦危机得到解决，个体就会走得更远。这一理论经过一些修正后，可以适用于各种文化环境。然而，埃里克森因混淆了客观描述和主观指定而受到批评。具体来说，他用来界定健康个体的美德显然只是符合西方犹太教—基督教伦理、价值观和社会制度。

5. 研究表明，皮亚杰所描述的阶段序列（前运算、具体运算、形式运算）和推理风格，除了有一些局限性外，似乎具有跨文化普遍性。局限性是指皮亚杰及其同事使用的方法和一些程序被视为种族中心的。此外，皮亚杰理论解释了儿童如何理解各种体积、重量和数量之间的关系。然而，这一理论并没有很好地解释日常思维及在特定文化环境中做出实际决定的能力。

6. 科尔伯格认为，道德发展有 6 个阶段，在这些发展阶段中，儿童和成人能够做出多种类型的道德判断。简而言之，人们从推理的较低阶段（选择避免因不当行为受到惩罚）到较高阶段（首先选择社会契约），然后用普遍原则指导道德行为。这一理论可能适用于不同的文化环境。然而，道德发展的跨文化研究中使用的方法，是以关于道德选择的假设故事为基础的，这些故事仅主要与美国被试关系密切。另一个批评点是，发展阶段与基于道德选择的西方自由主义和个人主义价值观密切相关，这些价值观并未具有世界范围内的普遍性。

7. 从跨文化的角度来说，人类发展可以理解为是分阶段进行的。专家把特定的文化规范及在不同文化中都会出现的生物、行为和生理变化与特定的生命阶段建立联系。大多数关于人类发展的书籍都区分了人生全程的几个常见阶段：产前期、婴儿期、儿童期（分为儿童早期和儿童中期）、青春期和成年期，其中成年期又分为 3 个阶段——成年早期、成年中期和成年晚期。

8. 在产前阶段，母亲子宫内正在发育的胚胎就可能处于有利或不利的环境。一个人能否获得资源和专业的产前护理，以及充满压力的社会和心理环境是影响未出生婴儿发育的关键因素。对怀孕、堕胎和分娩的态度因文化而异，并与当地传统和法律有关。

9. 每种文化都有一套关于亲子关系的特定规范。从跨文化的角度来说，儿童的想法是一厢情愿的。每个孩子的发展生境都包括父母和照顾者传达给他或她的社会实践、价值观和要求。

10. 青春期不仅被视为一个发展阶段，而且被视为一种植根于社会和经济条件的文化现象。许多非工业化文化鼓励其成员尽快扮演成人角色，几乎跳过了青春期阶段。青春期标志着性成熟的开始。尽管青少年有做出道德判断的能力和巨大的认知储备，但他们并不具备在更成熟的年龄才会常见的远见或智慧。

11. 在所有文化中，成年期代表成熟、责任感和义务。这个时期分为成年早期、成年中期和成年晚期。成年早期通常与形成过程有关，而成年中期则与成就有关。在成年期，个人通常会形成认同感，也就是将他们自己视为个体和社会成员的看法。在许多社会中，向成人角色的转变有所延迟，这一事实导致人们认识到新的生命时期，称为成年初显期，从近 20 岁到 25 岁左右，其特点是自我关注式地探索爱情、工作和世界观的可能性。

12. 在许多国家，成年晚期始于退休，那时人们正式辞去工作或放弃其主要责任。成年晚期与老化的生理过程有关。预期寿命、一般社会经济条件、个体心理和生理特征及社会对老年人的态度构成了个体最终的发展生境。

8.16 关键术语

青春期 从 11~12 岁到 19~20 岁这段时间。儿童已达到性成熟，但尚未获得成人的权利和义务。

成年期 从 20 岁开始的这段时间。个体已获得特定社会的规范和法律所规定的成人地位。

儿童期 从 2 岁到 11~12 岁这段时间。儿童习得了语言，学会了最重要的社交技能。

人类发展 个体在从受孕到死亡的人生全程中所经历的生理、心理和社会行为的变化。

认同 将自己视为个体和社会成员的看法。

婴儿期 婴儿期是从出生到两岁，儿童获得最初的运动、认知和社交技能的这段时间。

成年晚期 身体磨损和衰退的时期。

开放模型 一种理论观点，认为成年人通过改变态度和行为来适应不断变化的环境。

持久模型 一种理论观点，认为成年人在生命早期就习得了态度和行为，以后往往不会再发生改变。

产前期 受孕和分娩之间的时间，大约持续 38 周。

社会化 个体成为特定文化的成员并接受其价值观、信念和行为的过程。

气质 婴儿期表现出的人格特质（可能有遗传基础）。

第9章 心理障碍

一名男子被他的兄弟们带到一个地方，这些兄弟在没有标记的道路上开了好几个小时的车。他们声称这个男子疯了，对自己构成危险，他行为古怪，情绪失控。这个人的名字可能是赛德（Saed），也可能是塔里克（Tarik）。现场没人敢问。兄弟们按要求支付了约20美元，然后头也不回地把那个人留在那里。年复一年，数百名其他阿富汗人将患有严重心理障碍的亲戚和密友带到这个由16个混凝土小牢房组成的地方，这里既是神社（shrine）又是医院，用来进行传统的精神疾病治疗。根据民间信仰，一个人在神社待够40天，每天进食面包、水和黑胡椒，就应该能痊愈。人们可以洗脸、洗手、洗脚，但不能换衣服、用肥皂。他们的头发和指甲必须保持原状。这种治疗方法应该来自17世纪一位著名的宗教领袖的坟墓，这位宗教领袖就是被当地人称为pir（精神导师）的米娅·阿里·萨希布（Mia Ali Sahib）。近几十年，来自美国的临床医生一直在培训阿富汗精神病学家和心理学家使用西方方法诊断和治疗心理障碍，并为阿富汗人提供治疗许多严重情绪和行为症状所需的药物。然而，许多阿富汗人忽视或拒绝临床方法（Sieff, 2012）。有些人不寻求专业人士的帮助，因为在这个因内战而四分五裂的国家，专业人士仍然非常少见。另外有些人不相信西方的治疗方法。相反，许多人求助于信仰和传统。他们中的许多人声称精神治疗是成功的，同时承认其背后没有科学，只有信仰。

我们如何评价这个在阿富汗和许多其他国家使用了几个世纪的传统？

如果文化共同体的成员以他们自己的方式解释某些心理症状，我们是否有权将我们关于如何诊断和治疗心理障碍的世俗观点强加于他们？文化在我们如何看待和解释精神疾病的症状，以及如何治疗心理障碍方面扮演什么角色？在本章，我们将关注这些问题，以及许多与文化和心理障碍相关的其他问题。

9.1 美国背景：DSM-5

根据美国精神病学协会的《精神障碍诊断和统计手册》(*Diagnostic and Statistical Manual of Mental Disorders*) 第 5 版（DSM-5）(APA, 2013)，精神障碍是一种由于精神功能的心理过程、生物学过程或发展过程的机能障碍所导致的，以个体的认知、情绪调节或行为的临床显著紊乱为特征的综合征。精神障碍通常与社交、职业或其他重要活动中的严重痛苦或缺陷有关。(APA, 2013, p. 20)

各种版本的 DSM 是美国心理障碍的主要分类系统，被绝大多数心理健康专业人士使用，包括精神科医生、心理学家、社会工作者及在私人和政府机构工作的咨询师（Demazeux & Singy, 2015; Mirin, 2002）。

《疾病和有关健康问题的国际统计分类》(*The International Statistical Classification of Diseases and Related Health Problems*) 或 ICD（World Health Organization, 1992）是对已知疾病和损伤的详细描述，由联合国的分支机构世界卫生组织出版。它定期修订，目前是第 10 版，称为 ICD-10。除了疾病和伤害，它还包括对精神障碍的描述。由于美国临床医生的帮助与合作，ICD-10 的精神障碍部分在术语和结构方面与 DSM-5 非常接近。

9.2 关于文化及心理障碍的两种观点

文化至少可以在 5 个领域影响心理障碍。第一个领域是个体基于文化的主观体验，包括有关心理问题的知识。第二个领域是基于文化的有关痛苦的习语，也就是个体根据基于文化的展示规则去解释和表达其症状的方式（见第 6 章）。第三个领域是基于文化对各种形式心理障碍的诊断，包括专业判断及流行信念和民间知识。第四个领域是基于文化的治疗，即包括专业人员在内的人们试图克服精神病理症状的方式。该领域还包括文化治疗实践（cultural healing practices）。第五个领域是基于文化的结果，或科学和非科学的原则，这是评估治疗结果的依据（Castillo, 1997）。

至少有 3 种相互关联的症状可以帮助我们对心理障碍进行批判性评估：身体症状、行为症状和心理症状。人们倾向于根据公认的文化标准及其个人知识来体验、展示和解释其症状。专业人士在评估所报告的症状时，其判断也以特定的体验为基础。考虑到这些话语，我们可以提出两种备选假设。

第一，人类倾向于根据一套文化规范来发展观念、形成行为规范和学习情绪反应。因此，来自不同文化背景的人对心理障碍的理解会有所不同，差异也将是显著的。这种观点被称为精神机能障碍的相对主义观点，因为它从相对和比较的视角理解心理现象。

第二，尽管存在文化差异，但人们往往具有许多相似的特征，包括情绪、价值观和行为反应。因此，对精神障碍的整体理解应该是相似的，甚至是普遍的。这种观点被称为对精神机能障碍的普遍主义或绝对主义观点，因为该观点认为存在绝对的、基本不变的跨文化精神机能障碍症状（见图 9.1）。

从相对主义的视角来看，精神疾病不能超越其发展的文化背景来理解。根据这种观点，人们展示、理解和治疗心理症状的方式应该是由社会经济条件及每个国家或社区的宗教、社会和政治规范所决定的。如果接受这一观点，我们恐怕就无法再有效地将在一个文化环境中形成的关于精神疾病的观点应用于其他文化环境。因此，使用北美诊断方法在日本研究重度抑郁症可能是徒劳的，因为与大多数美国人、德国人或加拿大人相比，这个亚洲国家的人可能会以不同的方式解释和描述他们的内心感受和身体反应。心理障碍应该在与观察者、机构和社区有关的背景下进行研究，因为他们对于痛苦和残疾有独特的体验（Draguns & Tanaka-Matsumi, 2003）。

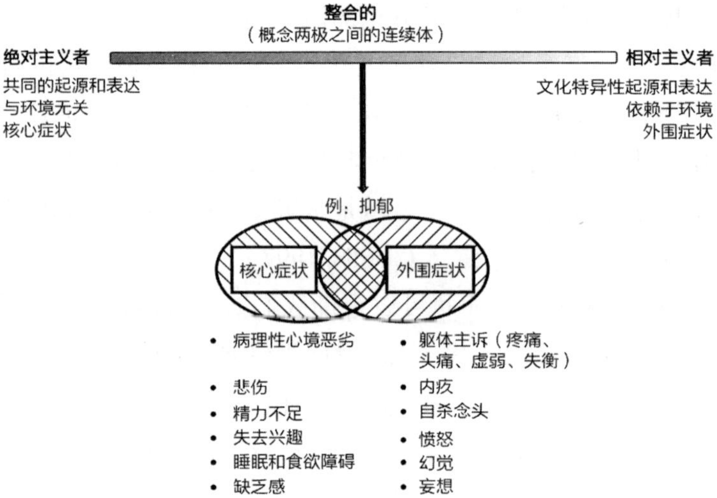

图 9.1 精神机能障碍：绝对主义观点（普遍主义）与相对主义观点

典型案例

关于痛苦的习语

你是否听说过诸如“我有一种内脏感觉”（原文为 I have a gut feeling，该翻译为字面意思，要表达的意思是“我有一种直觉”）或“我的胃病犯了”（原文为 I am sick to my stomach，该翻译为字面意思，要表达的意思是“我感到恶心”）之类的表达方式？即使与其他欧洲语言相比，英语也有很多术语描述心理痛苦。因此，非洲人抱怨“心痛”（原文为 pain in the heart，该翻译为字面意思，要表达的意思是“难过”），或俄语的习语“我的灵魂受伤害了”（原文为 my soul hurts，该翻译为字面意思，要表达的意思是“我感到沮丧”），可能涵盖了一系列我们要使用不同名称来描述的症状。基于文化的痛苦的习语——个人描述其症状的表达方式——是文化影响对障碍的主观体验、临床表现和公开表达的非常重要的渠道。这些表达可能包括：在认知上强调某些症状而忽略其他症状的情绪表达或举止；身体行为，包括寻求专业护理；基于文化的对精神障碍的解释。历史上，人们使用科学知识和流行信念来解释精神疾病（Hinton & Kleinman, 1993）。在东欧（尤其是乌克兰、白俄罗斯和俄罗斯），许多人经常将头痛等症状与大气压力波动或太阳磁场活动联系起来。然而，对大多数美国人来说，这些大气—头痛的联系并不适合作为描述痛苦的习语。文化相对主义者对西方诊断标准在其他文化中的适用性持高度怀疑态度，反之亦然。他们认为，文化特异性的观点、概念和对痛苦的表达是理解疾病症状、预防和治疗的基础（Draguns & Tanaka-Matsumi, 2003）。

根据相对主义观点，在一种文化中被认为是精神病态或令人不安的表现，在另一种文化环境中可能会被视为不那么令人不安甚至是正常的，反之亦然。幽灵附体综合征（Spirit possession syndromes）在非洲和南美洲的一些原住民文化中被认为是寻常现象。当有人声称外星幽灵占据了他的身体，这些通常以极度焦虑为特征的症状很可能与任何西方国家的精神分裂症（schizophrenia）有联系。正如美国或加拿大公民担心可能会感染病毒或患有任何其他传染病一样，一些传统非洲社区的人们也会害怕男巫和女巫，因为他们的触摸或据称存在，就可能会对健康造成负面影响。

分离性神游症（Dissociative fugue）是一种以明显有目的的旅行或迷茫的游荡为特征的障碍，伴随身份或其他重要自传体信息的遗忘，只被少数国家的临床医生发现过（APA, 2013）。在美国，直到 20 世纪 70 年代初，同性恋还被认为是一种心理障碍。在苏联，直到 20 世纪 80 年代后期，同性恋行为不仅被认为是病态的，而且还会被判处监禁。尽管俄罗斯不再给同性恋定罪，但根据民意调查，大多数俄罗斯人（近 80%）表达了对这种性取向的负面看法（Shiraev, 2019）。在 21 世纪的前十年，同性恋在伊朗、安哥拉、喀麦隆及大多数阿拉伯和伊斯兰国家仍被视为病态甚至犯罪。

相对主义观点的捍卫者特别针对和批评种族中心主义，或从一种文化现实的立场判断另一种文化现实。在批评者看来，最突出的种族中心主义类型是文化多数派所鼓励的。由于多数派的规模庞大，而且其成员拥有大部分权力职位，所以被任何文化多数派（如族裔、宗教或种族）所接受的价值观和规范都会拥有巨大的权力（Lewis-Fernández & Kleinman, 1994）（参见第 2 章对自然主义谬误的讨论）。

根据普遍主义观点，文化对精神疾病的影响很重要，但也不应被过分夸大（Beardsley & Pedersen, 1997）。根据这一立场，跨国家和跨文化的精神病理现象在其起源和表现上往往具有相似性甚至普遍性。有许多例子表明存在这种跨文化的相似性。例如，许多障碍的特征几乎完全相同。其中包括阿尔茨海默综合征、帕金森病、精神分裂症、药物滥用和自闭症谱系障碍的症状。关于I型双相障碍表达的特定文化差异的信息很少（APA, 2013）。一项对日本和美国女性的研究发现，尽管二者之间存在许多文化差异，但两个样本既没有报告也没有显示出产后抑郁症（一些女性在生完孩子后出现的心境障碍）症状的显著差异（Shimizi & Kaplan, 1987）。在世界各地，人们照顾患有严重精神疾病的家庭成员的经历非常相似，包括负面的刻板印象（污名）、内疚、羞耻和绝望（Penny et al., 2009）。总体而言，症状和相关体验具有相似的起源，但可能在不同的文化环境中的表现和感觉有些不同。

核心和外围症状：普遍主义和相对主义之间争论的结果

对于绝对主义或相对主义这两种观点，哪个观点更准确地描述了心理现实？在了解精神机能障碍的相对文化独特性和普遍性质的同时，对精神疾病实施结合了前述两种观点的包容性取向是有用的。换句话说，精神机能障碍主要的一般特征——症状异常、个体对当前社会条件的适应不良，以及持续的痛苦——应该被认为是普遍的。然而，个体会在特定的环境、社会和文化背景下表现出这些特征。因此，每种障碍都可以表现为：

- 一组几乎在世界所有人口中都能观察到的核心症状。
- 一组特定于文化的外围症状。

例如，重度抑郁发作（major depressive episode）的核心症状，如病理性心境恶劣（dysphoria）、精力不足和缺乏感，都可以在不同文化中被视为：

（1）由血清素神经传递障碍等生化因素引起。

（2）一种身体综合征，表现为疲劳、睡眠和食欲紊乱、其他身体不适。

（3）心理不适，如注意力不集中、对过去的沉思、无法从以前可以享受的活动中获得乐趣（快感缺乏症 anhedonia）。

典型案例

全球范围内的神经衰弱

在一些国家，神经衰弱（Neurasthenia）可能是一个诊断类别。同时，它也是一个社会建构，一种一般标签，具有多种文化内涵。从历史上看，该诊断的使用源于临床医生难以解释包括各种形式的焦虑和抑郁在内的几种症状的病因。60 或 70 年前，临床医生假定神经科学研究可以确定该疾病的特定神经学原因，并将这些症状归因于神经系统的“虚弱”（当时一个模糊但流行的术语）。此外，直到最近，神经衰弱还是一种广泛的诊断，因为它非常笼统、模糊，足以被许多患者使用，并看上去很好理解，但并未对患者的生活造成严重的社会限制。对于神经衰弱的“核心”特征是什么，各国尚无共识；然而，多年以来，这种状况并没有阻止世界各地的临床医生使用这种诊断标签（Starcevic, 1999）。此外，神经衰弱仍然是 ICD-10 中的一个类别。

与核心症状不同的是，这种疾病的外围（文化特异性）症状各不相同。例如，与同样被诊断出患有抑郁症（一种心境障碍）的加拿大患者相比，被诊断出患有抑郁症的中国台湾地区患者产生内疚感的可能性较小。相反，羞耻、身体疼痛或行为紊乱通常是主要表现，这取决于人们所习得的，对什么与特定疾病相关的预期（Turner, 1997）。在关于精神分裂症的部分中我们将了解到，幻觉和妄想（严重的知觉和思维障碍）可以被认为是该疾病的核心症状。然而，这些异常症状所传达的特定形象和思想，却深受其所处的历史和文化环境的影响。

9.3 文化综合征

文化综合征包括一组心理学家特别感兴趣的心理现象。该类别的折中性质使其难以准确定义。关于它的最佳定义存在很多争议。DSM-5 将文化综合征定义为特定文化群体、社区或环境中的个体共同发生的症状和属性集群，并在当地被认为是连贯的经验模式（APA, 2013）。许多这种模式在本地被视为“疾病”，或者至少是折磨，并且大多数都有当地的名字。

文化综合征与“主流”体系认可的障碍没有一一对应关系。最初的报告显示，这些综合征大多数仅限于特定文化，或一组相互关联或地理上邻近的文化。在通常被描述为文化综合征的现象中，至少可以区分出 7 大类（APA, 2000）：

1. 一组明显的精神机能障碍症状，不能归因于可识别的器质性病因，在特定文化群体中被认为是一种疾病，但在西方不属于疾病类型。一个例子是关于行凶狂（Amok），发现于马来西亚，表现为突然爆发的愤怒。在伦敦或纽约，有这些症状的人可能会被描述为“有愤怒控制问题”。

2. 一组明显的精神机能障碍症状，不能归因于可识别的器质性原因，在当地被认为是一种疾病，类似于一种西方疾病类型，但是：（1）具有不同于西方疾病的局部显著特征；（2）没有见于西方的某些症状。一个例子是中国的神经衰弱，它类似于重度抑郁症，但具有更突出的躯体特征，并且通常缺乏在西方用于界定抑郁症的抑郁心境。

3. 西方专业人士尚未识别的分离的疾病实体。这方面的一个恰当例子是库鲁病（kuru），一种新几内亚食人部落原住民的渐进性精神病（psychosis）和痴呆症（dementia）。库鲁病现在被认为是由一种异常蛋白质或“朊病毒”引起的，这种蛋白质能通过改变大脑中其他蛋白质的外形来自我复制（1997 年诺贝尔奖就颁发给对朊病毒的解释的研究）。库鲁病也被用来跟库兹菲德—雅各氏症（Creuzfeldt-Jakob disease）的一种形式进行比较，可能与羊瘙痒症（scrapie）（一种羊得的病）及一种标记为“疯牛病”（mad cow disease）的脑病（encephalopathy）相同或相关。

4. 一种疾病，其症状出现在许多文化环境中；然而，它只是在一个或几个文化环境中被理解为一种疾病。一个例子是缩阳症（koro），指患者强烈恐惧生殖器会缩回到腹部并导致死亡。在几个文化群体中，缩阳症似乎是一种错觉或恐惧症，尤其是在中国、印度和日本。

5. 文化上接受的疾病解释机制或疾病习语，与西方的痛苦习语不对应，而且，在西方环境中可能表示文化上不适当的思维，也许是妄想或幻觉。这方面的例子包括巫术、符咒魔法（rootwork）（在加勒比文化中）及邪恶之眼（常见于地中海和拉丁美洲传统）。

6. 一种状态或一组行为，通常包括恍惚或附体状态：听到、看到和（或）与死者或幽灵交流，或者感觉因悲伤或恐惧而“失魂”（lost one’s soul）了。这些在其本土文化框架内可能会也可能不会被视为病态，但如果被认为在文化上是不适当的，那就是西方环境中的精神病、妄想或幻觉。

7. 一种据称发生在特定文化环境中的综合征——实际上并不存在——却被报告给了专业人士。一个可能的例子是食人狂（windigo）[在阿尔冈昆（Algonkian）印第安人中]，强烈渴望人肉和害怕成为食人者的综合征。一些研究人员质疑这种综合征的有效性（Marano, 1985），同时指控某人有食人狂综合征，这被用来证明驱逐或处决被部落排斥的人具有正当性，这与在欧洲或北美使用巫术进行指控类似（见表 9.1）。

表 9.1　文化特异性综合征

文化综合征是特定文化群体、社区或环境中的个体共同发生的症状和属性集群，并在当地被认为是连贯的经验模式（APA, 2000, 2013）。文化综合征通常仅限于特定的社会或地区，并表现为重复和令人不安的体验和表现。考虑一些文化障碍的例子，尝试找出每种综合征的核心症状和外围症状
行凶狂。在马来西亚知名；类似的模式也可能发生在其他地方。行凶狂是一种突然的愤怒，表现为正常的人变得狂暴，有时会伤害路人。先是沉思，然后是猛烈的爆发；往往是由轻蔑或侮辱引起。这种症状似乎在男性中很普遍。统治马来西亚的英国殖民者熟知这一症状，因此已传入英语：“奔跑的行凶狂”（running amok）。到今天，马来西亚报纸已经报道过行凶狂案件（Osborne, 2001）
发神经（Ataque de nervios）。也称为“神经攻击”（attack of nerves）。常见于拉丁美洲和地中海群体。症状包括无法控制的大喊大叫、痛哭、颤抖、胸部发热上升到头部，以及言语或身体攻击。一个人经常发生发神经，不仅是因为带来巨大压力的家庭事件，尤其是亲戚的去世，有时还因为离婚或与家庭成员的争吵。对发神经的研究表明，26% 的患有这种疾病的人具有患其他精神疾病的强烈危险因素。这些人中超过 80% 的症状与焦虑、心境、自杀、精神病或物质使用功能障碍有关（Tolin et al., 2007）

续表

Bilis、colera 或 muina。表述痛苦的拉丁美洲通用习语，是对极端情绪扰乱了体液（用热和冷来描述）所导致的身体或精神疾病的解释。其他症状包括紧张、头痛、颤抖、尖叫等。Bilis 和 colera 尤其表现为由于疾病导致的愤怒。在韩国，类似的症状被标记为 Hwa-byung 或 wool-hwa-bung 或“愤怒综合征”。症状的原因是对愤怒的抑制，症状包括失眠、疲劳、恐慌、对即将死亡的恐惧、消化不良、厌食、心悸、全身酸痛和上腹部肿块感
脑残（Brain fag）。在西非广为人知。有时被称为“大脑疲劳”，这是对学校教育挑战的心理和身体反应，主要是男性高中生或大学生会产生这种体验。症状包括难以集中注意力、记忆和思考。学生经常说他们的大脑“疲劳了”。其他症状集中在头部和颈部，包括疼痛、压力、紧绷、视力模糊、发热或灼痛。在许多文化中，“想太多”导致的“大脑疲倦”或疲劳是表示痛苦的习语。这些症状类似于 DSM-5 中的焦虑、抑郁或躯体症状障碍
达特（Dhat）。发生于印度，斯里兰卡和中国也描述了类似的情况。这种综合征的特点是过度关注通过过渡性活动或尿液而流失精液。达特综合征表现为虚弱、抑郁、性问题，以及一些症状，如心悸，但形式相当非特异性；类似于 jiryan（还见于印度）、sukra prameha（在斯里兰卡）和 shenkui（在中国）。症状归因于频繁性交、手淫、遗精或尿液导致的精液流失过多。人们担心精液过多流失，因为它代表着一个人生命本质的丧失，从而可能危及生命
掉出来（Falling out）。见于美国南部，在加勒比地区被视为“停电”。症状：突然崩溃；即使眼睛保持睁开，也没有视力。通常能听到并理解周围发生了什么，但感到无力移动。这些症状在俄罗斯文化中被标记为 obmorok，可能对应于转换障碍（conversion disorder）或分离性障碍（dissociative disorder）（APA, 2000）
恐冷症（Frigophobia）。有一种情况被中国人称为 wei han zheng（畏寒症），或“怕冷”。病人戴着羊毛帽子和手套，裹在闷热的热气中。恐冷症似乎源于中国文化对冷热精神品质的信仰；这些症状主要见于新加坡的华人描述
鬼病（Ghost sickness）。在美洲原住民印第安社区的人群中有所报告。症状包括对死亡和死者的关注、噩梦、昏厥、食欲不振、恐惧、巫术、幻觉、窒息感、困惑等
缩阳症。主要为马来西亚华人所熟知；东亚其他一些地区也描述了相关情况。主要症状包括人们体验到突然而强烈的焦虑，担心自己的性器官会缩入体内并导致死亡
模仿症（Latah）。分布于马来西亚、印度尼西亚、泰国和日本。症状包括对突然的惊吓过度敏感，经常无意义地模仿他人，以及类似恍惚的行为。随着时间的推移，有这些症状的人变得非常敏感，以至于椰子掉落可能就会引发恍惚。模仿症患者（表现

续表

出模仿症症状的人）倾向于脱口而出冒犯性的话语，就像抽动秽语综合征（Tourette's syndrome）患者一样［事实上，19 世纪 80 年代，法国发现该综合征的乔治·吉尔·德拉图雷特（Georges Gilles de la Tourette）明确将其与模仿症进行了比较］。模仿症患者还经常模仿周围人的行为或服从他人的命令，包括要求脱掉衣服的命令。之后，人们经常声称对他们所说或所做的事情没有记忆
重型慢性精神病（Locura）。在美国和拉丁美洲广为人知。症状包括语无伦次、激动、听觉和视觉幻觉、无法遵守社交互动规则、不可预测性和可能的暴力行为
凶眼病（Mal de ojo）（"邪恶之眼"）。在地中海和其他地方的人们中广为人知。患者（主要是儿童）被认为受到"邪恶之眼"的影响，导致失眠、哭泣、疾病和发烧
北极癔症（Pibloktoq）。见于来自北极和亚北极因纽特人社区，如格陵兰因纽特人。该综合征在整个北极地区均有发现，并有当地名称。症状包括极度兴奋、身体暴力、辱骂、抽搐和短暂昏迷。在攻击过程中，该个体可能会撕毁自己的衣服、破坏家具、大喊脏话、吃粪便、逃离庇护所，或做出其他非理性或危险的行为。在发作前数小时或数天，个体可能会退缩或轻度烦躁，并且通常会报告对攻击完全失忆
气功（Qi-gong）。在中国广为人知。在中国民间练习气功或"锻炼生命能量"后会出现的短暂症状，如幻听和幻视，类似于冥想（Lim & Lin, 1996）。在美国，报告持续幻觉可能表示精神分裂症或分裂样障碍（schizophreniform disorder）
符咒魔法（Rootwork）。症状见于美国南部和加勒比地区，包括焦虑，如对中毒或死亡的恐惧，归因于那些将"符咒魔法""法术"（Spell）或"妖法"置于他人身上的人
神病（Sin-byung）。见于韩国。这是焦虑和身体不适的综合征，然后是祖先精神的分离和附身。该综合征的特征是全身无力、头晕、恐惧、食欲不振、失眠和胃肠道问题
颈部酸痛综合征（Sore neck syndrome）。这是在高棉难民中观察到的一种综合征。主要特征是担心血液和风压会导致颈部血管破裂。其他症状包括心悸、气短、恐慌、头痛、视力模糊、耳鸣、头晕和颤抖
法术（Spell）。美国南部和世界其他地方的一些人描述的症状。这是个体与已故亲属或灵魂交流的恍惚状态。有时，这种恍惚伴随短暂的人格改变。这在民间传统中不会被认为精神病态；然而，这种现象在西方临床上通常被称为"精神病发作"
惊恐症（Susto）。发现于美国的拉丁美洲群体，在加勒比地区的一些人中被贴上"恐惧"或"灵魂失落"的标签。症状与可怕的事件有关，该事件使灵魂离开身体，导致不快乐和疾病

续表

对人恐惧症（Taijin kyofusho）。在日本，有人非常害怕自己的身体、身体部位或身体机能在外观、气味、面部表情或动作方面令他人不快、尴尬或冒犯。这种疾病包含在日本官方的精神障碍分类中。在某些方面，这些症状可能类似于社交焦虑症（social anxiety disorder）或社交恐惧症（social phobia）（APA, 2013）
扎尔（Zar）。在埃塞俄比亚、索马里、埃及、苏丹、伊朗及北非和中东的其他地方广为人知。这是认为神灵附身的信念，引起大喊、大笑、撞头、唱歌或哭泣。个体可能表现出冷漠和退缩，拒绝进食或执行日常任务，或者可能与附身的幽灵建立长期关系。这种行为在当地环境中不一定被认为是病态的

关于文化综合征的争论很多，通常围绕这些不同类别之间的混淆或合并展开。许多所谓的文化综合征实际上发生在许多不相关的文化中，或者它们似乎只是在其他地方发现的各种具有当地特色的疾病。这个事实特别有趣，因为它表明文化综合征可以被视为普遍趋势的增强。特定文化将某些行为解释为精神机能障碍综合征，将其命名为障碍，并将其视为疾病。其中有些疾病与其说是真正的疾病，不如说是一种解释机制，如对巫术或体液失衡（某些“身体的液体”平衡的转变）的信念。研究者在新几内亚海岸附近的一个叫作 On Wogeo 的岛上，研究了中美洲的黑加勒比人（Garifuna）、巴布亚新几内亚的比明－库斯库斯明人（Bimin–Kuskusmin）所谓的“男性怀孕综合征”（male pregnancy symptoms）（男性在其伴侣怀孕期间出现的呕吐、疲劳、牙痛及对食物的渴望）（Munroe, 2010）。这些是特殊的文化综合征，还是我们许多人都可以体验到的同情痛苦的当地变体？因此，文化综合征的概念是有用的，因为它使文化（特别是宗教和族群认同）引起了接受不同科学或文化传统训练的精神病学家和心理学家的注意（Simons & Hughes, 1985）。

现在，我们将从更广泛的跨文化背景中探讨在美国确定和诊断的一些特定的精神障碍。

9.4 焦虑症

焦虑症的定义容易受到根植于因文化而异的价值判断的解释的影响（Satcher, 2000）。然而，无论一个人住在哪里，每种焦虑症都会表现为一组在几乎所有文化中都可以观察到的核心症状，以及一组特定于文化的外围症状（Hofmann & Hinton, 2014）。例如，普遍报告焦虑症的症状为持续的担忧、恐惧或持续的忧虑性预期状态——这些情况是适应不良的，会给个体带来严重的痛苦。虽然某人可能会体验到对蝎子的极度恐惧，另一个人可能会对大学考试产生严重的恐惧，但他们都报告说存在一种标记为“恐惧”的情绪，这种情绪会扰乱他们的日常功能。例如，广泛性焦虑症（generalized anxiety disorder）病例的核心症状可以在不同的文化中被视为：（1）身体综合征，表现为疲劳、注意力不集中和肌肉紧张；（2）一种心理综合征，表现为个体对特定社交表现或活动的持续担忧。这种特定焦虑症的外围症状（特定于文化的）可能会有所不同。在一种情况下，某人会因为自己对家庭不够服从而感到焦虑，而在另一种情况下，一个人会因为对自己的宗教信仰不够遵守、对上帝不够服从而感到焦虑。

每个民族、宗教或族群都倾向于发展出各种焦虑症的特定外围症状发展的文化条件。例如，在日本和韩国，社交恐惧症患者会发展出对冒犯他人的持续恐惧。这种症状在西方不太常见。文化规范会影响被视为“正常”或“常见”的事物，从其他文化的角度来看，可能并非“正常”或“常见”。例如，许多中东国家限制女性参与政治和公共生活，对女性在公共场所的着装和行为有严格的规定。因此，对女性总是不愿出现在公共场所的行为，美国专业人士不应自动将视为类似于广场恐怖症（agoraphobia）（APA, 2013）。个体生活的环境通常会决定其体验到的恐惧类型。也许，对魔法幽灵的恐惧如果在文化上是适当的，在这种文化中就不应该被诊断为恐惧症。然而，如果这种恐惧过度，从而扰乱了个人的日常活动并造成了极大的痛苦，这种情况可以被称为恐惧症（APA, 1994）。以强迫症（obsessive-compulsive disorder, OCD）为例，它表现为反复和持续的想法和冲动。每种类型的强迫行为或强迫思维都应被诊断为强迫症吗？并非如此。特定的重复行为——例如祈祷——应该根据个体文化的规范进行判断，只有明确干扰了社会角色功能，才能被诊断为强迫症（APA, 2013）。

尽管焦虑症的文化特异性外围症状多种多样，但也存在显著的相似性。例如，在各个国家，各种创伤性事件对焦虑问题的发展都有直接和间接的影响。谢丽尔·库普曼（Cheryl Koopman, 1997）证明，种族清洗、恐怖主义、囚禁、酷刑和强奸等创伤性事件在不同国家、文化和宗教背景的个体中产生的行为反应是类似的。这些反应可被描述为创伤后应激障碍（posttraumatic stress disorder）、急性应激障碍（acute stress disorder）（DSM–5）或急性应激反应（acute stress reaction）（ICD–10）。与一般人群相比，暴露于此类创伤事件的个体——例如寻求庇护者和种族“清洗”的受害者——通常具有很高的创伤后应激障碍发生率。

症状的相似性并不必然表明疾病的严重程度在不同文化群体中是相同的。例如，关于广场恐怖症，已经确定这种疾病在非裔美国人中比在白种人中更为普遍。此外，与其他群体相比，非裔美国人不太可能寻求治疗广场恐怖症（Chambless & Williams, 1995; Eaton et al., 1991）。社会经济因素，如获得医疗保健的机会，可能是造成这种治疗差异的关键因素。

在美国，主要种族群体在焦虑症方面存在一些差异。例如，与其他种族群体相比，亚裔美国人通常表现出几种类型的焦虑症症状[如社交焦虑症、广泛性焦虑症、惊恐障碍（panic disorder）和创伤后应激障碍]。与其他群体相比，美国白种人更有可能出现焦虑症的症状，但创伤后应激障碍除外，其在非裔美国人中的比率最高（Hofmann & Hinton, 2014）。

9.5 抑郁症

过去，忧郁（melancholy）（通常是忧郁症 melancholia）是当今称为抑郁症症状的最常见标签。“忧郁”一词源自希腊语 melas（黑色）和 khole（胆汁，由肝脏产生并储存在胆囊中的苦味液体）。几个世纪以来，该术语逐渐被“情感障碍”（affective disorder）一词所取代，而“抑郁症”是情感障碍的一种亚类型。在包括中国、巴比伦、埃及、印度和希腊在内的古代文明的文本中，都可以找到各种与情绪相关的疾病，特别是存在抑郁症的书面记录和详细描述。根据《〈圣经〉旧约》（*Old Testament*），以色列的统治者扫罗（Saul）被剥夺了上帝的宠爱，注定要遭受长期的痛苦和悲伤。最后他自杀了。在印度古典史诗《罗摩衍那》中，达萨拉塔（Dasaratha）国王体验了由悲惨的家庭事件引起的三段深深的悲伤。抑郁症在另一部神圣的印度史诗《摩诃婆罗多》(*Mahabharata*)中占有突出地位。在这个故事中，一个名叫阿朱那（Arjuna）的年轻人患有严重抑郁症的症状，后来这些症状被克里希纳勋爵（Lord Krishna）缓解了。人们相信，后来称为佛陀（Buddha）的乔达摩·悉达多王子（Prince Gautama Siddhartha）早年就表现出抑郁症的症状。为了让他振作起来，忧心忡忡的父亲和养母建造了三座宫殿，一座在寒冷天气使用，一座在炎热天气使用，一座在雨季使用。在已知最早的希腊文学作品《荷马史诗》(*Homeric epics*)中，也发现了对狂躁和抑郁状态的各种描述。

对抑郁症的第一个科学解释与古希腊学者、医生和哲学家的著作有关，他们对人类情绪有一些相同的看法（Simon, 1978; Tellenbach, 1980）。这些观点在很大程度上得到了罗马和中东学者与医生的支持。最显著的观察和假设包括以下内容：

- 抑郁症状有身体或躯体原因。
- 身体机能的平衡问题（过剩或不足）与通过情绪表现出来的某些问题有关。
- 个体的生活事件和经历可能使人容易患上特定的心境疾病。

完全致力于情感疾病的第一部英文教科书是罗伯特·伯顿（Robert Burton）的《忧郁的解剖》(*The Anatomy of Melancholy*)，出版于 1621 年（该书的后续版本现已上市）。伯顿认为，心境障碍有多种指标，其中许多指标现在被认为是分离性障碍和焦虑症症状的指标。他将饮食、酒精、生物节律和强烈的爱情等环境因素视为导致忧郁的因素。在伯顿生活的时期，忧郁症通常被认为是贵族、艺术家、哲学家和其他知识分子因其非凡的同情心和情绪的复杂性而易患的一种疾病。由于它与浪漫行为和嫉妒有关，也经常被贴上“相思病”（love sickness）的标签（Gilman, 1988）。除了这种类型，伯顿还描述了“宗教性”忧郁症：一种因失去上帝的爱而深感悲伤的状态。作者不仅讨论了忧郁症的成因和症状，还讨论了其治疗原则。

多项关于心境障碍的跨文化研究表明，人们倾向于报告的常见症状非常广泛。世界卫生组织的一项研究（1983）发现，超过 3/4 被诊断患有抑郁症的病人报告了类似的症状，如悲伤、紧张、缺乏活力、失去兴趣、缺乏感和无法集中注意力。

在对抑郁症状的全面跨文化分析中，田中松木（Tanaka-Matsumi）和德拉贡（Draguns, 1997）提出，抑郁症的普遍核心症状包括烦躁、焦虑、紧张、精力不足和缺乏感。除了这些核心症状之外，还发现了抑郁症表达的文化差异。DSM-5 提到了抑郁症的几种外围症状。拉丁美洲和地中海国家患者报告的头痛，中国等亚洲国家报告的虚弱、失衡和疲倦，中东国家报告的“心脏”问题，都可以解读为抑郁症。亚洲文化关于身心统一的信念与亚洲人不公开表达感情的倾向相结合，可能导致躯体主诉（Somatic complaints）和心理症状的漏报（Goldston et al., 2008）。

至少有 3 个因素共同影响着世界各地情绪障碍临床诊断情况的内容：诊断实践、个人对症状的理解、症状的披露。

该领域的研究结果表明，诊断实践和情感症状报告中存在某些文化差异。重要因素之一是精神疾病的污名化（stigmatization）：由于害怕别人的反对和拒绝，人们倾向于隐藏或否认自己的异常心理症状。埃塞克斯大学（University of Essex）的伊恩·尼里（Ian Neary）在日本对诊断实践进行了为期 3 年的研究。他建议医疗专业人员避免给出“抑郁症”的诊断，尤其是对年轻女性，因为亲友们会根据这种诊断自动将女性的状况归入“无法治愈”的精神疾病范畴。这会给女性（或男性）带来寻找丈夫（或妻子）和组建家庭的严重问题：许多男性（女人也是如此）避免与精神病患者有任何接触。意识到抑郁症的污名化问题，临床医生试图通过给患者其他诊断而避免给出抑郁症诊断，如神经衰弱或任何其他功能障碍，也就是被视为可以通过常规方法治疗的身体问题（Neary, 2000）。据研究，20 年前，日本很多人一直不愿意寻求心理帮助，尤其是女性和年轻人。然而，近年来，日本的临床专业人员通过教育公众认识抑郁症最重要的迹象及如何寻求专业帮助，为改变传统上对抑郁症的误解做出了重大努力（Kanehara et al., 2015; Kitanaka, 2011）。

多年来，在有些国家，由于一些民间信念及医疗系统的历史趋势，卫生专业人员未能识别出特定的心理症状。例如，许多非洲国家（主要是农村地区）的医疗保健提供者和普通人倾向于主要将精神疾病视为具有强烈精神病特征（如幻觉和妄想）的显著的、令人不安的行为。情绪问题不会被忽视，但通常用情境因素来解释（Akyeampong et al., 2015）。一位在津巴布韦工作了两年的医生报告了一个案例，在案例中，医疗保健提供者得到了一个要进行评估的病例概要。在病例概要中，一名40岁的女性表达了悲伤、动力下降、精力不足、兴趣丧失和个人无能的顽固想法。据报告，她说生命不值得过，甚至说她曾经企图自杀。最常见的诊断是什么？对于该女性的问题，最常见的解释涉及她思虑过多、对丈夫不忠的成见、邻居的嫉妒及可能"针对"她的巫术。评估中没有提到心境障碍（Patel, 1996）。除了可识别的文化因素外，任何给定国家的诊断实践都取决于官方的国家分类系统所规定的指南。

如果临床医生在面谈期间未能直接观察到症状，则通常根据患者自己的描述记录这些症状。会不会有些人有特定的情感障碍症状，但没有报告？有证据支持这一假设。一项研究发现，许多中国患者不承认自己的一些心理症状，如缺乏快乐、无助感和失去自尊。随着进一步的询问，这些症状最终会被揭示出来（Kleinman, 1986）。同样，雅浦（Yap, 1965）最初指出，中国抑郁症患者的内疚感发生率较低，但后来的研究发现，存在与内疚相关的情感体验。这些例子表明，某些中国患者不一定"不存在"抑郁症的情感和认知维度。与其他症状（主要是身体症状）相比，这些症状没有被充分报告（Yen et al., 2000）。最有趣的跨文化发现之一是，情感疾病的躯体症状与心理症状之间存在差异。一些群体倾向于把他们的痛苦经历"心理化"，而其他群体倾向于"躯体化"（Keyes & Ryff, 2003; Marsella, 1980）。日本和美国对"抑郁"一词的联想研究发现，日本被试喜欢使用更多外部指称术语，如"雨"和"云"，以及躯体指称术语，如"头痛"和"疲劳"。相比之下，日裔美国人和欧洲裔美国人主要使用情绪状态术语，如"悲伤"和"孤独"（Tanaka-Matsumi & Marsella, 1976）。一项在美国进行的研究考察了华人和华裔美国人，结果支持了其他关于华人群体强调表达躯体症状的报告（Yen et al., 2000）。乌卢萨欣及其同事（Ulusahin, 1994）的一项研究中也有关于文化差异的类似观察：有抑郁症状的英国患者（代表西方国家）在悲伤、内疚和悲观等心理抱怨方面得分较高；土耳其患者（代表非西方国家）在睡眠障碍、疼痛和酸痛等躯体主诉方面得分更高。最近的一项研究发现，比利时的土耳其移民报告的身体不适比土耳其和比利时的"本地"居民多（Smith, 2011）。

总之，有证据表明，非西方文化中的人们倾向于将他们的痛苦"躯体化"，而西方文化则倾向于将其"心理化"（Keyes & Ryff, 2003）。当然，这些差异是从统计意义上来说的，是平均值的差异。然而，为什么身体和心理症状的报告会出现这种平均差异？一些作者用情感展示的文化规则进行解释；其他人则分析了亚洲文化与其他文化之间的差异。传统的亚洲人际联络受到高度重视，其根源是责任、义务、从众、互惠及对冲突、反对和羞耻的回避。对在中国文化中长大的个体而言，抑郁的情感表达通常被视为自我中心、缺乏社交性、疏远并威胁人际关系。然而，在中国文化（Ying et al., 2000）和其他东亚文化中，身体痛苦和身体疼痛易于治疗且不威胁社会关系，因此对这些症状的表达更容易被接受（Grover & Ghosh, 2014）。与谈论心理症状相比，报告身体症状不那么令人尴尬，也更加适当。其他专家认为，与中国社会相比，西方国家的心理和身体现象分离程度更高。根据相关研究者的观点，在中国文化和医学中，精神与身体是融为一体的，并与社会背景融为一体（Wu, 1982）。此外，中国所存在的精神疾病污名化和精神卫生保健资源不足等方面，可能发挥了中介变量的作用。相比之下，报告躯体症状将有助于患者获得家人和朋友的支持。结果，在中国社会，神经衰弱作为一种“医学”判断成为首选的诊断，而不是做出重度抑郁症这样的心理诊断（Cheung, 1995）。

尽管文化差异会对抑郁症状产生重大影响，但在分析所报告的症状时应尽量不要急于做出判断。躯体主诉并不是一组通常只在非西方患者中才有的独特特征。躯体症状在任何社会或族群中都很常见。还有证据表明，在各个国家，焦虑（也与躯体主诉有关）和抑郁的许多症状是重叠的（Mak et al., 2011）。

9.6 精神分裂症

几年前，一名 29 岁的沙特男子突然开始出现异常症状，包括胡乱抽搐和身体扭曲。他的行为迅速恶化并变得不稳定。在很短的时间内，他说话变得奇怪和杂乱无章，并失去了行走能力。他的亲戚声称他们听到这个年轻男性发出“女人的声音”。家人没有打电话给医生，而是把他带到宗教学者那里。宗教学者的结论是，这个年轻人被一个精灵（一种超自然的生物或幽灵）附身了。在伊斯兰传统中，这些邪恶幽灵被认为是隐形的，但有能力采取人类或动物的形式。有些精灵的意图是好的，另一些则会入侵并附身人体。学者们得出结论，这是一起附体病例。为了治疗，他们建议把这名年轻人隔离起来，锁在床上，并为他朗读祈祷文。家人同意了，小伙子的父亲甚至透露，自己小时候也被精灵侵入过身体，但祈祷最终救了他，让他没有了症状。

如果这个案例发生在美国，有人会接受“邪恶幽灵”的诊断并给出祈祷这一治疗方法吗？拒绝他们对患者行为的解释，以此来挑战他人宗教信仰的方式是否正确？此外，DSM-5 规定，如果某个宗教或族群的大多数成员共同拥有某些形式的行为，则不应将其标记为妄想和异常。

精神分裂症是一种以出现妄想、幻觉、言语紊乱、紊乱行为或紧张症行为（catatonic behavior）为特征的疾病。如果我们使用北美的诊断实践，本节中的开篇案例很可能已经出现了精神分裂症的症状。从历史上看，今天公认的精神分裂症的许多症状都被贴上了疯狂的标签 [150 年前也被称为精神失常（insanity）或精神错乱（lunacy）]。这些症状包括个人行为和体验中某些特征要么总体过度，要么严重不足。精神分裂症这个术语描述了攻击性暴力行为和戏剧性的情绪爆发，还涉及个人极度缺乏意志、欲望或情绪。这些令人不安的症状从个体年轻时开始，并且几乎永远不会改善（Shiraev, 2011）。

当今世界上约有 1% 的人口受到精神分裂症的影响，其主要症状似乎具有普遍性。尽管发生率大致相似，但存在一些文化差异。例如，在爱尔兰共和国，这种诊断的入院率相对较高。在美国，研究表明，非裔美国人和拉丁裔美国人的精神分裂症发病率长期上升，几乎比欧裔美国人高 3 到 4 倍（Levinson & Simmons, 1992; Schwartz & Blankenship, 2014）。与发达国家相比，发展中国家的急性精神分裂症和紧张性精神分裂症病例更为普遍（Sartorius, 1992）。在美国，与在美国出生的美国人相比，新移民的精神分裂症发病率较高（Schwartz & Blankenship, 2014）。精神分裂症的发生率在不同族群和社会群体之间存在差异。没有无可争议的研究可以解释为什么会出现这种差异。然而，许多研究指出，临床医生使用的症状诊断标准可能有所不同。

尽管存在假定的生物学原因，但个体和社会条件可以而且确实会影响精神分裂症的病程。例如，患者受教育程度高可以预测疾病是不是保持慢性，但这一趋势仅在非西方国家得到证实。人们可能会以不同的方式内化他们的环境影响，如来自他人的同辈压力、要求和期望。华纳（Warner, 1994）解释了这一事实，他认为在第三世界国家，受教育程度更高的人体验到更高的工作相关压力。然而，对精神分裂症发病率的国家差异，也可以用医院治疗机会的差异来解释。就这一假设而言，如果获得医疗服务和设施的机会有限，则较严重的病例比病情较轻的病例更有可能得到关注。

在世界大部分地区，精神分裂症在男性中比在女性中更常见。然而，菲利普斯及其同事（Phillips, 2004）在中国进行的一项研究表明，这一趋势在中国是相反的。他们的结果表明，被诊断患有精神分裂症的男女比例为 6∶10。研究人员利用卫生部和其他来源的人口普查数据和信息估计，中国有 425 万人有精神分裂症的症状。最近的数据表明，中国受精神分裂症影响的人数已超过 716 万。在城市地区，人口中精神分裂症的患病率比农村地区上升明显更快（Chan et al., 2015）。这项研究挑战了精神分裂症在全球范围内普遍一致且仅有微小差异的假设。正如该研究的研究人员所提出的，社区文化、社会和经济特征可能会影响精神分裂症的发病和病程。该研究对诊断程序、与精神分裂症相关的污名，以及政府对报告的健康统计数据的控制提出了进一步的问题。由于被认为适合男性和女性的行为具有巨大的性别差异，医生可能更不愿意把男性诊断为患有精神分裂症。然而，这种不情愿不太可能影响对女性的诊断。这项研究的研究人员还发现，精神分裂症和自杀之间存在关联。他们的数据表明，中国每年因自杀而死亡的 285 000 人中有近 10% 是精神分裂症患者。此外，自杀者也更有可能是女性而不是男性。

当今的发达国家主要使用抗精神病药物来治疗精神分裂症，旨在减轻这种疾病最严重的症状。后来，其可以使用各种心理学方法来减少复发。因此，关心家庭和社区在患者的生活中变得极为重要。

9.7 文化与自杀

自杀不是一种心理障碍，但自杀是由多种因素引起的，包括精神疾病。据国际组织估计，全球每年有近 80 万人自杀。许多病例未被报告（WHO, 2020）。大约每 15 分钟，美国就会有人夺走自己的生命。在德国、中国台湾地区和美国等国家和地区，自杀率远高于经济欠发达国家。例如，美国和印度之间的比率约为 2∶1。日本的自杀率甚至高于美国，尤其是老年人。在包括日本、芬兰、法国和俄罗斯在内的发达国家，自杀率从每年每 10 万人中的 12 人到 20 人不等。意大利、英国和西班牙的自杀率相对较低（每 10 万人中有 5~7 人自杀）。

未受战争影响的伊斯兰国家历来自杀率较低。除了圭亚那（每 10 万人中有 23 人自杀）、苏里南（每 10 万人中有 14 人自杀）和乌拉圭（每 10 万人中有 13 人自杀）外，中美洲和南美洲的许多国家的比率也很低。斯堪的纳维亚国家及中欧和东欧国家的自杀率高于其他国家。一些亚洲国家，如日本、新加坡和斯里兰卡，这一比率相对较高。据报道，在世界其他地方，男性自杀率更高。立陶宛和韩国报告的自杀率全球最高（每 10 万人中有 31 人自杀）。自杀率最高的前 20 个国家中，大多数都是经济富裕国家。从历史上看，那些主观幸福感排名相对靠前的国家的自杀率往往较高（Inglehart, 1997）。换句话说，那些倾向于报告说比其他国家的人更幸福的国家，具有更高的自杀率。也许在一个所有人都被期望幸福的社会中陷入抑郁，比在大多数人认为他们的生活艰难而充满痛苦的社会中更具挑战性。

总体而言，欠发达国家的自杀水平较低，尤其是非洲、亚洲和拉丁美洲国家及伊斯兰国家。然而，很少有关于伊斯兰世界自杀的可靠研究（Leenaars et al., 2010）。由于与自杀相关的羞耻感和内疚感，伊斯兰国家的自杀率也可能未得到充分报告（Eskin, 2004）。

日本的自杀率一直很高（每年从 25 000 到 35 000 不等）。日本没有禁止自杀的宗教禁令，长期以来，自杀被视为逃避失败或使亲人免于尴尬的一种方式。而且，在日本，荣誉是至高无上的美德，长期以来，很多人都把自杀视为一种“光荣”的死亡，而不是一种耻辱和懦弱的行为。尽管如此，自杀在日本几乎仍然是一个禁忌话题。公众对这个问题的意识水平仍然很低，有自杀意念的人不太可能向心理学专业人士寻求帮助。

尽管美国黑种人的自杀率仍然仅为全国平均水平的 1/3，但自杀仍然是 15~19 岁非裔美国人的第三大死因（CDC, 2015）。抑郁症仍然是导致自杀的最严重因素。不幸的是，非裔美国青年寻求门诊心理健康服务的人数比例低于人口比例，因此许多人没有得到预防性护理，这是自杀的危险因素之一。根据美国国家心理健康研究所（2011）的数据，美洲印第安人、阿拉斯加原住民和白种人的自杀率最高，而黑种人、拉丁裔和亚洲青年的比率几乎低2/3。然而，研究表明，拉丁裔新移民对服务系统不熟悉，并且常常因为害怕被报告为非法移民而对此感到担忧。

在西方世界，尽管女性尝试自杀的概率几乎是男性的4倍，但男性因自杀而死亡的概率是女性的3到4倍。自杀是青少年第二大常见死因，而在年轻男性中，自杀仅次于意外死亡。自杀也是幼儿死亡的第四大原因（CDC, 2015）。

典型案例

俄罗斯的自杀：一场持续的危机

俄罗斯的自杀率约为每10万人中有30人（美国约为每10万人中有13人；加拿大约为每10万人中有10人）。俄罗斯男性的自杀率比女性高6倍。我们如何解释如此高的自杀率呢？有些人会选择容易理解的解释："因为他们的气候！"或者"因为他们的漫漫长夜！"然而，我们知道冰岛人生活在更加寒冷的气候中，那里的自杀率要低得多（每10万人大约有13人）。人们可能会猜测："因为酗酒吗？"事实上，俄罗斯的酒精消费率很高。韩国的酗酒率和自杀率也很高。醉酒者的自杀发生率更高。然而，有些国家的酒精消费率较高，如法国和爱尔兰共和国，但自杀率较低。"是因为社会暴力吗？自杀是一种自我导向的攻击行为吗？"俄罗斯的谋杀率是欧洲最高的。与俄罗斯相比，还有其他国家的暴力犯罪率更高，但自杀率较低。"社会和经济问题会导致自杀吗？"当然可能，但俄罗斯的经济状况在过去20年里一直在稳步改善。过去几年经济放缓，但俄罗斯人无论如何都没有挨饿。最后，最有见识的人可能会提出："是种族因素吗？俄罗斯人的自杀率很高，白俄罗斯或乌克兰等斯拉夫国家也是如此。"

问题：一个单一的因素可能是导致高（如俄罗斯或韩国）或低自杀率（如摩洛哥或巴拿马）的原因吗？这里还应该考虑其他哪些社会和文化因素？

在宗教特别反对“自我谋杀”的文化中，自杀率通常较低。以天主教和穆斯林为主的国家，自杀率低于许多西方和新教国家。在西方和新教国家，一些人认为自杀是逃避身体痛苦、个人损失和其他生活不幸的合法方式。然而，除了宗教规定之外，还有其他文化因素可能会影响人们对自杀的态度。例如，波多黎各的自杀率高于墨西哥，这两个国家都是天主教国家。这种差异可能是因为波多黎各人同时存在天主教教义和印第安民间信仰（假设死者与生者之间存在交流）。然而，也有受宗教和意识形态信仰启发的自杀行为，包括恐怖主义行为。多种因素都会导致自杀。一个因素是重度抑郁症，另一个风险因素是药物滥用。在大多数族群中，严重的或渐进式酒精和物质使用与自杀行为风险的增加密切相关。在美国，与饮酒有关的严重问题会影响美洲原住民和墨西哥裔美国青年的自杀率（Goldston et al., 2008）。

另一个导致自杀的因素是与个人作为社会群体成员的积极形象相关的群体压力。在某些群体中，尤其是亚裔美国人（主要是中国人和日本人），最严重的心理问题之一是由于个人的不当行为而感到羞耻或“丢脸”。如果羞耻感令人难以忍受，或者如果该群体认为自杀是一种对待困难的体面方式，那么丢脸可能会成为自杀行为的突发原因。此外，如果该群体认为自杀是一种可憎的行为，那么即使在丢脸的情况下，青少年也不太可能试图自杀（Goldston et al., 2008）。

研究还表明，自杀青年比非自杀青年更有可能在美国之外出生。对东南亚人来说，英语语言能力、现在导向而不是过去导向，以及来自家庭和族裔社区的社会支持可以保护他们不患抑郁症（Hsu et al., 2004）。

一些早期的自杀理论认为，社会复杂性与自杀频率之间有关系（Durkheim, 1964/1897）。研究者选取了 58 个社会的跨文化样本来检验 120 多年前提出的这一假设。每个选定的社会都按照社会发展的量表进行评级，并记录了每个社会的文献中的自杀案例数量。社会复杂性（如城市化、组织分支和工艺专业化）与自杀率之间出现了显著的相关（Krauss, 1970）。

可以对全球自杀统计数据提出两种主要解释。首先，一些宗教信仰可能会阻止人们在抑郁或个人危机期间考虑自杀。其次，一些文化规范增加了人们的社会支持（Eskin, 2004）。

9.8 人格障碍

人格障碍（personality disorders）是显著偏离个体文化期望的内在体验和行为的持久模式（APA, 2013）。这不仅仅是某种单一的行为，而且是一种持续的行为模式，会导致个体在一个或多个重要功能领域遭受痛苦和损害（Akhtar, 2002）。在我们对人格障碍的研究中，至少有两个问题很重要。首先，与某些特质和行为的文化规范相比，每种人格障碍都表现为某些特征的过度“存在”。它们是相互关联的，如可能表现为过度害羞、内向、焦虑、激动、多疑等。考虑一下今天的某个年轻人，他避免独立做出决定，总是害怕与父母分离，并且因为害怕被拒绝而没有建立新的关系。这种稳定的特征模式甚至可以被贴上“变态”的标签。其次，一种行为模式被称为人格障碍，是因为它与给定文化环境中被认为是可以容忍的规范明显不同。想象这样一个人，他不断挑战社会规范，在适应方面始终存在问题，并体验着严重的痛苦、不快乐和激动。如今，许多国家的专业人士都将人格障碍视为一种特殊的诊断类别，如表 9.2 所示。

表 9.2　DSM-5：人格障碍的分类和描述

集群：奇怪和古怪的行为	症状简述	文化注意事项
偏执型人格障碍	对他人及其动机的普遍不信任和怀疑	不要与受社会文化背景或特定生活环境影响的行为混淆（例如，由于语言障碍或缺乏规则知识，移民或难民的守卫行为或防御行为）（DSM–5, p. 651）
分裂样人格障碍	在人际关系环境中的一种脱离社会关系及情绪范围受限的普遍模式	不要与来自其他国家的移民或来自不同文化背景的个体的防御行为 / 人际关系风格或“情绪冻结”混淆（DSM–5, p.654）

续表

集群：奇怪和古怪的行为	症状简述	文化注意事项
分裂型人格障碍	以认知或知觉扭曲和行为怪癖为标志的一种持续的社交和人际关系缺陷模式	不要与普遍的由文化所决定的特征混淆，尤其是与宗教信仰和仪式有关的特征［例如，伏都教（voodoo）、说方言、超越死亡的生命、萨满教、读心术、第六感、邪恶之眼和 / 或与健康和疾病有关的魔法信仰］（DSM-5, p. 657）
集群：戏剧性、情绪化或不稳定的行为	症状简述	文化注意事项
表演型人格障碍	过度情绪化和寻求关注的普遍模式	不要与跨文化差异很大的人际行为、个人外表和情绪表达性的规范混淆（DSM-5, p. 668）
自恋型人格障碍	虚荣心幻想或行为中持续的浮夸模式，需要赞美，缺乏同情心	不要与领导行为和 / 或极端情况下的反应的模式混淆（DSM-5, p. 672）
边缘性人格障碍	思想、情感和行为具有不稳定性和不可预测性的普遍模式	不要与青少年 / 年轻人的认同问题混淆，这些问题的特点是情绪不稳定、"生存"困境、不确定性、引发焦虑的选择、性取向的冲突及决定职业的竞争性社会压力（DSM-5, p. 666）
反社会型人格障碍	漠视他人权利，经常越界并侵犯这些权利的长期模式	不要与对特殊、危险和威胁情况的适应性反应混淆（DSM-5, p. 662）
集群：焦虑和恐惧的行为	症状简述	文化注意事项
回避型人格障碍	不足感和社会抑制感的长期模式	不要与不同文化和种族群体认为怀疑和回避的程度不同（DSM-5, p. 674）
依赖型人格障碍	普遍存在的依赖和对被遗弃的恐惧	不要与不超过文化规范的行为混淆（例如，某些社会的特征是强调被动、礼貌和恭顺）（DSM-5, p. 677）

续表

集群：焦虑和恐惧的行为	症状简述	文化注意事项
强迫型人格障碍	以牺牲灵活性、开放性和效率为代价的对秩序的专注、完美主义及心理控制和人际控制的普遍模式	不要与反映文化认可的习惯、习俗或人际关系风格的行为（例如，非常重视工作和生产力的文化）混淆（DSM-5, p. 681）

DSM-5 指出，对适当和不适当特质的判断因文化而异（APA, 2013）。心理学家应通过考虑到患者所生活的文化背景，来确定诊断是否适用于个体。某人华丽、不寻常的衣服可能会引起街上人们的注意；同样，与社会标准相比，人格特质也可能被视为不寻常和模棱两可的。容忍阈限是一个术语，代表一种文化环境中容忍或不容忍特定人格特质的衡量标准。阈限低代表社会对特定行为和潜在人格特征相对不容忍，而阈限高代表相对容忍。如果一个社会接受行为的多样性，那么容忍阈限应该会比较高。在表 9.3 中描述了特定文化建构对人格障碍的表现和评估的影响。总的来说，人格障碍表明偏离了特定社会和文化环境中的"标准"人格。

表 9.3　关于文化变量与症状的表现和评估之间联系的假设

文化变量	症状的表现和评估
集体主义	相对于被认为适当的行为，集体主义规范只允许非常有限的偏离。因此，对任何表现出戏剧性或反社会特质的表现，将会有较少的容忍和较多的社会制裁。使个体脱离群体的人格特质也是最不能容忍的；这些人格特质包括自恋、边缘和分裂样特征。依赖和回避的人格特质通常会被容忍。强迫性特征在帮助个体遵守严格的要求和规则的情况下很有用。如果大多数人都有类似的恐惧和担忧，则偏执倾向可能不会被视为明显的问题
个人主义	容忍阈限相对较高。个人主义规范培养对独立行为和一系列偏离规范的容忍。许多轻微形式的人格障碍症状可以被接受，这可以作为人的独特个性或个人选择自己行为脚本的权利的标志。然而，由于期望个人主义以自我调节和自律为基础，因而反社会和边缘特征可能会凸显出来并被拒绝

续表

文化变量	症状的表现和评估
高权力距离	对与权力等级相一致的行为，容忍阈限相对较高。地位高的人，其自恋的人格倾向可以被容忍。反社会特质尤其受到抵制，因为它们挑战了年长和年轻家庭成员、权威人物和非专业人士之间关系的既定秩序。强迫性特质有助于处理人际关系，因为具备该特质的个体维持了从属的规则。依赖性人格特质可以被容忍。回避型人格特质可能会被容忍。某些社会角色需要分裂样人格特质
低权力距离	被视为反平等主义的人格特征不太可能被容忍。这些特征包括自恋和依赖特征，因为它们与个人从属的观念有关
传统主义	被视为挑战既定秩序和传统的个性特征可能会被拒绝。因此，对表演型和反社会特征的容忍阈限非常低。其他人格特质的评估是以该特质是否有助于维持现有的传统机构为基础的
现代性	与开放习俗、思想交流、习俗灵活性和个人自由不一致的特质很可能会遭到抵制
特定的社会和文化环境	强迫型和依赖型人格特征可能更适合社会稳定的背景，而如果社会处于转型期，则不太适合。在特别困难的社会条件下，如猖獗的暴力和无法无天，反社会人格特质可以成为自我保护的有用手段。边缘人格特质可以在极端的社会环境中发展。自恋的人格特质可以在极端社会流动的条件下发展，在这种情况下，个人能够获得巨大的成功和财富。在来自非传统环境的年轻人中，表演型人格特质可能很常见。偏执型人格特质在危险情况下很有用，如社会动荡的情况

在世界卫生组织赞助的一项独特的比较研究中，罗兰杰及其同事（Loranger, 1994）在 58 位精神科医生的帮助下访谈了北美、欧洲、非洲和亚洲的 11 个国家的 716 名患者。使用了专门设计的半结构临床访谈（称为国际人格障碍检查表 International Personality Disorder Examination），它与美国和 ICD-10 中所使用的评估是兼容的。该研究的主要结果是，人格障碍具有较为相似的特征，可以在不同国家、语言和文化中进行评估，其可靠性相当高。其他研究也发现了类似的结果，表明在不同种族和民族群体中对这些症状进行诊断所得到的结果有一定程度的一致性（Fountoulakis et al., 2002）。不幸的是，在较早时期，仅在反社会人格障碍方面积累了可靠的比较性实证证据（Murphy,

1976）。这种人格障碍的症状出现在所有社会和文化群体中（Murphy, 1976）。特别是在美国，无论种族如何，在被指控的刑事犯罪数量和种类上，有反社会人格障碍症状的人都比没有这些症状的人多（Cooke & Michie, 1999; Hare, 1991）。然而，至少在心理学研究的这个阶段，有很多理由相信，人格障碍代表的类别和症状在不同的文化中差异很大。

心理学家主要关注与这些疾病的表现和诊断相关的两组基本假设。第一组假设中有一个假设是与特殊的文化约束人格特征有关的，这些特征在某些文化群体中普遍存在，而在另一些文化群体中不那么普遍。根据这种观点，一种文化中有相似的应对策略，导致属于同一文化群体的许多个体发展出相似的特征。例如，正如一些人可能会主张的，尽责性和根深蒂固的自律习惯在德国文化中已经培养了多年。因此，应该有许多在德国长大的人发展出与自律和尽责性相符的人格特质。此外，如果某人出生在德国以外但在德国长大，这个人很可能会发展出这些特质。如果这个假设是正确的，那么强迫型人格障碍的症状出现的统计概率应该较高。换句话说，在德国，应该会更频繁地出现这些症状，而其他国家的文化条件则会培养出一组不同的人格特征。

第二组假设包含这样一个假设，决定我们观点的特定社会和文化环境是存在的，这是评估人格特质和人格障碍的“过滤器”。从特定的国家或文化角度来看，某些特质可以被视为普遍的和“标准”的，而从另一个文化角度来看，它们也可能被视为过度甚至变态（如果它们符合特定标准）。例如，如果来自传统文化的女性不经常去公共场所，喜欢独自在家活动，与家人以外的任何人都没有亲密关系，并且在与研究人员交谈时显得“冷漠”或没有感情，这些特征不应被视为精神分裂症人格障碍的表现。她的行为应该从更广泛的文化背景中判断，其中包含特定的性别脚本，或男性和女性的行为规则。因此，在某些文化环境中，DSM–5 人格障碍的某些症状可能不会被认为是过度的、病理性的，甚至会被认为是正常的。因此，在尝试将基于 DSM 的诊断应用于来自不同文化环境的个体时，文化敏感性至关重要。

过去和现在的许多学者都探讨了是否存在特定的“民族”或“族群”人格特征这个问题。希腊哲学家亚里士多德（公元前 4 世纪）曾声称希腊人对哲学有特殊倾向，而在那个时代，别的国家的人发展了其他技能。从那时起，关于在整个民族和文化群体中发展起来的人格特征，有许多书面陈述甚至科学理论（Cooper, 2003）。当然，几乎没有实证证据来支持那些赞成存在独特的“希腊人”“巴比伦人”或任何其他集体人格的理论。即使在最近的时代，在科学心理学的曙光中，也不乏关于特定人格特征在民族或文化群体中普遍存在的民间理论（它们的创造者希望使这些理论看起来尽可能科学）。最流行的假设与欧洲文化和亚洲文化之间的差异有关。例如，卡尔·荣格（Karl Jung）相信，东方人和西方人之间存在重大差异。西方人植根于理性，而在东方类型中更常见的直觉和情绪则几乎没有。西方人是外向的，而东方人是内向的（Kleinman & Kleinman, 1991）。在评价亚洲和欧洲人格类型的同时，其他作者一方面关注与实用主义和脚踏实地考虑问题有关的中国文明起源于农民这一问题；另一方面也关注欧洲人的重商主义，以及对数字和抽象理论的热爱（Fung, 1948）。另一些人则提到，日本的社会条件激发了人们对纪律、正式规则和程序的关注（Esaki, 2001）。关于人格特质的概括常常出现在当代媒体出版物中。一些作者继续提出广泛的假设，认为根本性的文化差异塑造了不同国家长大的个体具有不同类型的行为（Li, 2003; Mahbubani, 1999）。尽管这些假设很有趣，但大多数都没有强有力的实证证据或支持。由于种种原因，很难证实关于存在“民族”人格类型的理论，也很难将人格障碍与之联系起来。最重要的原因是，在一个族裔或民族群体内部，存在巨大的多样性。此外，研究一致表明，国家样本内部的特征差异通常大于任何两个国家样本之间的差异（Barrett & Eysenck, 1984; Fountoulakis et al., 2002; Zuckerman, 1990）。我们将在第 11 章再次回到这个主题。

批判性思维

蛰居（Hikikomori）是一种复杂的退缩行为形式，一直是众多电视纪录片、报纸和杂志文章的主题（Rees, 2002; Saito, 2012）。蛰居主要见于男性，估计超过 100 万人，他们将自己关在父母家中，与外界的面对面接触非常有限。这些个体整天都在浏览网页或在线聊天，只是偶尔从他们的“泡泡”中出来，感谢在经济上支持他们的父母。这些年轻人声称已经失去了努力工作的动力，放弃了他们的野心，进入了封闭的舒适状态。他们因为无法像普通人一样拥有一份工作而感到羞耻。他们认为自己一文不值，没有资格获得幸福。这样的人几乎全部都因背叛了家人的期望而深感懊悔（Ma, 2018）。网络为这些长期在家的人提供了机会，不需要面对面接触就可以与他人进行互动。与一般人群相比，表现出蛰居症状的个体没有任何普遍的严重心理障碍。此外，一些研究表明，这并不是日本独有的现象（Sax, 2007）。

蛰居可以归类为一种精神分裂症人格障碍吗？这些人会痛苦吗？为什么？在你看来，他们作为社会成员实际上“失败”了吗？想象一下，如果大多数人选择蛰居作为自己的生活方式，社会将发生怎样的变化。

9.9 物质滥用是否受文化约束

物质使用和滥用有文化和国家标准。为了使术语显得更中性，DSM–5 避免使用术语“滥用”和“成瘾”，因为它们的定义不确定且可能带有负面含义。相反，DSM–5 选择了更广泛的术语“物质使用障碍”，定义为“一组认知、行为和生理症状，表明个体尽管存在严重的物质相关问题，但仍继续使用该物质”（APA, 2013, p. 483）。在对物质消费的态度、物质使用的模式、物质的可得性及与物质相关的疾病的流行率方面也存在广泛的文化差异（APA, 1994, p. 188）。大麻在美国的大多数州都是非法的（但在华盛顿州、加利福尼亚州、科罗拉多州、华盛顿特区和其他几个州是合法的），而在荷兰，在某些条件下是合法的。20 世纪初，在美国的一些亚裔美国人社区吸食鸦片是合法的：那里有向公众开放的窝点。美国的法定饮酒年龄是 21 岁。而在当代俄罗斯或加拿大，法定饮酒年龄是 18 岁，而且禁止向未成年人出售酒精的法律并没有得到严格执行。如今，很大一部分国家的酒精相关政策相对宽松。穆斯林、印度教徒和摩门教徒禁止任何酒精消费。相比之下，其他宗教团体则可以接受偶尔适度饮酒。欧洲人虽然只占世界人口的 15%，却消耗了地球上大约 50% 的酒精。

在世界范围内，过去 15 年中，每名 15 岁及以上的人每年的酒精消费量约为 6 升（1.6 加仑）纯酒精。白俄罗斯位居世界首位，人们平均每年饮用 17.5

升纯酒精，其次是摩尔多瓦，这一数字为 16.8 升。澳大利亚和加拿大的酒精消费量也很高：每年分别为 12.2 升和 10.2 升。在美国，这个数字是 9.2 升。这一数字在北非和中东较低：每人 2.5 升（WHO, 2014）。其中近 30% 的消费是自制、非法生产或销售的（WHO, 2019a）。酒精消费水平最高的是北半球的富裕国家，但也有阿根廷、澳大利亚和新西兰。南部非洲和美洲的消费水平中等。消费率最低的国家是北非和撒哈拉以南非洲、东地中海地区、南亚和印度洋（WHO, 2014）。

酒精导致全球每年约 300 万人死亡。大约 7% 的男性死亡可归因于酒精，而女性死亡的这一比例为 4%。在全球范围内，社会经济地位较低的人比其他群体更容易感染与酒精有关的疾病。喝酒的父母会影响家庭功能、亲子关系和儿童的未来。有害使用酒精与一系列精神和行为障碍及伤害之间存在因果关系（WHO, 2019b）。一个人越具有脆弱性，他就越有可能出现酒精问题（Schmidt et al., 2010）。从公共卫生的角度来看，脆弱性表示对健康状况不佳或疾病的易感性，这可以通过身体、心理和社会结果表现出来。

在大多数亚洲国家（韩国除外），酒精相关疾病的总体患病率相对较低。有好几个东亚人群都有一种防止酗酒的"保护机制"。研究发现，大约 50% 的韩国、日本和中国人的血液中缺乏一种特殊的化学物质，即乙醛脱氢酶，这种物质可以消除酒精的第一次分解产物。当这些人饮酒时，他们会脸红和心悸。因此，他们不太可能消耗大量的酒精。不过，文化规范和同辈压力可能会改变行为模式。研究表明，当亚洲青年移民到美国时，他们往往比生活在本国的同龄人喝得更多（Halonen & Santrock, 1995）。

一些研究人员提到了导致某些文化群体上瘾行为差异的生物学因素。例如，《美国医学会杂志》（*Journal of the American Medical Association*）报道说，吸烟的非裔美国人的细胞比白种人或西班牙裔吸烟者的细胞能吸收更多的尼古丁。正如专家所提出的，这种差异可以解释为什么黑种人更容易罹患与烟草相关的疾病——如肺癌——并且更难戒掉吸烟的习惯（Schwartz, 1998）。

酒精相关障碍与较低的教育水平、较低的社会经济地位、较高的失业率和高中辍学有关。然而，很难说什么是因，什么是果。例如，在从高中或大学辍学的人中，酒精使用障碍的比率特别高（APA, 1994; WHO, 2019a）。个体是因为辍学而出现与物质有关的问题，还是因为与物质有关的问题而辍学？

典型案例

一些吸烟模式

在全球范围内，大约有11亿人经常吸食香烟或其他烟草产品。烟草的使用仍然是全球可预防死亡的主要原因，每年造成约700万人死亡（WHO, 2019b）。在全球范围内，男性（40%）的烟草使用率远高于女性（10%），但在过去十年中，柬埔寨、马来西亚和孟加拉国的女性吸烟率显著增加。在库克群岛、瑙鲁、挪威、巴布亚新几内亚和瑞典，在很大程度上由于烟草业向女性推销卷烟，导致女性吸烟率实际上高于男性（WHO, 2015）。世界上大约80%的吸烟者生活在低收入和中等收入国家。发达国家约有35%的男性吸烟，而发展中国家则有近50%的男性吸烟，而中国则有近2/3的男性吸烟。目前，仅在中国，每年就有超过600 000例因吸烟导致的死亡（WHO, 2019b）。

9.10 心理诊断偏差

专业人士的文化背景会影响其对不同行为的看法。心理学家可能对文化、族裔和精神疾病之间的联系有自己的看法和归因（Lopez, 1989）。众所周知，由于对疾病迹象的知觉和表达存在跨文化差异，医生可能会误诊某些疾病。北美的心理学研究发现恐怕不能自动推广到世界其他地区（Arnett, 2008）。个体通常拥有多个相互影响的国家、族裔和宗教成员身份，而非仅有一个（Hays, 2001）。在主要是集体主义的文化中，如中国或印度，并非所有成员全部认同其规范。同样，并非所有美国人都倾向于接受个人主义和低权力距离（Kitayama et al., 2010）。

作为临床环境中诊断偏差的另一个例证，请考虑一下治疗师的信念和期望是如何使他们无论在哪里都能“看到”精神机能障碍的。假设你要请治疗师解释来访者在参加预定的治疗课程时可能表现出的行为的含义。让我们进一步想象一下，这位治疗师碰巧通过一种高密度过滤的精神机能障碍文化图式来看待世界。于是，治疗师冷静而自信地为你提供以下解释："如果患者比预约时间提前到了，说明他很焦虑。如果他迟到了，说明他有敌意。如果他准时到，那么他就是强迫症。"

这种关于精神分析的俏皮话可以追溯到20世纪30年代。虽然最初是为了开玩笑，但它的预言性远超当时大多数人的预期。这不仅仅是对"非批判性"思维的幽默说明，还是一个发人深省的启发性寓言，提醒我们要防范图式所固有的危险，这些图式允许甚至鼓励将几乎任何人类行为都归入某种病态范畴（Levy, 2010）。

正如我们之前所建议的，一些专家对西方诊断标准在其他文化中的适用性持怀疑态度，反之亦然。他们坚持认为，人们会以许多文化特异性的方式体验和表现痛苦。不同的文化可能会鼓励或不鼓励报告压力反应的心理或生理成分（Draguns, 1996）。在一些传统文化中，持续的噩梦通常被视为一种灵性和超自然现象，而其他文化则将噩梦视为精神或身体障碍的指标（APA, 1994）。

一些现有的特定于文化的疾病很难用其他国家的分类来解释。神经衰弱通常在中国被诊断出来，包括虚弱、疲劳、疲倦、头痛和胃肠道不适症状（Tung, 1994）。对于患有这种疾病的患者，西方的诊断评估因采用的不同诊断程序而异，可能是焦虑症、抑郁症或双相情感障碍（Kleinman, 1986）。

然而，一些症状在不同的国家样本中可能是一致的。鲁奇金及其同事（Ruchkin, 2007）在俄罗斯进行的一项研究表明，注意力缺陷/多动障碍的患病率与许多其他国家相似。最近关于文化特异性障碍的研究表明，不同的文化对行为障碍有特定的标签。由于疾病的文化特异性内容，文化综合征对任何普遍的分类都是一个挑战（Tanaka-Matsumi & Draguns, 1997）。但无论你如何描述一个问题，它都会表现为一种适应不良和痛苦的症状，表现为无法应对压力情境。诊断实践成功的关键是，要在其文化背景下正确识别痛苦和适应不良症状。

9.11 心理治疗

如果不同的文化环境会影响诊断实践，人们可以假设，文化也可以在心理治疗中发挥重要作用。所谓心理治疗，就是通过心理手段治疗心理障碍，通常包括与专业治疗师的口头互动。例如，研究案例表明，许多为特定族群和社会类别（白种人中产阶级被试）设计的戒毒和预防计划可以用于其他族群和社会类别。在宽容性和支持性的文化（以及支持性的社区和家庭）中，精神障碍患者往往比在宽容度较低的环境中表现更好。在日本，尤其是在过去更传统的环境中，抑郁症患者可以依赖其他人（如亲属）为他们做决定。在美国文化中，抑郁症患者更多依赖个人决定，因此比日本患者更具回避性，自尊水平更低（Radford et al., 1991）。世界卫生组织的一项研究（1979）还表明，来自集体主义文化的精神分裂症患者预后更好，而来自个人主义文化的患者则改善较少（Tanaka-Matsumi & Draguns, 1997）。

典型案例

开放性与心理治疗

在 21 世纪，许多国家对精神疾病和心理治疗的态度变化很快。例如，在中国，财富的增加和生活的日益复杂，产生了竞争和不确定的应激环境，许多人难以适应。中国人所面临的压力问题不可避免地会比二三十年前更大。社会越来越开放，精神疾病和心理治疗的污名正在逐渐消失。越来越多的人不再将心理问题视为令人羞耻的情况。许多年轻的心理学家毕业于中国的大学。他们在全球游历，并在北美和欧洲获得高级学位。精神分析疗法、行为疗法和认知疗法引起了极大关注。在这 10 年中，中国心理学家将提出一个非常重要的问题：西方疗法在中国有效吗？请讨论西方心理治疗在当今中国可能存在的优势与不足。

研究表明，与其他族群尤其是欧裔美国人相比，墨西哥裔美国人和西班牙裔美国人通过门诊寻求心理帮助的可能性要小得多。与白种人相比，亚裔美国人寻求治疗服务往往也少得多（Hwang, 2006）。

非裔美国人和美洲原住民使用门诊心理健康服务的比例似乎高于白种人。一些研究发现，与白种人相比，少数族裔患者更倾向于在治疗产生效果之前退出治疗。许多因素都可能导致上述趋势，例如，提供精神卫生服务的人本身是否是少数民族的成员，是否能流利地说患者的语言，或者是否了解特定文化的治疗程序。然而，不同族群之间退出治疗比例的差异似乎没有达到统计上的显著性。

精神疾病的污名仍然是阻止许多人寻求专业帮助的主要障碍。对精神疾病的羞耻感可能会促进压抑性适应风格的发展，这种适应风格的根源在于个人希望隐藏其症状（例如，实际存在的焦虑和抑郁症状加剧），并证明其没问题，很健康。几项研究（Steele et al., 2003）报告称，与健康儿童相比，患有严重疾病的儿童抑制的发生率更高。心理学家还报告说，集体主义文化中的人比其他群体中的人更有可能表现出压抑的适应风格。一项对欧裔美国人、墨西哥裔美国人和墨西哥儿童的有趣研究表明了这一点（Varela et al., 2007）。由于集体主义奖励那些能给团体或社区带来积极结果的行为，因此个体很可能学会了隐藏他们的部分痛苦症状，这样他们就不会引起他人对自己不必要的关注。事实上，这一假设可能与下述事实是一致的，即拉丁美洲儿童倾向于通过躯体症状（如疼痛、酸痛和其他形式的身体不适）来表现他们的很多情绪问题（Canino, 2004）。抱怨腹痛看起来比承认自己的惊恐发作更合适。然而，这些假设需要进一步研究。文化传统主义也很可能是一个严重的因素，它使全世界数百万人因担心被认为是“病态”或“疯狂”而不承认他们的异常心理症状。

跨文化敏感性

临床医生指出，许多接受心理治疗的亚洲和亚裔美国患者倾向于遵守取决于年龄和性别的正式等级的社会礼仪，因此他们对上级表现出遵从、尊敬和赞同，并最大限度地保留自己的不同意见和负面情绪（Roland, 2006）。例如，亚洲移民来访者可能经常将治疗师视为可以帮助他们解决问题的权威人物（Hwang, 2006）。这些观察很有趣，但缺乏实证支持。有多少来访者对治疗师表达这种态度？这些观察的具体背景是什么？如果没有可靠的实证事实，即使是对来访者行为进行的大量观察也可能助长族裔刻板印象和误解（Whaley & Davis, 2007）。想象一下，你是一名治疗师，而你的下一位来访者是一位亚裔美国女性。你是否会不自觉地期望她将你视为“权威人物”，并不加批判地接受你传达给她的所有智慧话语？你将如何与不加批判地认为你是“权威人物”的患者（男性或女性）打交道？

现在许多心理学家认为，专业人士可以用宗教因素来促进心理治疗。一个向上帝寻求力量和希望的人，实际上是在寻找能在逆境和痛苦中提供帮助的内在资源。涉及精神治疗的治疗干预越来越受欢迎。研究表明，对非裔美国人来说，灵性关联和整体感通过影响个体应对逆境的方式来帮个体提高生活质量。灵性水平较高的人拥有更多内在资源，可以促进适应性应对和积极的健康结果。总体而言，目前的研究结果与大量文献一致，这说明，灵性在历史上一直是非裔美国人应付不利生活处境的重要机制（Utsey et al., 2007）。与其他群体相比，美洲原住民即使正在寻求专业医疗服务，他们对传统做法（通常以民间信仰为基础）的治疗性质也有着更强烈的信念。例如，一项研究发现，在有抑郁症或焦虑症终生病史的美国印第安青少年和成年人中，大约有40%的人会寻求心理健康专业人士的服务，但近50%的人也会寻求传统治疗师的帮助（Beals et al., 2005）。需要更多研究来验证灵性治疗的有效性及传统治疗技术的使用。例如，我们仍然不知道西方国家使用的治疗性放松原则是否可以有效地与中国民间传统及呼吸、锻炼、放松等冥想练习相结合，并用于亚裔来访者。例如，正遭受头痛和身体疼痛的北美日本移民是否会从指压按摩（a shiatsu massage）和禅修（Zen meditation）中受益（Hwang, 2006）？应该有实证研究去验证佛教通过心理训练和内省减少焦虑的传统方法是否有效（Ricard, 2006; Wallace & Shapiro, 2006）。还需要在许多国家仔细研究那些结合了传统伊斯兰和现代心理方法的治疗实践（Penny et al., 2009）。一些研究表明，移民社区在预防心理问题方面非常重要，但还需要更多的研究（Lim et al., 2011）。

9.12 文化匹配

许多因素会影响治疗师的诊断，其中的因素之一是治疗师和来访者的文化背景。我们应该始终牢记，并非所有治疗师都注定会对不同文化背景的来访者做出错误诊断。然而，如果犯了错误，至少有两个可能导致误判的原因。首先，一些临床医生可能不了解来访者的文化背景，因此可能会误解来访者的反应。而且，一些来访者根据其文化中的常用规则表达他们的想法和情感。其次，关于某些文化趋势的知识可能不会强调批判性思维，从而歪曲了诊断结果。刻板印象和图式会造成对特定族群的“典型”症状的期望。

大量研究得出的结论是，图式极大影响了我们的知觉及我们知觉的方式（Bruner & Potter, 1964; Kelley, 1950; Reason & Mycielska, 1982; Vokey & Read, 1985）。例如，李 – 雷帕茨（Li–Repac, 1980）调查了治疗师和来访者之间的社会文化差异对临床印象、知觉和判断的影响。在她的研究中，由白种人治疗师和华裔美籍治疗师组成样本，让他们评估一系列临床访谈录像。告诉治疗师他们将要评估白种人和中国来访者。然而，他们并不知道实验的真正目的，即以治疗师的族裔身份为自变量，来比较两组治疗师的临床看法。

批判性思维

想象一下，一位心理治疗师告诉你：“我治疗过的每个少数族裔患者中，大多数都过早地退出了治疗。”这种相关有哪些可能的解释？你能否提出族裔是影响患者投入程度的影响因素？请记住，相关不一定证明因果关系。你能提出一些其他的因素吗？

1. ______________________________

2. ______________________________

3. ______________________________

假设你阅读了一篇报道宗教信仰与抑郁之间呈负相关的文章（即宗教信仰越少，抑郁程度越高）。什么因素可以解释这种关系？

1. ______________________________

2. ______________________________

3. ______________________________

结果表明，尽管两组治疗师对心理“正常”的一般概念是一致的，但对同一来访者的实际评估却存在显著差异。具体而言，与华裔美籍治疗师相比，白种人治疗师认为中国来访者更抑郁、更压抑，社交能力和人际交往能力更差。相反，与白种人治疗师相比，华裔美籍治疗师认为白种人来访者受到的干扰更严重。这些发现表明“文化刻板印象是一条双向街道”（Li–Repac, 1980, p. 339）。

正如该实验所证明的那样，文化对精神障碍诊断的影响是深远的。本质上，每一组治疗师都通过他们各自的社会文化图式过滤（同化）了来访者的行为，因此得出了截然不同的判断。这里的基本原则再次变得明显：我们更倾向于看到我们所相信的，而不是相信我们所看到的。

“族裔匹配”即心理治疗师与其来访者属于同一族群。它可以与多个结果相关联。例如，如果治疗师和来访者“匹配”，则它是心理治疗持续时间的有意义预测指标（Sue et al., 1991）。如果由非黑种人专业人员进行评估，有抑郁症状的非裔美国人往往会被误诊为精神分裂症。一般来说，与不匹配的治疗师相比，匹配的治疗师将来访者判断为具有更高的心理功能。这意味着与来自不同文化的治疗师相比，族裔匹配的治疗师在来访者身上看到的病状更少（Karlsson, 2005）。总体而言，将寻求心理健康治疗的少数族裔来访者，与具有相同族裔背景的治疗师匹配，已被证明可以提高治疗利用率并确保降低退出比例（Ibaraki & Hall, 2014）。

典型案例

阿拉伯裔美国人与心理障碍的治疗

目前约有350万阿拉伯裔美国人居住在美国。一些阿拉伯裔美国人拒绝寻求心理治疗，这并不奇怪，部分原因是他们对治疗师普遍持怀疑态度，部分是因为他们对一般的精神疾病持消极态度。来访者可能非常害怕被贴上“疯狂”的烙印。另一个导致阿拉伯裔美国人不愿寻求心理健康服务的因素是，他们缺乏当代咨询方法的经验，或未接触过这些咨询。当一名阿拉伯人出现心理问题时，他会寻求同性别家庭成员的帮助。与专业人士谈论家庭或个人问题可能被视为威胁了集体荣誉或不忠于家庭。许多非常需要心理治疗服务的患者（尤其是阿拉伯血统的移民）经常拒绝被转介给心理健康顾问或治疗师。然而，最近的研究表明，当阿拉伯裔美国人实际报名参加心理治疗时，他们往往报告对治疗的满意度更高，并且比其他非阿拉伯来访者参加更多的课程。鼓励来访者寻求帮助，保证咨询关系的保密性质，可以帮助来访者在充分利用心理健康服务时感觉更舒适。

资料来源：Abudabbeh（1996）; Erickson & Al-Timimi（2001）; Jackson（1997）; Martin（2014）; Nassar-McMillan & Hakim-Larson（2003）。

这些结果可以用多种方式进行解释。患者和治疗师之间的族裔匹配似乎可以减少诊断错误。到目前为止，一切都很好，但是我们是否应该一直保持患者和治疗师的匹配？暂时不用，直到我们首次考虑到这样的发现，即种族匹配的专业人士可能看不到来访者身上的一些显著症状，从而发生了漏诊（Fuertes et al., 2002; Russell et al., 1996）。

认知和行为治疗中经常需要调整语言，以使治疗师的说明和解释与人们的经验更加相关。例如，穆尼奥斯和门德尔森（Muñoz & Mendelson, 2005）给出了来自拉丁美洲文化中与文化相关的例子，即使用“la gota de agua labra la piedra”（意思是“滴水穿石”“a drop of water carves a rock”）来说明个体的想法如何逐渐影响其人生观并导致抑郁。

不同国家对精神病人的住院治疗有不同的法律法规。在大多数极权社会中（例如 20 世纪 30 年代的纳粹德国和 1991 年之前的苏联），国家有特权决定一个人是否应该住院治疗。在 20 世纪的历史中，精神病学被无数次用于政治和意识形态目的。在当今美国社会中，只有那些即将对自己或他人表现出危险迹象的人，才可能会被强制关押在精神病院。在许多其他国家，住院所需的规定并不像美国那样严格。但总的来说，研究表明，对哪些患者应该视为有危险、有自杀倾向、无法做证或无法照顾自己的问题，心理健康专家有高度共识（Swenson, 1993）。

总之，治疗的背景应该与来访者的文化相一致（Bemak & Chung, 2004; Tanaka-Matsumi, 1989）。例如，克莱曼（Kleinman, 1978）为患者—治疗师的成功互动提供了一个框架。第一步，治疗师要求来访者解释存在的问题；第二步，治疗师解释这一问题；第三步，比较这两种解释；最后，治疗师和来访者一起提出一个共同的解释性概念，以便他们以相同的语言进行交流，并可以讨论治疗及其潜在结果。

斯奈肯（Snacken, 1991）描述了代表不同文化的专家和患者之间的三种理想的治疗类型——跨文化治疗，包括一位了解来访者（可能跟专业人员属于同一文化群体）语言和文化的专业人员；双文化治疗，西方人和本地人这两种类型的治疗师一起工作；多元文化治疗，患者与代表不同文化的几位治疗师会面。

练习

这里列出了一些与文化有关的心理问题。请使用DSM-5，在美国精神障碍分类中找到与以下每种综合征的类比。写下你的答案。

- 附体（在一些非洲国家）是一种信念，认为人的身体被一个幽灵占据，这会导致异常和意想不到的情绪和行为变化。
- 风袭（Wind attacks）在柬埔寨被许多人认为是一个严重的问题，表现为害怕身体和颈部的“内风”（inner winds）会导致失明、头痛，甚至中风或身体瘫痪。
- 缩阳症（在中国和其他一些东亚国家）是一种严重的焦虑症，其原因是认为生殖器正在缩回体内。这种恐惧导致人们相信，这将导致不可避免的死亡。
- 模仿症是见于亚洲和非洲国家的一种综合征，其特点是意识改变状态，包括过度服从和冲动。
- 马尔格里（Malgri）是一种严重的腹痛，据说是由于未经净化仪式而进入禁区引起的。
- 婚姻精神病（Nuptial psychosis）发生于印度非常年轻的女性，她们的生活被包办婚姻打乱。性创伤、与家人分离和压力导致出现迷乱、歇斯底里和自杀意图的症状。
- 皮划艇焦虑症（Kayak angst）是格陵兰西部因纽特人的一种极度焦虑。在不利的环境中独自狩猎数小时后，这种焦虑就会袭来。

9.13 本章概要

1. 跨文化心理学发展了两种关于心理障碍和文化的观点——相对主义和普遍主义。精神机能障碍的相对主义观点将心理现象置于相对的视角，关注心理障碍的独特文化背景。精神机能障碍的普遍主义观点认为，存在跨文化的、绝对和不变的精神机能障碍症状。

2. 在尝试诊断和治疗个人时，专业人员应了解来访者的参照群体及文化背景与临床护理（包括心理治疗）相关的方式。专家尤其应注意以下几点：（1）个体的文化认同，也就是说，个体的族裔、宗教和其他文化参照群体；（2）对个体疾病的文化解释；（3）对如宗教、功能水平和残疾等社会压力源和社会支持的文化解释；（4）个体与临床医生之间关系的文化因素。

3. 美国临床医生使用专门的诊断手册（DSM-5）来诊断精神障碍。还有一些疾病可能与特定 DSM 类别相关，也可能不相关。文化综合征就是反复出现的、具有当地特异性的异常行为模式和令人不安的经验。它们通常仅限于特定的社会或地区，显示为重复的、令人不安的经验和观察结果。

4. 文化规范、资源的可用性、国家健康标准、技术的获取、社会不平等及许多其他环境因素可能会影响个体的健康和总体福祉。

5. 尽管发生率大致相似，但在如何看待、诊断和治疗精神分裂症方面存在一些文化差异。抑郁症的表现存在一些实质性的族群差异，这些差异是以各种个体差异、社会化经历、障碍的文化定义和压力为基础的。存在一些实证证据，表明自杀与宗教信仰、年龄、性别、国籍、药物使用和各种文化传统之间有联系。焦虑的表现存在很大的文化差异，表现为躯体症状、认知症状和行为症状。诊断实践的差异在某种程度上解释了所报告症状的跨文化差异，并且可以解释焦虑症的巨大跨文化差异。研究者提出，应根据每种文化的规范和对特定行为的容忍阈限来看待、诊断和治疗人格障碍。存在关于物质使用和物质滥用的文化和国家标准。在对物质消费的态度、物质使用模式、物质的可得性及与物质使用相关的障碍的流行率方面也存在广泛的文化差异。

6. 专业人士的文化背景会影响其对不同行为的看法。心理学家可能对文化、族裔和精神疾病之间的联系有自己的看法和归因。众所周知，医生可能会由于对疾病标志的知觉、归因和表达方面的跨文化差异而误诊特定疾病。不同国家的心理治疗有着不同的历史和文化根源及不同的文化表现形式。不同国家对精神病人的住院治疗有不同的法律法规。一般的心理和文化因素可能会影响专业人员与其来访者之间的跨文化关系。不同族群对心理健康服务可能有不同的态度模式。一般来说，治疗的背景应该与来访者的文化相一致，以达到文化适应的目标。

9.14 关键术语

焦虑症 一类以持续焦虑或恐惧为特征的精神障碍。

核心症状 几乎在所有文化中都可以观察到的精神障碍症状。

文化综合征 反复出现的、具有当地特异性的异常行为模式和令人不安的经验，可能与特定的 DSM-5 诊断类别相关，也可能不相关。文化综合征通常仅限于特定的社会或地区，显示为重复的、令人不安的经验和观察结果。

抑郁症 一类心理障碍，其特征是深刻而持久的悲伤或绝望感、内疚感、对曾经令人愉快的事物失去兴趣，以及睡眠和食欲紊乱。

忧郁或忧郁症 过去在许多国家用于描述今天称为抑郁症的症状的最常见标签。

精神障碍 个体出现的在临床上显著的行为和心理综合征或模式，伴有当前的痛苦（疼痛综合征）或功能障碍（一个或多个重要领域的功能缺损），或伴有死亡、疼痛、残疾或自由丧失等风险的显著提高。

外围症状 特定于文化的精神障碍症状。

人格障碍 明显偏离个体文化期望的持久的行为模式和内在体验。

心理治疗 通过心理手段治疗心理障碍，通常包括与专业治疗师的口头互动。

相对主义视角 一种关于心理障碍的观点，根据这种观点，人类根据一套文化处方发展观念、形成行为规范和学习情绪反应。因此，来自不同文化背景的人对心理障碍的理解应该有所不同，差异应该是显著的。

精神分裂症 一种以出现妄想、幻觉、言语紊乱、紊乱行为或紧张症行为为特征的障碍。

容忍阈限 在特定文化环境中容忍或不容忍特定人格特质的衡量标准。

普遍主义视角 一种关于心理障碍的观点，认为尽管人们存在文化差异，但具有许多相似的特征，包括态度、价值观和行为反应。因此，对心理障碍的整体认识应该是普遍的。

第 10 章 社会知觉、社会认知与社会互动

40 年前，本书的两位作者还是生活在地球两端的青少年，当时听说了一个关于讨价还价的有趣轶事。两个人出生在两种不同的文化中，生活在两个不同的政府之下，被大量刻板印象和不信任分开，但我们都能理解讨价还价。

两个老朋友在纽约市的一家酒吧见面。“你知道，”一个人说，“我的儿子是个失败者，直到我决定给他一个人生的跨接起动（a jump start）。”“什么样的跨接起动？”第二个问。“嗯，我儿子上周娶了一位沙特公主，并得到了大通曼哈顿银行副总裁的职位。”“娶了沙特公主还当了银行的副总裁？你是怎么安排的？你就是个出租车司机！”“哦，我用的是穿梭外交法。”“穿梭外交法？那是什么？”“很简单。一个月前，我打电话给沙特大使馆，问他们是否有公主可以嫁给我的儿子。他们说：‘没有。’然后我告诉他们，我忘了提到我儿子是大通曼哈顿银行的副总裁。他们立即说：‘那就不一样了。我们很乐意为您的儿子找到一位公主。’”“但是等一下。你儿子是夜总会的鼓手，不是银行家！”“嗯，我都处理好了。我打电话给大通曼哈顿银行，问他们我儿子是否可以申请副总裁的职位。他们说‘不行’，然后我告诉他们，我忘了提到我儿子娶了一位沙特公主。他们立即告诉我：‘那就不一样了。你儿子明天就可以开始工作了。’所以，这就是我所说的穿梭外交。”

这个故事千变万化，在许多国家都很流行。“穿梭外交”一词来自外交中使用的策略，是指外交使节在两国政府和贸易提案之间来回穿梭，直到达成协议。与人们可能假设的相反，这则轶事的政治背景并没有那么重要。它最迷人的方面是，尽管我们在文化、政治和社会经济方面存在差异，但两位作者都清

楚地了解故事的背景，以及人类关于讨价还价和互动的基本规则。问题是：是否有实证事实表明不同国家和文化中的人都认可并使用相同的知觉、认知和互动规则？如果没有事实证据，那么我们到底在哪些方面有所不同？

我们试图了解他人和我们自己的过程称为社会知觉。人并非天生具有社会判断和文化信念，而是通过文化环境中的社会化经验获得的。如果社会知觉受经验的影响，那么人们就会假定社会知觉存在共性和差异：在相似环境中长大的人倾向于学会以共同的方式解释环境元素，而生活在不同环境中的人们看待世界的方式则有所不同。这是从理论上说的。在实践中，社会知觉以多种方式形成。例如，人们对历史的看法是基于他们祖先的经验、他们对特定新闻媒体的接触、他们的社会经济地位和政治派别。然而，我们经常会有相似的历史观：尽管教育体系存在差异，但研究表明，人们倾向于以相似的方式看待许多历史性全球事件。在不同文化中，世界大战——尤其是第二次世界大战和希特勒——被认为是世界历史上最突出的事件（Liu et al., 2009）。

两个人的经历不尽相同。例如，一些研究表明，犯罪事件目击者的报告往往不准确。而当证人与嫌疑人属于不同的族群时，报告就更加不准确（Platz & Hosch, 1988）。

社会知觉的过程影响人们思考世界的方式。社会认知是我们解释、记忆和使用关于世界和我们自己的信息的过程。一般而言，社会认知趋于稳定，不易改变（Aronson, 1995）。我们保留过去的经验，并在今天用这些经验做出判断。例如，直到最近几年，尽管医学取得了巨大进步，但由于古代宗教对身心统一的特殊解释，日本患者仍没有条件进行器官移植。同样，族群之间也会相互冲突，因为他们以不同的方式解释彼此敌对的原因，每一方都是从几个世纪以来对对方的负面判断的有偏见的角度来解释的。

我们通过考察态度和价值观，探索人们如何平衡他们的态度，以及态度的一致性是否是一种普遍趋势，首先对社会知觉、认知和互动进行跨文化分析。接下来，本章分析了人们如何解释他人的行为，以及如何看待正义、成功和失败。最后，我们将讨论互动的过程，特别是文化背景对从众和服从的影响。

10.1 态度和价值观

态度是一个人对社会世界各种特征的心理表征和评价。态度是以个人经验为基础的，各种认知图像与其评价之间的心理联系或关联。个体的记忆会保留一个特定的图像及其评价。再说一次，人们也能够表达对以前从未想过或处理过的议题和问题的态度。

价值观是反映个体认为最理想或最合适的原则、标准或品质的态度。价值观比态度更重要、更稳定，影响人们对各种对象和情况的行为。价值观是一种关于特定行为（通常称为工具价值观）或目标（称为终极价值观）优先于另一种行为或目标的稳定而持久的观点。进化心理学家认为，价值观对文化至关重要，因为价值观会传递给下一代并调节人类群体对环境的适应（Confer et al., 2010）。

终极价值观（目标）通常是指社会和个人关切，而工具价值观则是指道德和能力问题。价值观通常比态度更居核心地位，因此会使个体产生对各种议题的特定观点（Rokeach, 1973）。例如，美国的印度女性很可能不会吃朋友聚会上提供的牛肉三明治，因为禁食牛肉（印度教的价值观）比对主人“礼貌”（一种态度）更重要。在中国香港特别行政区进行的一项研究表明，文化团结的价值观反映在人们对本国历史人物的积极知觉上，而且这种知觉是积极而强烈的（Ho-Ying Fu & Chiu, 2007）。

我们知道，个体所发展的态度和价值观通常是多样的，并受许多因素的制约。同样，价值观是否存在明显的民族或文化差异？世界各地人们的价值观是否相似？如果相似，那么这些价值观是什么？如果不相似，我们如何确定什么价值观最重要？霍夫斯塔德（Hofstede, 1980/1991）对 IBM 在 50 个国家的 117 000 名员工进行了一项经典的国际研究。为了简化分析，他将所研究的国家分为 8 个集群：北欧、盎格鲁（包括美国）、日耳曼、近东、亚洲发展中国家、拉丁发展中国家、拉丁发达国家，以及日本这一亚洲发达国家。他描述了几个反映人们处理最重要问题的主要方式的文化维度，包括：（1）个人主义和集体主义；（2）权力距离；（3）不确定性规避（再次参见第 1 章对这些特征的描述）。

研究人员描述了所研究的每个国家集群。北欧和盎格鲁样本在权力距离方面得分较低，在个人主义方面表现得分较高，并且在不确定性规避方面得分较低。亚洲发展中国家和近东国家的权力距离都很高，而个人主义较低。但最显著的比较是在盎格鲁和北欧文化与近东和亚洲发展中国家之间进行的。盎格鲁和北欧群体的权力距离低，个人主义高。这种模式被称为个人主义者。而集体主义在非西方国家很常见，表现为高权力距离和低个人主义。

在另一项著名的研究中，施瓦茨（Smith & Schwartz, 1997）认为，个体价值观存在文化差异。他提出，个体价值观与不同群体应对基本社会问题的方式有关。使各种社会群体彼此不同的三个基本问题是：（1）人们在多大程度上独立或依赖于群体；（2）对财富和利益的看法；（3）人们应该开发、适应还是服从外部世界。对人们反应的分析结果表明，人们的基本观点分布在人类价值观连续体的两端（Lee et al., 2011; Schwartz et al., 2001; Schwartz, 2011）。

类型一：保守主义与自主性。认同保守观点的个体相信现状，提倡自律，关心家庭、社会秩序和传统。拥有自主价值观的人强调个体追求自身理想，以及为了快乐和兴奋而享受各种生活的权利。

类型二：等级制度与平等主义。如果一个人支持等级价值观，他就会证明权力、资源和社会角色分配不平等的合法性。如果一个人具有平等主义价值观，他就会将个体视为平等的人，他们有共同的基本利益，应该被平等地对待。

类型三：掌控与和谐。掌控的价值观鼓励个体控制社会并开发世界的自然资源。抱负和高自尊是具有掌控价值观个体的重要特质。和谐价值观基于这样一种假设，即认为世界应该保持原样：要保护和珍惜世界，而不是侵犯和剥削世界。

施瓦茨的研究包括 40 个国家，并分为几个组。东亚国家在等级制度和保守主义方面得分特别高，而在平等主义和自主性方面得分低。西欧参与者表现出相反的趋势。盎格鲁国家的情况介于西欧和东亚国家样本之间。一个有趣的发现是，家庭规模与保守主义和等级制度的价值观之间存在相关。与较小的家庭单位相比，住在一个屋檐下的大家庭更提倡秩序、纪律和顺从等价值观。等级制度水平高（而平等主义水平低）的文化，往往强调人与人之间的权力和地位差异。等级制度水平低（而平等主义水平高）的文化往往尽量减少这种差异，并试图更平等地分配资源。在国家层面，高权力距离与等级制度呈正相关，与平等主义呈负相关（Schwartz, 2004/2007）。研究还表明，一个国家越优先考虑平等主义而不是等级价值观，以及越优先考虑和谐而不是掌控价值观：（1）其子女的福祉越高；（2）产假越多；（3）其子女越少成为广告的目标；（4）较低的二氧化碳排放量（Kasser, 2011）。

在一个社区或国家发展起来的主导文化价值观会影响人们对广泛的社会、政治和个人议题的看法。以人们对安全性和确定性的一般看法为例。跨国研究结果表明，对安全性和确定性的需求通常会产生文化上保守的价值观。同时，选择安全和确定性而非风险的人们也表现出经济上的左翼偏好，如支持政府的社会和福利计划（Malka et al., 2014）。

另一个例子是有关心理结构的，如荣誉，它在英语中通常代表高度尊敬、好名声或声誉。莫斯奎拉及其同事（Mosquera, 2002）收集的结果表明，西班牙人和荷兰人以不同的方式理解荣誉。西班牙的荣誉观念与家庭和社会相互依存的价值观有密切的关系。相反，在荷兰，荣誉通常与自我成就和自主性的价值观联系在一起。当然，这些都是普遍趋势，我们需要承认价值观及其解释存在巨大的个体差异。

10.2 西方与非西方价值观

多年来，记者、政治科学家、社会学家和心理学家一直在讨论被称为西方价值观和非西方价值观的两种主要文化态度集群之间的差异。根据有影响力的德国思想家马克斯·韦伯（1864—1920）所发展的哲学传统，西方文明最基本的价值观是工作、成就、追求效率和物质财富的消费。然后有人提出，这些价值观在非西方文明中也很重要，但并不是至关重要的。非西方价值观的本质是尊重传统、敬畏权威、整体稳定。

在其他一些领域中，西方和非西方价值观是对立的。最常提到的两个是西方个人主义和非西方集体主义。个人主义价值观在非西方发展中国家并不像在经济较为发达的西方国家那样突出（Hofstede, 1980）。例如，历史上发现，在美国、德国和瑞典等西方国家，个人主义价值观比在中国台湾地区、日本和印度更为强烈（Segall et al., 1990）。据报道，城市、工业地区的竞争价值观高于农村地区（Munroe & Munroe, 1997）。然而，由于全球化引发的社会和经济的持续变化以及 21 世纪第三个十年的反全球化趋势，这种差异很可能会随着时间而改变。

媒体和研究出版物普遍认为，西方价值观与经济繁荣、民主态度及人们对生活的满意度有关。然而，挑战西方价值观普遍重要性的观点已经出现并巩固（见第 7 章关于动机的讨论）。有人认为，对西方价值观的追求并不一定会产生社会满意的氛围。最基本的西方价值观不再具有适应性，因为它们已经不再具有历史意义（Clark, 1995）。特别是如下假设：

- 人类的本性是自私的（弗洛伊德）；
- 稀缺是首要的自然条件（达尔文）；
- 进步意味着成长、复杂性、竞争和自由（韦伯）。

这些假设应改为基于秩序、社会稳定和集体主义价值观的非西方概念（见表 10.1）。

表 10.1　西方个人主义和非西方集体主义价值观的缺点

西方个人主义的缺点	非西方集体主义的缺点
社会支持较少	个人自主性较少
更多孤立	隐私较少
社会联系较少	关系纠缠不清
寻求外部资源被禁止	过度依赖外部资源
不能达成共识	缺乏个人自信
由于选择太多而不满意	因选择有限而不满
通过唯物主义而疏远自我	通过对群体的义务而与自我疏远
竞争产生赢—输的社会结构	缺乏竞争从而减少抱负和创新
滋生贪婪和享乐主义	滋生外群体（outgroup）的懒惰和社会惰化

续表

西方个人主义的缺点	非西方集体主义的缺点
休闲时间受阻	生产力受阻
年龄歧视——青年优于老年	年龄歧视——老年优于青年
自然资源的开发	自然资源的低效利用

注：源自 Bandura（2002）；Chen（1996）；Earley（1993）；Gorodnichenko & Roland（2011）；North & Fiske（2015）；Scott et al.（2004）；Tamis-LeMonda et al.（2008）。见 Levy（2010）对批判性思维原则的讨论“每一个决定都是一种权衡”。

穆罕默德和石原（Mohamad & Ishihara, 1995）引入并推广了亚洲价值观的一个特殊子集的观念，其特点是努力工作、忠于权威、尊重传统（和异性恋）婚姻、高度重视教育及为了将来的利益而推迟目前的享受。此外，这些价值观为生活在日本、韩国、新加坡等国家的数百万人的经济成功奠定了基础。然而，批评者坚持认为，这些价值观不一定来自亚洲或西方。相反，它们可能是普遍的传统价值观，所有文化中的人们同等共有（见第 1 章）。

关于感知到的西方和非西方价值观之间的差距及这种差距是否正在缩小的争论还在进行。一些研究表明，这种差距可能会扩大。例如，亨廷顿（Huntington, 1993/2011）在其极具影响力的著作中将这种争论称为“文明的冲突”，并预测西方和非西方价值观之间的鸿沟会加深。他假设意识形态和宗教激进主义的增长将不可避免，并提出，西方以其唯物主义的犹太教—基督教价值观而在世界上扮演领导角色，这一事实将受到地球上数十亿人的质疑和挑战。他预测，在一个全球模棱两可的世界中，人们将越来越被确定性及易于识别的文化符号和信仰所吸引。这反过来又会放大西方和非西方价值观及体现这些价值观的国家之间的差异。

相反的观点也站稳了脚跟。例如，“扁平世界”假说的支持者认为，广泛的旅行、国际交流和贸易等许多根本性变化，以及博客、播客、开源软件、社交网络、维基百科等联合知识项目——不一而足——将使人们的观点更加开放和兼容（Friedman, 2007）。尽管最近世界上的许多事态发展表明，产生了一种根植于民族主义的强烈反全球化趋势，但这种发展并不能阻止全球化。在你看来，当你阅读这些文字时，世界通常会朝哪个方向发展：走向文明冲突假说还是扁平世界假说？这些观点混合起来有效吗？

人们如何获得态度和价值观？他们如何使用它们来判断他人和自己？有一些关于态度和价值观的理论已经过跨文化测试。让我们检查一下。

批判性思维

西方和亚洲价值观

我们希望你质疑那些被强加给其他国家的西方价值观的概念，包括公民自由和个人权利（发言权、批评政府的权利、选择自己宗教的权利，等等）。怀疑论者坚持认为，追求这些个人权利将会鼓励人们无视传统并违背多数人的观点。这种“自私”的行为是为了让此人远离其家庭、文化和宗教。例如，亚洲价值观概念的支持者认为，个体在经济安全、社会保护和传统保持方面的权利与个人自由相比，即使不是更重要的话，也是一样重要的。

问题：你认为亚洲价值观与西方价值观是截然不同的吗？某些价值观是否更适合西方文化而不是非西方文化？你认为非西方国家的人为什么经常批评西方价值观？讨论特殊的“非洲”或“拉丁美洲”价值观是否存在。在你看来，这样的价值观存在吗？如果存在，你能不能试着把它们列出来？

10.3 追求一致性：认知平衡理论

海德（Heider, 1959）的态度平衡理论（theory of attitude balance）指出，人们寻求态度之间的一致性。一般来说，如果你和你喜欢的人在某事上达成一致，或者你和你不喜欢的人在某事上存在分歧，这就是平衡的。该理论预期我们会高估我们喜欢的人和群体的积极特征，低估我们不喜欢的人和群体的积极特征，即使事实表明我们的对手并不像我们以前以为的那么坏（Pratkanis, 1988）。态度平衡理论考察了简单的三要素认知评估过程中的一致性压力。第一个要素（A）是进行评估的人。另外两个要素（B、C）是被评估的对象、问题或其他人。例如，一位年轻女性（A）喜欢夏奇拉（Shakira）（B）的音乐，而夏奇拉对全球移民政策（C）发表了批评性评论（仅就本示例而言，只是假设）。这位女性（A）很可能同意夏奇拉（B）关于移民的看法（C）。然而，如果她不喜欢这位歌手关于移民的言论，她对夏奇拉的态度可能会从非常积极变为不那么积极甚至消极。

特里安迪斯（Triandis, 1994）的实验研究表明，虽然认知平衡的原则在所有被研究的国家中几乎是普遍存在的，但认知一致性因文化而异。例如，在美国的人比在日本的人更关心自己态度的一致性，在日本，处理不一致的能力被认为是成熟的标志。在苏联集团，道德一致性要求个人谦虚、诚实、为社会做出牺牲，以及公开批评不遵守这些标准的其他人（Gozman & Edkind, 1992; Shiraev & Bastrykin, 1988）。在传统的伊斯兰社会中，要保持宗教态度的一致性，其行为反应需要比其他社会中的宗教行为更加复杂。例如，这种一致性要求有规律的祈祷、戒酒、缴纳伊斯兰税及遵守宗教领袖的宣言（Moghaddam, 1998）。这种跨文化认知一致性的差异可能与不确定性规避在不同文化中的水平呈正相关（见第 1 章）；然而，新的跨文化研究可以带来关于认知平衡的新经验数据（Baker & Carson, 2012）。

10.4 避免不一致：认知失调

当人们感知到态度和行为，两个或多个决定，或者两个或更多态度之间不匹配（失调）时，他们会体验到心理紧张。这种紧张被称为认知失调（Festinger, 1957）。每当我们必须在两个或多个备选方案之间做出决定时，最终的选择将在某种程度上与我们的某些信念或先前的决定不一致。这种不一致会产生失调，这是一种不愉快的情绪状态。因此，我们感到有必要减少失调，并避免不必要的不适。减少失调的方法有三种：（1）提高我们对所选事物的评价（“这是我买过的最好的衣服”）；（2）降低我们对未选事物的评价（“我没有买的那件衣服定价过高”）；（3）不考虑、不讨论所做出的决定（“我买了这件衣服，话题结束”）。

正如一些研究表明的那样，为什么不同文化中的人们试图减少失调的方式是类似的（Camilleri & Malewska-Peyre, 1997）？这种一致性的一个原因可能是，和谐、一致、有意义的世界观很有吸引力。为了避免挫折或不适，人们经常限制或切断与他们不喜欢的人之间的关系。此外，人们会避免或忽略与他们的信念不一致的事实。然而研究表明，不同的文化价值观会引发不同的认知失调表现（Boucher et al., 2009）。在西方国家以个人主义为主的文化中，当人们的行为违反个人或社会标准时，往往会体验到失调，而在以集体主义文化为主的文化中，人们更担心违反社会标准，这是因为害怕挑战了社会和谐从而被他人拒绝（Cooper, 2007）。

10.5 心理教条主义

几年前，非洲国家斯威士兰的绝对君主声称，穿休闲裤和牛仔裤的女性造成了世界问题。他还谴责人权是对上帝的耻辱。当他承诺惩罚那些穿裤子的女人时，他提到了《圣经》。在谈到人权时，他提出上帝创造了不平等的人，因此人类不应该试图改变神圣的创造物。世界正在发生变化，但这些观点将我们带回到数百年前。

一般来说，人们不喜欢被称为“教条主义”（Dogmatism）。教条主义是一种在观点和继后行为上极其挑剔、死板和不灵活的倾向。这是一个强大的态度和信念的联盟，通常围绕一个中心观念组织起来。这个观念对个体有绝对的权威，通常会导致个体不能容忍其他人的不同意见（Rokeach, 1973）。教条主义个体的思维和行为方式很有局限，对他人的意见很僵化，不加批判地接受表达核心教条观念的人。教条主义的个体通常会拒绝那些不同意其观念的人，并且难以吸收新信息。正如实证研究表明的，教条主义和民主价值观呈负相关（Schwartz, 2000）。

是什么导致某些人比其他人更教条？奥弗·费尔德曼（Ofer Feldman, 1996/2006; Feldman & Zmerli, 2019）是一位在以色列出生并在日本生活和工作多年的研究者，他提出了一个有趣的解释。在他著名的研究（1996）中，他比较了美国、意大利和日本从政者的教条主义。研究发现，日本公职人员不像意大利从政者那么教条，但比美国从政者更教条。他在所研究国家的政治制度差异背景下对研究结果进行了解释。在进行调查时，意大利有 8 个主要的国家政党，每个政党都在推进不同的政治学说和人生哲学。各政党内部的意识形态压力都很大。在美国，两大政党组织薄弱，权力分散。群体内的意识形态压力不会很高。作者认为，日本的政治体制包含意大利和美国政治体制的特点：意识形态上的高度团结，以及相对独立于中央党派。但是，应该注意这样一个事实：美国样本的数据是在地方层面收集的，只有州立法者参与了这项研究。地方政治传统上不同于国家层面的政治，会更加“务实”。

10.6 社会归因

一个学生走到他的教授面前，问了一个问题，是关于课堂结束前 10 分钟讨论过的话题。问了几个问题以后，学生终于鼓起勇气发表了个人意见：“对不起，我看你离婚了，是吗？”教授回答说：“不，我结婚了。我有丈夫。是什么让你以为我离婚了？”“嗯，我看到你右手上的金戒指——不是左手——就猜测你已经离婚了。”学生回答道。教授笑道：“在我出生的国家，结婚戒指戴在右手上是一种宗教和文化传统。”这里的教训是什么？由于社会归因，即人们试图解释和确定他人及自己行为背后原因的过程，人们仅通过观察他人就做出假设。

社会归因是否有跨文化的共同趋势？在各个国家，我们非常正面地评估我们喜欢的人和物，非常负面地看待我们的对手，即使事实表明他们并不像我们想象的那么坏（Pratkanis, 1988）。我们通常把我们所属的群体感知为比其他群体更具异质性（由不同的成分组成）（Gudykunst & Bond, 1997）。研究表明，在不同文化中，人们都倾向于认为仅有轻微瘢痕的面孔也比没有瘢痕的相同面孔更不善于交际、更不吸引人、更不诚实（Bull & David, 1986）。韩国和美国的被试观看有“娃娃脸”的成年人照片，两组被试以类似的方式解释了照片上的人的潜在行为（McArthur & Berry, 1987）。

沟通、心理语言学和社会心理学领域的研究表明，人们会注意到口音，并对说话者做出各种判断（Stevenage et al., 2011）。人们倾向于根据交谈对象是否带口音来对其做出快速判断（Giles, 1970; Kim, 1986）。此外，口音已被证明会影响听众对说话者的能力、社会地位、社会吸引力和人格特征（如开放、诚实和自信）的评估（Ryan & Sebastian, 1980）。美国的研究还表明，标准口音的人（说话时带有所谓的电视网络口音，这是新闻主播使用的口音的衍生物）与其他人相比，在智力、财富、教育和成功方面得到了更高评价（Lippi-Green, 1997）。然后，这些对口音的评估会影响听众对说话者的行为：已经证明，口音会激发积极或消极的刻板印象，引起某些反应，甚至煽动歧视行为（Abrams & Hogg, 1987; Cohen, 2012）。

对社会归因的研究提供了一些证据表明，尽管不同国家的归因有许多相似之处，但差异依然存在。例如，在一项研究中，要求美国和日本被试观看微笑或不微笑的白种人和日本人的面孔，并在吸引力、智慧和社交能力三方面对面孔进行评分。美国人对笑脸的评价通常在三个维度上都较高。日本人普遍认为笑脸更善于交际，中性脸更聪明（Matsumoto, 1994）。

10.7 对成功和失败的归因

研究发现，不同文化中人们在解释个人成功或失败的原因时，至少使用三种常见解释中的一种（Fletcher & Ward, 1988）：

- 个人能力（“我有技能”或“我没有技能”）
- 努力（“我很努力”或“我没有尝试”）
- 任务难度（“这不太难”或“这非常难”）

如果一个人倾向于将个人成功归功于自己，并避免为失败承担责任，那么这个人表现出的就是以自我为中心的偏差。想象一下，你参加了法语课程，但决定在下周放弃。如果你说你在法语学习上的失败是时间安排冲突（任务困难）造成的，那么你就表现出一种自我中心偏差（通常被称为自我服务偏差）。多项研究曾尝试考察不同国家的人在评论自己时如何使用这种偏差。例如，在来自美国、南斯拉夫、印度和南非的样本中发现了自我中心偏差。然而，在日本样本中，这种偏差并不显著。相反，研究人员发现了一种谦逊偏差（unassuming bias）：倾向于将个人成功解释为外部因素，如运气或他人的帮助，以及将失败解释为个人错误或弱点（Chandler et al., 1981）。

不同的研究表明，亚洲文化中存在更多表达谦逊偏差的倾向，而不是自我中心偏差（Hooghiemstra, 2008）。例如，与美国被试相比，日本被试更多将失败归因于自己，而较少地将成功归因于自己。此外，日本被试表现出群体服务偏差（group-serving bias），倾向于将他人的成功解释为内部因素，而将他人的失败解释为外部因素（Kashima & Triandis, 1986; Yamaguchi, 1988）。当个体在群体成员面前表达自己的观点时，群体服务偏差尤其强烈（Bond, 1985）。一般来说，有证据表明这种自我服务偏差存在跨文化差异，尤其是在主要为集体主义的文化与主要为个人主义的文化之间（Campbell et al., 2000; Hooghiemstra, 2008）。

10.8 个人主义和集体主义文化中的责任和公平

俗话说："不可杀人，不可偷盗，不可说谎。"尽管对人类行为的这种道德规定看起来可能很普遍，但解释这些规定的方式受到特定文化的影响。关于社会中最恰当的行为方式，至少有两种基本观点。第一种是基于正义的观点，强调个体的自主性和基本权利，认为自主性（如独立行动或思考的能力）和权利（如生活、信仰或表达意见的权利）应适用于每个人。这种观点主要见于个人主义文化。第二种观点是义务观，认为对他人的义务、对权威的尊重、维护社会秩序是道德的基础。这种观点在集体主义文化中更为常见（Abu-Saad, 1998; Miller, 1994）。

在大多数情况下，人们从实际角度看待正义，尤其是在处理资源及其分配时。人们对资源公平分配的看法是否有文化趋势？人们往往喜欢那些最初一无所有但后来由于努力而变得更好的人的成功故事。各大洲的神话和童话都有一个一贯的模式："好"的人物通过努力获得成功，而"坏"的人物则通过伤害他人或无所作为来为自己谋利。实证研究支持这些假设。在美国和澳大利亚，人们认为最初贫困但后来富有的人比最初富有但后来贫困的人更能干、更讨人喜欢（Mandisodza et al., 2006）。政治心理学家认为，至少有两种关于资源公平的主要观点。第一种观点源于优势立场（merit standpoint），认为人们需要根据其技能和成就来获取资源。无论出于何种原因，与贡献较少的人相比，对社会作出贡献的人可以从社会中获得更大的利益份额。第二种观点源于需要立场（need standpoint），主张无论人们对社会的"价值"如何，都必须获得平等的利益份额（Sears, 1996）。儿童、老人和病人对社会的贡献可能微乎其微；然而，他们应该得到像其他人一样的对待。

如你所料，人们对资源公平分配的看法在不同国家之间存在差异。例如，美国大学生比德国大学生更注重成绩，德国大学生更注重需要（Bernman & Murphy-Bernman, 1996）。全国调查结果显示，与美国学生相比，支持以下声明的德国青年人是美国学生的两倍：（1）"政府应该保证每个人的最低生活水平"；（2）"政府应该对每个人的赚钱数量设定一个上限"；（3）"人们应该帮助有需要的人，即使这意味着需要让有钱人出钱"。美国学生的普遍态度是，个体本身为其物质方面的成功负责（Cockerham et al., 1988）。即使在政府、教育和社会传统的民主原则方面相似的国家，在人们如何看待正义及什么才是资源的"公平"分配方面，也可能存在重大差异。

美国和德国之间存在差异，部分原因是两个国家有不同的社会传统和政治发展情况。诚然，两国都存在社会福利政策。然而，与美国政府相比，德国政府在更大程度上参与了社会福利计划。调查的背景因素也可能影响结果。这里提到的研究是在20世纪80年代末和90年代中期进行的，当时德国人盛行的态度受到德国统一的必要性的影响。然而，几年后的民意调查发现，许多德国人开始对社会福利以及向有需要的人提供帮助的数量提出质疑（Shapiro et al., 2000）。在接下来的几十年里，随着包括德国在内的欧洲民粹主义观点的增长，人们对福利的态度也在发生变化（Pew, 2018）。

10.9 刻板印象和泛化的力量

我们经常没有必要的时间或资源分析每一个新异的事实。我们倾向于对几乎所有看到、听到和处理的事物进行分类。刻板印象是关于给定群体的所有成员都具有特定特质或其他特征的一般假设。刻板印象可以是积极的或消极的，也可以是简单的或分化的（Denmark, 2010; Smith & Bond, 1993）。人们对所持有的刻板印象的信心从强到弱有所不同（Marjoribanks & Jordan, 1986）。

社会知觉的过程往往使我们简化传入的信息并按群体进行分类。例如，以色列阿拉伯人倾向于认为犹太人的智力水平更高；然而，阿拉伯人认为自己在社会上要优越得多——指的是他们的友谊、爱情、家庭传统和总体的集体主义（Bizman & Amir, 1982; Pew, 2015）。诸如“大多数非法移民都是罪犯”“异族婚姻不如同族婚姻稳定”或“所有犹太人都很富有”等刻板信念可能会在我们的日常判断中表现出来，尽管这些刻板印象很多时候是不正确的。有一些外国非法移民犯罪了，但他们只占美国所有外国非法移民中的一小部分。异族通婚和同族通婚一样稳定。犹太人中有富人也有穷人。

不同群体的成员之间经常交流刻板印象。一个族群的成员对自己群体所持有的刻板印象与其他人对该群体所持有的刻板印象往往是相似的。例如，沃尔基和张（Walkey & Chung, 1996）研究了新西兰对中国移民的态度。300 多名中国背景和欧洲背景的小学生对中国移民的刻板印象是相似的。两个群体都提到了中国人的职业道德，尤其是他们的努力。这两个群体都认为欧洲人在职业道德方面较不积极，且比中国移民更受个人控制而非社会控制。

练习 10.1

以下是从一本畅销书中摘取的对“典型”美国人、日本人和阿拉伯人在人际交往方面的描述：

美国人、日本人和阿拉伯人对个人“领地”的处理方式存在明显差异。在日本，挤在一起是温暖和愉快的亲密关系的标志。与日本人一样，阿拉伯人也倾向于相互依附。但是，虽然他们在公共场所会挤在一起，但在他们房子里的私密空间里，阿拉伯人的空间简直太大了：他们的房子通常又大又空，而人们聚集在一个小地方。阿拉伯人不喜欢独处，所以通常在房间之间不设隔断。阿拉伯人喜欢触摸并感受他的同伴。日本人不喜欢触碰，更喜欢维持身体的界限。美国人也倾向于在公共场所设置界限。你不会推挤或闯入他人的空间。阿拉伯人在公共场所没有隐私概念。美国人很少在公共场所挤、推或捏其他人。当两个阿拉伯人互相交谈时，他们用非常热切的眼神看着对方。在美国文化中很少表现出相同的热切程度。

（Fast, 1970, pp. 28–34）

问题：为什么大多数受过教育的人认为这些陈述是错误的？究竟哪些是准确的，哪些是不准确的？我们应该在足够准确和刻板印象之间哪个位置划出一条界线？重写此示例，使其不包含刻板化判断。

在评价现象之间异同的过程中，我们至少会犯两种错误：首先，我们用相似性掩盖了真正的差异；其次，我们用差异掩盖了相似性。事实上，刻板印象就是用现象之间的相似性掩盖了差异。那些把他人刻板化的人倾向于习惯性地、系统地、自动地高估群体内的相似性，同时最大程度低估（甚至忽略）群体内的差异（Fiske & Taylor, 1984）。换句话说，个体认为群体成员比实际情况更相似，却没有认识到他们从很多方面来说是彼此不同的。刻板印象之所以产生，还可能是因为对下述二者之间的关系做出了错误的判断：作为群体成员的个人，以及此人的好坏属性（Stroessner & Plaks, 2001）。实证研究表明，我们喜欢和不喜欢的社会群体之间，看上去的差异大于其实际差异（Keen, 1986）。正如你所看到的，该过程的最极端形式是偏见、偏执、沙文主义、种族主义、性别歧视、年龄歧视等的基本组成成分，其中特定“外群体”的所有成员被视为基本上相同，而他们的个性几乎没有被注意到。

请考虑一下跨文化咨询（为人们提供咨询的专业人士的活动，通常针对个人问题和困难）。一些治疗师可能不尊重甚至没有认识到每个来访者具有本质上的独特性。不幸的是，这些治疗师可能认为来自某社会文化群体的来访者与来自该群体的所有其他来访者基本相同。这样，来访者就不会被视为有所区别的个体，且每个个体都拥有不同于他人的、独特的生活经历、知觉、价值观、信仰、恐惧和愿望。相反，治疗师用自己的社会文化刻板印象透镜自发地对来访者进行过滤，把来访者视为纯粹的、完全的。在这种非治疗性环境中，无论个体来访者的独特处境、问题或需要是什么，治疗师都会进行千篇一律的诊断和治疗。

跨文化敏感性

对心理学家而言，至关重要的是要知道，负面刻板印象通常可能以难以识别的微妙形式出现（Sue et al., 2007）。例如，它可能以日常对话、评论、笑话和手势中传达的所谓微攻击的形式出现。人们可能会开玩笑地对一位越南裔美国学生说："那么，你找到暑期工作了吗？比如在你父母的美甲沙龙工作？"制造这种刻板化笑话的人往往认为他们的言行是无辜的、无所谓的、没有冒犯性的（Franklin, 2004; Solórzano et al., 2000）。不幸的是，正如你在前面的示例中看到的，这些言行对许多人来说是不合适的，甚至有冒犯性。微攻击可能是有意的，也可能是无意的。然而，他们往往居高临下，并误导对社会群体的刻板化判断。一个人可能会赞美一名来自非洲国家的学生说，"你的英语很好"，却忽略了一个事实，即英语可能是这个学生的第一语言。看来，其最初的期望是非洲学生不应该精通英语！

如你所见，刻板印象涉及对社会群体做出错误判断。然而，不要忽视下述事实，即两个或两个以上的人在行为、情绪和态度上可能有相似之处。你可能听过很多次这样的声明（或任何派生说法）："你无法比较这两个人，因为他们彼此完全不同！"这是一个生动的例子，说明一个人犯了相反的错误，即用差异掩盖了人与人之间的相似性。因此，那些坚持认为"你永远不应该有刻板印象"的个体，其实未能看到特定群体中确实存在的真实共性。然而，顽固坚持这一立场的个体，实际上会忽略群体内部（以及群体之间）的真正相似之处（Denmark, 2010）。

同样，如果心理治疗师顽固地坚持"每个来访者都应该被视为完全独特的"这一信念，这就冒了一个风险，即有可能忽视人与人之间实际和潜在有用的相似之处。不幸的是，治疗师过分强调个体差异，却要付出忽视人们之间共性的代价。因此，似乎是人类固有的深刻而强大的普遍生活体验——如对爱、接纳、同理心、尊重或意义的需要——容易被减到最小、忽视，甚至被彻底拒绝。

是否有可能从我们的人际交往中完全消除刻板印象？许多研究人员一直对此持怀疑态度，并认为刻板印象可能已嵌入到人类认知中（Devine, 1989; McGarty et al., 2002）。教育往往是减少刻板印象的关键。通过了解人类的多样性大于人类的相同性，同样可能减少刻板印象对我们日常判断的影响。那些美国人、日本人和阿拉伯人，也是有穷有富，有受过教育的有文盲，有快乐的有愤怒的，他们生活在大城市和小城镇，他们或者工作或者不工作，或者旅行或者待在一个地方。最重要的是，人们具有独特的个人特征，这些特征很难被置于普遍存在的刻板印象的狭隘范围内。根据我们的期望而产生的对某个体的预期，通常与此人的实际情况不符。期望会存在不一致，这是明智的。

典型案例

寻找共同点

在跨文化咨询环境中，至关重要的是要在治疗师和来访者之间寻找可以建设性地利用的异同点。尽管最初存在明显差异，但通过积极探索，来自不同文化群体的两个人也会经常找到许多共同点。考虑以下简短的花絮作为寻找共同点的示例。

来访者："你无法理解我的感受。毕竟，你是白种人男性，而我是黑种人女性。你真的不知道生活在我的世界里是什么样。"

治疗师："你是对的。我永远无法确切知道那种感觉。我们在这些方面肯定不同。但是，我知道因为我的犹太宗教而受到歧视是什么感觉。我有过因为无知和仇恨而被边缘化和迫害的经历。在这方面，我们确实有共同的体验。所以，我们确实既相似又不同。"

这种关系如以下维恩图所示（图 10.1）。尽管存在差异，你能想到在这种情况下来访者和治疗师可能会在其他哪些方面相似吗？

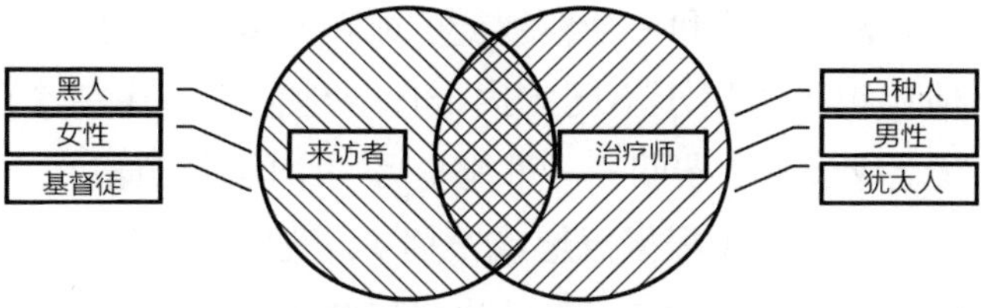

图 10.1 明显的跨文化差异

相反，“相同”文化群体的成员，尽管有共同点，但在广泛的属性上可能会有很大差异。例如，请考虑黑种人女性来访者和黑种人女性治疗师之间的关系。尽管她们有明显相似之处，但想一想，她们可能在很多方面存在显著差异，包括社会经济地位、婚姻状况、历史世代（historical generation）、出生地、性取向等（图 10.2）。

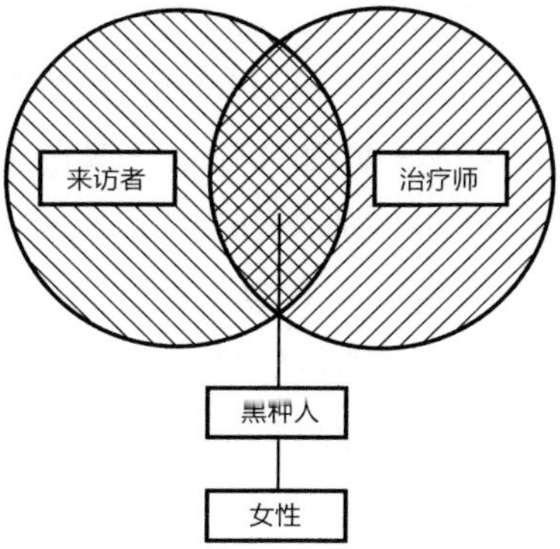

图 10.2 明显的跨文化共性

10.10 普遍性互动

人类学家认为，人们倾向于在所有已知的人类社会中形成群体（Coon, 1946）。人类不可能在与其他人完全隔离的情况下生存。在我们的生命过程中，我们或高兴或不情愿地，或故意或偶然地加入了各种群体。一个群体由两个或两个以上的人物组成，形成一个完整的单元。我们所属的群体称为内群体，我们不属于的群体称为外群体。地理上的接近性不是属于同一群体的必要或充分条件。例如，一个天主教徒和一个新教徒可能在北爱尔兰的一个小镇上紧邻在一起生活，但他们很可能属于不同的内群体。他们中其中一个所属的许多群体——学校、教堂或亲密朋友圈——可能是另一个的外群体。

当我们加入一个群体（根据意愿或习惯），我们就获得了一个地位，即群体内的相对社会地位，它可以是正式的也可以是非正式的。地位可以赢得（实现），也可以由他人给予（分配）。例如，在西方发达的社会中，人们可能期望个体的优点（如学校成绩或专业成就）应作为其社会地位的基础。此外，传统的印度种姓制度也可以决定一个人的社会地位，几乎没有社会流动的机会。如果一个人属于低种姓，其变得强大和富有的机会很小。值得注意的是，地位往往决定了个体的消费模式。例如，“高档食品”一直与较高的社会地位联系在一起，因为它们是最难找到、生产和储存的。随着人们的地位或声望等级的提升，他们对高档食品的消费显著增加了。几个世纪以来，人们吃的肉的类型（牛肉、鸡肉、猪肉、鱼）通常跟他在社区中的社会地位相对应（Johnson et al., 2011）。在中世纪的欧洲，穿尖头鞋是社会地位高的象征：鞋尖越长，人们会觉得地位越高。有些人会买鞋尖特别长的鞋子，以显得重要。如今，以类似的方式，购买和穿着昂贵或知名品牌的衣服（无论这些衣服看起来多么漂亮或荒谬），在我们许多人看来，通常是地位较高的标志。

通过成为不同群体的成员，人们可能会拥有不止一种社会地位。例如，一个人可以同时是一个移民、一个母亲、一个女儿、一名护士、一名足球教练和一名患者。拥有多种社会角色不可避免地会影响人们对自己身份的理解，包括其文化身份。

规范是由一个群体建立的，表明该群体的成员应该和不应该进行的行为，包括简单的反应、举止和复杂的行为。身体接近、共同的价值观和语言会影响文化规范，使他们在文化上具有独特性（Pika et al., 2009）。然而，社交网络可能会影响现有的文化规范，形成新的文化规范。例如，在美国，发送（手写或印刷的）邀请参加庆祝活动或聚会很常见。直到最近，这种正式的交流在大多数集体主义文化中还是不寻常的，因为人们现在上网并发送电子邀请。通过邀请人们加入社交网络并采用新的交际规范，互联网正在减少甚至消除许多文化差异。

社会规范对社会角色的界定很重要。社会角色（Social roles）是指在群体中占据特定位置的个体被期望执行的一系列行为。一旦我们成为群体的一部分，我们就会面对该群体的规范，一旦我们获得了某种地位，我们就开始扮演社会角色。例如，在一些传统家庭中，儿童在做出重要人生决定时总是会请求父母的祝福。许多亚洲和非洲国家规定了角色以防止年轻家庭成员在婚前与其他年轻人约会。

群体通常会形成制裁制度（sanctions）——奖励那些遵守规范的人（积极制裁），并谴责那些背离规范的人（消极制裁）。在大多数情况下，如果没有附加的制裁制度，规范就无法维持。制裁制度对于维持许多早期宗教团体的身份是必要的，其方式是采用祈祷仪式、食物禁忌和饮食限制：通过奖励那些忠于其群体的人，制裁限制了个体的选择（Reynolds, 2000）。消极制裁的范围从体罚到友好的批评，而积极制裁的范围从物质奖励到口头赞赏。正如我们在第 1 章看到的，集体主义文化（如俄罗斯、巴基斯坦或墨西哥）往往比大多数个人主义文化（如瑞士、美国或德国）具有更严格的制裁和奖励制度。再说一次，群体对其成员实施制裁的方式有许多文化相似性（Barnlund & Araki, 1985）。

从跨文化的角度研究互动时，除了定义前面描述的相关术语外，还必须考虑人口密度对互动的影响，因为它决定了在一定时期有多少人会与某个人直接接触。在一些国家和地区，人们生活在拥挤的社会环境中，而在另外一些地区，人们很少聚集在一起。例如，南欧的摩纳哥人口密度最高（每平方千米 2.3 万人），而东南亚的柬埔寨人口密度非常低（每平方千米 78 人）。

除了人口密度，我们还应考虑人类互动背景下的领地行为（territorial behavior）。在不同的历史时期，人们都倾向于认同并保护他们所居住的领土。领地行为包括清晰界定或确定领土、所有权或所有物的行为。房子周围的围栏或放在教室椅子上的一张纸都是领地行为的例子。人类学家认为，领地行为对个体和社会群体来说都很常见（Schubert & Masters, 1991）。领地行为具有进化功能。例如，有些鱼在没有自然竞争者的情况下也会捍卫自己的领地（Lorenz, 1966）。尽管心理学家拒绝接受领土主义是一种本能，但他们把具有包容性的社会群体描述为倾向于容忍“侵入者”，以及把排外群体描述为对“陌生人”特别不宽容。

就普遍性互动而言，文化在嵌入性或个人和群体融合的程度方面也有所不同。高度嵌入的文化关注群体的共同目标和特定的生活方式，同时抵制破坏其内群体团结的力量。嵌入文化中的人们不是特别关心其群体之外人们的福祉。实际上，一个国家的文化嵌入程度越高，人们就越不愿意帮助陌生人。研究表明，有几个国家嵌入性得分很高：新加坡、马来西亚、保加利亚和泰国。“中间”的国家是美国、中国和巴西。最后，奥地利、西班牙、丹麦、瑞典和荷兰的嵌入性较低（Knafo et al., 2009）。

集体主义和个人主义作为基本的文化属性，在各种情况下都会显著影响社会互动。我们在第 1、第 7 和第 8 章了解到，在个人主义文化中，人们优先考虑自己和直系亲属，而在集体主义文化中，人们将内群体置于个人之上。在个人主义文化中，社会化过程强调成就和个人主动性。在集体主义社会中，强调对群体的忠诚（Chiu & Hong, 2006）。因此，与个人主义文化的人相比，集体主义文化的人更可能频繁地、更强烈地与内群体成员互动。在大多数具有集体主义规范的社会中，尽管人们仅属于为数不多的群体，但往往比个人主义社会中形成的群体更加稳定和持久。个人主义文化中的人们更倾向于属于多个不同的群体，但这些群体持续时间较短（Moghaddam, 1998）。研究还表明，集体主义文化中的内群体偏爱和相互影响比个人主义文化中更强（Gudykunst & Bond, 1997）。

不同文化在成员的相互依赖或相互支持方面是否存在差异？我们是否可以自信地说，相对于跟他人相互联系在一起的东亚人相比，生活在西方的人往往更加独立并孤立于他人？在美国的东亚人是否比美国白种人更频繁地寻求社会支持？不一定。一方面，亚洲文化的集体主义导向可能会促使人们与他人分享压力问题；另一方面，维持群体和谐的努力可能会阻碍这种努力。社会期望人们不要公开表达个人可能看起来“自私”的担忧。在两项实证研究中，韩国人（研究 1）及美国的亚洲人和亚裔美国人（研究 2）报告称，与欧裔美国人相比，他们在应对压力方面使用社会支持的次数更少。为什么？东亚的文化规范间接阻碍了人们积极参与社会支持网络以便于解决问题或应对压力。因此，来自相互依存文化的人可能会觉得，他们就个人而言想要获得的较少，向他人求助会在社交方面有所损失。也就是说，人们可能不愿意给社交网络增加负担，而是尝试独自解决自己的问题。因此，在涉及一个人应对压力事件和寻求他人帮助的方式方面，个人主义与集体主义文化的个体在寻求帮助的互动方面尚有文化差异（Taylor et al., 2004）。

无论我们的文化背景如何，他人的存在与否都会显著影响我们的互动：旁观者、观众，甚至路人都会增强或抑制我们的表现（Zajonc, 1965）。这种现象称为社会助长（social facilitation）。早在 20 世纪前 10 年，就有人研究了他人对个人表现的影响，当时社会心理学的第一个开创性实验表明，社会助长可被视为一种跨文化现象（Yaroshevski, 1996）。

关于个体互动的另一个重要文化维度是不确定性规避，这在第 1 章讨论过。与来自低不确定性规避文化的个体相比，生活在高不确定性规避文化中的个体往往对不确定性和模棱两可的容忍度较低。他们倾向于更频繁地表达文化认可的情绪，更强烈地渴望群体共识，不太能容忍有差异的个体，更需要遵循正式的行为规则（Hofstede, 1980）。非传统社会的一种特有的态度是，容忍那些偏离预期规范模式的行为。请记住，容忍和不容忍是针对特定问题的，如果从比较的角度进行研究，就可以更好地理解：人们应该在特定情况下考察特定群体，以及该群体对特定问题的容忍或不容忍的程度。例如，今天许多人仍然不能容忍非异性恋的人；然而，这种不容忍的范围和规模在自由、民主社会与在专制社会中是不同的。

10.11 直接接触和肢体语言

是否可以通过观察某人的计数手势来猜测一个人的文化渊源？例如，德国人通常倾向于从拇指开始打数字手势，而英裔加拿大人通常从食指开始打数字手势（Pika et al., 2009）。然而，在现代这种旅行和交流比较频繁的环境下，这种差异变得不那么明显了。从历史上看，我们的大多数手势都具有相似的含义。无论是在阿根廷、瑞典、澳大利亚、刚果还是印度，人们对肢体语言的许多元素有着共同的理解：人们能识别好战的手势，识别友好的微笑，以及友好拥抱的含义。例如，在不说话的情况下，我们大多数人都可以通过耸肩这一通用的肢体语言，来表示我们不知道问题的答案。我们以许多类似的方式使用声音。我们通过轻声细语地说话，来传递友善态度、建议和解或表现耐心。音量能表明社会地位：个人地位越高，音量就越大，也就是说话的声音越大。在竞争性互动中尤其如此。当人们与地位更接近他们的人互动时，就会增加声音的强度，在与地位更高或更低的人互动时，就会降低声音的强度（Schubert, 1991）。

问候语和介绍性互动具有跨文化相似性。当两个或更多人第一次见面时，他们会向对方透露一些关于自己的信息。他们会打招呼，说出自己的名字，通常伴随着微笑。研究表明，不同文化中的称呼规则具有显著的一致性（Frager & Wood, 1992）。

文化传统也会调节我们最初的互动，如高文化背景或低文化背景的情况（Berry et al., 1992）。在高文化背景情境（high-context situations）中，理解情境所需的大部分重要信息都存在于背景中，这对新手来说并不总是容易理解。在美国，如果一个人对另一个人说，“我们找个时间吃午饭吧”，这并不总是意味着第一个人实际上将要跟另一个人共进午餐。根据情境背景，消息接收者应该评估该陈述是表示请吃午餐，还是一种结束对话的礼貌方式（通常是这种情况）。在低文化背景情境（low-context situations）中，几乎所有信息都在传达的信息中。大多数西方国家，包括美国和加拿大，被认为是低文化背景，而日本、韩国和越南等国家被认为是高文化背景。例如，当日本人跟美国人沟通时，日本人更难自我表露，而美国人跟日本人沟通时就不会这样。日本人的内心生活通常更多通过影射、暗示和言外之意而不是直接互动来传达。因此，当日本人与美国人沟通时，他们可能看起来不像来自加利福尼亚或得克萨斯的人那样放松和灵活（Hedstrom, 1992）。但是，不要让你的期望创造出现实（请记住批判性思维规则）：当日本人与美国人沟通时，他们在大多数情况下会说英语。在这种情况下，一个从出生就说英语的人，另一个是外语水平可能有限的人，谁应该感到更放松？

有各种社会、宗教和文化因素调节着我们与他人的直接互动。长期以来，眼神接触在人际关系中起着核心作用（Grumet, 1983）。例如，大多数文化都会教导人们不要盯着陌生人看：人们永远不知道接下来会发生什么反应。然而，谈话中的眼神交流往往是真诚和兴趣的表现。不过，韩国的情况并非总是如此：规则是，你必须先了解对方才能注视对方的眼睛。在一项研究中，作者测量了加拿大、特立尼达和日本参与者在回答各种问题时的眼睛注视表现。当参与者已经知道答案时，特立尼达人保持最多的目光接触，而日本人则保持最少。当参与者不得不思考答案时，加拿大人和特立尼达人会抬头，而日本人会低头（McCarthy et al., 2006）。

当人们互相交谈时，几乎总是会产生所谓的反向通道反馈（back-channel feedback），这种反馈是以几个口头信号或手势为基础的。例如，在美国，人们使用简短的话语，如“好的”“对的”“嗯”或“我明白了”。一项研究表明，美国人倾向于将这种反馈误解为表达负面情绪或表示不赞成（Ward & Al Bayyari, 2010）。然而，这种误解通常会在短期训练后消失。

在纳瓦霍人和俄罗斯本土人中，用手指指着一个人是对人的不尊重。在地中海周围和一些斯拉夫国家的文化中，在谈话中触摸对方比在荷兰、德国和芬兰等欧洲国家更为常见。在日本，人们过去常常遵守规则不去触碰异性朋友腰部以下的部位。对欧洲和北美的许多人来说，这种限制并不重要（Barnlund, 1975）。然而，在西方针对女性和男性的性骚扰的背景下，这些规则发生了变化：如今，在谈话中触碰另一个人被认为是不合适的（除非这个人是你的密友）。大量研究表明，与日本人和其他东亚人相比，拉丁美洲人进行互动时的平均物理距离更小。在地中海盆地或中国的文化中，大声说话通常可以接受，而在斯堪的纳维亚半岛，这种交流很可能被认为是不礼貌的。总的来说，人们对文化、族裔和民族习俗的理解在跨文化互动中非常有用。

10.12 从众

我们做某事仅仅是因为其他人这么做了，这种事发生得有多频繁？从众是一种社会影响的形式，个体通过这种影响来改变态度和行为以符合他人的行为或社会规范。实验社会心理学提供了许多关于人类从众的有趣例子。在阿希于 20 世纪 50 年代初期进行的一系列经典研究中，被试被置于对顺从没有特定奖励、对越轨行为没有明确惩罚的情境下（Asch, 1956）。当绝大多数同学一致同意相同的错误判断时（在 12 次尝试的系列中），几乎 75% 的被试至少有一次从众，给出了与小组一样但错误的反应，总共有 35% 的反应次数符合“演员”故意表达的错误判断。有人提到，每个团体都会对那些不接受团体规范的成员实施多种制裁。这是否意味着我们总是从众，以避免针对我们的社会制裁？答案是“不”。我们之所以从众，不仅是为了逃避制裁，还有多种其他原因。

除了为了逃避群体制裁外，我们从众还有一个原因就是为了不辜负他人的期望，从而保持他们对自己的好感，当“他人”是多数时尤其如此。例如，许多欧洲女性到达伊斯兰国家时会用围巾遮住头部，尽管外国人不需要这样做。长期以来，决策制定过程——尤其是在不熟悉的情况下——可能会增加从众，而先前的义务可能会减少从众（Deutsch & Gerard, 1955）。从众的降低可能是由于强烈的态度：与没有坚定承诺的人相比，由于宗教义务而不喝酒的人与朋友分享饮料的概率更低。

从众可以直接由获得奖励或避免惩罚的愿望所驱动。这种通常称为顺从的行为，也可能给人们带来希望。如果人们贫困、绝望和抑郁，那么承诺提出令人信服的解决方案，就可能会迫使这些人顺从作出此类承诺的人。然而，顺从并不仅仅是个人软弱和绝望的表现。以臭名昭著的 1978 年琼斯镇和 1997 年天堂之门的集体自杀为例（你可以很容易地用谷歌搜到这些悲惨事件）：在这些互不相关的情节中，两个邪教团体的成员被团体领导人说服，相信死亡是唯一可接受的解决受苦问题的办法，是获得精神救赎的唯一途径。请批判性地考虑这些事件，以及其他集体自杀和各种形式的顺从案例，考虑一下，某些让人们服从其命令的有权势的领导者本身可能也表现出严重的变态症状，如自大和迫害的妄想、严重的人格障碍、对自杀的痴迷，以及虐待狂倾向（Osherow, 1993; Zimbardo, 1997）。

10.13 从众具有跨文化普遍性吗

社会从众因文化而异。例如，个人主义与经济财富之间存在正相关关系。在个人主义水平较低的国家，人们更喜欢从众，认为自主性不太重要（Berry et al., 1992）。因此，与较贫困的国家相比，经济上富裕国家的从众例子可能较少。上层到中产阶级群体的从众程度通常较低，而社会经济地位较低群体的从众程度则较高。在父母让自己的孩子遵从现有社会规范的分层和专制社会中，从众的程度也较高（Kohn, 1969; Shiraev & Bastrykin, 1988）。对在 17 个社会（Bond & Smith, 1996）中进行的研究的元分析发现，西方社会的从众动机比其他地方弱。总之，集体主义规范可能会促进从众，而个人主义规范则不然（Matsuda, 1985）。在多元文化和多元化的社会中，如美国和加拿大，某单一主流文化的主导性较弱，而在族群多元化程度较低的社会中，如挪威或韩国，单一主流文化的主导性很强。

对负面制裁的预期通常会限制人们，使其不要表达与多数人意见相左的观点，这可能导致个体的从众，或沉默地同意他人观点。正如诺埃勒·诺伊曼（Noelle-Neumann, 1986）所阐述的，对个体的私人观点，人们最害怕的是社会孤立。为避免被孤立，人们试图确定其他人持有什么观点。如果个体赞同主流观点，其判断就可以自由地讨论和表达。此外，没有其他人的抵制或批评，个体的意见就会增强。然而，如果个体赞同的是少数派的观点，他就会害怕社会孤立，并且不会在公开场所自由地表达自己的观点。这种情况导致观点的表达陷入沉默，因为少数派观点不明显或不能公开分享，因此持有该观点的人就少了。道德呢？如果社会规范拒绝和不能容忍不同意见，不仅会影响某些意见表达的频率，还会影响这些意见在人们思想和态度中的显著性。此外，由于这些意见没有得到表达，就使现有的社会规范受不到任何挑战。

社会和环境条件也会影响个体的从众。例如，贝里（Berry, 1967）发现，在食物积累程度高的社会［如塞拉利昂的滕内人（Temme）］中，从众程度较高，而在食物积累程度低的社会（如加拿大因纽特人）中，从众程度则较低。在这种情况下，低水平的从众可能受社会化实践的影响：年轻的因纽特人很早就学会了如何成为独立的猎人。在许多亚洲国家进行的研究表明，亚洲人比欧洲人从众程度高。具体而言，过去的研究证明，中国人比美国人更从众（Huang & Harris, 1973）。此外，与欧洲人相比，亚洲人（如印度尼西亚人和日本人）更加重视从众（Matsumoto, 1994）。例如，在罗克奇（Rokeach）价值观调查的参与者中，亚洲被试认可诸如从众和服从等价值观，而西欧被试则强调独立和个人的自由（Punetha et al., 1987）。其他研究表明，彼此“相似”的国家，如意大利和澳大利亚（主要是基督教社会和民主社会），人们在从众行为方面存在差异。研究发现，意大利人比英裔澳大利亚人更从众（Cashmore & Goodnow, 1986）。更多的当代研究倾向于挑战20年前或更多年前获得的一些结果，并支持其他观点。研究表明，从众很可能与特定情境有关，并且与流行假设相反的是，从众在某些族群或民族群体中并不典型。一项针对日本大学生的研究表明，日本人在实验环境中的从众程度并不比美国人更高（Takano & Sogon, 2008）。其他研究指出，与其他国家的群体相比，日本年轻人群体的从众趋势仍然是存在的（Toivonen et al., 2011）。

请记住，从众应被视为一个连续变量（有关区分二分变量和连续变量的讨论，请见第2章）。只有在对比两个或多个样本时，才能描述从众水平的高低。此外，在单一文化中，根据不同群体的从众行为而应用不同的社会制裁。

在比较不同文化的从众时，应该考虑这种行为所发生的社会背景。根据某种程度的概括，我们认为，所有人类行为都可以视为从众行为，因为大多数健康的个体倾向于调整其行为，以适应特定的规范集合。某些形式的从众可能会受到促进。例如，当从众行为属于社会可接受的范畴，并且不存在严重的道德困境时，我们会很容易、很热切地从众。这可能就是当人们看到他人从事从社会角度来说是"好"行为和"合意"行为时很容易从众的原因（Aronson & O' Leary, 1982—1983; Cialdini et al., 1990）。

如果说美国是一个非常多元化的国家，我们是否应该期望其大多数公民不如生活在其他国家（如土耳其、巴西或印度）的人那么从众呢？实验研究并没有证实这一点。此外，一些研究表明，在类似的实验条件下，美国人的从众水平并不比其他国家的人低。在日本进行的一项研究中，其结果相当令人惊讶。数据显示，日本的阿希实验从众率最低，低于在美国进行的相同实验的结果（Frager, 1970）。根据假设，代表集体主义文化的日本被试应该比来自美国等个人主义文化的被试更频繁地从众。出现这种意想不到的结果的原因是什么？是实验过程中的错误吗？显然，在集体主义文化中，人们会遵从他们的内群体，对外群体则不太合作。在阿希实验过程中，参与者彼此之间几乎不认识或根本不认识。在这种情况下，不能说存在"内群体压力"。松田（Matsuda, 1985）研究了日本人的从众问题，他假设性地将日本群体分为三个类别，以此来解释这一现象。第一类是由实验者选择的群体，没有表现出从众；第二类是互相选择的朋友，表现出一定的从众；第三类是有凝聚力的群体，表现出最大程度的从众。对在日本被试身上所发现的低从众率，莫伽达姆（Moghaddam, 1998）将其解释为不同的社会规范对实验程序的影响。大多数从众实验是在高校进行的，而且大多数参与者是学生。对他们中的一些人来说，与“陌生人”在实验中的互动不如与家人及其他重要群体的互动重要，后者互动过程中的从众水平显然很高。同样有趣的是，如何用不确定性规避来解释从众呢？弗雷格（Frager, 1970）和后来的古迪昆斯特及其同事（Gudykunst, 1992）解释说，在美国，不确定性规避的程度很低，在许多社交场所中人们的“标准”规则往往不太相同。然而，在不确定性规避程度较高的日本，人们在不同社会环境中往往有明确的行为规则。因此，对陌生人的从众行为可能与对内群体成员的从众行为大不相同（Toivonen et al., 2011）。

批判性思维

“我们都从众”

俄罗斯社会心理学家亚瑟·彼得罗夫斯基（Arthur Petrovsky, 1978）确信，西方心理学家收集的大多数关于从众的研究都存在错误判断。他的主要论点是，当心理学家将某人在群体压力下的从众行为描述为二分变量时，即这个人只有从众和不从众两种选择（见第 2 章）时，就会发生错误判断。此外，在个人主义文化中，那些从众的人在公众眼中往往被贬为“被领导者”“追随者”“没有胆量的人”等。相反，那些不从众的人通常被贴上“领导者”“勇敢者”“独立者”的标签。

彼得罗夫斯基建议，我们可以避免可得性偏差（当观察者关注可见或突出的内容时），并从更广泛的视角考察从众。人们通常不仅会考虑当前情境中影响他们的因素，还会考虑他们的价值观及更广泛的社会规范，尤其是在做出重要决定的时候。在某些情况下，人们表面上表现出不从众的行为，但实际上他们是从众的，只是遵从的是不同的规范。例如，一群学生决定去一家牛排馆吃晚饭，其中一名学生没有跟着一起去，因为他是一个受宗教观点影响的素食主义者。或者某位年轻女性，与朋友们相反的是，她拒绝与醉酒司机一起上车，因为她认为这种酒后驾车行为是危险的。在这些例子中，个体的行为并未站在大多数人一边，这不是从众吗？你的观点是什么？回想一下从众是如何定义的：它是一种社会影响的形式，在这种影响中，个体改变态度和行为以符合他人的行为或社会规范。换句话说，当在别人看来某人没有屈服于群体压力时，此人表现出的仍然是从众行为。但是，如果此人符合的是一套不同的规范呢？在所描述的例子中，男人遵守了他的宗教规范，而女人遵守了“负责任”行为的规范；也就是说，“不酒后驾车”是必须的。在你看来，这是完全独立（不从众的）的行为吗？

当我们要求学生就美国人与其他民族群体在从众方面的比较发表意见时，大多数人说，美国人的从众水平远低于其他国籍的人。为什么是这样？是因为生活在不同文化中的人有不同的内在人格或“性格”吗？至少在某种程度上，答案其实更为复杂。周游世界的人很容易看到，与其他工业化程度较低的国家相比，生活在北美、欧洲和远东工业化国家的人们在生活上有更多选择。这些选择不仅与产品和服务有关，还与政治选择、意识形态观点、生活方式偏好和宗教习俗有关。通过这种方式，个体的表面从众程度可被视为在很大程度上取决于其可用的选项。具体而言，与存在很多选择机会时相比，当选择机会较少时，从众水平更高（Curtis & Desforges, 2013）。

例如，如果约翰（美国人）比李（朝鲜人）的选择多，我们会发现约翰的行为更加多样化和复杂。然而，我们不应该根据这一事实就认为约翰肯定不像李那么“循规蹈矩”。现实中，李的人生选择和机会更少；因此，她的行为范围本质上受到环境因素的限制。但这并不一定意味着她比约翰更“循规蹈矩”（在这方面，请参阅第 2 章对基本归因错误的讨论）。

10.14 服从命令

就在你阅读本文的这一刻，地球上的某个地方有人正在向其他人下达命令。例如，有人正在要求另一些人起身、移动、工作、救援、建造……在每种文化中，人们都会服从他人——父母、老师、警察、医生、军事指挥官、丈夫、妻子。服从是一种从众的形式，即一个人单纯遵循他人的命令。服从权威就是遵从权威人物下达的命令。这类行为的基础通常是一种信念，即拥有权威的人有权提出要求并发出此类命令。

美国和世界各地对服从的研究与耶鲁大学著名科学家斯坦利·米尔格拉姆的名字关系最大（Milgram, 1963）。正如心理学家指出的那样，米尔格拉姆的出版物是心理学史上最著名和最广为人知的出版物之一（Hock, 1995; Shiraev, 2016）。

米尔格拉姆在他的实验中发现，有些人很容易服从他人，而这样做的时候，他们也很容易违反自己的道德行为标准。此外，他发现人们变得服从的情况不一定非同寻常。即使在微不足道的社交场所，我们有时也会服从。米尔格拉姆的实验和随后的许多重复实验表明，不能简单地将服从权威视为极度虚弱、沮丧或病态的行为。当“普通”个体承受来自他人的心理压力时，他们就会服从。研究还发现，当有人为我们的行为承担责任时，我们往往会毫不犹豫地服从。在这种情况下，我们可能会做一些被认为不道德或不公平的事情。

米尔格拉姆关于服从的实验在许多国家得到重复，显然，结果是相似的：人们倾向于服从其他拥有权力的人。尽管存在差异，但更大的可能是，在权力距离大的国家，服从率将高于权力距离小的国家（在前面的章节中讨论过，权力距离是指组织中上级和下属之间不平等的程度）。当社会成员接受机构中权力分配不均时，权力距离指数就很高。当社会成员倾向于接受制度内的平等时，权力距离指数就较低（Hofstede, 1980）。

影响服从的另一个因素是个体的主要领导风格。例如，威权领导风格（An authoritarian style of leadership）假定领导者与被领导者直接沟通。领导或任何权威人物下达命令，被领导者必须服从。讨论和信息沟通非常有限。例如，在战后的德国，1946 年至 1953 年间 40% 的 12 岁学生报告实际参与了学校讨论和辩论，而在 1941 年至 1945 年间（纳粹独裁统治的最后时期），只有 6% 的 12 岁学生报告参与了讨论（Almond & Verba, 1965）。研究还发现，至少在过去的 200 年里，服从是德国社会化体系培养的最重要的价值观之一（Miller, 1983）。

批判性思维

文化规范与服从

我们作为观察者，描述和评估其他人的服从行为。当我们评估时，我们经常使用自己的标准来反对或支持服从的人。如果A和B属于不同的文化，那么B如何解释A的服从行为呢？批判性地思考一个问题，意味着会提出与之相关的其他问题。在服从的情况下，问题可能是——为什么这个特定的人遵循这个特定的命令？以印度的包办婚姻为例，一名年轻女性听从父母的建议，嫁给了一个她从未见过的男性。在美国观察者看来，这可能是一种服从行为（Saroop, 1999）？也许从这个角度来看，这名女性只是服从了他人的直接命令。但从该女性的角度来看，她父母的决定可能不是命令，而是基于父母的智慧、爱心和真心诚意的建议。此外，通过同意父母的选择，这位年轻女性接受了多个世纪以来包办婚姻的文化传统。在任何情况下，我们都不应忘记如传统、惯例和习俗等外部因素对个体行为和服从的影响。请参阅第2章中对基本归因错误的讨论。

根据其他研究，来自社会经济地位较低群体的父母往往比中产阶级家庭的父母更重视服从（Kohn, 1969）。在9个国家进行的一项大规模研究也得到了类似的结果。在这些研究中，要求父母说出他们孩子的哪些特征是最理想的，结果发现，生活在美国和韩国等其他工业化国家的父母的回答强调了个人独立和自力更生的重要性；来自土耳其和印度尼西亚等工业化程度较低的国家的父母则强调孩子服从的重要性，不支持独立性（Kağıtçıbaşı, 1996）。在世界不同的文化区域中，非洲社会顺从和服从的社会化水平最高（Munroe & Munroe, 1972）。政治意识形态似乎也会影响服从反应的频率。据报道，威权国家的服从反应比民主社会更为频繁（Triandis, 1994）。

10.15 社会影响

心理学中的社会影响指一个人改变一个或多个人的行为或态度所做的努力。个体行使控制和/或权威的能力称为权力。权力可以是正式的，也可以是非正式的。正式权力主要在由官方法律、法规和制度规则所规定的活动中行使。在没有官方规定的情况下，个人行使非正式权力。在大多数传统文化中，父母对其成年家庭成员没有法律权力。但受习俗影响，大多数父母对成年子女以非正式的形式行使父母权威，特别是在传统文化中。

实验表明，仅仅是出现代表特定国家或民族的文化符号，可能就会对人们产生影响，使他们根据该国家或文化群体的价值观进行思考。例如，看到红灯笼（中国文化的线索）可能突然让你想到履行人际关系义务的价值观（中国的文化价值）（Ho-Ying et al., 2007）。同样，研究表明，人们感知他人力量的方式可能会影响群体行为的许多方面。即使是一个简单的笑话，有权力的人和没有权力的人也会有不同的解释（McGhee & Duffey, 1983）。

典型案例

挑战老板

大韩航空波音 747 的副驾驶和飞行工程师都知道情况不对：所有指标都表明存在严重问题。但他们都没有对机长说什么，而机长没有发现任何危险。几秒钟后，飞机撞上了山顶，造成 228 名乘客死亡。调查人员证实，乘务员都没有挑战机长，即使他们了解这个问题。这场悲剧被一些专家解释为一个象征性的文化问题：飞行员表现出韩国传统的对权威的尊重（Phillips, 1998）。美国或墨西哥飞行员会在类似的飞行情况下挑战机长吗？

预测假设情况下的特定行为是非常困难的。然而，研究表明，一般的文化规范可以调节飞行员在驾驶舱内的行为。从 19 个国家的 9 400 名男性商务航空公司飞行员那里收集的调查数据（Merritt, 2000）表明，集体主义和个人主义、尊重权威和权力距离的规范在决定飞行员在驾驶舱内的具体行动方面发挥了作用。

与拥有权力的人相比，历史上没有权力的人更可能对自己的生活、对自己国家的地位，以及对世界的过去、现在和未来持悲观态度（Larsen, 1972）。预期低权力群体的成员对高权力群体成员有较多的同理心，而不是相反。例如，在一项早期研究中发现，在美国的阿拉伯黎巴嫩学生在识别典型的“美国”反应方面比美国人在识别典型的“阿拉伯”反应方面更成功（Lindgren & Tebcherani, 1971）。

社会学和政治学中有一种表达方式被称为“软实力”，指的是一国对他国的影响，例如，通过经济成就、文化、电影、体育、文学、时尚、人类交流等方式，思想得以传播。一些国家，如美国，拥有行使软实力的巨大经济、金融和智力潜力。韩国也在通过推出汽车、食品、玩具和音乐（尤其是韩国流行音乐）来传播其“软实力”。

10.16 对某些观点感觉良好

在世界各地，社会群体中的个体都表现出强烈坚持其共同观点的倾向，以至于忽略了与这些观点不一致的信息（请参阅第 2 章关于“信念固着”的讨论）。人们表达同意他人观点的方式存在一些文化差异。例如，研究表明，韩国人在书面回答中往往比美国人表现出更多默许或赞同（Locke & Baik, 2009）。这种在群体决策过程中与他人达成一致的现象称为群体思维（groupthink）。欧文·贾尼斯（Irving Janis, 1989）描述了这一有趣的现象，他认为群体思维与寻求共识有关，并且通常可能排斥对备选的决策或行动方案进行任何实际的评估（Brandstatter et al., 1984）。1961 年 4 月，肯尼迪总统同意支持在由美国训练的古巴流亡者的帮助下入侵古巴，以推翻那里的古巴政权。这次行动以灾难而告终，是一个群体思维的完美例子。内阁成员显然知道入侵不会成功，但没有人提出这一问题，因为他们显然希望在总统顾问的核心圈子内保持凝聚力。心理学家阿伦森（Aronson）提出，1986 年挑战者号航天飞机的惨败也是群体思维的结果。美国国家航空和航天局（NASA）工程师在追求共同目标的过程中忽略了潜在灾难的多个警告信号（Aronson, 1995）。今天，关于群体思维是否影响了美国 2003 年对伊拉克开战决定的相关讨论仍在继续。

群体思维是激进主义宗教、激进政治和好战族群成员中非常引人注目的群体机制。当你加入一个群体，你可能不愿表达对群体决策和群体活动的怀疑，因为你的犹豫可能被视为软弱和不忠诚的表现。

群体极化（group polarization）是另一种群体现象，几乎与群体思维形成直接对比。群体极化是群体成员由于群体讨论而变得比他们最初的立场更加极端的趋势。在群体极化条件下，群体凝聚力对群体成员来说可能不那么重要。在某些情况下，会出现风险转移现象（risky shift phenomenon），这意味着群体决策通常比成员在讨论或决策之前持有的个人观点更加冒险（Moscovici & Zavalloni, 1969）。在美国、许多欧洲国家和一些非洲国家的各种实验发现，解释风险转移现象也是以特定的文化规范为基础的（Brown, 1965）。换句话说，如果一种文化重视其个体的风险行为，则可能会发生风险转移。风险转移现象已被证实存在于许多国家，包括法国、英国、加拿大、以色列和新西兰（例如，Rim, 1963; Vidmar, 1970）。不同文化间的冒险水平数据并不一致（Foxall & Payne, 1989），但几项研究认为，美国经理人比其他国家的样本的冒险水平更高。

10.17 社会懈怠是普遍现象吗

想象一下，你正在独自从事一个项目，要求你比较世界各地的离婚率，并通过互联网收集统计数据。你希望在几天内完成这个项目，没想到，你的教授告诉你，他已经指派了两个人来帮你完成这个项目。听到这个消息，你会不会松口气？你会因为预计你的助手会对工作有帮助从而减少努力吗？事实上，许多人在类似情况下会放慢速度，从而表现出社会懈怠，即群体成员在完成任务时比单独工作或群体规模扩大时付出更少努力的倾向。社会懈怠普遍存在于每个社会群体中吗？

多项跨文化研究结果表明，社会懈怠并不是一种普遍现象。例如，在中国和日本进行的研究表明，在这些国家研究的群体行为中不会发生社会懈怠，在某些情况下还出现了相反的现象。当一个群体提高了其成员的个人表现时，被称为“社会奋斗”（Earley, 1989）。一些研究发现，美国人（最有可能以“个人主义者”为主）表现出社会懈怠，而中国人（以“集体主义者”为主）则倾向于表现出相反的模式（社会奋斗），结对工作而不是单独工作时表现更好（Gabrenya et al., 1985）。也许在许多不发生社会懈怠的文化中，现有的集体主义规范会刺激人与人之间的相互依赖。换句话说，可以假定社会懈怠在集体主义文化中并不典型。然而，这并不意味着在个人主义文化中，社会懈怠始终是群体关系的一部分。此外，我们不应忽略一个事实，即一个群体的凝聚力越强，偷懒的发生率就越低（Petrovsky, 1978）。社会懈怠是以社会环境为基础的，某些心理现象，如成员对团体的个人认同、对团体的忠诚度和责任感可能会影响社会懈怠的增加或减少（Simms & Nichols, 2014）。

练习 10.2

想象一下，你在游轮上遇到以下几人：（1）来自日本的男人；（2）来自巴西的女人；（3）来自法国的男人；（4）来自约旦的女人；（5）来自德国的男人；（6）来自意大利的女人。你在他们的陪伴下度过了美好的一周。回到家后，你终于意识到你最初对这些人的刻板印象得到了证实。你能否将以下行为与上面显示的国籍相匹配？（完成下面的陈述。）弗吉尼亚州和华盛顿特区的400名学生对流行的刻板印象进行了评估。然后，你可以将你的答案与最常见的刻板印象进行比较（请参阅本书的网站）。讨论为什么会出现这种刻板印象，以及为什么这些刻板印象是不准确的。

问题：这个人是哪国人（日本人、意大利人、法国人、德国人、约旦人、巴西人）？

1. 此人早餐、午餐或晚餐从不迟到。
2. 此人话太多了。
3. 此人一直在拍照和录像。
4. 此人是团里最好的桑巴舞者。

5. 有人看到此人一直在喝啤酒。
6. 此人经常谈论足球。
7. 此人从不主动发起对话，是小组中最安静的。
8. 此人一直微笑着同意别人的看法。
9. 此人说他（她）从来没有打过牌，以后也不会打牌。
10. 此人一直在喝酒。
11. 此人吃饭和参加其他活动时总是迟到。
12. 此人多次说，婚后他（她）想和他（她）的孩子待在家里。
13. 此人分享了很多关于奶酪的事实。

练习 10.3

头脑风暴（Brainstorming）是一种小组讨论技术，参与者在有限的时间内针对问题提出尽可能多的不同的建议或解决方案。头脑风暴的规则比较简单（Osborn, 1957）。首先，群体需要你的想法。你产生的想法越多越好，因为想法的数量会影响最终决策的质量。其次，你可以自由地产生你喜欢的任何想法。振作起来，不要驯服！你不必担心自己“疯了”“天真”或“愚蠢”。在这种情况下，没有疯狂、幼稚或愚蠢的建议。再次，批评其他成员的想法和建议属于禁忌。要积极和慷慨。稍后你将有时间否决那些你不喜欢的想法。最后，你将帮助改进其他小组成员的想法和建议。展示如何实施你所支持的那些想法以保持建设性。

问题：作为一种集体决策方法，你认为头脑风暴在集体主义和个人主义文化中会产生不同的影响吗？哪种文化规范最有利于头脑风暴的成功？考虑两个假设：

- 首先，人们在个人主义文化中比在集体主义文化中更能自由地表达他们的个人意见。因此，头脑风暴自然“适合”任何个人主义文化：人们不在乎批评，且能自由表达自己的想法。
- 其次，在集体主义文化中，个人之间有更多关联和相互依存。因此，任何需要相互支持和理解的小组讨论，自然符合集体主义文化规范。

你认为这两个假设哪个更合理？解释你的答案。

10.18 本章概要

1. 心理学的一个既定观点认为，社会知觉具有文化根源。我们从我们的文化环境中习得判断、态度和信念。

2. 社会知觉和社会认知过程中最基本的要素之一是态度。从跨文化角度来说，态度帮助我们理解世界并产生意义。它们具有自我防御功能，有助于我们对自己感觉更好。最后，态度的作用是让我们表达我们的价值观。

3. 文化沿着以下维度发展、维护和证明特定的价值观集合：保守主义与自主性、等级制度与平等主义、掌控与和谐。人类价值观中可能存在集体主义和个人主义模式。对于是否存在所谓西方和非西方价值观，尚存有争论。

4. 认知平衡和认知失调理论表明，人们在态度上寻求一致性。尽管存在一定的差异，但在不同国家的个体中确有这种趋势。寻求一致性的一种形式是心理教条主义，它具有广泛的文化表现形式。

5. 社会归因研究提供的一些证据表明，尽管有许多相似之处，但不同国家的人们表现出不同的归因风格，这些差异深深根植于人们的社会和文化背景之中。

6. 文化可以影响基本归因错误和其他社会归因模式的各种个体表现。

7. 尽管行为的一般道德原则可能是普遍的，但对这些原则的解释会受到每种特定文化的强烈影响。有两种关于道德的基本观点。第一种观点是基于正义的道德观，强调个人自主权及其个人权利。第二种观点是基于义务的观点，认为对他人的义务是道德的基础。

8. 个体在其内部世界和外部世界之间做出区分。个体特质和环境都以多种方式塑造人们的自我知觉。

9. 社会知觉的过程往往使人们简化传入的信息，并按群体进行分类。刻板印象导致人们认为给定群体的所有成员都有特定的特征。研究表明，刻板印象有许多在不同文化环境中共有的普遍特征。

10. 人类学家证实，在所有已知的人类社会中，人们都倾向于形成群体。通过加入一个群体，我们在群体内获得了地位，获得了相对社会的、正式或非正式的职位或等级。一旦我们获得了地位，我们就开始履行自己的社会角色，也就是在群体中占据特定位置的个体被期望执行的一系列行为。每个群体内部都有一系列规范或规则，指示其成员应该或不应该从事行为。我们大多数人都会确定自己的内群体——我们所属的群体，也会确认自己的外群体——我们不属于的群体。有一些群体是我们可能不属于，但我们会对其产生认同的群体：参照群体。人类学家认为，领地行为对个体和社会群体来说都是自然就有的。具有包容性的群体往往会容忍“侵入者”，而排外群体会特别具有领地性。

11. 研究表明，不同文化中的称呼规则有很大的一致性。尽管各国之间有许多相似之处，但仍有各种社会、宗教和文化因素调节着我们的具体互动。

12. 从众是一种社会影响的形式，个体通过这种影响来改变态度和/或行为以符合现有群体的、更广泛的群体的或社会的规范。从众是一种普遍现象，在不同文化中存在一些差异。个人主义与经济财富之间存在正相关关系。此外，在个人主义水平较低的国家，人们更喜欢从众，认为自主性不太重要。在个人主义水平高的国家，多样性受到重视。特别是，在许多亚洲国家进行的研究表明，这些文化中的人比美国人的从众程度更高。农业社会的从众程度高，狩猎和采集社会的从众程度低。从上层到中产阶级群体中的从众程度通常较低，而在较低社会经济群体中的从众程度较高。分层社会中的从众程度也较高。

13. 服从是一个人单纯遵循了他人命令的从众形式。人们倾向于顺从（obey）其他有权势的人。尽管存在差异，但在权力距离大的国家，服从率有可能高于权力距离小的国家。

14. 群体思维是群体成员过于坚持共同观点，以至于忽略了与这些观点不一致的信息的倾向。有证据表明，群体思维在每种文化中都很常见。群体极化是群体成员由于群体讨论而变得比他们最初的立场更加极端的倾向。在群体极化条件下，群体凝聚力对群体成员来说可能不那么重要。在某些情况下会出现风险转移现象，这意味着群体决策通常比成员在讨论或决策之前持有的个人观点更加冒险。如果一种文化重视个体的风险行为，则可能会发生风险转移。

15. 社会懈怠是群体成员在完成任务时比单独工作或群体规模扩大时付出更少努力的倾向。在许多不发生社会懈怠的文化中，现有的集体主义规范刺激了人际间的相互依赖。

10.19 关键术语

态度 一个人对社会世界各种特征的心理表征和评价。

认知失调 感知到态度和行为，两个或多个决定，两个或多个态度之间的不匹配（失调）所引起的心理紧张。

凝聚力 作用于群体成员以使其成为群体的一部分的所有力量，包括相互吸引、相互依存和共同目标。

顺从 做或说别人所做或所说的。

从众 一种社会影响的形式，个体通过这种影响来改变态度或/和行为以符合现有的社会规范。

教条主义 思想封闭，在自己的观点和继后行为上死板和不灵活。

嵌入性 个体与群体融合在一起的程度。

群体 两个或更多个体形成的一个完整的单元。

群体极化 群体成员由于群体讨论而倾向于变得比他们最初持有的立场更加极端的倾向。

群体思维 群体成员过于坚持群体的共同观点，以至于忽略了与这些观点不一致的信息的倾向。

认同 个体强烈地感觉到自己是群体的成员之一，以至于采纳了该群体的观点、态度和价值观的过程。

规范 群体内的规则，指示其成员应该（或不应该）如何行事。

服从 一种社会影响的形式，即一个人单纯地命令一个或多个人执行某些行动。

权力 个人行使控制和/或权威的能力。

角色 在群体中占据特定位置的个体被期望执行的一系列行为。

制裁制度 奖励遵守规范的人（积极制裁），并谴责背离规范的人（负面制裁）的行动。

自我中心偏差 将成功归功于自己并避免为失败承担责任的倾向。

社会归因 我们试图解释和确定他人行为及我们自己行为原因的过程。

社会认知 我们解释、记忆和使用关于社会世界的信息的过程。

社会助长 他人在场影响绩效的效应。

社会影响 一个人改变一个或多个人的行为或态度所做的努力。

社会懈怠 群体成员在完成任务时比单独工作或群体规模扩大时付出

更少努力的倾向。

社会知觉 我们试图了解和理解他人和我们自己的过程。

地位 群体内的相对社会（正式或非正式）位置或等级。

刻板印象 认为特定群体的所有成员都具有某些特质或特征。

谦逊偏差 倾向于将自己的成功解释为外部因素的结果，并将失败解释为个人错误或弱点的结果。

价值观 反映个体认为最理想或最合适的原则、标准或品质的复杂信念。

第 11 章 人格与自我

斯坦福大学的一个研究小组从旧金山机场的等候区招募了两组人，要求他们填写一份简短的调查问卷，以换取一支笔作为礼物。第一组由出生于美国并在家说英语的人组成。第二组由出生于韩国或中国的人组成，主要讲韩语或中文。研究小组允许他们从一些钢笔中选择一支：大多数是橙色的，少数是绿色的。3/4 的美国人选择了绿色，这是最不常见的颜色。例如，如果有两支绿色的笔和十支橙色的笔，他们会选择绿色。来自韩国和中国的参与者在选择钢笔时选择了最常见的颜色，而没选择不常见的颜色。正如本研究和其他研究所显示的，此类行为可能反映了某些文化特征：与东亚人相比，美国人更倾向于寻求独特性。在美国，突出和 / 或独创性被视为一个人人格的重要特征，在人们生命的早期就受到鼓励。相反，在东亚文化中，人们倾向于根据与他人及与社区相关的共性来考虑自己（Koerth, 2013; Kim & Markus, 1999）。一项研究将脸书用户的行为与人人网（Renren）（相当于中国的脸书）用户的行为进行了比较。研究人员发现，脸书用户分享的帖子反映了对自己“自我”的关注——如自拍。相比之下，人人网用户的帖子关注的是“我们”，而不是美国人关注的“我”（Qiu et al., 2013）。

这些及其他具有相似结果的研究告诉了我们什么？尽管国际旅行、交流、时尚和教育导致了共同性，但个体往往在行动、思维和定义自己的方式上遵循“文化标准”。本章探讨了人格和将个体定义为一个整体的自我体验和行为的自我的跨文化方面，以及一个人对其与周围文化环境相关的心理特征的理解。在讨论过程中，我们还讨论了跨文化研究中的一个新兴话题——性别认同。

11.1 什么是人格

人格是个体的一组稳定的行为和经验特征。定义人格一直是心理学中最具挑战性的任务之一。心理学家通常根据他们在学科内所持的主要理论立场来看待人格。不管心理学家的立场有何不同，他们都关注在个体行为和经历的相对稳定的模式和持久特征上。这些特征在各种生活情境中表现出来——出现、引起注意、被评价等。心理学家会描述、测量、比较和解释这些模式。虽然人格可以是一个理论概念，但至少出于三个原因，这一概念在心理学实践中非常重要。第一个原因与一致性有关。人格概念帮助心理学家建立个体可观察特征的一致性，以便对个人的行为做出预测。例如，一个善于交际和外向的人居住在墨西哥，即使他移居美国，也会保持善于社交的特征。第二个原因是行为的因果关系。人格概念表明个体的行为、感觉或想法不仅仅是对外部刺激的直接反应。相反，这些行为、感觉或想法在某种程度上源自内部：一个来自肯尼亚小镇通常比较害羞的人，可能在大多数新地方都不大愿意冒险。第三个原因与组织有关。人们表现出数以千计看似无关的特征。人格心理学研究使用的系统方法有助于心理学家描绘出个体少数显著的、相互关联的品质。例如，经过你的专业研究，你应该期望一个虔诚的宗教人士可能具有其他几个与宗教信仰相对应的个体特征，如遵守仪式、道德虔诚或对宗教权威的尊重等。可区分的表现或行为和经验的模式被称为人格特质。正如铅笔或木炭在纸上的笔画定义了肖像的重要特征一样，特质有助于定义人格（特质一词来自拉丁语 tractus，意思是笔画）。你的特质综合起来，就形成了某种类型。类型是指具有相似特征的一种或一类元素或特征。表现出相似特征组合的个体被认为属于同一类型。现在，我们将分析几个人格的核心概念。我们将探索来自行为—学习视角的控制点（locus of control）概念。接下来，我们将把自我视为一个心理学概念，然后转向与民族、性和宗教认同相关的讨论。

11.2 控制点

人们对自己努力的特定结果——如成功或失败——预期各不相同。为了避免失败或惩罚并寻求胜利或奖励，我们会做一些预期会取得成功的行为。如果我们取得成功，我们很可能就会重复这一行为。如果我们失败了，就不会重复了。当然，成功取决于许多我们可以控制的因素，还有许多其他因素是我们无法控制的。例如，天气，你无法通过更努力地工作或取得更好的成绩来改变它。我们常常无法解释超出我们控制的事件的原因（Kelley, 1967），这是很常见的。美国心理学家朱利安·罗特（Julian Rotter, 1916—2014）专注于调节人类行为的"内在"因素：预期的结果。他通过实验表明，个体之间在归因或解释个人控制的程度上存在一致的差异（Rotter, 1966）。罗特表明，可以根据人们的控制点（个体相信他们能够控制和影响事件的程度）将其分为两大类。一类为"内控者"（拥有内部控制点的人），他们更喜欢将事件解释为受可控内部因素的影响。另一类即"外控者"（拥有外部控制点的人），他们更喜欢将事件解释为受无法控制的外部因素的影响。许多研究表明，与内部控制点相比，拥有外部控制点的人更倾向于参与风险事业（如赌博）。内控者更有可能成为政治活动家。具有内部控制点的人往往可能是"困难"的患者，因为他们比外控者更有可能不遵循医生的建议。"内控者"不容易被说服，他们往往比外控者有更强的成就动机。

早期关于控制点的出版物激发了测试其跨文化适用性的兴趣（Semin & Zwier, 1997）。来自特定文化群体的人是否倾向于表现出特定的控制点？例如，研究发现，平均而言，居住在亚拉巴马州的人与居住在伊利诺伊州的人相比，控制点的测量结果有所不同。此外，这些差异可能会影响他们对飓风和龙卷风等自然灾害的准备程度。与"外控者"（大多数来自亚拉巴马州）相比，"内控者"（大多数来自伊利诺伊州）在面对自然灾害时准备得更好。后者靠自己的努力，而前者往往靠运气等环境因素（Hock, 2013）。其他群体怎么样呢？例如其他族群和民族？例如，我们是否可以说法国男性比中国或俄罗斯男性更"外控"，或者集体主义文化成员比个人主义文化成员更有可能发展出外部控制点？我们需要批判性地思考这些假设。作为族群和宗教团体的成员，我们是否更喜欢某一类型的因果关系？从理论上讲，似乎是这样。例如，想想西方国家。大多数出生在西方国家的人都认为人可以控制自己的生活，应该成为自己命运的主人。去上学、工作、储蓄、改进——你会没事的！因此，社会通常宽恕性格归因（你可以做到）并阻止情境归因（这并非取决于你）。然而，一个后果是，我们这些生活在西方的人经常自欺欺人地高估我们实际拥有的控制程度，同时低估我们无法控制的外部因素的影响。换句话说，我们对人和事件的控制并不像我们以为的那么多。然而，进行性格归因让我们拥有了一种舒适的控制感或错觉。

研究表明，除了一些例外，西方国家的个体比非西方国家的个体更有可能表现出强大的内部控制点。研究还表明，“西方人”群体：（1）通常对独裁权力（“外部”力量）持怀疑态度；（2）拥有物质资源（如稳定的工作和社会保障福利）；（3）在强调个人努力、以个人主义为主的文化中长大。这些因素及其他因素使西方人较少依赖外部因素。按照这个逻辑，我们是否有理由期望城市居民，或属于宗教、族裔上的多数派，或具有较高社会经济地位的每个人，都有一个内部控制点？相反，如果我们认为属于社会经济地位低的少数群体成员每个人都将拥有外部控制点，我们的预测会有多准确？显然，根本不准确：大多数比较研究都否定了这些期望（Hui, 1982; Nowicki, 2016; Tobacyk, 1992）。研究表明，不同群体、国家和文化的控制点的一般模式并不一致。一些研究发现，社会群体之间存在一些差异。例如，一项研究表明，美国的少数族裔比非少数族裔更频繁地购买彩票（Chinoy & Babington, 1998）。持续赌博可能是“外控者”的典型行为模式。然而，不能根据一种行为模式得出关于控制点的一般假设。为什么跨文化研究发现不同文化成员的控制点几乎没有差异？一种解释是，可能存在一个方法学问题：人们往往会给出社会期望的答案（Munro, 1986）。研究得出的控制点得分也许反映了人们在现实世界中实际的“个性化”控制程度，而不是他们的社会地位和文化身份所决定的程度（Collins, 1974; Dyal, 1984）。例如，人们可能期望生活在农村地区并受独裁政府控制的穷人有外部控制点。然而，这个人同时也是一个父亲、一个丈夫、一个哥哥、一个家庭的养家糊口者——这些角色与内部控制点有关。一个人的内部 / 外部控制点与他对自己幸福感的总体评价之间有什么关系？外部因素和内部因素都会影响个人的幸福感。来自加拿大（法国和英国血统）、萨尔瓦多和美国的 200 多名参与者都是本科生，他们被问到开放式问题："是什么让你幸福？""需要什么才能使一个人幸福？""什么样的人是幸福的人？"研究发现，在所研究的不同文化中，人们对促进幸福的因素的知觉是相似的（Chiasson et al., 1996）。例如，影响幸福的最重要因素是家庭关系、实现目标的能力和积极的自尊。不过，其中也存在一些差异。来自萨尔瓦多的参与者提到，该国的宗教价值观和政治状况是影响他们幸福感的因素。同时，北美人提到了个人成功和愉快的生活片段。总的来说，几十年的研究表明，相信并接受自己在很大程度上控制自己生活的人，往往在生活的大部分领域都表现得更好，而那些认为运气、命运或外部因素指引着自己生活的人则表现较差，尤其是在新异和困难的情况下（Nowicki, 2016）。

批判性思维

当华盛顿的皮尤研究中心要求美国人评估"生活的成功很大程度上取决于我们无法控制的力量"这一说法时，57% 的人不同意（Gao, 2015）。当研究人员询问 44 个国家（样本包括西方和非西方国家，也包括富裕国家和发展中国家）的受访者时，百分比明显较低，只有 38% 的人不同意（全球中位数）。此外，关于各因素对取得成功的重要性，73% 的美国人将"努力工作"评为 10 分（从 1 到 10），相比之下，全球比例为 50%。你如何解释这些意见差异？为什么美国人比其他国家的人表现出更多内部控制点？根据你的个人经验（如果你去过其他国家并可以比较），与其他国家相比，美国是否更强调个人努力？

11.3 关于"民族性格"

在相对短期的跨文化科学研究过程中，科学家和实践者关注的问题是某些人格特征是否代表了特定国家公民的典型特征。你可以想象，这些研究人员必须考察推测的程度及刻板化判断的程度。对大多数国家的特征认知仍然是推测性的。例如，如果一项研究表明，加拿大公民在信任上的心理测验平均得分高于法国公民，那么是否可以根据该研究而可靠地推论出任何事情？即使一些研究表明，与亚洲人相比，英国人和德国人倾向于在注意方面不那么关注整体，更加具有个人幸福导向，在人际关系中更以自我为中心，所有这些在实际意义上意味着什么（Kitayama et al., 2009）？例如，平均值不能告诉我们的是，是否所有美国人都具有某些个人特质可以将他们与中国人或德国人明显区分开来。总体而言，民族内部个体之间的心理特征差异大于任何两个民族之间的心理特征差异。

然而，关于是否存在与国家相关的特定特质的讨论仍在继续。民族性格（National character）是一个国家大多数人普遍存在的一组被感知到的显著行为和心理特征及特质。很多时候，这些特征来源于人们的假设。这些假设很多都是暂时的，并与特定事件有关。有一些假设历史悠久，有一些假设可能令人反感，还是一些让人觉得幽默。例如，好几代欧洲人都讲过这个关于他们“性格”的笑话：“天堂和地狱是什么？天堂就是餐厅厨师是法国人，警察是英国人，汽车修理工是德国人，策划师是瑞士人，情人是意大利人。地狱就是厨师是英国人，警察是德国人，机械师是法国人，规划师是意大利人，情人是瑞士人。”在民间信念中，俄罗斯人经常以酒鬼的形象出现。中国人可能被描绘为勤奋、痴迷数学、在生活中缺乏乐趣。印度人可能经常被描述为精通计算机的书呆子。法国人可能会表现为喝咖啡、追逐时尚、批评一切。然而，我们知道，这些都是非常不准确甚至令人反感的标签。一些值得注意的事实、媒体耸人听闻的报道，或者个人经历都可以创造并进一步维持与“民族性格”相关的特定刻板印象。政治在人们如何看待其他国家方面通常发挥着重要作用。据调查，日本人和中国人（两国都接近 80%）多年来对彼此的看法非常消极（Pew, 2016）。全世界有很大比例的人（45%，而 2013 年巴拉克·奥巴马担任总统时为 25%）认为美国的权力和影响是对他们国家的“主要威胁”，这些观点与人们对唐纳德·特朗普及对美国这个国家的态度有关（Gramlich & Devlin, 2019）。国际调查一致表明，美国人在大多数情况下被描述为自信、勤奋、思想开放，但喜欢对抗。皮尤研究中心（Gao, 2015; Pew, 2005）在国际民意调查中发现，全世界超过 50% 的人认为美国人勤奋并富有创造力，同时也贪婪和暴力。美国人被认为能力高而热情低。美国人对个人主义和职业道德的重视在对世界各地人的调查中脱颖而出。美国人倾向于相信努力会有回报，并认为自己很努力（Gao, 2015）。加拿大人倾向于强调多元文化、多样性和包容性是他们国家的主要特征，并强调他们国家对世界的显著贡献（Environics Institute, 2018）。2019 年，近 60% 的美国人认为世界看好美国人，这是 2003 年以来的最高比例（Gallup, 2019）。然而，这些看法在现实中有依据吗？人们如何了解其他国家？大多数瑞士人都是优秀的规划师吗？大多数中国人都特别有礼貌吗？大多数英国人的厨房工作都很糟糕吗？如果你是美国人，你个人是否同意美国人工作勤奋但情感冷淡？

民族性格的观点被载入文学，嵌入对历史的各种解释中，通过笑话传播，并通过旅行者的故事延续。几个世纪以来，人们普遍认为民族性格与气候有关：有些国家有“热血”，而另一些则是“冷血”的。两国之间的战争、持久的殖民主义政策、独家事实、悠久的民间信仰及媒体耸人听闻的报道——所有这些都可以创造和维持与“民族性格”相关的特定刻板印象（见表 11.1）。某些国家的人可能倾向于将自己与邻居区分开来，并以此表明他们是不同的。例如，立陶宛人有着将自己与俄罗斯人区分开来的悠久传统（Yushka & Gaidys, 2008）。或许加拿大人是为了努力把自己区分出来，并建立独立的民族身份，因此普遍对美国人持批判态度（Environics Institute, 2018），并将自己视为美国人的镜像对立面（Cuddy et al., 2005）。

表 11.1　影响与“民族性格”相关的刻板化知觉的因素

具体事件。两国之间的战争或严重的国际事件通常会产生某个特定国家的人是“侵略者”形象，即使在公开敌对行动结束多年之后也是如此。“第二次世界大战”结束多年后，德国人和日本人仍然不得不与其他人对他们持有的负面刻板印象作斗争。同样，英国、法国、俄罗斯和美国人民，以及许多其他国家的人民，在过去的战争或国际事件之后，也不得不处理其他国家对他们国家的负面看法。
被压迫的历史。持久的殖民主义政策，以及一国统治或剥削另一国的其他例子也经常产生相互对立的看法。被压迫国家的人普遍被对方视为“麻烦制造者”“暴力”，而统治国家的人则被视为“狂妄”和“不道德”。看看世界帝国的历史，了解以色列与其阿拉伯邻国伊朗和伊拉克，或苏联及其前民族加盟国之间的关系。这些历史清楚地展示了一个国家对他国的统治是如何使双方产生负面看法的。

续表

富裕与贫困。富裕国家的人民通常被贫困（尤其是邻国）的人视为“自负”和“吝啬”，而较贫困国家的人则被一些人刻板地视为“懒惰”和“肮脏”。在民间传说、流行故事和日常对话中，这些相互之间的消极刻板印象得到加强和维持。许多人倾向于相信这种刻板印象，因为他们无法获得挑战这些刻板印象的经验或信息。

批判性思维的缺乏在塑造和维持刻板印象方面发挥着重要作用。许多人将一个国家的外交政策制定者和普通人之间做出了区分。2003年开始的伊拉克战争使人们对美国人的看法产生了负面影响，但世界各地的许多人似乎在美国的外交政策制定者和美国人民的个人特征之间划出了明确的界限（Terracciano & McCrae, 2007）。

人们如何看待自己的“民族性格”取决于多种因素。例如，在一项国际研究中，美国人往往认为自己既自信又令人讨厌。印度尼西亚人报告说他们随和但不认真。阿根廷人报告了一种相当不受欢迎的方面，称自己冲动、傲慢和粗心（Terracciano et al., 2005）。一项调查显示，南美洲和欧洲国家的人们往往在开放性维度上得高分（智利排名第一）。此外，开放性排名垫底的主要是东亚文化，如中国香港特别行政区、日本、韩国和中国台湾地区。人格测验产生的测量结果还表明，来自非洲文化的人焦虑分数往往较低（Smith et al., 2007）。

尽管如此，不管是这些因素还是其他数据，都没有证明特定国家的人具有不同于其他国家的人的显著的人格特征（McCrae, 2002）。一项跨越49个国家的最全面的国际研究比较了各种人格特质，发现民族性格刻板印象几乎没有现实依据（Terracciano & McCrae, 2007）。原则上，心理学家应该提醒所有人，这种刻板印象对于了解任何国家或文化中的人来说都是一种糟糕的指导。

典型案例

接受调查的美国人

几项研究总结了美国人与其他国籍的人相比最常见的特征（Gallup, 2019；Henrich et al., 2010）。一般来说，如果你是美国人，你会被认为比其他人更爱国、更爱诉讼和慈善。你也将是最乐观、最没有阶级意识的人之一。作为美国人，你可能会被视为最虔诚的人（如果你是新教徒）、最宗教激进主义者（如果你是基督徒），并且与来自西方工业化国家的其他人相比，你更有可能以绝对道德的方式看待世界。然而，与其他西方大型工业化社会相比，你面临的工作时间最长，离婚率最高。然而，作为美国人，你比世界上其他人更有可能成为一名志愿者。作为美国人，与其他人相比，你是最不支持各种政府干预的人。总体而言，有理由假设美国人可能与地球上的其他人不同。然而，你个人如何看待这些差异？从你作为美国人的角度来看，美国人和其他国籍的人有什么不同？如果你不是美国人，你会看到哪些差异？有关实证事实，请访问皮尤研究中心网站 www.pewglobal.org/ 并用关键词 America Global Image 进行搜索。

11.4 自我

术语“自我”指一个人的认同或经验主体的表征。心理学家普遍认为，自我是通过个人的内在生物过程与其生态文化背景之间相互作用而形成的（见第 1 章）（Baumeister & Bushman, 2011）。人们经常区分他们的内部世界和外部世界。内部世界和外部世界都会以各种方式塑造我们的自我认知，这些方式可以反映我们所生活的文化的最突出特征。

我们如何看待自己取决于自我知觉，如第 10 章所述。自我知觉的某些元素在不同国家和文化中可能比较一致。例如，男性通常高估自己的智商，他们给自己的平均打分比女性给自己的得分高 3 分（Furnham & Baguma, 1999; Furnham et al., 1999）。男性在线约会者倾向于被潜在伴侣的外貌所吸引，而女性倾向于根据男性社会经济特征（如收入、职业和教育）而不是他们的身体特征做出选择。虽然男性更容易表露信息，但女性往往更有创意，更喜欢所提供信息的多样性（Abramova et al., 2016）。在在线约会网站上，人们通常将自己描绘得比实际更高、更健美、更瘦（Levitt & Dubner, 2009）。

可以预期，自我感知的许多特征都有文化根源。例如，传统价值观会影响出身贫困的人如何看待自己的社会地位。社会经济向上流动（以收入和职业地位的增加来衡量的），并未显著影响受访者的自我形象或对其低社会地位的看法（Biswas & Pandey, 1996 ; Sinha & Verma, 1983）。跨文化研究还表明，日本人的自我批评比美国公民更典型（Heine et al.,1999）。事实上，多年来进行的许多研究表明，与北美和欧洲相比，东亚国家的自尊分数较低（Boucher et al., 2009; Brown & Cai, 2010）。调查结果并未显示中国人、日本人或韩国人比美国或荷兰人对自己的看法更消极。相反，这些较低的分数是一种表达自我批评的形式，源于普遍而复杂的自我克制文化传统。例如，正如一项研究所表明的，日本在语言和行为上强调 kenson（谦虚）和 enryo（保留或克制），而在西方文化中缺乏类似的术语。这种强调限制了日本人说出或写出任何可能被认为是傲慢、狂妄或无礼的内容。相比之下，在西方，人们习惯于避免将自己描绘成软弱和不安全（Tafarodi et al., 2011）。

有研究结果表明，一方面是个人主义和集体主义，另一方面是高自尊或低自尊，两方面之间存在相关。自尊反映了一个人从情绪和理性两方面对其自身价值的总体主观评价。跨越 20 年的研究表明，东亚国家（如日本或中国）的人报告的自尊水平往往低于西方人报告的自尊水平（Tafarodi et al., 2011; Tafarodi & Swann, 1996）。集体主义文化要求人们敏感地感受到他人的需要，个人目标从属于集体需要，在这样的文化中，可能会期望个体发展出自爱。然而，由于对个人表现的高要求，这些文化也使个体对自我能力的感受受到限制。相反，在个人主义文化中，独立性和高度自尊具有优先性。

多年来，来自跨文化自我知觉研究的流行讨论之一是关于“私人”自我与“公共”自我的存在（Benedict, 1946; Shiraev & Fillipov, 1990; Triandis, 1994）。“私人自我”一词表示自己对自己的感受和想法。同时，“公共自我”是与他人对他们相关的自我概念。与来自个人主义文化的人相比，来自集体主义文化的人倾向于对自我产生较多以群体为中心的描述，以及较少以自我为中心的描述。在集体主义并因而相互依存的文化中（如中国、日本和韩国），人们倾向于不把自己视为独立的实体，而是特定社会群体的一部分（Triandis, 1989/1994）。另一方面，当西方被试描述自己时，倾向于确定大量与特定社会群体无关的抽象特质，而亚洲被试确定的相同的抽象特质较少（Bond & Tak-Sing, 1983; Naito & Gielen, 1992）。然而，最近的研究经常会挑战 20 多年前获得的这些发现，可能已经发生了实质性的代际变化，影响了“私人”自我和“公共”自我的发展，并使其具有跨文化的相似性（Santamaria et al., 2010）。

有一种流行的观点认为，人们可能会适应因经济变化、移民和技术创新而带来的变化（Arnett, 2002）。许多人基于旧的“当地”的及新的跨文化的习俗、思想和符号（包括新的时尚、食物、休闲活动和教育原则）而发展并且已经在发展新的自我知觉。许多人被夹在对传统和变革的通常是模棱两可的社会压力之间（Ozer et al., 2017）。有些人适应得很好。然而对某些人来说，改变的过程比其他人更困难。与旧的和“方便的”文化形象和规范相比，新的价值观、规范和行为似乎令人恐惧和具有挑战性。有些人可能会感到自己被排除在当地文化和全球文化之外，不属于其中任何一个。

典型案例

认同与族裔歧视

菲律宾裔美国人超过 350 万，目前是美国第二大亚裔群体，在美国有着悠久的历史。生活在菲律宾的人如何看待他们的族群认同？他们跟美国在历史上及当代的关系如何塑造了他们的认同？他们保留着认同，还是会改变？一些研究人员已经发表了关于这个主题的文章。E.J.R. 戴维（E.J.R.David, 2013）关注了一种有趣的现象，称其为族群不认同（ethnic disidentification），将个人的自我与其以前关联或当前关联的族群分离。下面描述了这种现象的一些常见表现形式：

- 菲律宾的菲律宾人经常使用美白产品来使肤色变浅。皮肤美白诊所和企业在菲律宾也很受欢迎。演员和其他名人都认可这种皮肤美白程序。孩子们被告知要远离阳光，这样他们就不会“太黑”。菲律宾人倾向于认为进口的东西比本地的也就是菲律宾制造的东西更好、更特别。
- 许多菲律宾裔美国人试图向其他人暗示他们与某些其他种族或族群混在一起，从而削弱他们的“菲律宾性”。
- 一些菲律宾裔美国人将居住在菲律宾的菲律宾人视为下层阶级（David, 2013）。

问题：这些发现是否仅适用于少量的族群？在课堂上进行询问，并讨论其他小组是否有类似的经历。你在生活中的某些情况下是否经历过族群不认同？哪些条件（社会的和心理的）会引发不认同？

11.5 自我与性

正如我们已经了解到的，在不同文化中，社会都将个体分为不同类别。族裔和国籍是很常见的类别。女性和男性可能是最常见的类别（Riger, 2002）。人们通常在描述他人时使用这些词。我们大多数人都认为自己是女人或男人。“男性还是女性”通常出现在各种申请表格和在线表格上。社会性别一直是一个非常重要的因素，影响着我们对其他人的了解。把在第 7 章开始讨论的这个主题的深度和范围保存在头脑中，我们将主要关注生理性别（sex）身份和社会性别角色。

11.5.1 生理性别的传统文化观点

在人格心理学中，生理性别一词是指男性和女性（两种典型的被分配的性别）的解剖和生理特征。这些特征包括至少 4 个公认的集群：生殖器官、腺体、激素和染色体。在所有文化中，通过观察新生儿的外生殖器，工作人员（如医生）会“宣告”新生儿为男孩（男性）或女孩（女性），从而正式为新生儿指定了性别。如今，在个体出生之前就可以宣告性别了，因为许多父母通过超声波来了解胎儿的性别。因此，即使在孩子出生之前，也经常被称为“他”或“她”。

在分配性别以后，人们立刻就开始按照文化规范对待儿童。大多数美国人最常为新生男孩选择哪种颜色的缎带玫瑰花结？是的，蓝色的。刚出生的女孩呢？如果人们为刚出生的女孩选择一张卡片，大多数人会选择什么形象？婴儿会得到一个名字。大多数名字是由我们的父母分配给我们的，也是特定于性别的。现在想象一个名叫萨利（Sally）或约翰的人。大多数人会想象这个人是女性还是男性？当然也有例外。每一种文化中都有一些名字可以同时分配给两种性别的人，但这些名字相对较少。

此外，一旦指定了特定的性别，男孩和女孩就会穿不同的衣服。他们的玩具也往往不同。许多活动，如游戏，都符合与其性别相关的规定（即女性类别和男性类别）。成长中的儿童——及多年后的成熟个体——都会遵循与指定性别的行为和其他文化标准相匹配的规则、习俗和观念。

然而，这种跨文化的性别二分法（非此即彼）并不能准确代表现实。有些人天生的性解剖学、生殖器官和/或染色体模式与典型的男性或女性定义并不一致。这种证据可能在出生时就很明显，也可能在以后的生活中变得明显（United Nations for LGBT Equality, 2015）。换句话说，性别不是严格的二分变量，而是一个连续变量（见第 2 章）。有一些性别特征的组合，如解剖结构，不完全是男性或女性（我们在第 7 章开始讨论）。双性人类别以介于明确的男性和女性特征之间的特征为基础。例如，一个人可能天生就有所谓的外生殖器模糊——一种非典型的外观，使儿童无法直接分配到特定性别。其他人即使出生时可以根据生殖器分配到特定性别，但也会根据意愿选择另一种性别，并进行身体手术，以使外表与性别一致。

典型案例

双性人的早期文化观点

对双性人类别的描述，最早可以追溯到多个世纪前的宗教和哲学传统中。我们仅举几例。例如，在古埃及，男性神哈皮（Hapi）代表繁殖力（fertility），但有明显的男性和女性特征，包括乳房和大肚子这两个繁殖力的象征。在印度，阿达那利什瓦拉（Ardhanarishvara）神以半男半女的形象出现——就像两种精神能量的协同作用。美国的纳瓦霍人相信阿松纳特利（Ahsonnutli），一位具有男性和女性特征的造神者。古希腊哲学家柏拉图认为，在历史的早期，存在三种性别：男性、女性及两者结合的第三种。根据古代神话和希腊罗马艺术，阿佛洛狄忒（Aphrodite）和赫尔墨斯（Hermes）的两性孩子赫马佛洛狄忒斯（Hermaphroditus）被描绘成一个有男性生殖器的女性形象。这些例子对你有什么启示？

关于双性人的传统观点是什么？传统上，双性人不仅被认为是不同寻常的，而且是古怪的。确实，双性人曾生活在某些社会中。在印度，几个世纪以来仍然存在一大类人，根据某些翻译，他们被称为 Hijra 或“第三性别”。一些人天生具有男性特征，但通过手术切除阴茎、阴囊和睾丸，开始变成 Hijra（Nanda, 1998）。在欧洲，19 世纪的文学资料包含对今天我们称为双性人的描述（Kennedy, 1981）。然而，对双性人的社会污名仍然强烈。这种负面看法也是对双性人的社会歧视的根源。

到 20 世纪初，越来越多的医生和研究人员认为，一个人的性别不仅可以由外生殖器决定，还可以由其他几种生物学因素决定。在某些情况下，为儿童分配性别成为一项重大挑战，因为有些人可能介于男性和女性之间（Dreger, 2000）。另一个问题是，对于哪些身体特征应该被视为男性或女性，医生们并不总是意见一致。例如，各国医生一致认为睾丸应被视为男性特征，卵巢应被视为女性特征。但在其他方面则有很大的分歧：例如，英国医生认为女性的面部毛发是精神疾病的标志（假设女性不应该具有男性特征），而在法国，这是体力的标志（Dreger, 2000）。

自 20 世纪初以来，科学发展、医学和实验心理学越来越关注男性和女性在身体特征、运动反应、感觉阈限、行为模式和认知技能方面的既定差异（Dumont, 2010）。今天，越来越多的科学家挑战了关于男性优越和女性服从、被动并倾向于培养后代的传统假设。

11.5.2 不断变化的性别观点

现代研究侧重于寻找有助于将性别解释为生物学类别的特定生理、遗传或进化事实。遗传学研究不断提供新的证据，证明性别是一个连续变量的观点。现代遗传学已经确定，女性有两条相同类型的性染色体（标记为 XX），男性有两条不同的性染色体（标记为 XY）。然而，还可能有其他组合。双性人天生具有镶嵌式的遗传特征，其中一些细胞具有 XX 染色体，而另一些具有 XY 染色体。矛盾的是，在当今社会，性别还在被分配。

男性和女性作为不同的群体，具有不同的身体特征。例如，身高很可能就是由基因决定的。总体而言，在全球范围内，男性比女性高。然而，在世界不同地区，这一数字是不同的。在美国，男性的平均身高约为 5 英尺 9 英寸，女性的平均身高约为 5 英尺 4 英寸。因此，美国女性整体上比美国男性矮，但比印度尼西亚的男性高。平均而言，荷兰女性的身高几乎与北美男性一样高。男性和女性在某些疾病的患病率方面也存在差异。男性患有自闭症谱系障碍（在北美和欧洲诊断出的自闭症发病率，男孩是女孩的 7~10 倍）、药物滥用和艾滋病的发生率更高。女性患乳腺癌、阿尔茨海默病和进食障碍的概率更高。尽管男性在投掷速度和投掷距离方面比女性强，但全球女性的平均寿命比男性长约五年。

11.6 作为社会建构的性别

作为一个类别，生理性别以生物、生理和解剖因素为基础。社会性别是与个人的生理性别相关联的一组复杂的行为、文化或心理特征。作为一个概念，社会性别具有重要的文化成分：它是作为男性或女性的状态，决定于非正式规定的文化规范（如习俗），决定于对一个人作为特定性别成员应该做什么的期望，以及强制或禁止特定行为的正式法律规则（法律）。如果社会性别是一个社会类别，它可以从两个维度来看待：内部和外部。内部维度或心理维度是指作为男性或女性的体验的程度。外部维度或社会维度是指社会分配给每种生理性别的角色。当然，这些维度是相互关联并积极互动的。

我们先来看内部维度。性别认同是个体对作为男性、女性、双性人（介于男性和女性之间）或两者都不是的自我决定（或复杂的自我反思）。例如，双性化（androgyny）是一种组合、一种共存，混合了男性和女性的行为特点、特征和反思。研究表明，对我们大多数人来说，在我们的照看者确定了我们的性别之后，性别认同往往会保持稳定。然而性别认同也会改变。因此，最好将性别认同描述为一个过程而不是“产品”：性别认同可以加强（例如，个人感觉自己的认同比以前更强时）或减弱。尽管大多数儿童在很小的时候就宣称“我是男孩”或“我是女孩”，但他们对这些词的含义的理解或接受可能是在很长一段时间内发展起来的。性别认同可能永远不会停止演化：人们对性别和性别认同的了解不断增加。性别认同可能会被重新发现。

为什么性别认同会改变或演化？许多生活环境会影响我们认同自我的方式，包括生理因素、我们在成长过程中与父母的互动、我们与家人的经历、我们的友谊、我们的旅行——都很重要。游戏或教育、接触媒体和其他生活经历等活动会以多种方式影响我们的性别认同。

大多数人会形成与出生时分配的生理性别相匹配的特定性别认同。但是，也有可能被分配了生理性别的人（如年轻女性）对所分配的性别认同和角色感到矛盾，并形成另一种社会性别（如年轻男性）。一些双性人可能会以女性或男性的身份长大，但在以后的生活中会认同另一种性别，或者哪一种性别都不认同。此外，还可以有一个强大的核心性别认同，以及在核心认同之上发展的次要性别认同（United Nations for LGBT Equality, 2015）。

11.7 性别角色

个体了解或认同特定社会性别的过程就是理解、评估和接受特定行为模式的过程。这些行为模式就是性别角色，也就是在女性—男性连续体中被分配给社会性别的规定（prescriptions）和期望。这些规定和期望通常以文化规范为基础，并代代相传。意识形态、艺术和宗教在保持对性别角色的期望方面发挥着重要作用。性别角色还嵌入了法律。流行信念和日常习俗也是有关性别角色知识的重要中介。

在大多数文化群体中，出现了两大类性别角色：男子气（具有男性的特征）和女子气（具有女性的特征）。传统上赋予男性的是男子气，这是一组与体力、果断和魄力相关的一般特征。传统上赋予女性的是女子气，这是一组与美丽、情绪化和教养相关的一般特征。请注意这些定义是多么不精确。事实上，对于如何定义这些术语并没有达成共识。然而，在不同的文化和时代，在心理特征、规定的人格特征或职业方面，对于什么是典型的男性化和女性化特征并没有一致的观点。在某些文化环境中，性别角色被描述为迥异或对立的。在另一些文化中，如在印度哲学中，人们以相互补充或相加的形式来呈现和理解两种性别角色。此外，由于某些政治和文化变革，社会所规定的性别角色已经发生了变化。争取性别平等的斗争一直在逐步消除性别角色之间的差距（Merino, 2014）。

历史上的性别角色影响了个体应该从事的活动。在传统文化环境中，女性应该负责养育和关怀，而男性应该果断和身体强壮。这些规定涉及生活的方方面面，包括家庭、工作、战争和教育。社会地位和社会活动（如作为战士或僧侣）及后来的职业（如作为医生或护士）与性别角色的关系也存在差异。你可以根据自己的经验轻松提供示例。

当代心理学并不将性别角色限制在男女二分法范畴。更常见的是，当代心理学认为个体同时具有男子气和女子气的许多特征。一个人可以在身体上给人以威严和支配（被赋予男子气的特征），同时又充满关怀和爱心（被赋予女子气的特征）。跨性别者一词指不符合传统的性别分配二分法的角色。跨性别个体不认同截然不同的传统男性和女性性别角色。2014 年，大约每 450 名美国人中就有一个被认定为跨性别者（Willson, 2014）。

对心理学家来说，至关重要的是，要理解人们有机会选择以不同于他们出生时的染色体和外生殖器类型或他们成长的环境的方式来思考自己。在定义自我的过程中，人们在这个世界上如何看待和理解自己是最重要的（Goldberg, 2014）。

11.7.1 传统的社会性别观点

几个世纪以来，关于男性和女性的行为、他们应该做什么及他们作为社会成员应该被如何对待，宗教一直是这方面知识和规定的主要来源。男性和女性应该是平等的。然而，分歧开始出现于宗教教义中。例如，犹太教、基督教和伊斯兰教都相信，上帝最初创造的男性和女性是亚当和夏娃。夏娃是用亚当的一根肋骨创造出来的，所以，今天所有人都是这对肋骨的后代。这是对男女平等的不同文化解释的来源。

几个世纪以来，科学一直强调女性和男性天生具有不同的自然解剖特征，因此他们的行为、感受、观点和人格应该有所不同。男性和女性被认为有区别。直到 20 世纪，大多数科学家都强调男性的自然支配地位，这是关于男性在身体和生理上优于女性的一般假设。自然支配范式侧重于男性的自然体力、坚定的性格、耐力、意志力、智力和创造性。举个例子，法国医生和哲学家拉美特利（La Mettrie）写道，男性的大脑和神经都很结实，因此具有比女性更强大的人格特征和更有活力的头脑。相比之下，他写道，对女性来说，激情比理性更强大，因此女性容易产生温柔、感情和短暂的感觉。由于教育差异，男性有更好的机会展示精神和身体的力量。尽管男性很坚韧，但他们也会很喜欢表达感激、慷慨，并且在友谊中保持忠诚。似乎是为了平衡对男性和女性的描述，拉美特利提到女性的美丽是她们的优越特征（La Mettrie, 1994/1748）。

传统宗教普遍对社会性别和性别角色持有矛盾的看法。理论上，男性和女性在上帝眼中应该是平等的。在日常生活现实中，男女在不同文化和时代都受到不同的对待。几个世纪以来，大多数国家的习俗规定女性仅有有限的教育选择：基础教育或简单的读写技能。还规定女性要扮演传统家庭中的母亲和妻子的角色。就在 100 年前，女性还被强烈建议不要当科学家、工程师或医生。从理论上讲，男性和女性都应该践行节制、自制、谦虚和贞洁。然而在现实生活中，女性在行为方面需要面对更严重的规定和后果，限制她们不能穿什么，限制她们不能做什么，甚至限制她们不能表达某些情绪。在视觉艺术和文学中流行男性中心主义，或将男性或男性观点置于理论或叙事的中心。虽然书面宗教传统包含女性形象和关于女性的叙述，基督教、伊斯兰教、犹太教中也有女性圣人，印度教中也有女神，但书面宗教来源大多是男性话语（Kinsley, 1986）。

科学史表明，几个世纪以来，学者们认为规定的性别角色应该存在，因为这很省事，形成了习俗，并对社会的稳定性有点作用（Eagly, 1997）。然而，在过去的两三个世纪里，更多的哲学家、科学家和医生开始将社会性别视为一种社会建构。渐渐地，观点正在发生变化：尽管男性和女性之间存在一些自然差异，但这些差异越来越多地被认为来源于社会价值观和规范。

11.7.2 不断变化的社会性别观点

当代社会性别研究是一个多学科领域，致力于研究社会性别和广泛的社会性别相关问题。该领域对跨文化心理学作出了重大贡献。一场关于性别社会建构文化机制的讨论正在进行。社会性别通常被认为是一个连续体，个体没有绝对的、不变的“男性气质”或男子气及“女性气质”或女子气（Rothblatt, 2011）。大多数性别角色及其观念植根于文化和社会规范。

女权主义认为女性没有与男性平等的权利和机会，需要全球变革来实现社会正义。这里至少有三点与我们的讨论有关。首先，女权主义者拒绝“女性大脑”（男女之间存在显著的先天和生理差异）的概念。其次，女权主义者认为存在性别差异，因为从历史上看，最重要的权力职位已经落入男性手中。男性制定了习俗、法律和政策，系统地歧视女性，从而满足男性支配和占有异性的需要。事实上，即使是现在，世界上 90% 以上的政府首脑都是男性。在西方国家之外，女性很少在权力职位上发挥重要作用（当然，这条规则也有例外）。最后，女权主义者说，当今大多数社会习俗都根植于男性文化，接受战争和暴力，而不是共识与和平（Cohn, 2013）。几个世纪以来，男性主导的社会认为战争对于征服、获得荣耀、检验爱国主义和统治弱者至关重要。女子气只不过是“仪式化的服从”（Goldberg, 2014）。

在过去的 20 年中，大量研究考察了男性和女性之间的异同。有些差异看起来很显著，但还有许多差异是不一致的或无关紧要的。例如，研究表明，在全球范围内，男性的暴力行为比女性更普遍。在身体攻击方面存在全球性的性别差异。男孩比女孩更频繁地因行为问题被转介给社会工作者（Hyde, 2005）。男孩在学校更具破坏性（OECD, 2011）。在全球范围内，男性成为谋杀受害者的可能性几乎是女性的 4 倍。与女性相比，男性自杀的人数是女性的两倍（UNODC, 2015; WHO, 2015）。在高等教育方面，除南亚和撒哈拉以南非洲以外的所有地区，女性大学生的人数都超过男性。在经济最发达的国家（如美国、加拿大、法国或德国），女性获得了 58% 的大学学位，而且这个数字还在上升。在美国，每 3 名男性从大学毕业，就有 4 名女性从大学毕业（Birger, 2015）。

在其他领域，其差异并不太显著。在学校，男孩做阅读和家庭作业比女孩少（OECD, 2011）。虽然女孩群体在口头推理方面稍好一些，但男孩往往在数学方面更好。在发达国家，十几岁的男孩在数学、阅读和科学等三门学校基础科目中不及格的可能性比女孩高 50%。在全球范围内，在阅读、数学和科学方面成绩不佳的学生中，男孩的人数一直多于女孩。在学校，不及格的男孩多于女孩。例如，在瑞典，15 岁的青少年中，18% 的男孩成绩不佳，而女孩只有 11% 成绩不佳。在美国，该比例为 15∶9（OECD, 2011）。

对来自超过 25 个国家 / 地区的样本进行的跨文化研究揭示了一个极其重

要的发现：与男性群体内部的个体差异及女性群体内部的个体差异相比，性别之间的差异相对很小。不过，差异还是存在的，而且与性别观念一致：与男性相比，女性报告自己在神经质、宜人性、温暖和对感情的开放性方面水平更高，而男性在自信和对观念的开放性方面水平更高（Costa et al., 2001）。

已发现女性在神经质上的得分高于男性。神经质是个体在应对即将发生的事件（如感知到的威胁）时体验到负面情绪的倾向。宜人性包括代表利他主义、同理心和善良的特质，还涉及合作、社会和谐和关注他人的（而不是剥削他们的）的倾向。女性在宜人性上的得分始终高于男性。尽责性，包括与自律、组织和冲动控制相关的特质，似乎反映的是为了遵守规则或保持目标追求而施加自我控制的能力。女性在尽责性的某些方面得分略高于男性，如秩序、尽职和自律。然而，这些性别差异在不同文化中并不一致。

外向性反映了社交能力、自信和积极情绪，所有这些都与对奖励的敏感性有关，性别差异很小（尽管女性的得分往往更高）。此外，女性往往在热情、乐群性和积极情绪上的得分高于男性，而男性在自信和寻求刺激方面的得分高于女性。

开放性/智力反映了想象力、创造性、求知欲及对审美体验和复杂刺激的欣赏。在开放性/智力上通常没有发现显著的性别差异。然而，已经发现女性在审美和情感方面的得分高于男性，而男性往往在思辨方面的得分较高（Costa et al., 2001）。

11.8 性取向：不断发展的观念

我们已经在第 7 章讨论动机时简要讨论了性取向。

在美国，第一个广泛用于表示社会性别上非标准个体的术语是 homosexual，最初带有负面含义，随后在 20 世纪 70 年代逐渐在文学和媒体中被“gay”所取代。直到 20 世纪末，gay（男同性恋）和 lesbian（女同性恋）这两个词才变得常见起来。近年来，像“LGBTQ”[女同性恋、男同性恋、双性恋、跨性别和“酷儿”（queer）]这样的术语越来越流行。这是一个广义的总称，适用于性别认同，或者性别表达不同于与生理性别相关的性别认同或性别表达的人。一些不认同男性或女性的人有时更喜欢“性别酷儿”（genderqueer）或“性别变异”（gender-variant）这样的词（American Psychological Association, 2019）。

我们在生理性别、社会性别或性取向方面认同自己的方式几乎影响着我们生活的方方面面。社会一直关注个体如何获得性认同（sexual identity）和表达自己的性取向。在一个严格定义和强制执行性别角色的社会中，行为偏离这些规范的人会被针对、孤立，并经常被起诉。这些被认可的性取向已经嵌入非正式的习俗、法律规则，甚至政治中。当然，有些社会并没有严格定义性认同和性取向。

不同的文化可能会促进对特定类型性取向的特定态度。在许多文化中，大多数男女同性恋者都试图适应传统的规范和期望。根据李银河（Li Yinhe）的说法，中国大多数男同性恋最终都会娶一个女人。在中国，男性面临结婚成家的严重社会压力，为了“适应”（fit）传统文化规范，他们通常会隐藏自己的性取向（Global Times, 2008）。这些规范不仅仅是抽象的原则。中国传统婚姻也代表两个大家庭形成了联盟（Lucas et al., 2008）。

据研究，公众对同性恋的态度有社会和文化根源：过去，那些希望扩大人口的国家对同性恋的容忍度较低（Ember & Ember, 1990）。举例来说，在 20 世纪 30 年代，同性恋在德国是一种严重的罪行。事实上，在这样的国家，人口的快速增长都被视为重要的思想政治目标。这些国家的男女同性恋者被视为罪犯和精神病患者，并受到严厉惩罚。多年来，即使是在美国，同性恋也被视为一种精神障碍。直到 20 世纪 70 年代初期，在美国心理健康专家的主导观点基础上，男性和女性同性恋才被从诊断手册中删除（APA, 1994）。在美国，拥有大学和研究生学历，具有自由主义意识形态倾向，或者倾向于投票支持民主党的人倾向于表达对同性恋的宽容。相比之下，没有大学学历的人、思想上保守的人和共和党的支持者往往不那么宽容。当然，这些倾向并没有考虑态度的个体差异。此外，年轻人往往比老年人更宽容。女性对同性恋的容忍度略高于男性，但二者的观点差距不大。从跨文化角度来看，更世俗和富裕的国家对同性恋的接受程度更高。例如，南非或阿根廷对其的支持率更高，而尼日利亚或萨尔瓦多对其的支持率要低得多（Pew, 2013）。

在不同国家和文化中，对性取向的看法一直受到传统的显著影响。直到最近，在医学精神病学实践中，有同性恋"感觉"的人被认为是病了，因此需要治疗甚至惩罚（Laqueur, 2004）。直到20世纪中叶，各国心理学家大多对同性恋和双性恋持普遍否定的看法，认为这是一种病态甚至残疾。容易发生同性恋和双性恋行为的人应该接受治疗，直到他们"康复"。

20世纪发生了若干重大发展，极大地改变了科学界对性取向的看法。其中的发展之一就是实证研究。在20世纪上半叶，大多数关于性取向的研究是在精神病学中进行的，主要集中在精神机能障碍上。研究样本涉及少数个体，通常是病人。阿尔弗雷德·金赛（Alfred Kinsey, 1894—1956）的《男性的性行为》（*Sexual Behavior in the Human Male*）（1998/1948）和后来的《女性的性行为》（*Sexual Behavior in the Human Female*）（1998/1953）的出版是一个重大发展，部分原因是它基于一个大样本。美国医生金赛和他的同事认为，人类并不是严格意义上的"异性恋"和"同性恋"。性取向是一个连续体。根据访谈，金赛描述了几种类型的性取向。有些人认为自己是完全的异性恋，没有与同性进行性活动的经验或愿望。也有些男性和女性自称是完全的同性恋。还有一些人认同自己在不同程度上有对两种性别的欲望或性行为（Kinsey, 1998/1948）。最近的研究还表明，性取向是一个连续体，同一个体会有多种取向，有些取向变得更强或更弱，并随着时间的推移而演变（Sell, 1997）。研究还表明，人们不一定会"卡在"他们被描述的群体或类别中。尽管大多数人不会改变性取向，但有些人会在生活中演化（Savin-Williams et al., 2012）。换句话说，有些个体在性方面是"流动性"的，性流动性（sexual fluidity）也可以看作一种性取向（Diamond, 2008/2009）。如今，性流动性是个体的认同特征，在其所处的特定社会中被接受，或者被排斥。

11.9 宗教认同

你可能记得第1章中曾提到，一个人的宗教信仰表明其正式接受了与特定信仰相联系的知识、信念和实践，但不一定是归属感。宗教认同（Religious identity）是对宗教的归属感及作为该群体成员身份的重要感，与个人的自我意识相关。关于宗教认同的观点有很多。一些观点强调其主观成分，另一些观点关注行为。有一种具有重要跨文化适用性的定义，认为应通过至少 4 个因素来理解宗教认同：信仰（believing）、与知识建立情感绑定关系、行动和归属（Saroglou, 2011）。为了对某人的认同进行初步评估，心理学家可以参考以下描述和分析。

- 信仰：每种宗教都广泛地相信上帝或众神，以及他们的力量、行为和他们与人类的联系。一般而言，信仰意味着认为存在比人类更大、更有力、更知情的东西。这些是每种宗教教义的基本组成部分（Park, 2005）。这些信仰通常可以将有信仰的人与不可知论者和无神论者区分开来——那些不相信或仍然持怀疑态度的人（Saroglou, 2014）。
- 与知识建立情感绑定关系：宗教认同的另一个特征相当情绪化。宗教不仅关乎信仰，而且关乎个人对"更高"的存在、宗教教义、符号及他人的依恋。在私人或公共场所，通过祈祷和冥想来练习和体验绑定。绑定也可以是连续不断的、频繁的或临时的。宗教仪式的存在和相关情绪的体验似乎是跨文化的（Saroglou, 2014）。最高形式的绑定是敬畏（awe）——强烈而持久的尊重钦佩情绪（Keltner & Haidt, 2003）。
- 行动：宗教认同包括道德行为。宗教教义提供了从特定宗教角度界定对与错的特定道德论据。人们会发展有助于增强社会秩序及与他人关系的价值观（Graham & Haidt, 2010）。
- 归属：最后，通过人们的行为、着装方式、吃和不吃的食物，以及参加的仪式和习俗，通常很容易观察到归属这一特征。作为小型宗教团体或大型宗教社区的一部分，与其他成员交流、通过集体行动（如遵守宗教节日）共享传统，这些都是宗教认同的重要特征。

11.10 看到自己的身体

一个人的认同不一定是指其族裔、宗教或性别归属。作为人类，我们经常根据我们的身体、我们的体质特征来认同自己。研究表明，身体对称性是各种文化公认的美的身体或面部的特征，是健康属性（如强大的免疫系统）的最有力预测指标之一。进化心理学家认为，我们的许多视觉偏好可能具有进化根源（Cogan et al.,1996; Thornhill & Gangestad, 2008）。索巴尔和斯顿卡德（Sobal & Stunkard, 1989）回顾了几项人类学研究，这些研究测量了个体的体重与社会经济地位之间的相关，发现有显著趋势。在富裕国家，相关是负的：比别人瘦的人也往往比别人更富有。或者，如果采取稍微不同的视角来看，更富有的人往往更瘦。相比之下，在不发达国家，这种相关是正的：一般来说，较瘦的人通常比体重较重的人更穷。

在美国，大多数人对肥胖持消极态度（Gallup, 2018）。据调查，人们将体重增加归因于贫困或健康状况不佳。肥胖者因其体重而受到指责，因为人们认为体重是受愿望控制的。肥胖女性比男性更容易受到同龄人的负面评价。世界各地的许多其他文化中并不存在这些关于体重的刻板印象。例如，在主要死亡原因是营养不良和感染的发展中国家，瘦并不是人们真正想要的。在印度、中国、菲律宾这样的国家，以及一些拉丁美洲国家，生活水平的提高与体重的增加有相关性（Rothblum, 1992）。在印度尼西亚和英国进行的另一项研究表明，与英国人相比，印度尼西亚的参与者把更大范围的女性体形评价为有吸引力（Swami et al., 2011）。

尽管不同文化对体重的看法不同，但比较研究的一些证据表明，各大洲的男性总是更喜欢腰部纤细的女性。对 16 至 18 世纪英国文学的比较研究、对印度史诗《摩诃婆罗多》和《罗摩衍那》的分析，以及对六朝时代中国古典诗歌的考察，与美国顶级时装模特的统计数据进行比较，显示出对细腰的积极偏差（Singh et al., 2007）。

人们对腿身比（leg-to-body ratio）的看法存在跨文化相似性。一项研究让来自 27 个国家的 3 103 名参与者对 7 个男性和 7 个女性剪影的身体吸引力进行了评估。平均比例的男性和女性轮廓被认为比极端比例的轮廓更有吸引力。腿过短和过长的剪影在所有国家 / 地区都被认为不太有吸引力（Sorokowski et al., 2011）。

这些感知会持续多久？在你阅读和讨论本页内容时，它们是否也在发生变化？跨文化心理学既关乎根深蒂固的传统，也关乎变化。

练习 11.1

人们通常不会改变自己的族群认同：如果你是法裔加拿大人的父母，你如何扭转这种情况？性别认同是不同的。人们会改变性别认同，以调整他们的“自我”从而适应自己的身体。另一些人则调整自己的身体以适应自己的认同。最早接受一系列变性手术的人之一是乔治·约根森（George Jorgensen）。他是一位 25 岁的美国艺术家、摄影师和曾参加第二次世界大战的退伍军人。一段时间以来，乔治一直在为自己被分配的性别和男性身份而苦苦挣扎，称自己是一个“害羞而悲惨的人”。他在美国找不到有能力或愿意冒险进行变性手术的医生，但设法在丹麦找到了医生。乔治去了丹麦。手术和治疗需要获得当时丹麦政府的特别许可。经过几次手术后，乔治改名为克里斯汀（Christine）。她不仅是最早接受此类手术和术后治疗的人之一（Benjamin, 1966），而且还成为跨性别者和双性人权利的倡导者。

问题：在网络上搜索有关在美国和世界其他地方接受变性手术的人的故事。这些人有哪些具体问题？为什么这些人在手术前不幸福？手术之后他们幸福吗？在你的研究涉及的国家中，公众对这种变性程序的反应是什么？

练习 11.2

流动的人格和流言蜚语

现代个体的人格类型……是流动的？社会科学中有一种流行的观点，即在 21 世纪，许多人发现自己处于“流动时代”，男性和女性的生活越来越没有任何牢固的联系——这就是我们使用“流动”一词的原因。波兰出生的著名思想家齐格蒙特·鲍曼（Zygmunt Bauman, 2006）提出使用该词语。他描述了人们如何从具有既定规范、习俗、角色和价值观的“坚固”文化转向另一种类型的现代“流动”生活。今天人们自我定义的一致性较低，因为他们在国家、性别等方面以多种方式定义自己。没有永久的关系，更多的人以他们可以使用的任何方式对自己进行联想，以便与他人交往。作为这些变化的结果，埃德福拉（adiaphora）出现了，这是一种永久的冷漠和道德麻木的态度。在充斥快餐和浅薄人际关系的当代世界，人们只关注个人电子设备，这时我们很少有时间解决任何重要问题，流动文化中的人变得越来越自私，对他人的困境不再敏感（Bauman & Donskis, 2013）。

问题： 在你的个人经历中，你是否发现周围更多的人几乎没有对自我定义，他们以自己觉得方便的方式定义自己？你是否觉得身边的人越来越冷漠和超然？你能提供例子吗？你能提供否定的例子吗？

11.11 本章概要

1. 人格是个体的一组稳定的行为和经验特征。心理学家只关注个体行为和经历的相对稳定的模式和持久特征。

2. 研究表明，除了一些例外，西方国家的个体比非西方国家的个体更有可能表现出强大的内部控制点。然而，尽管期望控制点的表现受到文化的影响，但所研究的群体、国家和文化的控制点的一般模式并不一致。

3. 在跨文化心理学相对较短的历史中，研究人员和实践者经常关注的问题是，某些人格特征是否在特定国家的公民中具有典型性，而在其他国家的公民中不具有典型性。

4. 民族性格是一个国家大多数人普遍存在的一组被感知到的显著行为和心理特征及特质。民族性格的观点被载入文学，嵌入对历史的各种解释中，通过笑话传播，并通过旅行者的故事得以延续。

5. 人们如何看待自己的“民族性格”，受很多因素影响。总体而言，各种人格特质表明，民族性格刻板印象在现实中几乎没有依据。

6. 术语“自我”是指一个人的认同或经验主体的表征。心理学家普遍认为，自我是通过个人的内在生物过程与其生态文化背景（见第 1 章）之间的相互作用而形成的。

7. 自尊反映了一个人从情绪和理性两方面对其自身价值的总体主观评价。

8. 有些人体验到族群不认同——将个人的自我与其以前关联或当前关联的族群分离。

9. 在人格心理学中，“生理性别”一词是指男性和女性（两种典型的被分配的性别）的解剖和生理特点或特征。当代研究支持生理性别是一个连续变量的观点。

10. 几个世纪以来，关于男性和女性的行为，他们应该做什么及他们作为社会成员应该被如何对待，宗教一直是这方面知识和规定的主要来源。

11. 社会性别是与个人的生理性别相关联的一组复杂的行为、文化或心理特征。作为一个概念，社会性别具有重要的文化成分。

12. 性别认同是个体对作为男性、女性、双性人（介于男性和女性之间）或两者都不是的自我决定（或复杂的自我反思）。

13. 当某一个体了解或认同特定的性别时，这个过程涉及理解、评估和接受特定的行为模式，这就是性别角色——在女性—男性连续体中分配给社会性别的规定和期望。这些规定和期望通常以文化规范为基础，并代代相传。

14. 当代社会性别研究是一个多学科领域，致力于研究性别和广泛的性别相关问题。社会性别通常被认为是一个连续体，个体没有绝对的、不变的“男性气质”或男子气及“女性气质”或女子气。

15. 在不同的国家和文化中，对人的性取向的看法一直受到传统的显著影响。

16. 关于性认同和性取向的观点的演变是文化信念、科学、法律裁决和意识形态演变方式的有力例证。

17. 有些个体在性方面是“流动性”的，性流动性也可以看作一种性取向。如今，性流动性是个体的认同特征，在其所处的特定社会中被接受，或者被排斥。

11.12 关键术语

男性中心主义 将男性或男性观点置于理论或叙事的中心。

双性化 一种组合，一种共存，混合了男性和女性的行为特点、特征和反思。

族群不认同 将个人的自我与其以前或当前有关联的族群分离。

女子气 传统上赋予女性的一组与美丽、情绪化和教养相关的一般特征。

女权主义 认为女性没有与男性平等的权利和机会，需要全球变革才能实现社会正义的观点。

社会性别 与个人的生理性别相关联的一组复杂的行为、文化或心理特征。

性别认同 个体对作为男性、女性、双性人（介于男性和女性之间）或两者都不是的自我决定（或复杂的自我反思）。

性别角色 在女性—男性连续体中分配给社会性别的规定和期望。

社会性别研究 致力于研究社会性别和广泛的社会性别相关问题的多学科领域。

双性人 一个以介于明确的男性和女性特征之间的特征为基础的类别。

控制点 个体相信他们能够控制和影响事件的程度。

男子气 传统上赋予男性的一组与体力、果断和魄力相关的一般特征。

民族性格 一个国家大多数人普遍存在的一组被感知到的显著行为和心理特征及特质。

男性的自然支配地位 关于男性在身体和生理上优于女性的一般假设。

人格 个体的一组稳定的行为和经验特征。

人格特质 可区分的表现或行为和经验的模式。

宗教认同 对宗教的归属感及作为该群体成员身份的重要感，与个人的自我意识相关。

自我 一个人的认同或经验主体的表征。

自尊 反映了一个人从情绪和理性两方面对其自身价值的总体主观评价。

生理性别 指男性和女性（两种典型的被分配的性别）的解剖和生理特点或特征。

跨性别者 指不符合传统的性别分配二分法的角色。

第12章 应用跨文化心理学：一些亮点

在意大利总理和伊朗总统于2016年初会面的大厅里，有一尊罗马皇帝马库斯·奥勒留（Marcus Aurelius）骑在马上的威严雕像。但在举行会议的罗马卡比托利欧博物馆（Capitoline Museum），还有许多雕像是这位伊朗领导人不能看的。博物馆里的裸体雕像被白板遮盖了。出于对伊朗文化的尊重和考虑，这位意大利领导人的办公室决定对裸体雕像进行审查。然而，这一决定激怒了许多意大利人。他们在博客中指责政府为了取悦国际客人而背叛了意大利丰富而自豪的历史和文化。跨文化心理学在这种情况下特别有用，因为外交的核心是了解其他人和国家（以及期望他们会做出类似的努力来了解你），并将历史和文化知识应用到现实生活情境中。

还有一个有关外交的例子，在英国首相及其代表团抵达中国之前，中国官员私下要求他们取消每年11月佩戴红色罂粟符号作为纪念的传统。这一习俗源于第一次世界大战期间，那时候战场上长出这些罂粟花。慈善组织经常出售纸罂粟花来为退伍军人筹集资金。然而，这种花在中国有别的内涵。早在19世纪，中国就与英国打了两场战争并且都输了。鸦片战争导致英国得到了香港的领土，并迫使中国开放边境进行贸易，其中包括从罂粟中提取的非法成分。在这个国际外交的例子中，英国代表团礼貌地拒绝移除罂粟符号。

两个案例，两个决定。如果你一直在为意大利总理提供建议，你会建议他遮盖裸体雕像吗？如果你一直在为英国首相提供建议，你会建议他取消象征性的花朵吗？跨文化心理学对于回答外交等敏感问题至关重要。

只要心理学回答“是什么？”“何时”和“为什么？”这样的问题，它就仍然主要是一门理论学科。当它开始寻找“如何”问题的具体答案时，这就变成了一个实用领域。跨文化研究的理论目标和实践目标常常密不可分，这在本书中非常明显。今天的心理学家提供的答案平衡了跨文化心理学研究中的理论和实践问题。例如，如何在多元文化课堂中有效教学，如何在非西方环境中使用西方行为疗法，如何向特定族群宣传产品，以及如何处理偏见的原因？心理学家正在寻找这些问题及与人类互动相关的许多其他问题的具体答案。跨文化心理学既是一个学术领域，又是一个应用领域，它为在医学、心理治疗、教育、社区服务、商务、体育和许多其他生活领域工作的数千名专业人士提供有用的信息（Bemak & Chung, 2017）。

大多数时候，心理学家既不是魔术师，也不是政策制定者。然而，他们可以通过围绕几乎所有社会议题、问题或发展而创造特定的“政策氛围”来影响政策。通过书籍、文章、会议、公开讲座、媒体、在线社交网络和面对面的接触，心理学家传播他们的想法，影响人们的观点，改变刻板印象，减轻痛苦症状，并建议健康行为（Chung et al., 2007）。

跨文化心理学为心理治疗提供了宝贵的数据和建议。心理学知识可用于国际外交和谈判、广告和营销。跨文化心理学专家可以帮助成千上万的移民适应新的文化环境。我们相信，随着世界各地跨文化接触的增加，对跨文化培训领域的兴趣将成倍增加。

让我们来考察跨文化心理学家可能面临的一些实际问题，以及他们可能提供的解决方案。

12.1 健康

虽然世界上大多数富裕的人最关心的是提高他们的生活质量，但对近 10 亿人来说，他们每天最关心的是生存。世界卫生组织每年都会发布有关疾病和过早死亡的主要原因的数据。毫不奇怪，环境问题、贫困和与贫困相关的问题是世界各地健康问题的主要原因。例如，超过 5 000 万人生活在预期寿命接近 45 岁的国家，这些国家是世界上最贫困的国家。尽管儿童疾病的预防和治疗发生了巨大变化，但到 2025 年，全球每年仍将有 500 万 5 岁以下的儿童死亡。预计 97% 的儿童死亡发生在发展中国家——其中大部分是由于传染病和营养不良，仅这一项就占了儿童死亡率的 50%。糟糕的经济和社会条件仍然是导致健康状况不佳的主要因素。在大多数低收入国家，非传染性疾病占 15~59 岁成年人死亡人数的 50% 以上。生活在能够获得医疗保健的富裕国家的糖尿病患者（一种严重的代谢紊乱），则很有可能过着长寿、富有成效和幸福的生活。然而，如果糖尿病患者生活在贫困地区，获得医疗保健的机会非常有限怎么办？他可能会出现许多其他健康问题，会影响此人生活的各个方面。跨国研究表明，糖尿病的症状与抑郁症等严重的心理疾病有关（Leone et al., 2012）。因此，在经济落后地区工作的心理学家和其他专业人士的一个主要关注点是帮人们达到体面的生活水平（Duflo, 2016）。

然而，人们的寿命延长了，而且这种趋势似乎是全球性的。2000 年至 2016 年间，全球平均预期寿命增加了 5.5 岁，这是自 20 世纪中叶以来的最快增长。 预计今天出生的儿童平均可以活到 72 岁。女性的预期寿命为 74 岁，几乎比男性高 4 岁（WHO, 2019）。对于在全球范围内监测精神疾病的人来说，这意味着精神障碍的总体成本负担将呈上升趋势。研究表明，治疗心理障碍的经济负担将很快超过与所有其他类别（非感染）疾病（包括心脏病和癌症）相关的成本。在包括富裕西方国家和西非发展中国家在内的大多数地区，抑郁症、药物成瘾相关疾病和精神分裂症可能会在 2030 年成为“耗尽”经济产出的三大主要因素（Carey, 2015）。

积极的一面是，由于食物储存水平的提高和健康饮食的改变，胃癌将会在总体上变得不那么常见。心理学家可以在培养人们的健康饮食习惯方面发挥巨大作用。研究表明，由于教育和科学知识在国家间的传播（讲座、媒体报道、社交网络等），人们确实改变了他们旧的、不健康的饮食习惯。我们一次又一次地看到，资源的可用性在任何国家都会影响人口的整体健康状况。我们仍然对遗传因素如何影响不同族群的健康问题知之甚少。在美国，非裔美国人在大多数死因方面都有最高的死亡率，美洲原住民也是如此。亚裔美国人的患病率通常最低。西班牙裔的糖尿病发病率较高，但心血管疾病的发病率相对较低。多年来，非西班牙裔白种人在许多疾病的发病率和死亡率方面一直仅次于非裔美国人（Adler, 2009）。

总体而言，贫困和生态问题显著影响人们的健康和不健康的习惯。然而，是否有任何文化因素——规范和价值观——会影响人们的与健康相关的态度和行为？今天，我们认识到HIV病毒通常通过异性接触传播。在非洲对HIV感染和艾滋病相关不安全性行为的研究表明，这些行为与西方常见的行为没有本质区别。例如，研究发现，年轻人容易发生危险的性接触，并且往往对艾滋病毒有随意和不准确的看法。此外，年轻男女之间的关系仍以男性主导为特征，尤其是在传统社区（Zembe et al., 2013）。不幸的是，这种男性主导（作为一种文化模式）通常与不安全的性行为有关。

文化神话、不准确的民间信念及对制裁的恐惧导致许多人不愿承认艾滋病的存在。许多人对艾滋病毒是什么及他们如何感染艾滋病毒有错误的看法（Dionne, 2017）。例如，在非洲，许多医生仍然不愿意将艾滋病列为死亡原因。相反，其他疾病，如肺结核，通常会记录在死亡证明书上。研究表明，非洲艾滋病传播的一个主要来源是为寻找工作而移居城市地区的男性，在那里他们与感染艾滋病毒的人发生了无保护的性行为，然后回到农村地区无意中感染了别人（Kalipeni et al., 2008）。了解这种文化模式对于在非洲制订艾滋病毒预防计划非常有用（Dionne, 2017）。

请参阅表12.1，了解特定文化信念和实践如何与国际卫生倡议和科学证据相矛盾的几个示例。联合国支持一项鼓励世界贫困地区降低出生率的政策。支持该政策的主要论据之一是，较低的出生率可能会减少贫困、改善健康并增加女性和儿童的教育机会。然而，严重的社会经济和心理因素会阻止人们少生孩子。在大多数农村地区，避孕手段严重不足。民间的错误观念对避孕药具的使用产生了负面影响。宗教和文化限制也阻止人们使用节育方法（Leenen et al., 2008; Zembe et al., 2013）。在传统家庭中，几乎不存在针对性的沟通，女性往往将避孕措施的使用权留给丈夫或伴侣（Dionne, 2017）。

表12.1　健康政策、研究和与健康相关的共同信念

卫生政策和研究结果	流行信念和共同做法
某些做法，尤其是涉及虐待女性和儿童的做法，如童工或系统性虐待配偶，应受到谴责。政府和社区应遏制此类做法。	有些文化习俗不遵循西方关于虐待的标准。来自其他国家的人不应该告诉当地社区他们应该和不应该对传统做什么。

续表

卫生政策和研究结果	流行信念和共同做法
在贫困国家，低生育率和小家庭改善了人们的经济机会、教育机会和总体健康状况，应把高生育率降下来。	生育率超出了人们的控制。不应使用避孕药具和其他避孕方法。女性不应与男性讨论与节育相关的问题。
必须提供有关有多少人受到艾滋病和相关问题影响的详细信息。人们应该接受关于艾滋病的教育。	艾滋病不是由感染引起的。透露其家庭成员患有与艾滋病有关的问题令人尴尬。应少报病例数，以避免对有罪行为或卫生政策不佳的指责。
应识别和诊断某些心理问题，如抑郁症或精神分裂症。应该对此类问题提供治疗，包括药物治疗和咨询	没有精神障碍这样的东西。所有的心理功能障碍都是对过去有罪或不当行为的某种形式惩罚。治疗此类功能障碍的方法超出了当代医学或心理学的能力

文化因素会影响与生死相关的医疗决策。如今，在医生或其他人的帮助下协助自杀在许多国家已合法。在所有自杀事件中（全球每年约 800 000 例），医生协助自杀的比例不到 0.5%。只有少数国家（主要是富裕国家）已将这一程序合法化，包括比利时、加拿大、哥伦比亚、芬兰、德国、日本、卢森堡、荷兰、韩国和瑞士（此列表可能会发生变化）。美国加利福尼亚州、科罗拉多州、夏威夷州、蒙大拿州、俄勒冈州、佛蒙特州、华盛顿州和华盛顿特区等州允许医生协助自杀。支持者认为，选择及时和有尊严的死亡是一项基本人权。反对者不同意这一做法，并提到这是为减轻患者痛苦而进行的姑息治疗（Chamie, 2018）。

医生协助的自杀是应患者的要求并在患者明确同意的情况下进行的。虽然基督教、犹太教、伊斯兰教和其他宗教学者普遍赞同使用呼吸机，但他们对何时停止使用呼吸机持不同意见。在这种情况下，患者的宗教信仰（和法律）是医疗专业人员最重要的考虑因素。由于协助自杀涉及终止他人生命，因此大多数宗教教义都反对这种做法。

关于协助自杀的法律规定非常严格。在美国、法国等几十个国家，脑死亡——电生理活动的消失——是死亡的证据。许多宗教专家倾向于同意，一旦大脑死了，人就不会再活了。然而有些人认为，只要心脏还在跳动，人就是活着的。

心理学家可以提供帮助的关键活动之一是创建教育、文化敏感的计划，以帮助人们立即采取措施并改善他们的健康、应对虐待或应对自然和人为灾难的后果（Bemak et al., 2003）。大多数这种程序已经在美国和西欧创建了。然而，我们不知道这些计划和“心理干预”在不同的文化环境中是否有效。因此，如今成功的、针对特定文化的教育或咨询计划备受关注。例如，在这些项目中，弗雷德・贝马克和瑞塔・钟（Fred Bemak & Rita Chung, 2008/2017）在为自然灾害幸存者进行跨文化咨询方面开展了长达十年的备受赞誉的工作。你可能还记得在第 1 章，这些研究人员在美国开发了方法，然后在不同的国家和文化中进行测试。另一个例子是伊温・莱宁及其同事关于危地马拉贫困农村地区墨西哥健康教育计划有效性的项目（Leenen et al., 2008）。该计划旨在传授知识，并促使人们改变与营养、保健、环境卫生及性健康和生殖健康等日常生活问题有关的行为。

该计划的主要目标是改变特定个体在现有环境下的行为。该方案在危地马拉农村生活在赤贫中的大约 400 名原住民女性实施，并通过密切监督的连续过程实施，在该过程中，经过专门培训的当地女性为她们的同胞举办工作坊。该计划可以分解为四个连续的模块或阶段。

阶段一：目标是解释影响农村女性健康的因素。讨论的中心是女性的顺从角色如何阻止她们解决自己的感受和需求。练习处理家庭暴力、压力及烟草和酒精的使用。女性还学习人权、女性权利和自我知识。她们学习如何在家庭中谈判，以及做出与健康有关的决定。

阶段二：在这个阶段，女性了解健康与营养之间的关系，以及拥有充足和均衡饮食的权利和必要性。特别关注与月经、怀孕和母乳喂养相关的女性营养需求。她们学习如何准备健康、低成本的膳食及如何维护家庭菜园。

阶段三：在这一阶段，女性讨论保健和卫生，并学习与预防传染病有关的基本规则；强调清洁的家庭环境和预防措施，如清除生活垃圾、防止虫害和保持厕所清洁；强调家庭所有成员承担卫生责任。

阶段四：在这一阶段，讨论的重点是性、文化禁忌和生殖健康。女性获得有关生育、避孕、性权利和价值观、性传播疾病和宫颈癌的知识。她们学习如何谈论这些“令人尴尬”的话题，以及如何与丈夫谈判性问题。

12.2 灵性、科学与健康

从历史上看，许多心理学家就决策或行动过程提供咨询、心理指导或建议。此类建议和指导通常来自当代西方科学立场，即把生物医学治疗或行为矫正作为解决心理问题的主要方法。在过去的一个世纪里，大多数西方国家的心理科学是在心理与宗教明显分离的背景下发展起来的。结果，一位研究人员要研究“灵性”问题，这在许多国家的主流心理学中遭到了排斥，包括美国、英国、加拿大、俄罗斯和法国。大多数在西方发达国家的高校就读的专业心理学家对灵性在咨询和心理治疗中的应用知之甚少。任何时候提及灵性都会被完全拒绝，因为它不科学，因此不值得关注。

典型案例

生与死

人体死亡的标准是什么？没有包括呼吸在内的所有运动？没有心跳？永远不能再对刺激做出反应？不可逆的意识丧失？如何定义“不可逆”？研究表明，某些死亡的脑细胞可以复活（Pullen, 2019）。尽管关于生命何时开始（在受孕时或在产前发育的某个时间点）存在持续和激烈的争论，但关于什么被认为是身体的死亡有严格的全球标准。在 20 世纪 80 年代初期的美国，总统委员会和州法院达成共识，即脑死亡标志着人类生命的终结。然而，日本有一种突出的信念，即不仅仅是大脑使我们成为人。即使是脑死亡的人也是活着的，直到他心脏的最后一搏。因此，直到 20 世纪 90 年代末，日本都禁止器官移植（角膜、肾脏和骨髓移植除外，因为它们不需要脑死亡供体）。但是，尽管政府最近对器官移植的立场发生了变化，但捐赠者很少，因为许多日本人认为身体必须保持完整才能到达来世。同样，信奉神道教（Shinto religion）的日本人也不愿意让别人身体的一部分进入自己的身体。这就好像你拥有了他们灵魂的一部分。日本一直是经济和医学先进国家中器官短缺最严重、器官捐献数量最少的国家之一（Yasuoka, 2015）。关于这个问题的公开辩论和科学知识的传播可能会挑战这种与器官移植相关的强大禁忌（Pullen, 2019）。

因此，许多当代心理学家仅处于理解灵性的初级阶段，而灵性是许多生活在传统文化和现代环境中的人的动机和推理的源泉（Penny et al., 2009）。灵性是指与信仰、信任和希望相关的“非物质”事物的广泛现象，与所有权、财产积累和竞争相关的“物质”事物相反。在心理学背景下，灵性强调思想而不是物质，强调存在而不是拥有，强调精神努力而不是身体行动。个体有一种强烈的信念，认为存在一种精神本质，这种精神本质充满了宇宙中的一切，包括人类。这种本质存在于物质存在之前、之后和之外。

心理学家使用多学科的科学方法，试图了解灵性及其对治疗和健康的影响。目前，心理学家拒绝对“心灵的力量”的纯粹猜测，而是试图应用科学合理的比较分析方法。在典型的研究方法中，要选择两组被试，其中一组被试代表接受灵性并定期实践其信仰的个体。这些实践因文化条件和人口特征而异：有些人表示他们对上帝的信仰很深；有些人参加宗教仪式（在清真寺、教堂、犹太教堂等）；有些人定期祈祷；还有些人可能会强调冥想、恍惚和其他活动，表明他们对灵性力量的信仰。此类研究中的第二组被试是对照组，包括没有或仅有很少的灵性倾向的人。

在此类比较研究的基础上，研究人员发现的证据表明，冥想和祈祷与较低的血压和脉搏、较低的内分泌活动水平及整体较低的身体新陈代谢水平有关，且是这些活动的原因（Ray, 2004）。另一些研究要寻找灵性的各种生理机制（Chopra, 2000/2010）。还有一些研究侧重人类灵性的神经科学（Tinoca & Ortiz, 2014）。

总之，关于灵性的当代观点是灵性因素，如坚定的宗教信仰、祈祷、冥想及这些因素的组合，至少会影响四个相互作用的生理系统：大脑、内分泌系统、周围神经系统和免疫系统。

也有越来越多的科学证据表明，灵性对健康可能有影响（见表 12.2）。

表 12.2 灵性影响健康的证据

假设	研究证据
参加宗教仪式的人往往更长寿	有说服力的
虔诚的人预期寿命更高	没有证据
灵性可预防心血管疾病	有些证据

续表

假设	研究证据
灵性可以防止癌症死亡	证据不足
灵性可以减缓癌症发展	没有证据
灵性可以防止残疾	证据不足
灵性可以改善急性病的康复	没有证据
祈祷能促进急性病的康复	有些证据

资料来源：Chamsi-Pasha & Chamsi-Pasha（2015）; Powell et al.（2003）; Ray（2004）。

然而，由于结果好坏参半，我们必须谨慎。在某些领域，影响已经确定了；而在另一些方面，影响尚未确定。例如，当代科学没有证据表明灵性可以改善急性病的康复，或者信仰虔诚的人有更高的预期寿命。然而，有一些强有力的证据表明，灵性可以预防心血管疾病。研究表明，生活中强烈的灵性体验可以成为心血管疾病的保护因素（Chamsi-Pasha & Chamsi-Pasha, 2015）。

灵性作为一种治疗方法的有效性的证据是什么？多学科研究表明，灵性冥想可以减轻压力，增强各年龄段人群的信心和乐观。以灵性为基础的应对方法可能是一种有用的策略，可以改善遭受严重伤害的人的生活质量。由于灵性为人们提供了应对当下困难和限制的勇气和动力，因此为人们提供了心理保护，帮助人们养成习惯以缓冲诸如低效、挫折、失败、抑郁和愤怒等情绪困难（Ray, 2004）。

在传统文化环境中工作的心理学家经常发现，许多人倾向于使用传统信念和民间理论来解释心理障碍。很明显，这些信念和民间理论是以许多西方健康从业者认为是伪科学的东西为基础的。我们在关于心理障碍的第 9 章提到了这一点。对超自然力量、灵性疗愈或神秘现象的信仰在世界范围内非常普遍。特别是许多传统社区的人们认为，各种心理问题源于上帝对邪恶行为的惩罚。惩罚的补救措施通常是象征性的行动，包括由当地治疗师领导的仪式性祈祷或冥想。然而，正如观察家所承认的那样，接受这种传统治疗的人在治疗过程中往往是被动的，而不是西式治疗中更常见的积极参与。这一证据表明，在某些社区，人们承认无法控制的力量能在很大程度上决定人们的健康结果。

灵性包括大量人类活动和信仰，不仅限于对上帝或超自然力量的信仰。

对一些不信教的人来说，灵性是他们对积极成果、好运、保护和环境力量的深刻信仰，这些信仰为他们提供了能力和力量感。心理学家称之为拥有强大的外部控制点（见第 11 章）。对某些人来说，灵性是动机的强大来源，为人们提供了快乐、力量感、行动的意义和目标。

当地方社区的人们接受关于心理问题和障碍的“非科学”（从西方的观点来看）观点时，卫生保健工作者应该怎么做？受过大学培训的专业人员是否有义务引起当地民众心中的怀疑，即超自然信仰对解释心理问题的本质和原因是否有效？今天的一个普遍观点是，在来访者的信仰体系和来访者疾病的特定文化成分内工作是合理的，而不必认可这种信念的有效性（Martínez-Taboas, 2005），即鼓励心理学家去尊重来访者的信仰，但不必承认其科学上的有效性。

典型案例

医学专业和信仰

一项针对 1 100 名医生的全国性调查发现，74% 的医生认为过去曾发生过奇迹，73% 的医生认为今天可能会发生奇迹。民意调查还表明，美国医生的宗教信仰令人惊讶，72% 的人表示他们认为宗教为生活提供了可靠且必要的指南。接受调查的人代表了来自基督徒（罗马天主教徒、新教徒、东正教徒等）、犹太人（东正教徒、保守派、改革派和世俗人物）、穆斯林、印度教和佛教传统的医生。

资料来源：HCD 研究（2004）和纽约市犹太神学院（Jewish Theological Seminary）的路易斯·芬克尔斯坦宗教和社会研究所（Louis Finkelstein Institute for Religious and Social Studies）。

12.3 整体治疗

灵性研究促成了整体健康运动，这是一个多学科应用领域，关注一个基本假设，即导致个体疾病的身体、心理和灵性因素相互关联，并且在治疗中同样重要。医学中的整体方法也提升了心理因素在医学治疗和疾病预防中的重要性（Remen, 1996）。在整体观念的影响下，在过去 50 年左右的时间里，北美、欧洲和世界各地出现了许多新的整体治疗中心。越来越多拥有医学和心理学学位的受过训练的专业人士正在转向灵性、古典文学、民间传说和本土治疗方法（在非洲、亚洲和拉丁美洲），以确定和应用涉及身体和精神的有效治疗方法。整体治疗的支持者不再将其来访者和患者视为"一系列症状"，而是强调每个个体独特的病史及信仰和价值观。

整体原则也适用于叙事医学（narrative medicine），这是一个临床领域，医疗专业人员专注于解释和理解患者的疾病故事（Charon, 1992; Charon et al., 2016）。几所医学院和住院医师项目已开始用这种治疗模式培训医生。在这些项目中，医生和护士学习如何考虑患者的特定心理和个人病史。叙事医学通过提高专业人员的注意、反思、表达能力，以及与患者和同事的关系来帮助医生、护士、社会工作者和治疗师提高患者护理的有效性（Charon, 1993）。叙事心理学同样关注人们的故事如何塑造其生活。

12.4 商务决策

当代跨文化心理学可以对组织发展（organization development）作出巨大贡献。所谓组织发展，就是一组旨在提高私营企业或国有企业的组织绩效和个体绩效及福祉的有计划变革。应用于跨文化心理学，组织发展涉及创造一种将文化和跨文化知识融入工作过程的氛围，其目的是提高工作场所的整体效率（利润）和心理满意度。考虑一些与多元文化环境中的商务谈判、语言和广告的心理方面相关的例子。

你可能已经在网上看到过许多评论，在商务交易中，来自日本或中国的企业家往往行动缓慢、谨慎，并且常常显得犹豫不决，无法快速做出决定。他们的西方商务伙伴往往自认为快速而果断。然而，商务谈判风格的差异可能基于文化差异。研究表明，在美国的政治和商务话语中，被视为优柔寡断往往是一种负担：一个显得优柔寡断的人也被视为软弱的懒惰者。然而，在日本，类似的行为长期以来一直受到积极评价，因为这些行为与关怀、体贴和关注联系在一起（Yates et al., 2010）。研究表明，谈判桌的一方（美国人）经常认为他们的合作对象行动太慢；而另一方（日本人或中国人）则认为他们的合作对象太不耐烦了（见图 12.1）。建立个人信任对许多东亚企业来说至关重要，而这需要大量时间。此外，在西方，正式协议通常是一种很好的信任衡量标准（Schweitzer & Alexander, 2015）。

研究发现，来自东亚国家的谈判者往往倾向于在初步谈判中投入更多时间和精力，以优先考虑在他们的早期谈判目标之间建立关系。相比之下，北美人往往会匆忙完成交易的第一阶段（Salacuse, 2006; Schweitzer & Alexander, 2015）。谈判中的其他文化差异包括，倾向于采用正式还是非正式的沟通规则，直接还是间接接触，时间敏感与否，以及寻求风险与规避风险的行为（Salacuse, 2006）。然而，在解释这些观察结果及类似的观察结果时，应采取谨慎态度（Hui & Luk, 1997），因为有很多政治、商务、经济、情境和个人因素等会影响商务谈判和商务合作。

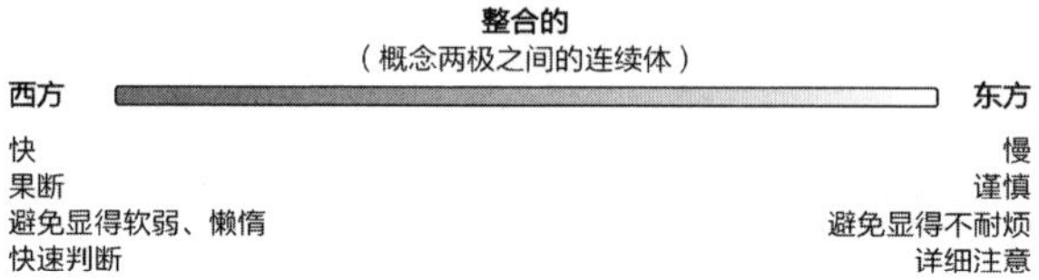

图 12.1 商务决策：西方取向与东方取向

你有没有听过一些人说，他们能认出属于自己族群的陌生人的脸，但其他人在他们眼中却“长得一模一样”？前段时间，埃尔芬贝和安巴迪（Elfenbein & Ambady, 2003）的研究表明，如果一个人与某些群体有过大量接触，那么对这些民族群体的面部情绪识别会更准确。该研究表明，对那些与大量不同族群背景的人打交道的警察、海关和移民官员来说，培训是非常重要的：你看到不同背景的人越多，你在跟他们直接接触及通过照片、视频跟他们接触时，识别他们的脸就越准确。

负面的刻板印象损害了商务沟通和专业沟通。研究表明，即使是受过教育的人也往往对其他文化群体有一定的偏见（Eagly & Chin, 2010）。因此，心理学家应该教其他人了解这种刻板印象。有关研究提供实证证据表明，文化群体之间存在相似性和差异。然而，将一些实验事实视为真实并用以描述了整个文化群体，这是错误的。问一个有国际商务经验的商人，他会告诉你，也许每个国家的伙伴都是有些很有耐心，另一些没有耐心，有懂幽默的人，也有不懂幽默的人，有为谈判做好充分准备的人，也有没有做好准备的人。

一些跨文化研究表明，员工对未来（包括退休）的看法存在一些差异。研究表明，与西方被试组相比，亚洲人往往更有自信心（Li et al., 2011）。美国和荷兰的一项比较研究表明，美国工人更焦虑，更不信任他们的退休计划经理，而荷兰工人对他们未来的财务状况更有信心。美国财务人员是否需要更多培训，或者这可能反映了美国和西欧社会保障体系的差异？许多欧洲人表示，他们长期以来一直依赖于由政府管理的慷慨的福利制度，这可能会降低一些人对退休计划的主动关注和要求（Hershey et al., 2007）。

在跨文化心理学中，冲突解决是研究应用中最重要的领域之一。解决冲突的专家必须了解群体动力学、群体决策过程和社会知觉的主要特征。他们的心理学知识应该可以帮助他们制定策略，如果冲突各方接受这些策略，最终就可以成功解决现有冲突。例如，彼得·史密斯和施瓦茨（Peter Smith & Schwartz, 1997）进行了一项涉及 23 个国家的研究，研究了权力距离如何与冲突解决程序相关联。在权力距离大的国家，用正式的规则和程序处理与其他群体的分歧。在权力距离较小的国家，各方主要依靠非正式接触和自身经验来处理分歧。

心理学家确定了几种解决冲突的普遍类型。强加式解决方案（An imposed solution）所依据的假设是，不存在双赢局面。每种解决方案都会使一方受益，例如，使某个族群受益，而使另一方受损。基于强加式解决方案的谈判可能需要花很多时间。这就是为什么调解人应该采取果断措施，当然，前提是调解人有足够的权力和权威来控制局势并执行决定。分布式解决方案（A distributive solution）涉及相互妥协或让步。分布式解决方案提供介于两个（或所有）冲突方的初始立场之间的建议。综合解决方案（Integrative solutions）通常被称为双赢解决方案（win-win solutions），因为双方可以同时受益，而且不会失去任何重要的东西（Gomez & Taylor, 2017; Pruitt & Rubin, 1986）。许多关于文化和冲突管理的文章表明，来自亚洲文化的人倾向于重视和谐，避免冲突，并使用避免或适应冲突的解决方式。此外，美国人往往更好胜，或者更喜欢推动快速解决问题（Gomez & Taylor, 2017）。见以下练习。

练习 12.1

合作困境

把班级分成几个小组（队伍）。至少应该有 3 支队伍，每支队伍最多 7 人。练习规则是，每个团队代表一个“国家”。各参与国应秘密决定对其他参与国采取何种外交政策。参赛队伍只有两个选择：“和平”或“战争”。各国可以相互谈判。但是，他们无法知道其他团队正在做出什么决定。换句话说，就像在现实世界中，国家可以谈判和达成协议，但实际的决定是由每个团队（国家）秘密做出的。一旦做出所有决定，就必须把决定写在一张纸上并交给教授。这是问题所在。如果任何两个国家相互宣布和平，每个国家都会获得 100 万美元的假设奖励。如果任何两个国家相互宣战，每个国家都会损失 200 万美元。但是，如果团队 1 向团队 2 宣布和平，而团队 2 向团队 1 宣战，则侵略者（团队 2）获得 300 万美元，而受害者（团队 1）损失 100 万美元。比其他团队得到更多钱的团队获胜。有人可能会问：“有什么问题必须解决啊？每个团队都与另一个团队建立和平，那么所有参加的团队都会因为选择和平而获得 100 万美元！”然而，在现实中，这种和平发展的事件并不经常发生。

注：多年来，本书作者在美国各地的不同学校进行了近 80 次这样的练习，所有参赛队之间只建立了 7 次和平。在所有其他情况下，至少有一个团队总是向一个或多个邻国宣战。宣战最常见的论点是：“很难相信其他团队。”正如一位同学所说：“你可能同意和平，但他们（其他团队）可能会秘密向你宣战，那样你就输了。”你和你的同学会如何处理这种情况？在这次练习中，预防战争和保证和平的策略是什么？

在商务中，语言常常是阻碍直接交流的障碍。尽管联合国有官方交流语言（法语和英语都被视为官方外交语言），但英语仍然是国际商务和其他国际交流（包括电子邮件）中最流行的语言。一些政府试图通过限制使用外语，尤其是通过限制使用英语来保护自己的文化环境。例如，多年前，法国政府开始要求将英语单词 e-mail 替换为法语单词 le courriel，试图遏制美式英语的入侵。结果是，一些原始的法语单词被接受了。据报道，法国人使用 ordinateur 而不是 computer，以及 moteur de recherche 而不是 search engine。但是，并非所有英语术语都已消除。mouse 一词的使用频率仍然高于法语单词 souris。俄罗斯实施了类似的政策，结果喜忧参半：有些人采用了新语言，而另一些人则坚持使用网络和信息技术中更“全球化”的术语（Shiraev, 2013）。

商务决策通常涉及文化符号和语言。例如，在罗马，当地政府制定了限制中国在某些地区进行商务活动的规定。批发网点是一种受中国人喜欢的商务类型，但大多被禁止。另一个例子是，如果前任老板经营面包店或咖啡店有一段时间，新业主在两年内不得改变业务性质。此外，警方执行一项旧规定，要求墙上和门上的所有外语标志都小于意大利语。此类措施的支持者认为，它们对于保护当地企业是必要的。然而，如果仔细观察，越来越多的所谓族裔商店是由出生在欧洲的第二代移民个人开设的。换句话说，它们也变得“本地化”了。

12.5 与移民和难民打交道

心理学家努力与“所有移民都一样”这一常见刻板印象作斗争，他们知道移民具有不同的社会经济背景，面临不同的社会和心理挑战。与那些年纪较大的人相比，那些年幼时就移民的人更容易习得新的规范和价值观。成年人，尤其是老年人可能会在接受新国家的做法、价值观和认同方面遇到很大的困难。一些移民在族裔飞地长大，那里的大多数居民来自同一族群。另一些人则住在远离这些地区的地方。还有一些人住在混合社区。在纽约、洛杉矶、波士顿、旧金山、多伦多、悉尼、伦敦、巴黎、莫斯科或阿姆斯特丹等大城市，移民在人口中所占的比例越来越大（Schwartz et al., 2010; United Nations, 2018）。

移民之间也因他们离开自己国家的原因和他们现在的活动而有所不同。这些事实往往决定了其他人对移民的看法（Kitayama et al., 2010）。那些被视为对接收国的经济或文化作出贡献的人——例如担任护士、医生、工程师或其他专业人士的自愿移民——可能会受到欢迎。然而，来自较低社会经济阶层的移民和非法移民可能被视为对接收国资源的消耗（Steiner, 2009）。

心理学家与不同群体打交道，尤其是与难民（因遭迫害或害怕遭到迫害而离开自己的祖国且不愿或不能返回祖国的个体）打交道，会遇到许多问题。难民最严重的问题是心理创伤，那些逃离暴力并被迫在拥挤的营地中度过数月甚至数年的人，一直生活在对死亡和身体伤害的恐惧中。战区的平民也生活在持续的暴力威胁中，其中许多人会患上应激相关的严重疾病。女性和儿童仍然是最脆弱的群体。强奸尤其具有破坏性，因为它与身体伤害一起带来持久的、令人沮丧的心理创伤（Roth & Rittner, 2012）。如果没有适当和持续的国际行动，数百万人可能会遭受数年的苦难（Bemak & Chung, 2017）。

移民和难民最重要的问题之一是涵化，即个体在移民背景下适应新文化的过程。一种流行的涵化研究方法假设一个人可以互不干扰地欣赏、实践或认同两种不同的文化。不管所讨论的主题、意图或文化如何，现在涵化通常被标记为 4 种通用的类型：（1）同化，指个体接受新文化的习俗和价值观，随后拒绝或放弃其旧文化的行为和价值观；（2）个人偏爱“旧”文化；（3）接受两种文化的主要特征并进行整合；（4）边缘化，即排斥两种文化。多年来，这种分类的批评者坚持认为，分类应扩大到包括对亚文化和文化之间相互作用的更多关注（Berry, 1997; Rudmin, 2003）。正如我们所讨论的，在美国的移民可能精通英语及一种或多种其他语言，在某些环境中（如在工作中）支持个人主义价值观，在其他环境中（如与家庭或在学校）认同集体主义价值观，并同时认同美国及其原籍国家（Chen et al., 2008）。许多因素可能会影响个体的涵化，其中有些因素很有趣。例如，在一项对同时具有日本人和欧洲人血统的美国人的研究中，那些看起来明显是日本人的个体往往更多地与日裔美国人的身份联系在一起，而那些看起来明显像欧洲人的个体更多地与欧裔美国人的身份联系在一起（Ahnallen et al., 2006）。

在其他国家进行的研究可能有助于我们更好地了解美国的移民和族群。美国或英国的移民更倾向于认同新国家还是其原籍国还有待观察，因为这会给他们带来巨大的经济和政治利益。

专家将涵化压力理解为对任何陌生文化环境的痛苦心理反应。“文化冲击”（Culture shock）或涵化压力通常被定义为一组复杂的心理体验，通常令人不快并具有破坏性（Cobb et al., 2016；Tsytsarev & Krichmar, 2000）。大约 60 年前，有关该主题的早期开创性研究提供了实证证据，证实人们到达一种新文化，就会迅速表现出负面心理症状（Oberg, 1960）。例如，人们注意到，与非移民相比，外国移民和他们孩子的精神病住院率更高（Fried, 1964）。然而，我们尚不清楚是文化冲击本身导致了更高的住院率，还是有其他未被发现的因素，如移民在抵达新家之前的健康状况。但对心理学家而言，显而易见的是，经历任何社会和文化变迁的个人和群体都会经历一定程度的心理不愉快或痛苦，其程度取决于心理和社会方面的许多环境因素（Berry & Annis, 1974）。一般而言，许多早期定义将文化冲击视为一种综合征，一种特定病理或缺陷的反应状态：个体进入陌生环境，然后出现负面症状（Berry & Sam, 1997; Cobb et al., 2016）。以这种假设为基础，研究人员专注于文化冲击的描述、其持续时间及文化冲击与各种心理问题之间的关系（Barankin et al., 1989）。结果表明，新移民所经历的许多情绪障碍，如抑郁和焦虑，都与文化冲击直接相关。很明显，外族人可能会在愤怒和抑郁之间交替，特别是在他们适应新文化的初始阶段（Mirsky et al., 1992）。对非洲交换生在美国遇到的问题进行深入研究后发现，他们中大多数人难以与同龄人和辅导人员交流自己的问题并分享担忧。这种沟通障碍影响了他们的适应过程（Constantine, Myers et al., 2004; Constantine, Anderson et al., 2005）。

许多移民不敢公开反对不人道的做法和习俗，如家庭暴力和心理虐待，因为害怕让家人蒙羞或让家人面临被逮捕或驱逐出境的危险。

批判性思维

这是文化冲击吗

塔里克今年 23 岁，是一名中东难民的儿子。他认为美国并不是一个特别健康的生活环境。在过去的五年里，他一直在美国，他的生活充满了失望、不眠之夜、挫折和抑郁思维。对塔里克来说，新文化是“不可接受、不友好且过于自私的”。塔里克曾两度试图上大学，但都因为“取得好成绩的巨大压力和缺乏空闲时间”而辍学。他最初是其父亲咨询公司的商务伙伴，但很快就辞职了，因为他与父亲对商务行为的看法存在严重分歧。然而，塔里克的一位朋友表示，塔里克之所以没有成功，只是因为他缺乏努力工作的动力。1年之内，塔里克自己创办了两家公司，但都没有赚到足够多的钱，甚至不抵最初的投资。在过去的5年里，他约会了多名女性，但最后都分手了。在他看来，女人应该把他看成一个可以信赖的男人，而他还没有成为这样的男人。在接受采访时，塔里克强调，由于"这种文化的冷漠和不友好"，他受到的文化冲击很强烈，并且持续了多年。他希望能离开美国，但不知道还能在哪里取得成功。

评论

将涵化压力（文化冲击）的症状与其他可能跟文化冲击无关的个人问题区分开来总是很困难。在这种特殊情况下，我们不应该否认塔里克存在一些文化冲击的成分。然而，一个几乎能说一口完全流利的英语，从他父亲那里得到一些合理的经济支持，在这个国家没有经历过歧视的人，却对自己的生活依然不满意，这种情况下，美国文化及其传统很容易成为他商务失败和个人问题的替罪羊。为自己的错误谴责自己是很难的，将责任归咎于某事或其他人则比较容易。塔里克在抵达美国之前没有痛苦的症状，他的情绪问题始于他独立的成年生活。因此，发现一个人的文化转变（而不是一些其他个人问题）是否已成为困扰的主要原因是非常重要的。

然而，我们有理由怀疑大多数正在适应新文化的人将会存在心理问题。研究表明，尽管许多移民在搬迁到新环境时会经历失控、困惑和应激，但他们中的大多数人都能成功适应（Cobb et al., 2016; Furnham & Bochner, 1986; Triandis, 1994）。另见表12.3。

多年来，研究文化适应的人员通常关注于描述与适应相关的压力因素、与成功适应相关的因素（Lau et al., 2002; Mok et al., 2007），以及人们为克服压力带来的负面后果而发展的心理技能（Shupe, 2007）。

表 12.3　涵化压力的一些症状及其描述

涵化压力的症状	症状描述
怀旧	这个人可能会向往亲人、朋友、熟悉的线索和经历
迷失方向和失控	缺少关于一个人将会如何表现的熟悉线索。迷失方向会产生焦虑、抑郁思维和绝望感。
对语言障碍的不满	缺乏沟通或沟通困难可能会造成挫败感和孤立感
习惯和生活方式的丧失	个体无法进行许多以前喜欢的活动；这会导致焦虑和失落感
感知到差异	移民地文化和家乡文化之间的差异通常被夸大了，似乎难以接受
感知到价值观差异	价值观的差异通常被夸大了；似乎难以接受新的价值观

资料来源：改编自 Shiraev & Boyd（2008）。

跨文化敏感性

文化调整（Cultural adjustment）也是适应各种气味的过程。例如，将弗吉尼亚州的英语作为第二语言（ESL）的学院大学生 J. K. 在接受采访时说："韩国人吃泡菜，这是一种用大蒜和辣椒制成的传统食物。它给你美好的大蒜气息。我发现这里（在美国）的人不喜欢泡菜。我在这里待了两周后就不再吃它了，这对我来说非常困难，因为当时传统的美国食物对我来说很不可口。"（Shiraev & Boyd, 2008）。这个例子至少说明了两点。首先，有文化规范规定什么气味是合适的和不合适的。例如，如果几乎每个人都吃含有大蒜的食物，这些人几乎不会注意到他们自己或其他人有大蒜的味道。但是，如果你的午餐中有一道菜里有大蒜，而其他人没有这样的菜，那么你周围的人肯定会注意到你有大蒜味。其次，我们大多数人都能适应我们居住或旅行目的国的特定气味（请记住，感觉适应是一个普遍的心理过程）。例如，大多数旅行者说他们很快就习惯了日本的酱油气味。如果情况需要，许多人可以适应世界上一些没有配备下水道系统的城市街道中令人不快的气味。在东欧和南欧的大多数国家，不吸烟的旅行者可以适应香烟烟雾的气味。与美国严格的禁烟规定相比，这些国家的吸烟规定非常宽松。

12.6 人权

如果某个国家或族群的文化规范违反国际法规定的普遍人权怎么办？心理学家会建议在本土风俗和国际标准之间进行选择吗？国际人权法专门设计了用于保护人们“过上充分、自由、安全、有保障和健康的生活”所需的全部人权（United Nations, 1948）。有人指出，除非所有人都能充分、公平地获得所有基本生活必需品——工作、食品、住房、医疗保健、教育和文化，否则永远无法实现过有尊严的生活的权利。正是基于这一全球人权体系的基本原则，国际人权法确立了与公民、文化、经济、政治和社会领域有关的个人权利和群体权利。

以儿童权利为例。根据联合国的规定，儿童应该有权自由表达自己的观点，拥有思想和宗教自由，并且“拥有隐私权”，且不受成年人的非法干预（United Nations, 1959）。然而，在许多国家，根据文化习俗和宗教规范，儿童的权利受到了压制。例如，许多国家反对儿童选择宗教的权利。在专制政府的国家，强调自我表达的儿童的权利很容易受到挑战。此外，联合国要求各国确保儿童能获得各种资源，包括满足身体、心理、灵性、道德和社会发展所需的生活水平。这些要求在贫困国家是不可能实现的。

在本书的前面，我们了解到“真正的”社会化惯例与联合国推荐的那些惯例大不相同。例如，从理论上讲，国家应该保障人们受教育的权利。这一要求在许多国家很难实施，在这些国家中，数以百万计的儿童从很小就开始工作，并可能完全辍学为家人提供食物。

此外，联合国宣布儿童个体的权利优先于他们在家庭等社会群体中的权利。许多人认为，这些规定代表了西方社会的个人主义价值观，对于生活在其他国家（如巴基斯坦、博茨瓦纳和泰国）传统社区中的个体来说，这些价值观令人难以接受，因为国家具有不同的文化条件，特别是集体主义传统文化。

对家庭权力分配、行为应由个体自身还是外部政策监管的程度、个体权利相对于群体和家庭忠诚的重要性、个体应该为自身及家庭的责任的范围等，不同国家和政府在这些方面的信念各不相同（Duflo, 2016; Murphy-Bernman et al., 1996）。这些例子表明，文化可能对个体和政府如何定义儿童的最大利益方面产生重大影响。

联合国也承认女性的基本权利。以性别为基础，在政治、经济、社会、文化、公民或任何其他领域具有歧视女性的效应或目的的任何排斥或限制，都应被视为非法并受到谴责（United Nations, 1967）。然而，这种要求与一些地方的许多文化传统和宗教习俗直接相悖。在许多贫困国家，强制女性割礼、包办婚姻及对女孩的性剥削仍在继续。最令人不安的是，许多男性没有看到这种侵犯女性基本权利的问题。其论点是，由于上帝创造了男女的不平等，男性和女性是不同的，因此他们需要不同的对待。对女性的虐待可能是微妙的。在许多贫困国家，由于当今的技术和较低的出生率，一些准父母在确定自己的胎儿是女孩后，选择性地堕胎，等着下次生儿子（Guilmoto, 2009）。由于这种做法在富裕的、受教育水平高的国家并不普遍，因此，在发展中国家解决这一问题的关键之一是教育和社会行动（Save the Children, 2019）。

12.7 教育

据我们所知，少数族裔儿童及较不富裕的儿童在智力和其他认知技能测验中的得分往往较低。假设测验没有针对特定文化群体的偏差，并且儿童对测验语言有足够的熟练程度，老师或家长可以做些什么来提高儿童的测验成绩呢?

詹金斯（Jenkins, 1995）在其关于非裔美国人心理的著作中提出，成年人可以通过多种方式提高少数族裔儿童的智力测验分数。尽管许多少数族裔儿童由于贫困、住房过度拥挤和养育不足而缺乏发展经验，但这种缺陷是可以克服的。为此，有些儿童可能需要老师特别注意其认知功能。其他研究表明，对智力学习发生的情感环境给予额外关注非常重要。例如，创造一个特别合作的课堂环境是有益的，此外，让家长参与教育过程是有益的。如果正式的智力问题解决程序包含有趣和令人愉悦的挑战，儿童可能会喜欢这样的学术环境，并更频繁地参与此类活动（Fryer et al., 2011）。问题在于，许多少数族裔儿童开始在非学业环境中感到有能力，基本上是在街道游戏环境中。换句话说，往往是街道而不是教育者塑造了这些儿童的智力技能。

当然，心理学家最困难的任务之一是让父母参与教育过程。总体而言，在更大的世界范围内，让父母参与教育不太成功。然而，许多国家的案例证明了这种相互作用的可能性。例如，在土耳其，卡格托巴（Kagıtçıbaşı, 1995/2005）与当地母亲一起开发了一个基于社区的教育项目。这一互动培训包括对特殊认知任务的分析和两周一次关于儿童、他们的问题及亲子交流的小组讨论。

关于双语儿童测验执行语言方面的争论持续了多年（Bialystok, 2017; Griffore, 2007）。在一些概念获得和推理技能测验中，如果用母语（也就是他们在家里说的语言）测试，双语儿童的表现往往会稍高一些（Keats et al., 1976; Takano & Noda, 1993）。然而，一项研究表明，双语与更高的创造力有关（Kharkhurin, 2010）。然而，斯蒂芬·赖特及其同事（Stephen Wright, 1997）发现，在那些学生族群多样性的条件下，教学语言和教师的族裔对学生在课堂上的成功没有显著影响。也许语言只是在第二语言习得的早期阶段才是一个影响因素。此外，美国最高法院 2001 年的一项裁决为在公立学校和各州进行的考试（包括驾照考试）中使用“仅英语”规则设定了法律途径（Lane, 2001）。

12.8 文化、行为与法律

在当代多元文化社区中，一个群体所共有的习惯行为规则可能对另一些人来说显得陌生甚至无法接受。许多国家的司法系统常常必须做出有利于特定群体的裁决，从而得罪另一些群体。尽管心理学家没有法官和立法者的权力，但他们可以就与跨族群和跨民族的文化和行为相关的广泛法律问题发表意见。考虑几个例子。

在吃了一个三明治后，佛罗里达州的一名女性被解雇了。在奥兰多吃三明治当午餐是否违法？她为什么被解雇？她被解雇显然是因为三明治里面的培根片。这违反了公司政策，即猪肉和猪肉产品不得进入公司场所。佛罗里达州中部一家与穆斯林有密切联系的电信公司向这位天主教女性发出警告，警告她不要食用穆斯林信仰中认为不合适的“不洁”产品。在她再次违反公司规定后她被解雇了。批评公司决定的人认为，这是一起宗教歧视事件，因为公司的食品政策依据显然是神学原则，而非保证每位员工机会均等的法律。有些人可能从文化的角度反对某些产品或习惯，但这些反对不应强加于工作场所的所有人。另一方辩称，该政策已有明确规定，员工应尊重雇佣协议中所建议的文化规则。

你如何判断这类事件？双方论点各有千秋，你认为哪一方的论点更合理？在商务和公共活动中，文化限制可以实施到什么程度？想象一下，你拥有一家企业，并且非常愿意尊重员工的文化和宗教信仰。你会如何处理一个公开把狗肉当午餐的员工？

政府会决定特定传统是否适当。例如，在德国，一名女性被拒绝担任教师工作，因为她是一名戴头巾的穆斯林。当她在法庭上起诉并胜诉时，德国大多数地区都发起了相关立法。法国于 2004 年通过了一项类似的法律。在意大利，法院裁定一位穆斯林父亲胜诉，他辩称教师不能在他孩子上的小镇学校课堂上展示十字架（这在以天主教为主的国家是普遍做法）（Richburg, 2003）。

在内布拉斯加州，一对父母之间的法庭纠纷被裁决为：如果父亲继续对他 5 岁的女儿说西班牙语，将危及其探视权（Fears, 2003）。案件被提交法庭，因为父亲是墨西哥裔美国人，会带女儿去探亲访友。当女儿抱怨她父亲经常说她根本不懂的西班牙语时，问题就出现了。母亲希望女儿先学英语，而父亲则认为女儿学习西班牙语也很重要。你会支持哪一方？为什么？

典型案例

人们在挑战传统社区根深蒂固的习俗和价值观方面能走多远？哪一个在你的生活中更重要：尊重所有传统，即使你不同意其中的一些，或者挑战它们，从而破坏社会的文化基础？你能找到妥协的方法吗？

一名 25 岁的勤杂工和一名 67 岁的寡妇决定结婚。法国总统埃马纽埃尔·马克龙（Emmanuel Macron）娶了一名比他大 24 岁的女人，她是他的高中老师。这样的信息肯定会引起一些人的侧目，因为新郎和新娘之间的年龄差距非常大。第一个案例中的求婚发生在传统风俗浓厚的国家肯尼亚，在这个案例中同样重要的是，要考虑到该男子非常年轻。这场婚姻在肯尼亚引发了一场激烈的辩论，一些人支持个体的权利，尤其是女性的选择权，另一些人则坚持认为婚姻应该以部落传统为依据，即男人应该年纪大一些。第二个案例也引起了很多涉及人们对年龄和性别的看法相关的讨论和负面评论（Patrick, 2019; Wax, 2003）。

12.9 在国外工作和服务

作为在国外工作的外交官、记者、维和人员、企业家或顾问，你可能会遇到限制性做法，即出于道德、意识形态或政治考虑而审查和确定适合出版或广播的内容。这种做法被称为审查制度。尽管伪装成不同标签，如地方“法规”或国内“限制”，但审查制度仍然是社会和宗教机构用来过滤和禁止某些信息的强大工具。你必须认识到，在尊重习俗和法律的前提下，审查制度也是合理的，但如果此类做法侵犯了人们的基本权利，请务必批评。

政治审查的捍卫者认为，信息限制对保护社会秩序和稳定是必要的。因此，你不能传播破坏政府权威的信息，你不得批评政府及其代表和政治领导人，禁止使用描绘这些国家的政治领导人的漫画。这种政治限制往往成为学习观，来规范人们可以写或说哪些关于政府的内容。与高权力距离相关的传统文化态度（见第 1 章）可能会为政治审查辩护，认为必须尊重当局，而不是批评当局。

在意识形态审查之下，各种社会机构，包括有组织的宗教和政府，就社会的过去、现在和未来制定原则并禁止发布挑战这些原则的信息。今天，在德国出版或公开发表任何支持纳粹主义的材料都是违法的。但是，这些材料和物品可以在美国或俄罗斯等国家生产。宗教审查是意识形态审查的一部分。许多国家的法律严格禁止批评国家的主要宗教或官方宗教。在 21 世纪初宗教激进主义的政府中，如伊朗或朝鲜，敢于发表有关伊斯兰教或共产主义的批评材料的记者可能会被起诉（因此他们不敢）。如今，许多地区都在以各种形式实施意识形态审查。

道德审查是人们的文化和心理卫士。地方社区制定了关于体面和道德的特定非正式标准。此外，一些法律规定了企业、机构和媒体之间的交流应遵循的标准。例如，在 20 世纪之前的欧洲，禁止在绘画中描绘裸体，除非是圣经人物的身体。在如今的美国，电影分级警告父母要警惕电视和电影中对脏话的使用，以及对裸体和暴力的刻画。美国和加拿大主要黄金时段的网络节目也排除了色情材料或暴力纪录片场景。广播电视评论员可能不会在广播中说某些话。在许多伊斯兰国家，西方电影中的性爱镜头被剪掉了，甚至接吻也没有出现。人们经常引用文化原因来证明特定限制的合理性。例如，在 2003 年的经典案例中，埃及政府禁止上映好莱坞大片《黑客帝国 2：重装上阵》（*Matrix Reloaded*）。禁令的理由是，有评论显示该电影以人类形式描绘上帝，被认为不适合埃及电影观众（见表 12.4）。

表 12.4 审查制度与文化

审查类型	支持者的论点
政治（关于政治权力或某些群体）	限制信息和言论是维护社会和谐、秩序和稳定的必要条件
意识形态（关于社会、生活方式、历史或未来的一般原则）	如果这种限制不存在，人们就很可能会失去其基本信仰（包括宗教信仰）和价值观
道德（关于体面和公共道德的标准）	任何社会都必须有正派和公共道德的标准；应该有法律来规定个体之间进行交流时应遵循的道德标准

资料来源：Shiraev & Sobel（2006）。

在其他国家参与维和或参与社区或传教工作的专家应该能意识到，一些地方当局试图利用文化理念来确定国家的特定政治优先事项。例如，来自任何西方国家的任何帮助或援助，都可能因这种帮助威胁了当地习俗或生活方式而受到批评。书籍、药物、计算机、技术、新通信形式或治疗程序都会受到批评甚至拒绝。尽管保护宝贵的传统是在海外工作的专家的首要任务之一，但有关文化的争论可能被用于政治目的：地方当局经常将其社区的变化解释为对领导人自身权力的威胁。不幸的是，人道主义援助经常被不知情或腐败的官员削减或批评，以使当地居民的依赖得以继续。

练习 12.2

政府可以强制推行文化吗?

在一些国家,政府确保其雇员不使用外来词,尤其是英语词。几年前,法国发起了一项运动,旨在从计算机相关词汇中消除英语术语。同样,在委内瑞拉,政府指示一家国有电话公司忘记 marketing 和 password 等词,转而使用西班牙语词汇。有时,此类活动可能会成功,但大多数情况下会失败。官方忘记了一个重要的心理现象:禁止一种趋势或一种时尚风格,往往起到宣传的效果。然而,通过法律手段“保护文化”的尝试仍在继续。

多年前,法国对可以在其影院上映的非法国电影数量进行了严格限制。法国领导人表示,这对于支持他们的电影业和保护法国文化免受美国文化帝国主义的影响非常重要。其他评论者则说,这条规则不公平地将美国电影排除在市场之外,反而推进了法国的种族中心主义和民族主义。

问题: 你认为法国有理由限制非法国电影的放映吗?此类行为是否会限制信息和思想的自由交流?限制外国文化对本国的影响有什么好处?请说明你的观点。

12.10 结论

心理学家不可能让每个人都健康快乐。尽管经济取得了进步,但世界上仍有 20% 的人口生活在绝对贫困中。在 21 世纪初,世界上发生了 30 多场低强度战争,难以发现的族际冲突更多。民间敌对行动和血腥政变在继续撕裂国家和地区。

跨文化心理学可以对新出现的全球挑战和机遇作出反应,并成为积累许多其他学科研究数据的科学和应用领域。心理学家能够提供用于解决地方和全球问题的建议,尤其是那些包括族裔、宗教和其他紧张局势的问题。因此,更热烈的文化对话可能会开始，这将标志着不同文化可以相互提供的价值观和思想交流的开始。这些价值观可能包括唯物主义和唯心主义、消费和回收利用、计划生育和对老年人的更多尊重。

跨文化心理学应该接受思想、价值观和观点的多样性。事实上，数百年的习俗根植于经济、宗教、政治和其他文化基础。许多人类传统应该得到尊重。然而，专家应该谴责族裔歧视、种族主义、宗教不宽容、身体和性虐待、特定群体劣等而另一些群体优越的想法，并拒绝对其推进或为其辩护。

当然，单靠跨文化心理学并不能解决世界上的问题。但是，你在该领域的知识、研究跨文化心理学的技能、与他人分享的想法等，肯定会帮你为寻求解决方案及实施做好准备。中国伟大的思想家老子说过，千里之行，始于足下（any journey of a thousand miles begins with one step）。因此，让我们一起迈出这一步，看看我们可以做些什么来让这个世界变得更美好。

12.11 本章概要

1. 只要心理学回答“是什么”“何时”“为什么”这样的问题，它就仍然是一门理论学科。当它开始寻找“如何使用”或“如何改变”问题的具体答案时，它就变成了一个应用领域。

2. 总体而言，贫困、社会和生态问题会影响人们与健康相关的活动。还有一些文化习惯被认为是不健康或错误的，包括虐待配偶和童工。

3. 许多当代心理学家仅处于理解灵性的初级阶段。灵性是许多生活在传统文化中的人的动力和推理来源。灵性是指与信仰、信任和希望有关的“非物质”事物的广泛现象。

4. 当代跨文化心理学对组织发展作出了贡献。组织发展是一组旨在提高私营企业或国有企业的组织绩效和个人绩效及福祉的有计划变革。

5. 不同文化的谈判风格和冲突解决策略既有相似性又有差异。了解对方的文化策略是谈判成功的关键。

6. 心理学家基于身体、心理和灵性因素可以在不同文化规范的背景下相互作用这一假设来学习和理解整体治疗的原则。

7. 心理学家在与移民打交道时，经常帮助他们克服涵化压力，也就是适应新文化过程中的初步反应。专家将涵化压力理解为对任何陌生文化环境的痛苦心理反应，这是一组复杂的心理体验，通常令人不快并具有破坏性。

8. 尽管心理学家没有法官或立法者的权力，但他们可以就与跨族群和跨民族的文化和行为相关的广泛法律问题发表意见。

12.12 关键术语

涵化 个体在移民的背景下适应新文化的过程。

协助自杀 在医生或其他人的帮助下实施的自杀。

审查制度 出于道德、意识形态或政治考虑，审查和确定适合出版或广播的内容的限制性做法。

咨询 就决策或行动方案提供心理指导或建议的行为。

组织发展 一组旨在提高私营企业或国有企业的组织绩效和个体绩效及福祉的有计划变革。应用于跨文化心理学，组织发展涉及创造一种将文化和跨文化知识融入工作过程的氛围，以提高工作场所的整体效率和心理满意度。

伪科学 看似科学但并非基于科学方法的知识及其应用。

难民 因遭到迫害或害怕遭到迫害（由于种族、宗教、特定社会团体的成员身份或政治观点）而离开自己的祖国且不愿或不能返回祖国的人。

灵性 与信仰、信任和希望相关的“非物质”事物的广泛现象，与所有权、财产积累和竞争相关的“物质”事物相反。在心理学背景下，灵性强调思想而不是物质，强调存在而不是拥有，强调精神努力而不是身体行动。